JN060777

暮らしの実用シリーズ

決定版

DIYでできる! 壁・床リフォーム&メンテナンス百科

ONE PUBLISHING

暮らしの実用シリーズ

保存版 DIYでできる! 壁・床リフォーム&メンテナンス百科

CONTENTS

巻頭特集
自分でできる! DIYリフォーム実例

困ったを解決する!

PART 1

PART 2 「壁・床」リフォームの実践基礎テクニック ……49

PART 3 DIYで壁のリフォーム ……63

PART 4 壁&建具のメンテナンス ……105

※本書は、学研プラス発刊のDIY専門誌「ドゥーパ！」、「自分でできる！我が家を簡単リフォーム」「わが家を一新！ 劇的DIYリフォーム」「自分でできる！ ユニバーサルリフォーム」「我が家を速効メンテナンス」「基本から始める塗りのテクニック」「保存版DIY素材&道具百科」「わが家の壁・床DIYリフォーム」「自分でできる！住まいのリフォーム入門」「自分でできるリフォーム&修繕大百科」「わが家の壁・床DIY収納」に掲載した記事をベースに加筆修正を加えて再構成したものです。
※本書を元に施工される際は、安全に十分留意の上、個人の責任で行なってください。
※掲載されている商品名・価格などのデータは2017年4月時点のものです。
※掲載商品は参考商品です。価格表示されたものは、編集部が東京近郊のホームセンターやウェブショップなどで調べた参考価格です。購入の時期、取り扱い店などの諸条件により商品や価格、仕様が異なることがありますのでご承知ください。

リフォームDATA

費用｜リフォーム進行中

古い建具や板、金具をストックして活用。現在もリフォーム進行中で算出不可。

期間｜約3年半(現在も進行中)

在庫品を見てひらめくと作業を開始。休日にご夫妻で別々に作業。

DIYで自分たちらしい空間を作る

無垢の新築住宅を素材に、DIY魂を思う存分発揮して変幻自在にリフォーム。
自分好みの快適空間と暮らしやすさを手に入れました。

玄関をレトロに変える

シンプルな玄関の壁にエイジング効果を出し
ウッドタイルをヘリボーン柄に重ね張り

After

レトロ感ムンムンの玄関。壁の漆喰は、下地に着色したり、あえて凹凸を作ったりして、ナチュラルなエイジング効果を出している

Before

新築時の玄関をリビング側から見たところ

新築物件を思いのままにリフォームしながら暮らすKさんご夫妻。

あれこれ悩んで模様を決めてからは、10㎜角タイルを地道に張って、面倒な目地入れをなんとかクリア…と、苦心を重ねて完成したタイル張り

既存の床を拡張し、ラワン材をカットして作ったウッドタイルをヘリンボーン柄に重ね張り。フィニッシュネイルで固定し、柿渋を塗って仕上げた

玄関とご主人の部屋の間は、初めから好みの窓を入れるつもりで、吹き抜けにしてあった。味のある窓をつけ、その下に古材の棚をつけ、まるで昭和の病院の受付のようにも見える?

リビングとの間を仕切るためにアンティークなドアをつけ、ご主人の部屋との間には窓を、漆喰を塗り、そして壁に棚をつけ、には下駄箱を作りつけ、さらに天井に垂れ壁をつけ、塗装して回り縁をつけ、床を拡張してウッドタイルを重ね張りし、コンクリート面にタイルを張って…と、この約5㎡のスペースに注いだ手間はかなりのもの。

その甲斐あって、元の味気ない姿とは完全に別物の趣ある玄関になりました。

After

天井はグレーに塗装し、回り縁を設置。ご主人が「ぜひとも、つけたかった」という垂れ壁が効いている

Before

垂れ壁のフレーム。これに合板を張り、漆喰を塗った

クローゼット廊下を製作

間仕切りが無かった寝室に壁を作り
ドアに通じる通路の両側をクローゼットに

After

ドアは以前から使っていたお気に入りだが、背が低かったので、上下に材を継ぎ足しサイズを大きくして使用した

Before

間仕切りのない寝室だった

寝室に、間仕切りを兼ねたクローゼット廊下を製作。角材を既存の壁や天井、床にネジどめしてフレームを作り、石こうボードや合板を張って間仕切りに。フレームの内側下部にはチェストがぴったりと収まり、上部にはルーバーの引き戸。たっぷり収納できて、使い勝手のいいクローゼットができあがりました。

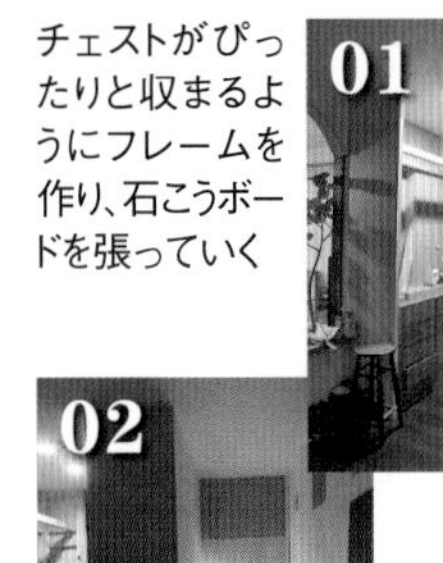

01 チェストがぴったりと収まるようにフレームを作り、石こうボードを張っていく

02 クローゼットの背面には合板を張った

ドアクローザーをつけることで、ドアの開閉がスムーズに。奥が寝室

壁をアーチ状に

リビングの壁を一部くり抜いて
上の部分をアーチ状に加工し漆喰で仕上げる

After

真ん中の柱は構造材のため撤去できなかったものだが、デザインの一部としてうまく取り入れている。アーチ部分は漆喰仕上げ

Before

壁を抜く前の状態

クローゼット廊下の製作時に、偶然思いついたのが、壁の一部を抜いて、上部をアーチ状にすること。これによりリビングの開放感が増し、なによりデザイン的に大きなアクセントとなりました。

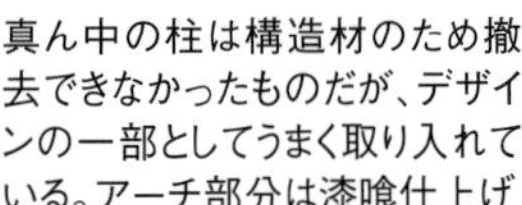

01 壁を抜き、新たにフレームを製作したところ

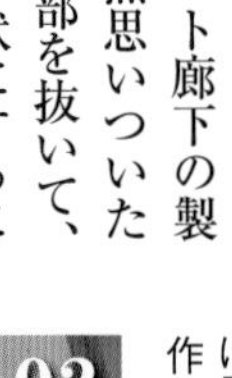

02 アーチ部分の下地はこのように作った

テレビ壁面を製作

目隠しを兼ねた壁掛けテレビ用の壁面を作り
オイルステインで着色したウッドタイルを張る

After

ダウンライトを設置して、高級感漂う仕上がりに

壁面を作る前には、リビングからトイレのドアや階段が見えていた

リビングから丸見えのトイレや階段を隠す目的もあり、壁掛けテレビ用の壁面を新たに製作。間柱材を既存の壁や天井、床にネジどめしてフレームを作り、合板や石こうボードを張りました。

仕上げは両サイドが漆喰塗りで、正面がウッドタイル張り。スライド丸ノコでいろんな厚さにスライスして製作したウッドタイル（90×90㎜角材）を、濃度の違うオイルステインで着色し、接着剤で合板に張っていきました。その数なんと500枚超！

間柱材を既存の壁や天井、床にネジどめしてフレームを製作

ウッドタイルの下地となる合板を張ったところ

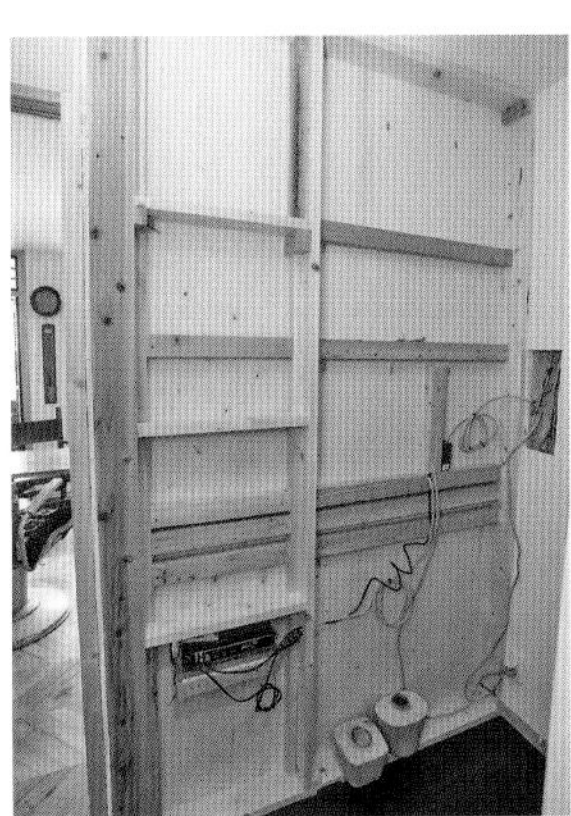

裏面の様子。テレビの荷重が加わる部分は横材を増して補強している

ウッドタイルの厚さと色の濃度を少しずつ変えているのがミソ

側面は石こうボードを張って、漆喰塗り。古材を棚板にしてニッチを設けた

洗面所を大改造

洗面台と洗濯機置き場が同居していたところを広々とした居心地のよい洗面専用スペースに

ここを洗濯機置き場&洗面所にするつもりだった。それをひらめき一閃、広々とした洗面専用スペースとすることに。タイル張りの洗面台をはじめ、アンティークな床板、小ワザが効いたニッチなど見どころ満載で、ずっと居続けたい心地よい洗面所になりました。

After

2×4材と合板で下地を作り、タイルを張った洗面台。床にはストックしておいた古い床材を張った

新築時の洗面所。洗面台の右側を洗濯機置き場にする予定だった。床はあえて合板のままにしておいてもらった

洗面台右側のニッチ。石こうボードをカットし、以前から使っていた棚をはめ込んだ。スイッチ類をうまく収めている

2×4材のフレームを壁に固定したところ

洗面台左側のニッチ。以前から使っていた棚をサイズダウンしてはめ込んでいる。棚や背板にタイルを張って、完成度が大幅アップ

洗面台の下は収納。右側にはスライドレールつきの引き出しが3段並ぶ

フレームに合板を張り、シンクと水栓をセッティング。その後、合板に接着剤でタイルを張る

リビングは元々あったフローリングの上に
ヘリボーンパターンのフローリングを張る

フローリングの重ね張り

1階の中心に位置するリビングで、まず目を引くのが、ヘリンボーンパターンのフローリング。元々張られていたフローリングの上に、エアクギ打ち機でフィニッシュネイルを打って固定しましたが、特殊なデザインのため、隅をきれいに仕上げるのが大変だったそう。その他、アンティークアイテムを活用したダイニングテーブルや照明などが存在感を示します。

After

使用したフローリング材は「アカシアフレンチヘリンボーンワイルドフローリング」

Before

新築時のリビング。合板フローリング張りだった

古い裁ち板を利用したダイニングテーブル。脚は古いボール盤を解体して組み直し、新たなパーツを加えて自立するようにしたもの

ラッパのような照明は、蓄音機を再利用したもの。左下のレトロなスイッチは、収集した古材についていたもの

構造材むき出しと真っ赤な壁
完全わがまま改装を楽しんだ個室

個室も天井抜きや大胆な壁色で改装

おふたりは個室を持ち、そこもそれぞれの好きなように改装。おふたりの好みが色濃く出ていて面白いです。

奥様の部屋は壁の一部を赤にペイント。室内はレトロ感が漂う。ソファの前のタイル張りのキャビネットも自ら リフォームしたもの

ご主人の部屋は天井を抜いて、構造材をむき出しに。窓の向こうは玄関。ひと目で収集癖がわかる室内

自分でできる！
DIYリフォーム実例
実例
2

畳と砂壁の部屋が洋室のリビングへ

ほとんど利用していなかった角部屋の和室。2面採光で日あたりがいいのにもったいないと思い、ここを憩いの場にしようと洋室のリビングへと大変身させました。

濃い抹茶色の砂壁がアンバランスで、晴れた日も部屋はいつも暗いイメージだった

モデルルームのようなリビングが完成

日あたりはいいものの、来客用であまり利用していなかったという和室。この日あたりのいい部屋を、来客用を兼ねた家族がくつろげる、居心地のよい空間にしたいと以前より考えていたHさん。

DIYアドバイザーと相談の結果、この際、大胆に和室を洋室のリビングに変身させて、いつも人が集まる空間にしてしまおうということになりました。

「畳を取りはずして土台を作り、クッションフロアを張りつけていくので、かなり時間がかかるのではと思いましたが、アドバイザーさんにお手伝いいただき、びっくりするほどスムーズに作業が進みました。できあがりに大満足です」と話す。

今回のリフォームのコンセプトは、「茶と白」をテーマカラーとし、ほかの色をいっさい入れないこと。その言葉通りの仕上がりはモダンで、新築マンションのモデルルームのような仕上がりになりました。

畳をクッションフロアに

床下に土台を作り、コンパネを敷いて加工

和室の畳部屋を、クッションフロアを使った洋室のリビングにリフォームしました。

畳をはがした下には、クッションフロアを張るための土台を作らなければならないため、枠組みの角材とコンパネが必要となりました。

ノミで角材を削り、角材同士を格子状に組み合わせていく作業に少し手間がかかりました。寸法を間違えると土台として体をなさないので、きちんと測って作りました。

01 既存の畳をはがす

初めにはがす畳の縁の間にマイナスドライバーなどを入れ、テコの原理で畳を持ち上げてはがす。2枚目以降は簡単にはがせる

DIY material & tools

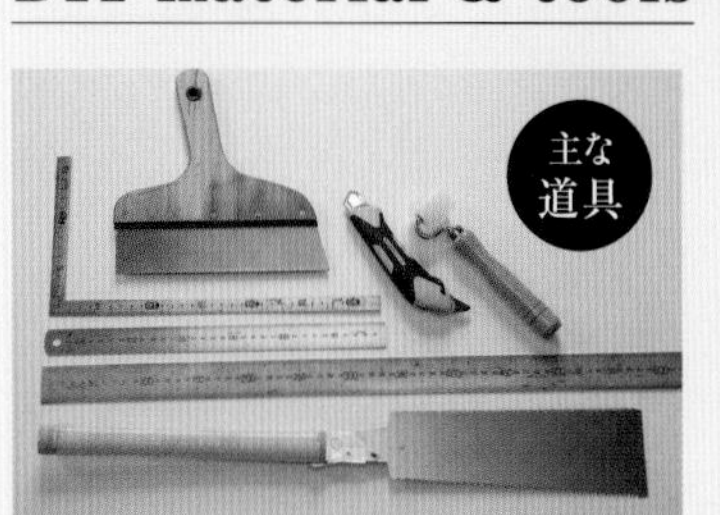

ノコギリ、定規、サシガネ、地ベラ、カッター、ジョイントローラーなど

クッションフロア、水性ペンキ、ロールスクリーン、角材、コンパネなど

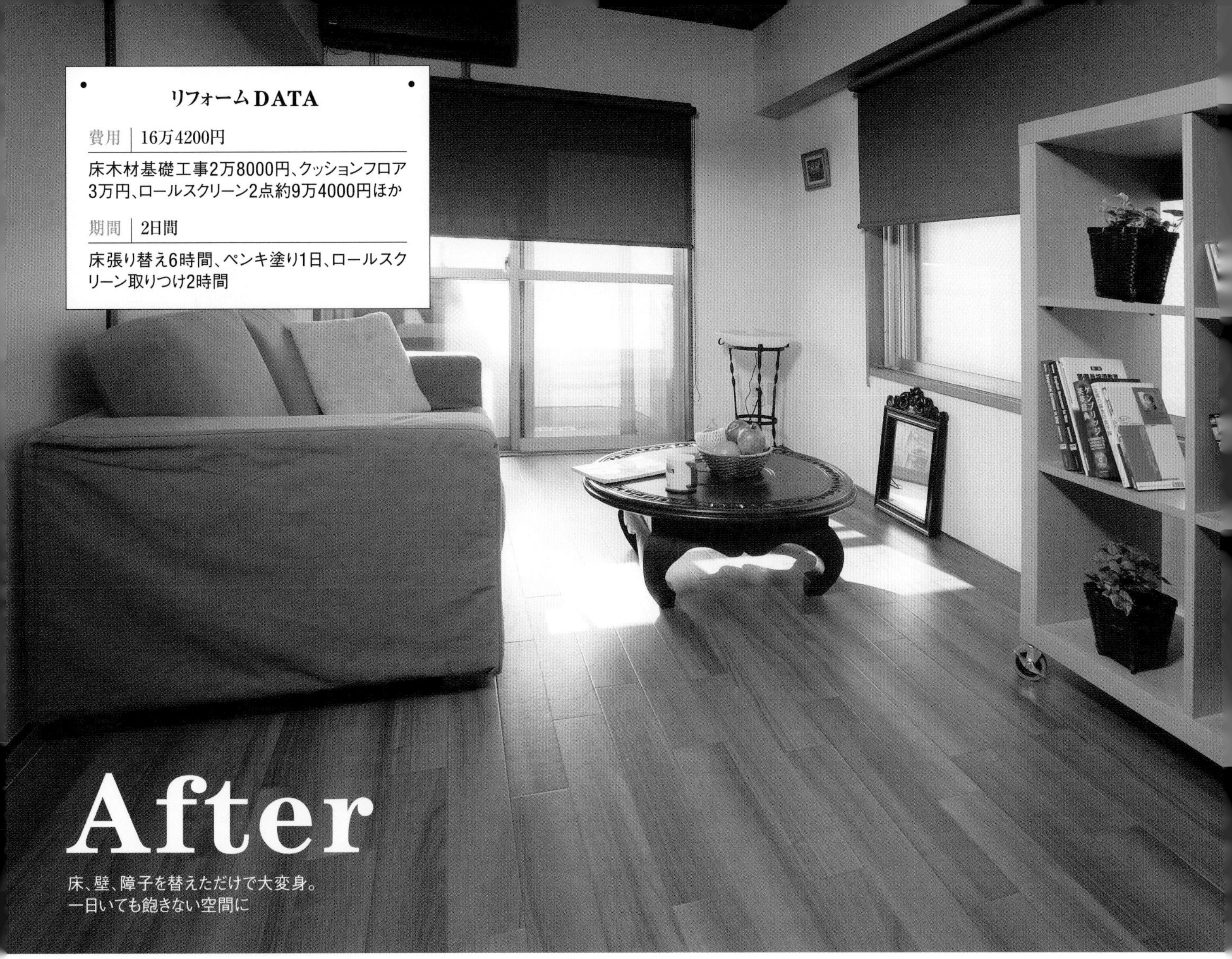

リフォームDATA

費用｜16万4200円

床木材基礎工事2万8000円、クッションフロア3万円、ロールスクリーン2点約9万4000円ほか

期間｜2日間

床張り替え6時間、ペンキ塗り1日、ロールスクリーン取りつけ2時間

After

床、壁、障子を替えただけで大変身。
一日いても飽きない空間に

02 下地を作る

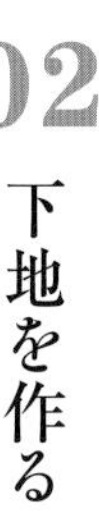

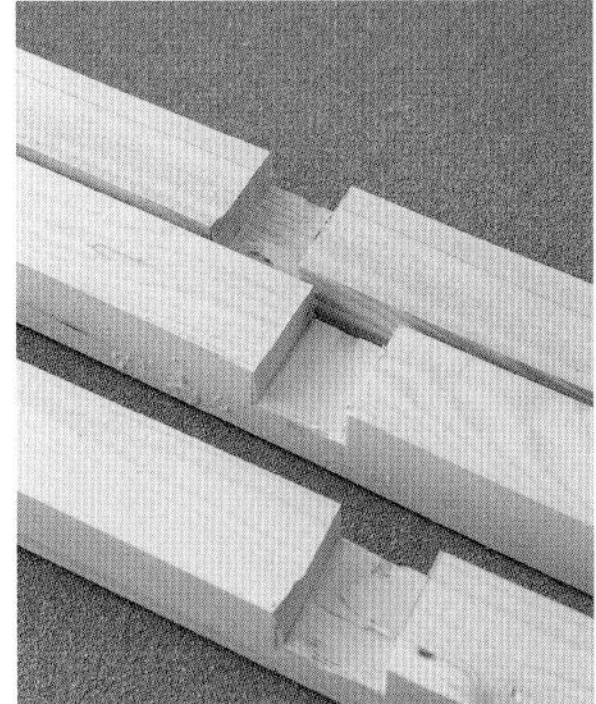

溝の深さは角材の半分にそろうようにノミで削って微調整。床のできあがりの決め手となる

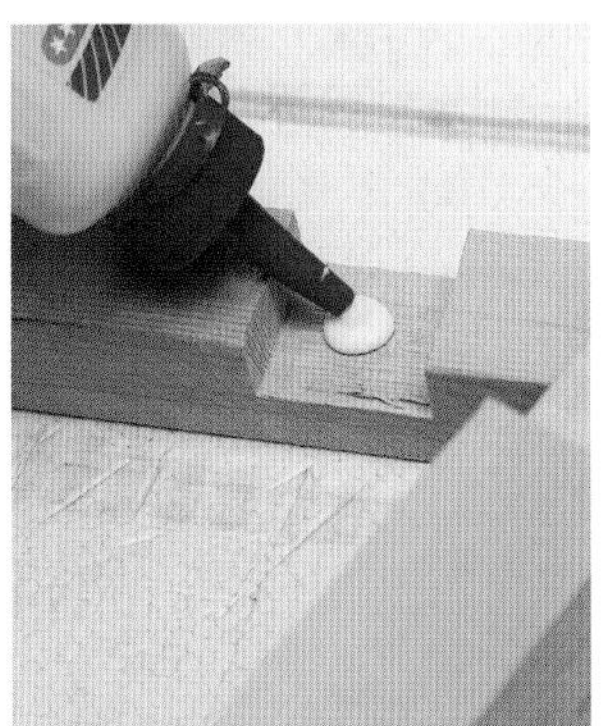

井桁の接合部分の密着性と強度を高め、きしみを少なくするために、木工用接着剤と木ネジで固定する

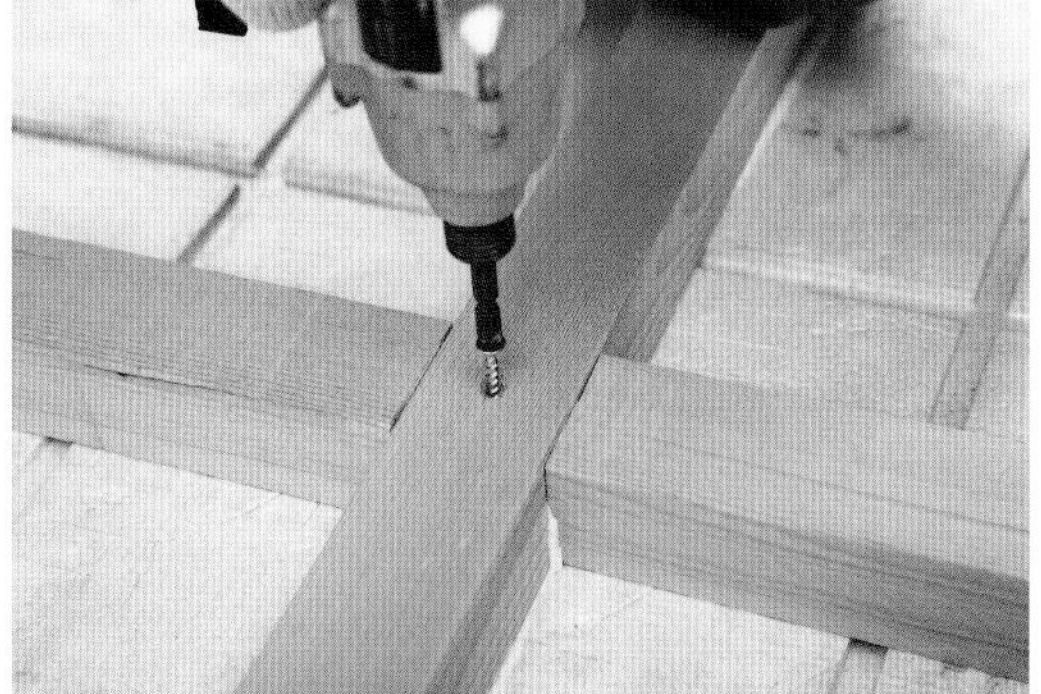

根太と呼ばれる角材を格子状に敷くため、溝と溝の部分を十字にクロスさせ、接着剤で固定し、ネジでとめる。この上にコンパネを載せる

03 根太を敷く

根太を格子状に敷き、接合部を木ネジで固定し、高さがきれいにそろっているか確認する

04 根太の上にコンパネを敷く

根太の上に端から順番にコンパネを敷く。コンパネと根太は接着剤で仮どめし、木ネジで約50cmの間隔で根太にしっかりと固定

05 下地の完成

根太にコンパネを敷き詰めて下地の完成。ズレがあってはいけないので、全体の高さが均一になっているか、よく確認をすること

06 下地の上に両面テープを張る

クッションフロアをコンパネに固定するために、両面テープを約50cm間隔で平行に張る。ベニヤ板によく張りつくように、上からしっかり押さえつける

07 クッションフロアを張る

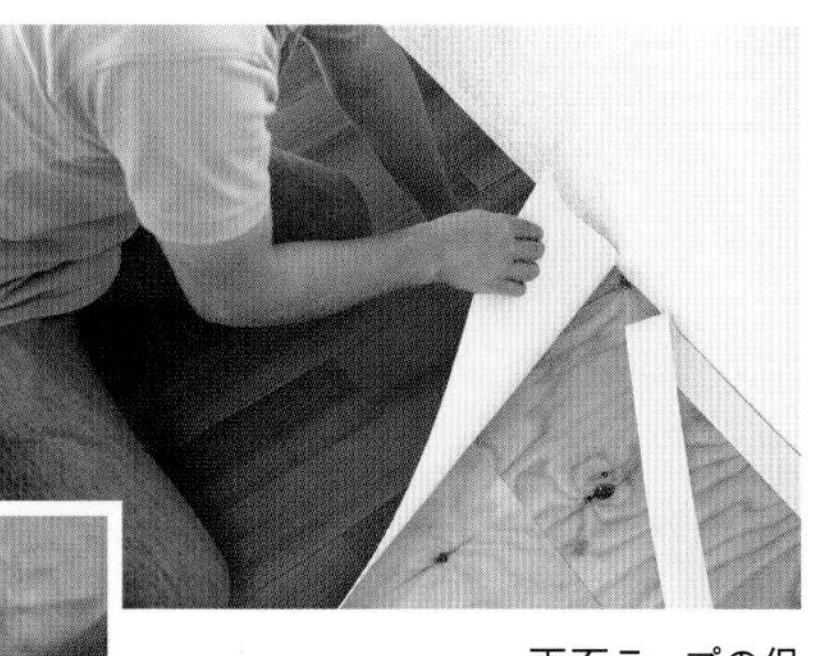

両面テープの保護テープをはがしながら、クッションフロアを張っていく。たるみや曲がりが出ないように注意する

部屋の端に出た余分は、ステンレス地ベラを壁のコーナーの角がわかるところまでしっかり押さえて、カッターで切り落とす

ワンポイントアドバイス

継ぎ目や端をていねいに張ると仕上がりが美しくなる

作業でもっとも気をつけたいのはフロアの端やフロア材の継ぎ目部分。ここをていねいに仕上げるコツをマスターすることで、完成度は飛躍的に向上します。

01

端の部分のクッションフロアはカット定規か、定規をあてながらカッターナイフでていねいに切っていく

02

クッションフロアの継ぎ目の部分はジョイントローラーで押さえるように張りつけていく

03

壁の側面部分の、端が浮いていたりはがれてしまっている部分などは、接着剤で補修する

緑の砂壁の上に直接塗れる白ペンキを使う

砂壁にペンキを塗る

元の和室は、緑の砂壁が部屋を暗い印象にしていたため、白のペンキで塗り替えることにしました。ところが砂壁で思わぬ苦戦を強いられることに。砂壁の表面に細かい凹凸があるため、ペンキをかなり吸い込んでしまうので、力を入れてローラーを動かさないと着色しにくいのです。結局ペンキを3度塗りしてようやく落ち着きました。

できれば、砂壁は水分を吸収しやすいので、下地シーラーを塗ることをおすすめします。結果としては温かく落ちつける部屋の壁に仕上がりました。

床部分や家具はペンキが飛び散るのでマスキングテープを使って、しっかりと養生するのがポイントです。

01 塗らない場所にマスキングする

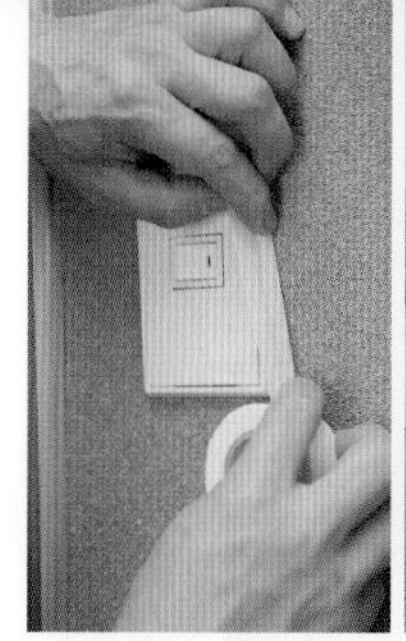
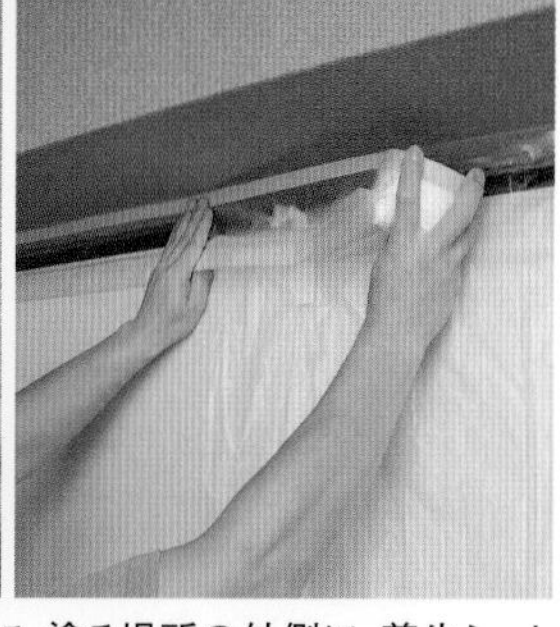

ペンキがつかないように、塗る場所の外側に、養生シート付きのマスキングテープ（マスカー）で養生する。スイッチ部分はマスキングテープのみで張る

02 マスキングしたらシートを広げる

テープを張ったら、下についている薄いシート部分を手で広げ、養生する外側部分の広い範囲をカバーし、動かないように固定する

03 砂壁にペンキを塗る

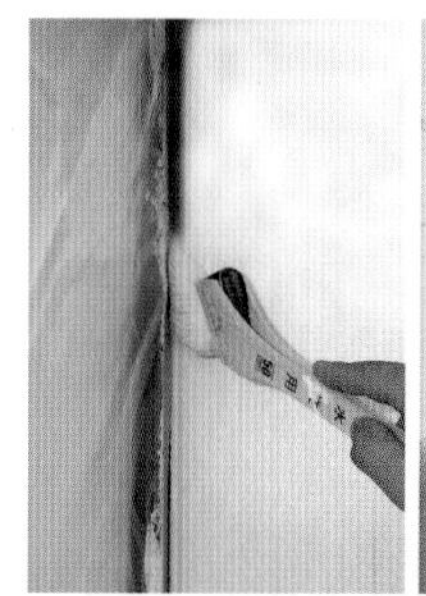
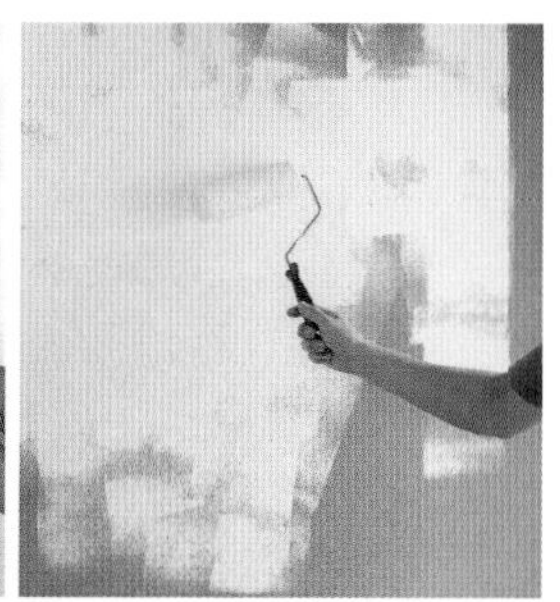

ローラーバケを使用してまず全体にシーラーを塗る。砂壁などはペンキをかなり吸い込むので、2度塗りあるいは3度塗りしたほうがよい

DIY material & tools

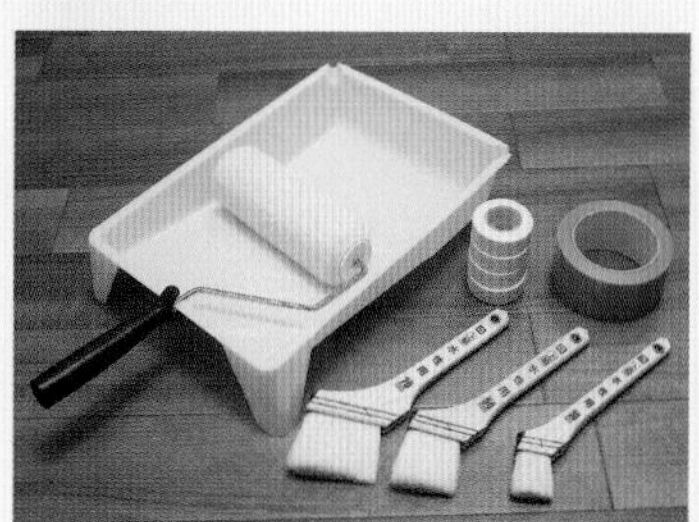

ロールマスキングテープ、マスキングテープ、スジカイバケ、ローラー、トレイ、ローラーバケなど

塗料

壁や壁紙に塗れるタイプの水性塗料など

ワンポイントアドバイス

壁の下地調整あれこれ

下地の状態がよければどんな塗装も怖くない！というわけで、まずは汚れやホコリなどを拭き取ろう。壁紙などの場合、ベタついた汚れは中性洗剤などで拭き取る。砂壁などではがれかかった場所があれば、スクレーパーや皮スキなどを使って壁をはつって（削って）から作業を行なうといいでしょう。ひび割れやすき間などは、木工用パテで埋めてからサンダーなどで平らにならす。下地剤のシーラーを塗ってからペイント作業を進めよう。

自分でできる! DIYリフォーム実例

実例

3

壁・天井・扉を塗って リビングを明るく

古い塗装がはがれ落ちて、毎日気になるほどだったボロボロな壁や天井。これが好みの色の塗料をローラーバケで塗るだけの簡単作業でこんなにも見栄えがよくなりました。

Before

壁や天井のいたるところで穴やひび割れが目立ち、以前に塗ったペンキもはがれ落ちていた

暖色系の色を使用し落ち着いたリビングに

Sさんがこの部屋をオフィス兼自宅として使い始めたとき、すでにかなりのリフォームがされていました。赤い扉の色があまり好きではなかったそうで、いつか塗り替えたいと思っていたとか。「赤という色は刺激的すぎて自宅にはあまり向かないですね。なんだか落ち着かないんですよ。塗り替えた今は、以前と比べると格段に過ごしやすい空間に変わりました」という。

さらに扉以外も、天井と壁は塗膜の表面がところどころはがれたり、穴があいていたりという状態。補修をしてから、暖色系の色に変更。落ち着き度は格段にアップしました。「長い柄のついたローラーバケを使うのは今回が初めてですが、とても軽いので手の疲れもほとんどありませんね。それよりも、みるみる壁や天井がキレイになっていくのが楽しくて……気がついたら何時間もたっていましたよ(笑)」と今回のリフォームを振り返ってくれました。

柄付きのローラーバケが大活躍

ペンキを塗る

このリビングのペンキ塗りはとても楽しかったそうです。そのわけは柄付きのローラーバケ。一見プロが扱う道具のようですが、「ローラーにペンキを染み込ませたら、あとは壁や天井に対して同一方向に塗っていくだけ。それでこんなにきれいに仕上がりました」。この同じ方向に塗っていくのがポイントです。

01 床や壁に養生を施す

DIY material & tools

主な材料

塗料

室内専用の水性塗料を選ぶ。カラーバリエーションが豊富なので好きな色にできる

主な道具

ローラーバケ

スポンジバケ

ともにハケ目が出ないので初心者でも塗りやすい

After

赤いドアがナチュラルなホワイトになり落ち着きのあるリビングに生まれ変わった

リフォームDATA

費用｜約1万5000円

壁（天井含む）と扉と桟で違う色のペンキを使用。道具はローラーやハケなど

期間｜約1日

朝から晩までの作業で完了。重ね塗りの回数は扉・壁・天井ともに2回

養生シートを床に張り、ペンキを塗りたくないドア枠にはマスキングテープを張っておく

02 コーナーや端から塗り始める

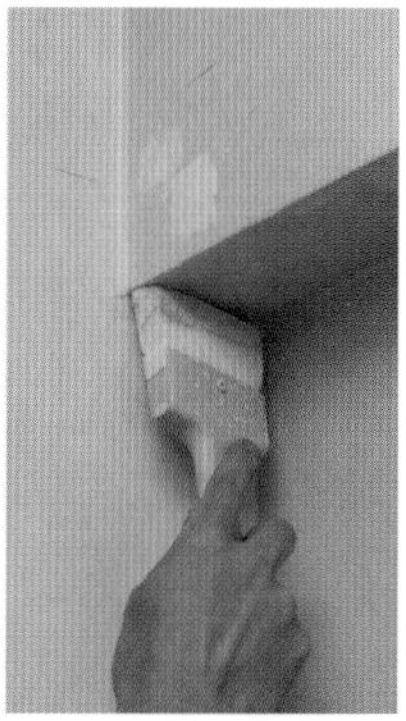

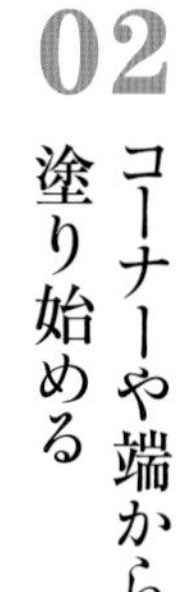

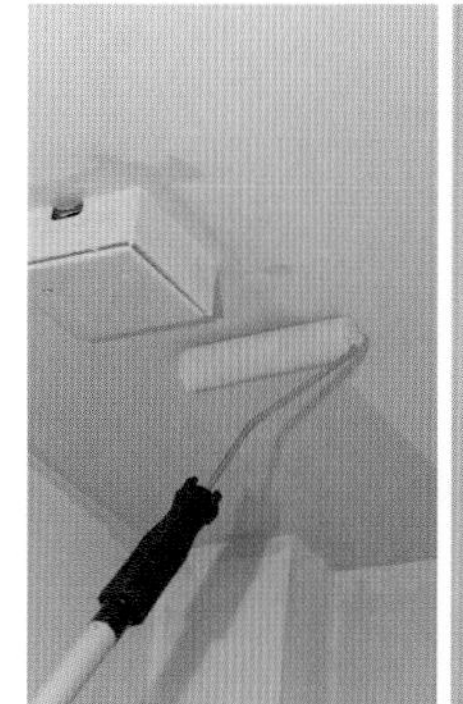

小さなハケやスポンジバケを押しあてて、コーナーや端などの塗りにくい場所からスタートする。広い面はローラーバケで均一に塗っていく

03 マスキングをはがして完成

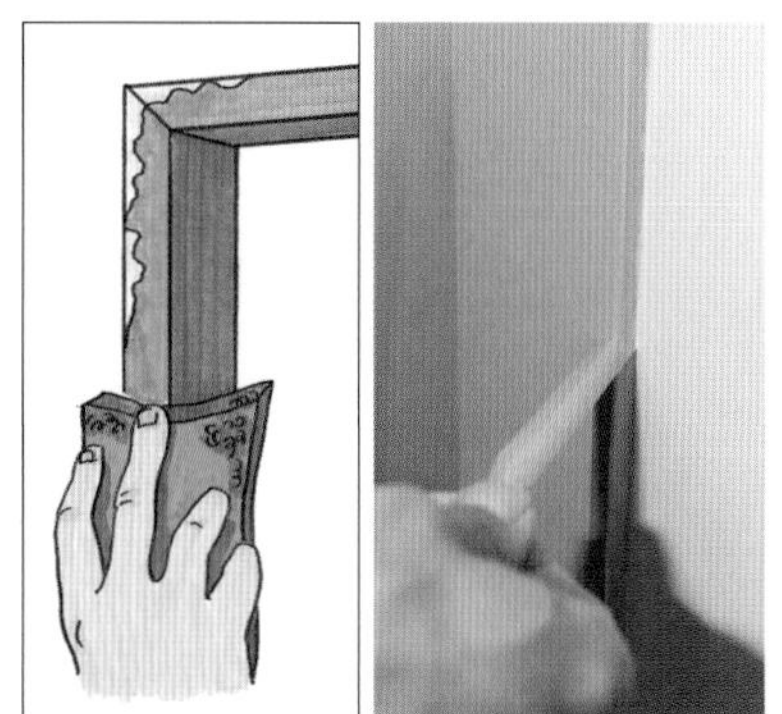

時間がたつと下地の塗料をはがす恐れがあるので注意。はみ出た塗料は食器洗いで使う、硬い繊維のスポンジですぐにこすれば落ちる

面材を張り替えて明るく清潔に

リビング＆ダイニングにつながる、ちょっとくたびれたキッチン。ここを簡単に美しくよみがえらせる、壁とシステムキッチンの扉の面材張り替えＤＩＹにチャレンジ！

部屋全体に統一感が出てうれしい

ＤＩＹが得意というKさん。今回リフォームした家も飲食店兼住宅を居抜き（家具・設備などをつけたままの建物の状態）で買い取り、コツコツとひとりで作り変えています。

「やったことがなくても完成品を見れば、なんとなく自分でもできる気がするんです」とのこと。

すでにリビング＆ダイニングのリフォームは完了しており、あとはキッチンを残すのみ。20年前の古いキッチンを新しく生まれ変わらせるべく、今回はチャレンジです。

背面の壁は、やわらかな印象を与えるナチュラル色のタイルに変更。システムキッチンの扉と冷蔵庫の面材は、同じくナチュラルな木目に張り替えました。両方とも掃除が楽なうえに、キズつきにくいのも魅力。「こんなに簡単にキレイになるんですね」と納得の表情になりました。

愛犬は13歳。でもまだまだ元気な汚し盛り。リフォームするなら掃除のしやすさも大事

築20年のシステムキッチン。ところどころ扉の面材にキズや汚れがあり、壁のステンレスには凹凸が目立つ

DIY material & tools

主な道具

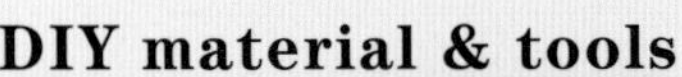

ディスクグラインダー
ディスク交換により、木材から金属まで切削可能な工具

くし目ゴムベラ
左右のうち片方がゴムで目地材を塗り、もう片方はプラスチックで接着剤を塗る

バール
L字形に曲がった棒状の鉄製工具。テコの原理を利用して使用する

ニッパー
薄い金属の板や針金などを切断する工具。ホームセンターなどで買える

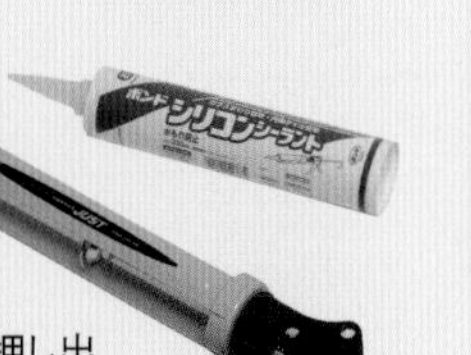

コーキングガン
コーキング剤を押し出す道具。数百円程度で買える

主な材料

タイル
材質は陶磁器や大理石、コンクリートなど。色や大きさも多彩で、自由な演出が楽しめる

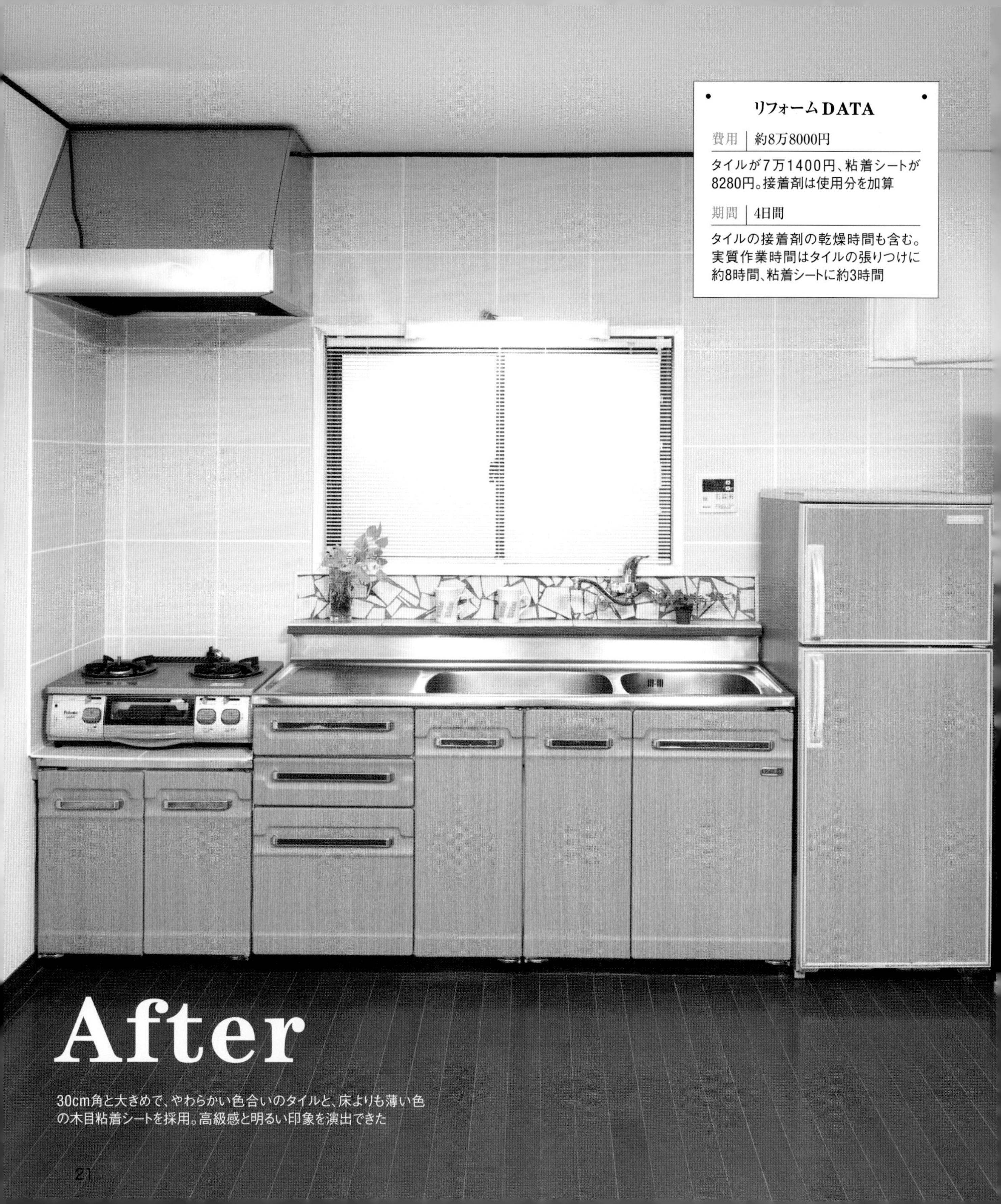

リフォームDATA

費用 | 約8万8000円

タイルが7万1400円、粘着シートが8280円。接着剤は使用分を加算

期間 | 4日間

タイルの接着剤の乾燥時間も含む。実質作業時間はタイルの張りつけに約8時間、粘着シートに約3時間

After

30cm角と大きめで、やわらかい色合いのタイルと、床よりも薄い色の木目粘着シートを採用。高級感と明るい印象を演出できた

キッチン背面の壁は上質感のあるタイルにする

壁にタイルを張る

ステンレスとビニールクロスが張ってあったシステムキッチン背面の壁。経年変化によるキズや汚れだけでなく、コンロまわりにはコゲあとも。そこで防傷性、耐火性が高く、高級感もアップするタイルを張ることに。

タイルは色、柄ともに豊富で、大きさも多種多様。今回は大きめの30cm角を採用しました。小さいタイルに比べて張る手間は少なくなりますが、重い分、気を抜くと作業中に壁から落ちやすいので固定するまでは押さえておくなど、注意が必要です。

また、蛇口をはずす前に、必ず水道の元栓は閉めること。作業中は水道が使えなくなるので注意しましょう。

01 コンロや蛇口などをはずす

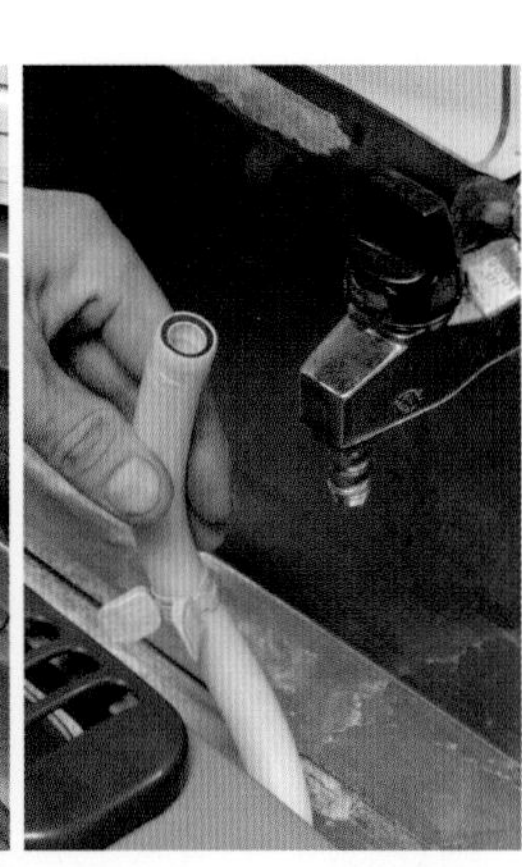

ガスの元栓を閉めてホースを抜き、コンロをはずす。水道も元栓を閉め、蛇口をはずす。難しそうだがプライヤーなどを使えば簡単

02 壁に張られたステンレスをはずす

バールをステンレスと壁の間に入れ、壁の下地を壊さないようにステンレスをはがす。はずせないガス栓まわりは、ニッパーで切り、周囲の穴を広げて抜く

03 壁に張られたクロスをはがす

ビニールクロスはカッターで切ってはがす。部屋の角から切るとキレイにはがしやすい

04 タイルを張るために壁に接着剤を塗る

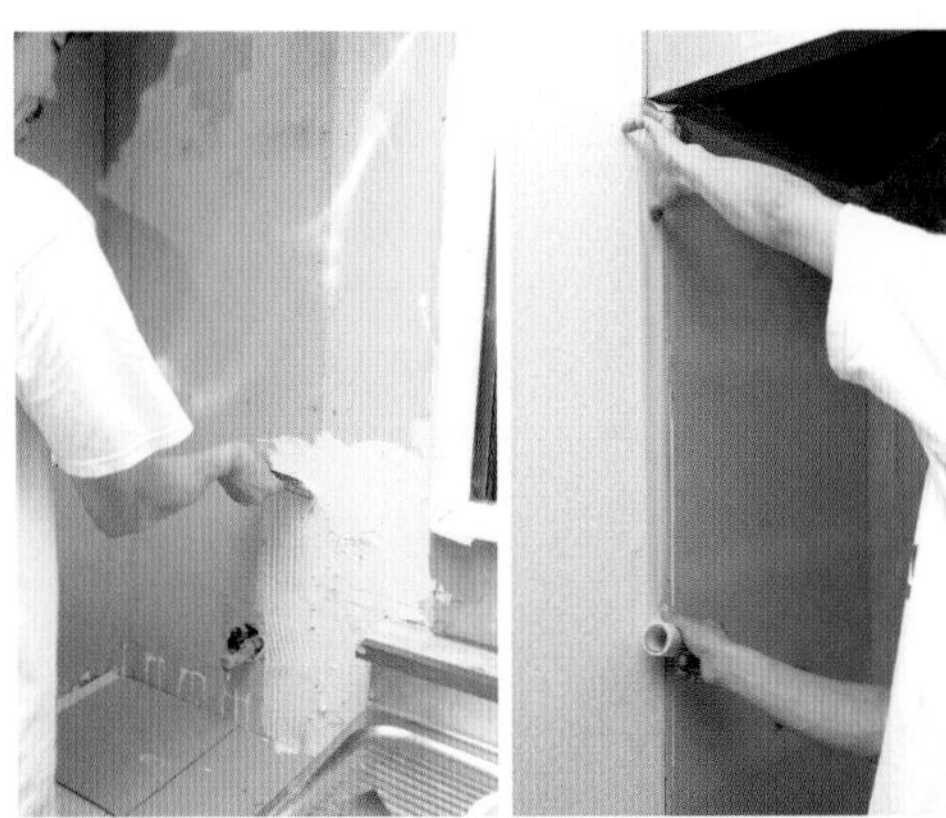

接着剤がはみ出さないように5cmくらいの幅広のマスキングテープを張る。接着剤は、ヘラのくし目側を使い、垂れてこないように下から上へ延ばす

05 床に近いほうから上に張り十分乾燥させる

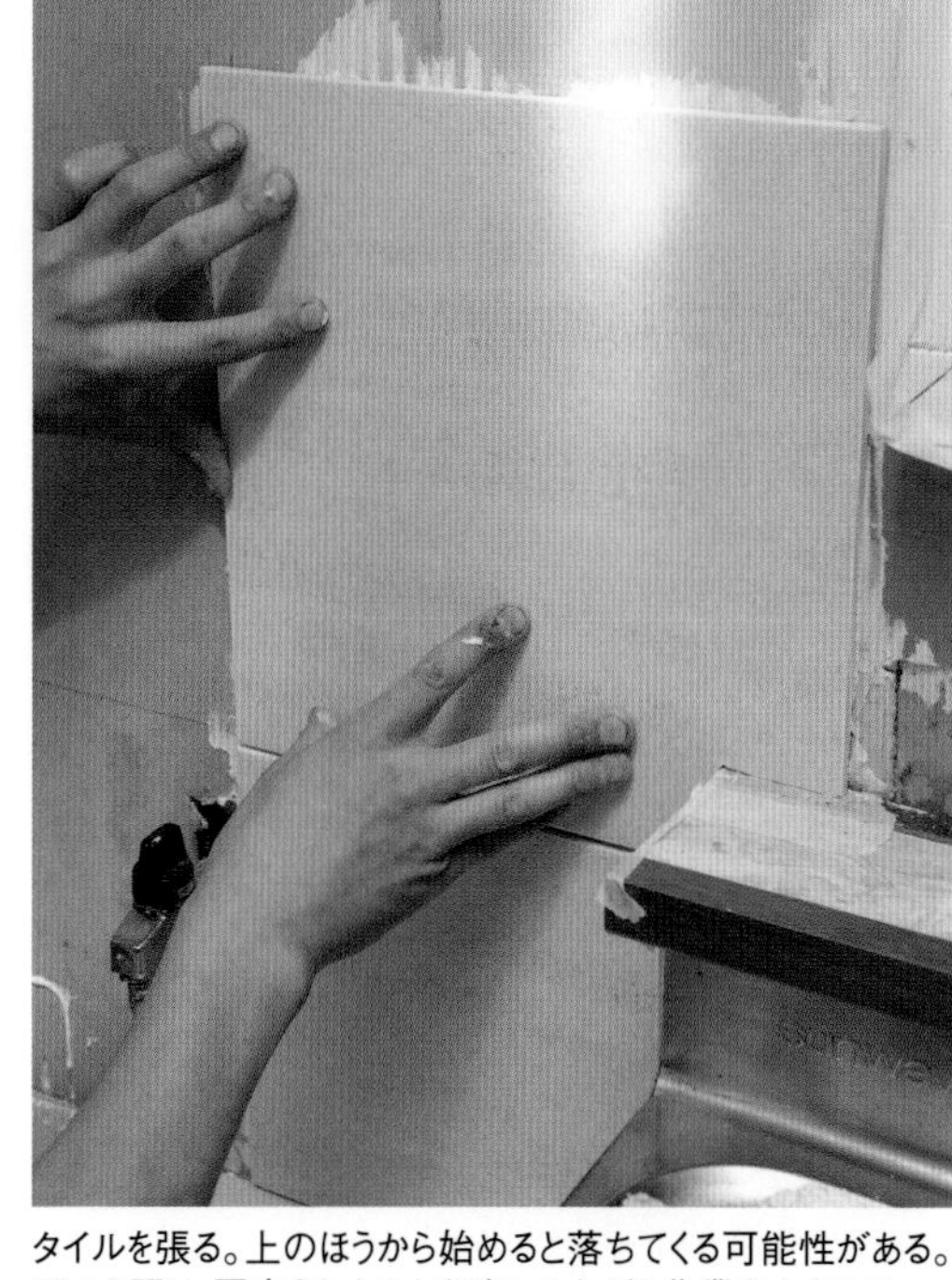

タイルを張る。上のほうから始めると落ちてくる可能性がある。下から張り、固定されたことを確かめながら作業をすすめる

06 ヘラで目地材をすき間なく入れる

ヘラのゴム側で目地材を入れていく。空気が入らないように何度も奥に詰め込むようにする

07 タイルと壁の境目をコーキングして完成!

タイルと壁の境目をコーキングし、すき間に汚れや水分が入らないようにする。コーキングガンがなくてもできるが、使用すればより楽に作業ができる。表面の凹凸は濡らした指でならす

ワンポイントアドバイス

ガス栓まわりのタイルをカットする方法

壁のタイルをはがして新しいタイルを張る際にもっとも気をつけたいのは壁から出ているガスの元栓。キズつけないように注意しつつ作業を進めましょう。

01

ガス栓まわりの穴の直径を測る。ガス管の直径は正確に測れないので大きめに記録する

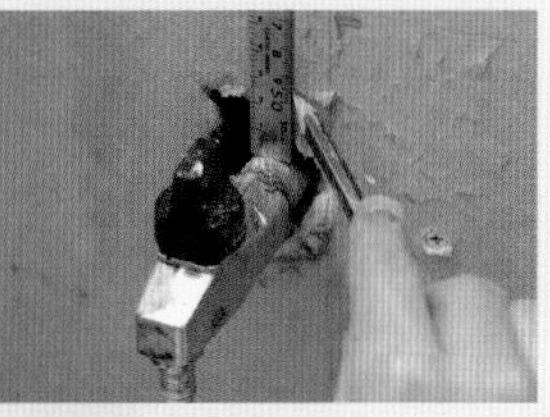

02

タイルに半径分の線を引く。半円ずつ切って、2枚のタイルを合わせるといい

03

タイルをディスクグラインダーでカットする。曲線には切れないので、何カ所かに分けてカットする

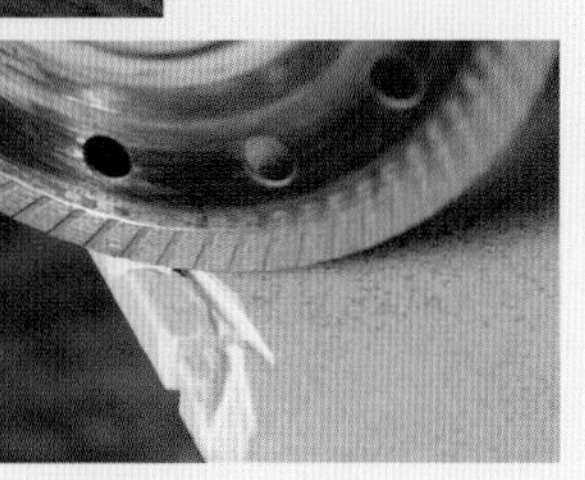

ここに注目!

達人のワザ

目地材を壁面のタイルに使用する場合、ゆるく作ると塗った際に下に垂れてくるので、水を少なめに混ぜて、固めに作るとよい

キッチン扉の面材と冷蔵庫を木目で統一

粘着シートを張る

20年にわたって使用されたシステムキッチンの扉の面材は、へこみなどが目立ちくたびれた状態でした。キッチン全体を取り替えるとなると数十万円から数百万円の出費になります。そこで粘着シートを使い、手軽にすばやくリフレッシュすることにしました。粘着シートはカッターなどで簡単に切れ、裏面にのりがついているので手軽に張ることが可能。色柄も豊富で、初めてのDIYリフォームにもぴったり。接着面とシートの裏をキリ吹きで濡らしてから張りますが、水の中に中性洗剤を数滴入れると乾き時間を遅らせることができるのでズレを直すときに便利です。

01 取っ手やパッキンをはずす

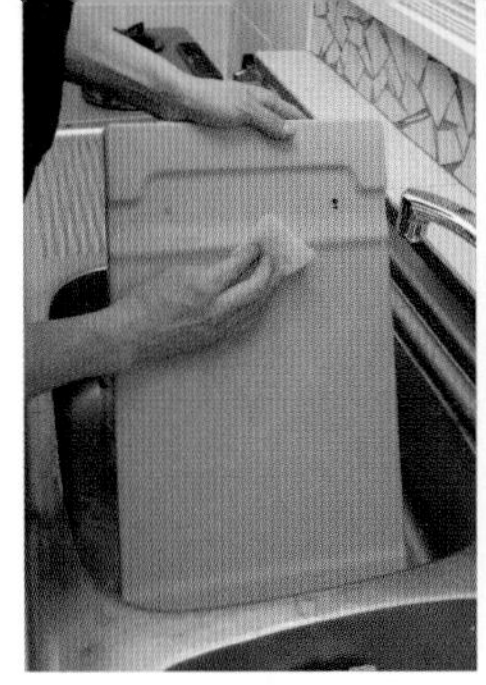

ドライバーで扉をはずす。裏パネルを取り、ネジを回して取っ手をはずす。表面の油や汚れはシートの粘着力を弱めるので、洗剤で洗う

02 扉に合わせて粘着シートをカット

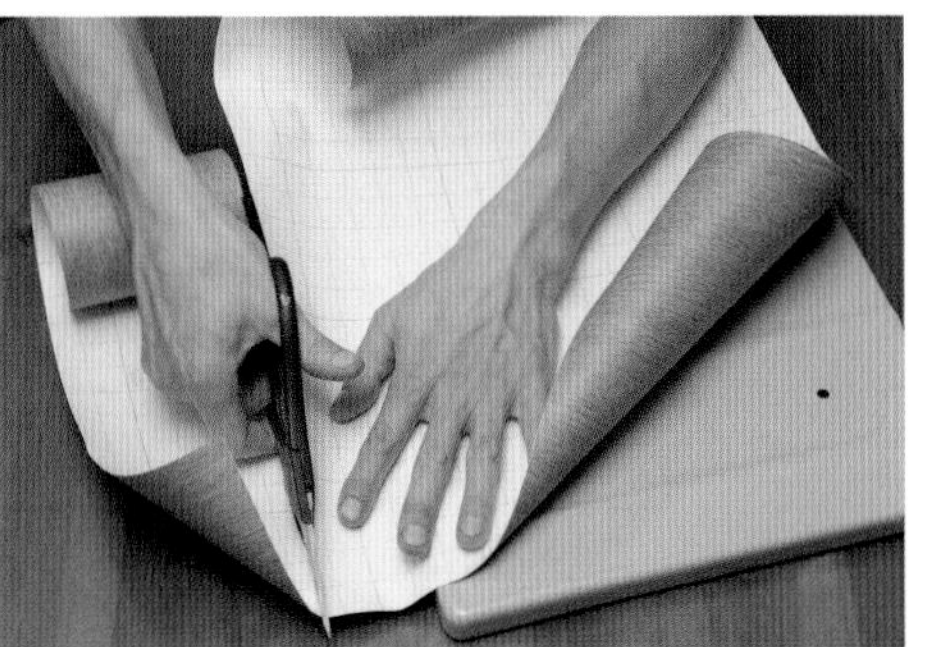

シートを扉のサイズに合わせてカット。曲面のある形状などを考慮して大きめに切る。張ったあとで端はきれいにカットしよう

03 扉とシートの裏をキリ吹きで濡らす

少量の中性洗剤をまぜた水入りキリ吹きで扉を濡らす。乾いた状態で張るとすぐに接着し、張り直しやズレた場合の微調整ができなくなる。粘着シートの裏面も濡らす

04 シワが出ないように扉に張っていく

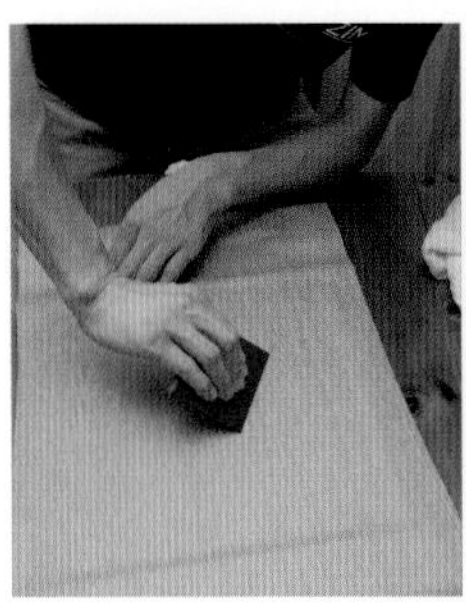
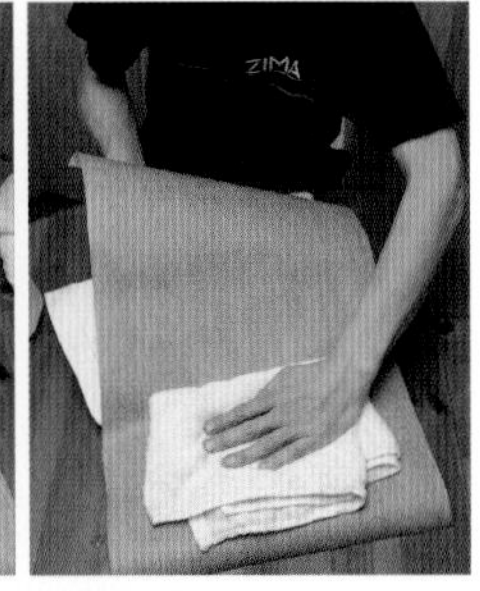

一部分だけ張り、全体の位置関係を確認。ズレても濡れていれば滑らせて修正できる。微調整が完了したらゆっくり全体に張り、ヘラで空気と水を押し出していく

DIY material & tools

主な道具

ハサミ
できるだけ切れ味のよいものを用意。カッターも必要

ヘラ
プラスチック製。壁紙用など専用のものでなくてもOK

キリ吹き
ホームセンターや100円ショップなどで購入可能

主な材料

粘着シート
化粧合板や金属、プラスチックなどの張れる室内用の接着剤付きシートを用意。木目模様やカーボン柄などがある

ワンポイントアドバイス

曲面をきれいに張るコツ

コツ 1

ドライヤーは便利なアイテム

曲面や凹凸部分はシワや空気が入りやすい。ドライヤーをあてながらゆっくりと張ればぴったりと密着する。ヤケドに注意

コツ 2

気泡ができたらカッターで空気を抜く

気泡が入ったからとヘラで何度も押し出そうとするのはシワの原因に。カッターで小さな穴をあけ、そこから空気を押し出せばOK

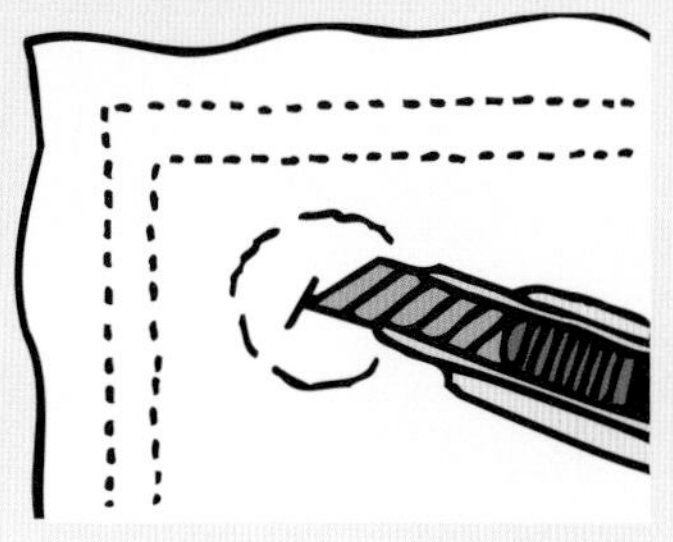

種類もいろいろ粘着シート

プレミアムダーク

Nマキシムウォーム

チリチェリー

今回使った「こだわりの粘着シート」にはほかにもプレミアムダーク、チリチェリーなどさまざまな色柄がある。

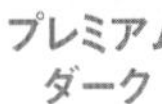

窓に張ってプライバシー確保と窓ガラスの飛散防止効果を持たせた半透明の「目かくしシート」も各種ある。これで窓辺を生まれ変わらせてはいかが。

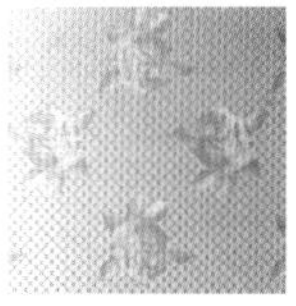

エスパニア

ダイヤ

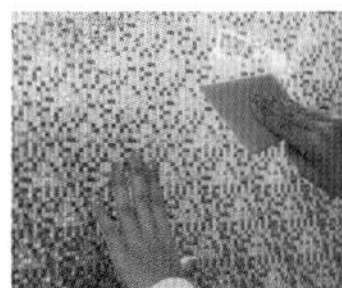

クリスタル

05 余った部分をカット

裏面まで巻き込んで張り、余った部分はカットする。直線部分は定規をあてると便利

06 はずしておいた取っ手をつけて完成！

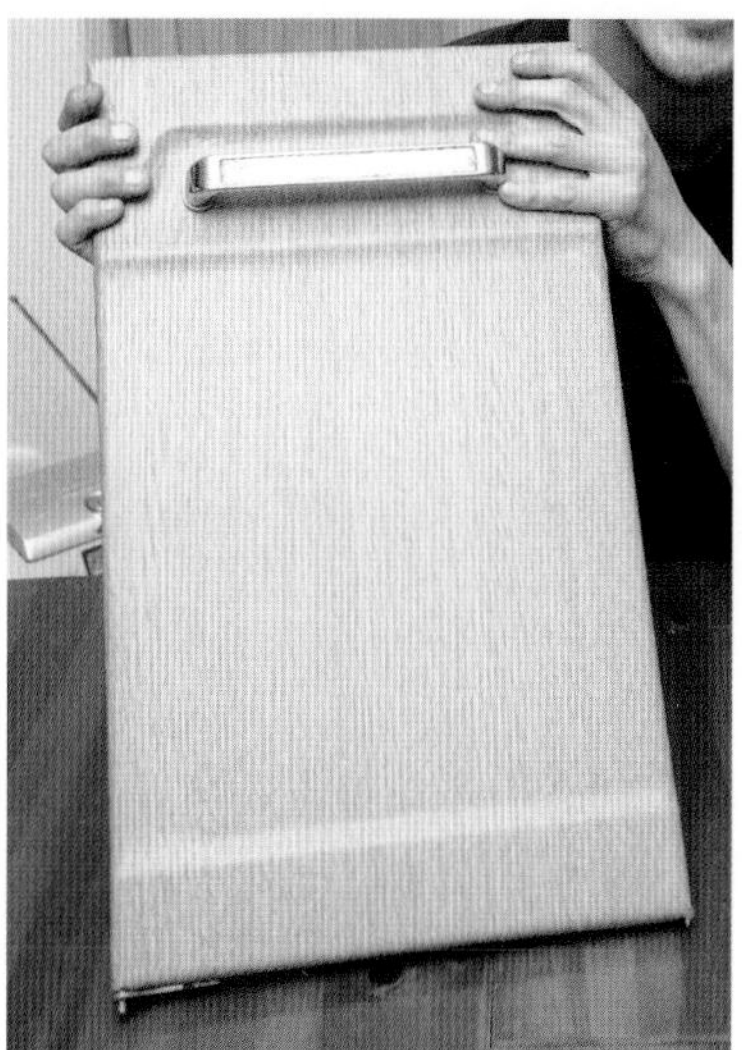

凹凸部分にもぴったり密着しているか、空気が入っていないかなど、最終チェックをする。問題がなければ、はずしておいた取っ手をつけて完成

07 冷蔵庫にも張って質感を統一させる

取りはずせない取っ手まわりは、張ってからカッターで微調整する

自然素材を多用したシンプルモダンな空間に

購入した中古マンションの和室とリビングを一体化、自然素材を多用した大きなワンルームができあがりました。

After

中古マンションを購入し、入居前に家全体をDIYリフォーム。建築家の友人に設計を依頼し、仲間に手伝ってもらいながら仕上げた。床は明るくてクセがないホワイトオーク、壁は調湿作用のある珪藻土、天井や家具はシナ合板を使用

リフォームDATA

費用	約80万円
期間	約2週間

天井に設けたレールと、下部につけたキャスターで、棚は可動する。棚を引き出すと、奥のスペースが半個室として使える

Before

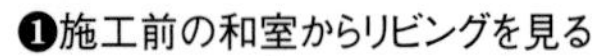

❶施工前の和室からリビングを見る
❷床は畳をはずし、リビングと高さをそろえるためコンパネを重ねた。天井は撤去して、マンションの梁に合わせた高さでシナ合板を張った。内壁材もはがした

自分でできる！
DIYリフォーム実例
実例
6

繊維壁にペイントして畳をフローリングに

畳をフローリングにして壁はホワイトにペイント。納戸に使っていた和室が立派な子供部屋になりました。

築40年以上の木造住宅に暮らすMさん。娘さんの成長に伴い、2階の和室をフローリングの洋室にDIY。和室特有の繊維壁は、まずシーラーで固めてから白いペンキを塗っている。ベッドの頭側は以前板の間だったため、そことフローリングの高さを合わせている

リフォームDATA

費用	約10万円
期間	約1週間

右の窓は壁の一部を壊してガラスをはめ込んだ。外光を室内に取り入れるための造作例

元は納戸代わりに使っていた6畳の和室。押入れはそのままに、畳をはずして下地の板を出し、そこにフローリングを打ちつけていった。壁は茶色の繊維壁だった。向かって左のあるのが元の板の間

窓側から収納を見たところ。可動棚は表裏両面から使える。間接照明も完備

困ったを解決する！場所別リフォーム早見表

現在の状態や予算、かけられる時間などによって、リフォームプランを選ぶことが大切です。部屋ごとのさまざまな悩みも、素材選びの基準になってきます。

壁や床の現状に合わせて無理のないリフォームを

リフォーム作業でネックになるのが今現在の壁や床に使われている素材とその状態です。リフォーム素材別のコストや難易度については30ページから紹介していますが、同じ素材を施工するにしても、現状によって作業の手間や時間が異なります。たとえば、クッションフロアを張る場合、元の床も同素材なら重ねて張ることができますが、床がカーペットの場合は全部はがして下地調整をしてから張ることになります。

その分、作業時間もかかるので、半日で終えるはずが、場合によっては2日がかりになってしまうなんてこともあります。

限られた予算に場所と時間で無理なく作業するために、まずは現状別の主なリフォームの流れを把握しておきましょう。ここでは和室や洋室、キッチンなどに分けて紹介します。変えたいけど具体的なリフォーム方法がわからない、という方も必読です。

01 障子やふすまが汚れている

障子やふすまが汚れていると室内の雰囲気が台無しに。子供や室内飼いのペットがいる家庭では破れもちらほら

06 和室壁を洋風にリフォーム

和室壁と洋室壁の違いは、柱が表に出ているか否か。前者を真壁、後者を大壁と呼ぶが、手っ取り早く洋風にするなら、壁の仕上げ材を変えるだけでもよい

02 和室の壁が古くなっている

和室に多いのがじゅらく壁や繊維壁。古くなると表面がポロポロと崩れて、見た目も悪く掃除も大変

03 柱や鴨居が茶色く変色している

白木の柱、長押や鴨居は無塗装なだけにシミや汚れがつきやすい。経年による変色も目立ってくる

05 畳の床を洋風にリフォーム

和室から洋室へのリフォームは、まず畳の床を替えること。古い畳を撤去すると、畳の厚さ分だけ床が低くなるので、かさ上げする必要がある

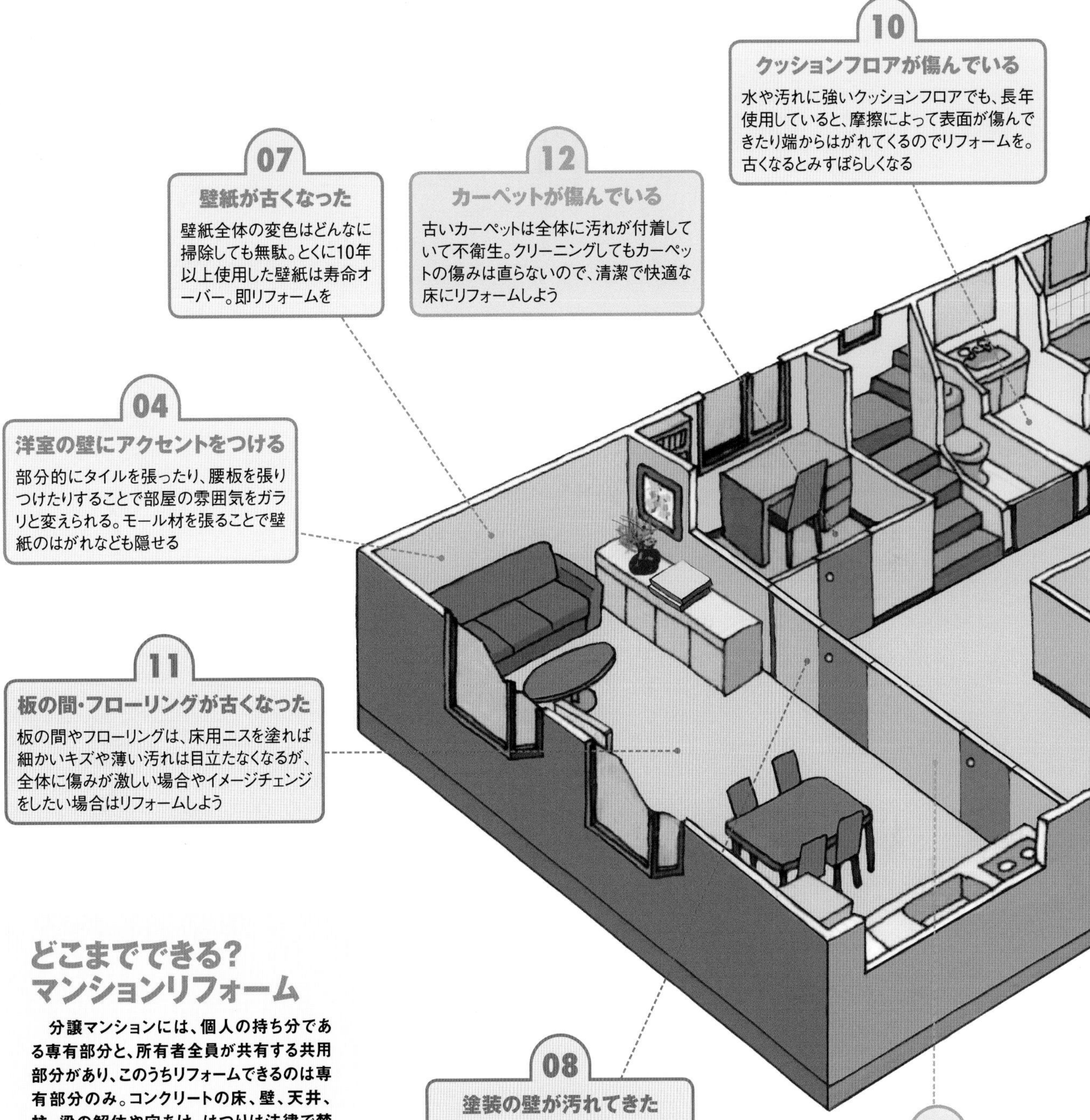

どこまでできる？ マンションリフォーム

分譲マンションには、個人の持ち分である専有部分と、所有者全員が共有する共用部分があり、このうちリフォームできるのは専有部分のみ。コンクリートの床、壁、天井、柱、梁の解体や穴あけ、はつりは法律で禁じられていますが、室内の仕上げ材を替えるだけなら問題はありません。しかし、畳やカーペットの床をフローリングにするときは要注意。マンションごとの管理規約や使用細則で制限されていることがあります。プランを立てる前に、まずは管理規約を確認すること。

01 障子やふすまが汚れている

障子紙を張り替える

P.110

コスト	¥
手間	◷
技術	⚒

まずは古い障子を水ではがし、枠を半日乾燥させる。障子の張り替えはそれから。作業は短時間ですむが、余裕を持って計画しよう

ふすま紙を張り替える

P.106

コスト	¥¥
手間	◷◷
技術	⚒⚒

張り替え方法はふすまの種類によって2通り。戸ぶすまは枠がはずせないので直接ふすま紙を張る。本ぶすまは枠をはずして張るのがベスト

敷居すべりを張る

P.109

コスト	¥
手間	◷
技術	⚒

スムーズに開け閉めできない場合やイヤな音がする場合は、敷居すべりを張るとよい。ふすまの張り替えと同時に行なえば、より快適に

Others

窓に障子を作って取りつけると雰囲気がガラッと変わる。障子はDIYでも作れる。もちろん、プロのように完璧に仕上げるのは無理だが、構造を理解して、あせらずていねいに作業すれば大丈夫

02 和室の壁が古くなっている

塗料を塗る

P.68

コスト	¥
手間	◷◷◷
技術	⚒⚒

古い壁を下地調整してから塗装する。和室用は落ち着いた色がそろっているので仕上がりも上々。ホコリもつきにくく掃除が楽になる

塗り壁材を塗る

P.74

コスト	¥¥¥¥¥
手間	◷◷◷◷◷
技術	⚒⚒⚒⚒

塗り壁を塗り直す場合も先に下地調整をする。ペンキより手間はかかるが、コテによる左官作業は楽しい。施工後は1～2日乾燥させる

Others

和室壁には自然素材かそれに近い風合いの壁材が合う。なかでも和紙や麻布の壁紙はおすすめ。下地おさえ紙を張ってから専用接着剤で張るが、和紙調のビニール壁紙なら接着剤は不要だ

03 柱や鴨居が茶色く変色している

白木用漂白剤でリフレッシュ

P.59

コスト	¥
手間	◷◷
技術	⚒

無塗装の木部を洗浄漂白し、美しい白木に甦らせる方法がある。さらに白木用の水性ニスやワックスでコーティングすれば完璧!

ステインやニスを塗る

P.117

コスト	¥
手間	◷
技術	⚒⚒

柱の木目をいかしながら濃い色に塗れば変色やキズが目立たなくなる。壁とのコントラストも美しい。塗料はステインやニスを使用

Others

消せないシミや深いキズのある柱は、天然木を薄くスライスした突板を表面に張るとよい。粘着シール付きで、柱の幅と長さに合うものを選ぶと作業しやすい

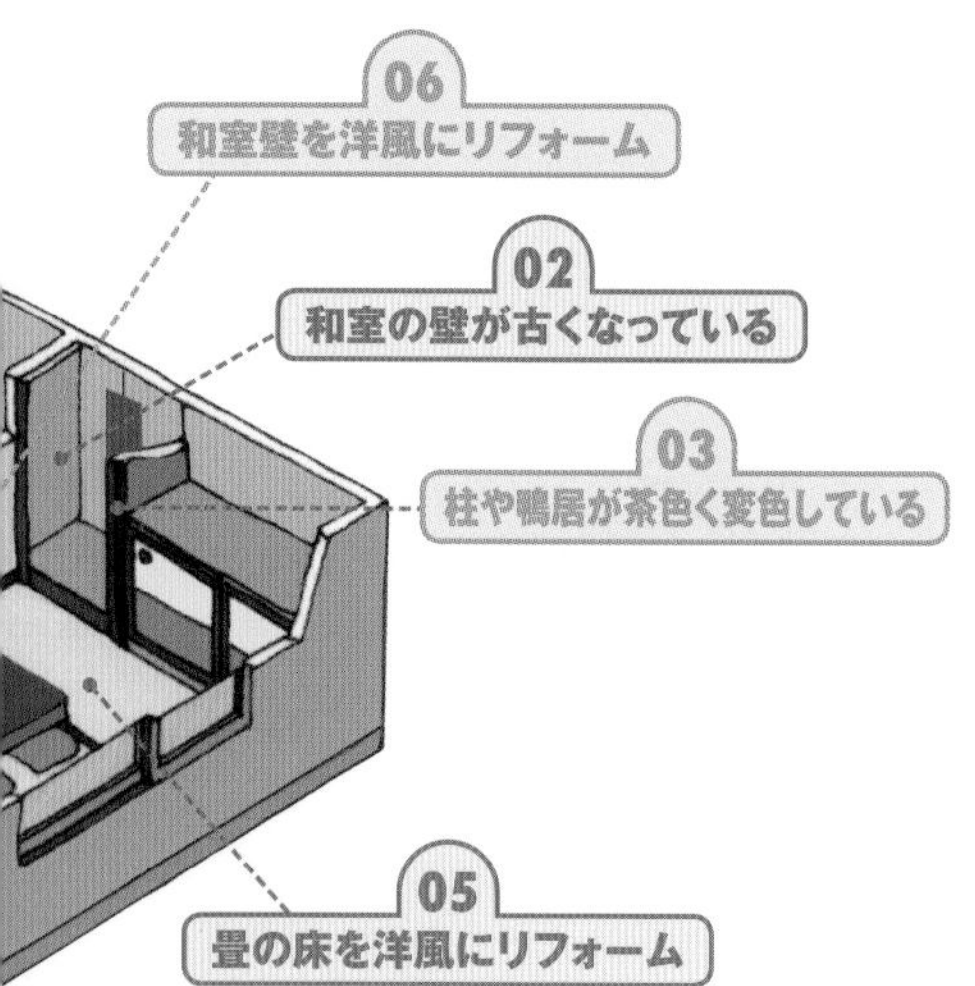

リフォームついでに畳表替えを

畳は5～8年で表替えをするのが理想。壁のリフォームと同時に業者に頼めば、数日で新しい和室に生まれ変わります。表替えの料金の目安は1畳6,000円程度。畳縁も好みの色柄に交換できます。畳を搬出するので養生がしやすく作業もはかどります。

マークの目安!!

¥…約1万円
◷…約半日
⚒…初心者(⚒)～上級者向け(⚒⚒⚒⚒⚒)

06 和室壁を洋風にリフォーム

壁紙を張る

P.64

コスト	¥¥¥
手間	🕐🕐🕐
技術	🔨🔨

塗り壁には下地押さえ紙を張って、その上に好みの壁紙を張る。柱や長押との組み合わせを考えると、ポップな柄は避けたほうが無難

珪藻土を塗る

P.74

コスト	¥¥¥¥¥
手間	🕐🕐🕐🕐🕐
技術	🔨🔨🔨🔨

珪藻土は和室、洋室のどちらにも合う塗り壁材。淡い色合いがそろっているので好みの1色を選ぼう。下地にシーラーを塗って仕上げる

Others

柱が目立たないように壁と同色に塗装する。もしくはアクセントになる色で塗ってもよい。より洋室らしくするなら、壁全面に合板を取りつけて柱を隠す、という方法もある

合板の天井を洋風にする

壁、床、柱のほかに手を加える必要があるのが天井。一般的な和室の天井には突板張りの合板や木目調のプリント合板が使われている。この天井をいかに洋風にリフォームするかが重要になってくる

天井に壁紙を張る

P.64

コスト	¥¥
手間	🕐🕐🕐🕐
技術	🔨🔨🔨🔨

天井と壁は同じ素材で仕上げると部屋が広く見える。壁紙の壁にするなら天井にも壁紙を。高所でも張りやすいパネル式の壁紙もある

Others

天井のリフォームは長時間上を向いて作業するため首が疲れやすい。比較的ラクに施工できるのが塗装。塗り壁材の場合は重労働になるので、数人で作業することをおすすめする

05 畳の床を洋風にリフォーム

クッションフロアを張る

P.124

コスト	¥¥
手間	🕐🕐
技術	🔨🔨

ローコストで床を仕上げるなら、クッションフロアがおすすめ。かさ上げした床下地に接着剤でクッションフロアを張る

フローリングの床にする

P.120

コスト	¥¥¥¥¥
手間	🕐🕐🕐🕐🕐
技術	🔨🔨🔨🔨🔨

大がかりなリフォームになるが、DIYでもフローリングに張り替えることができる。技術と根気が必要だが6畳程度なら2日で完了

Others

畳の上にカーペットやフロアカーペットを敷くと、湿気がこもりカビやダニの温床になる。どうしてもという場合は、湿気対策を万全に。そして、半年に一度は畳干しをすること

04 洋室の壁にアクセントをつける

タイルを張る

P.78

コスト	¥¥¥
手間	🕐🕐🕐
技術	🔨🔨

壁の下や柱に部分的にタイルを張れば室内に重厚感が出てくる。リビングや寝室には光沢のないタイルが合う

腰板を張る

P.82

コスト	¥¥¥
手間	🕐🕐🕐
技術	🔨🔨🔨🔨

腰板（腰壁）は、床面から60〜90cmの高さに張りつける板材。壁面のアクセントになり、室内の印象が洗練される

モール材を張る

P.99

コスト	¥¥
手間	🕐
技術	🔨🔨

床や天井、ドアまわりにモール材を張れば、塗料や塗り壁材のはみ出しを隠せる。壁紙のはがれも防止できる

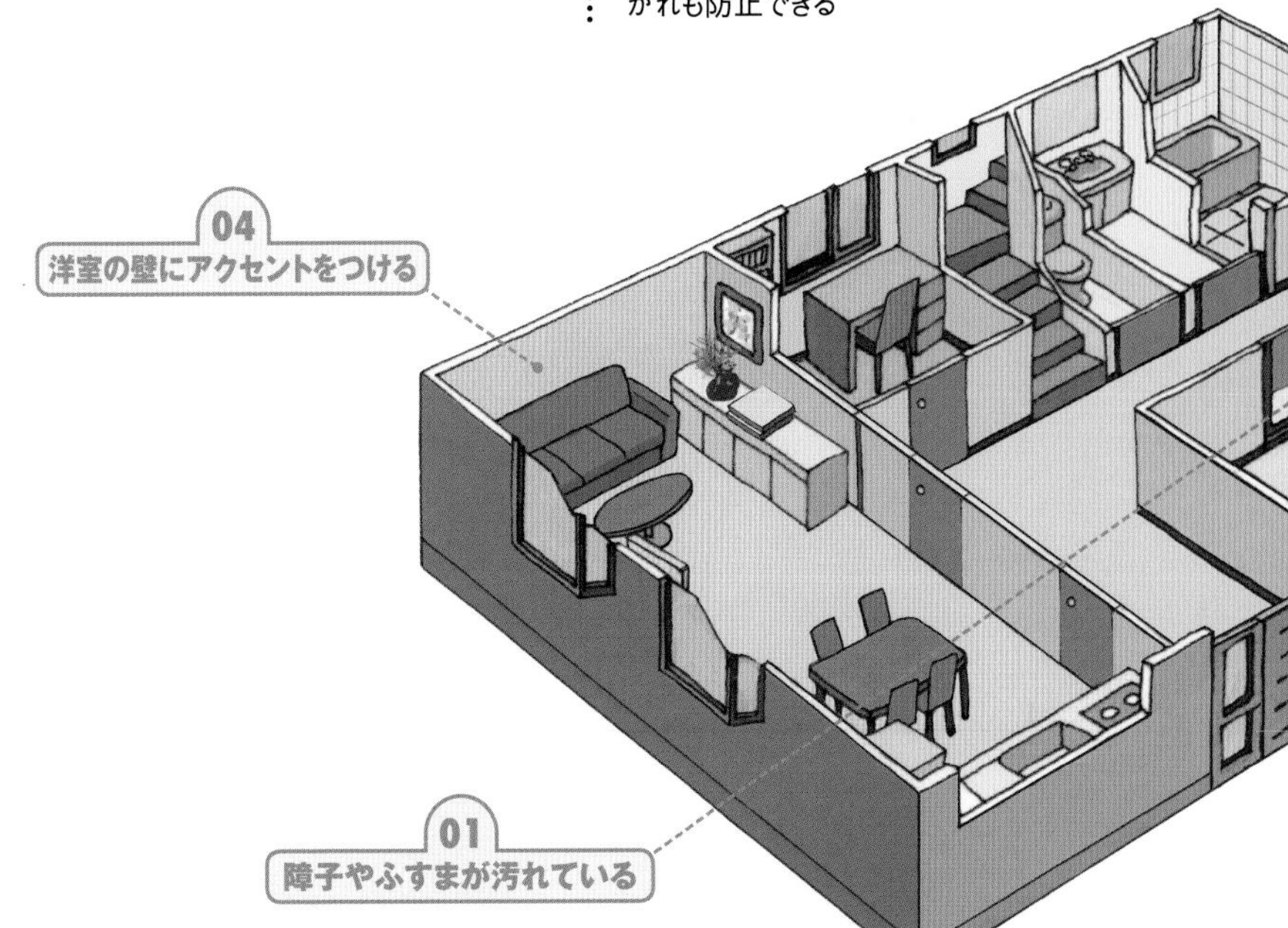

09 化粧合板が古くなった

壁紙を張る

P.64

コスト	¥¥¥
手間	◷◷◷
技術	🔨🔨

表面がツルツルしていると壁紙がはがれやすい。継ぎ目や浮きは表面に響くので下地調整をしてから張る

水性塗料を塗る

P.68

コスト	¥
手間	◷◷◷
技術	🔨🔨

表面がツルッとした壁は塗料がのりにくい。また合板の継ぎ目は目立つので必ず下地調整をしてから塗る

珪藻土を塗る

P.74

コスト	¥¥¥¥¥
手間	◷◷◷◷◷
技術	🔨🔨🔨🔨

表面がツルッとした壁は珪藻土がのりにくい。合板の浮きも押さえる必要がある。塗る前に必ず下地調整をする

08 塗装の壁が汚れてきた

壁紙を張る

P.64

コスト	¥¥¥
手間	◷◷◷
技術	🔨🔨

塗装壁を下地調整してから張る。壁紙は好みのデザインを選ぼう。初心者には生のり壁紙の無地がおすすめ

水性塗料で上塗りする

P.68

コスト	¥
手間	◷◷◷
技術	🔨🔨

水性塗料は色数が豊富なので、インテリアに合わせて壁の色を選べる。下地調整ができていたら、通常は2度塗りできれいに発色する

珪藻土を塗る

P.74

コスト	¥¥¥¥¥
手間	◷◷◷◷◷
技術	🔨🔨🔨🔨

珪藻土は湿気や臭いがこもりやすい部屋に最適。シーラーで下地調整すれば塗装壁にも塗ることが可能

07 壁紙が古くなった

壁紙を張り替える

P.64

コスト	¥¥¥
手間	◷◷◷
技術	🔨🔨

古い壁紙をきれいにはがしてから新しい壁紙を張る。壁紙の上に直接張れるタイプもあるが色柄は限られる

水性塗料を塗る

P.68

コスト	¥
手間	◷◷◷
技術	🔨🔨

壁紙を下地調整して水性塗料を塗る。もっとも手軽でローコストな方法だが劣化の進んだ壁紙には適さない

珪藻土を塗る

P.74

コスト	¥¥¥¥¥
手間	◷◷◷◷◷
技術	🔨🔨🔨🔨

DIY向けの珪藻土には壁紙の上に直接塗れるタイプがある。壁紙のはがれ防止にタッカーでとめてから塗る

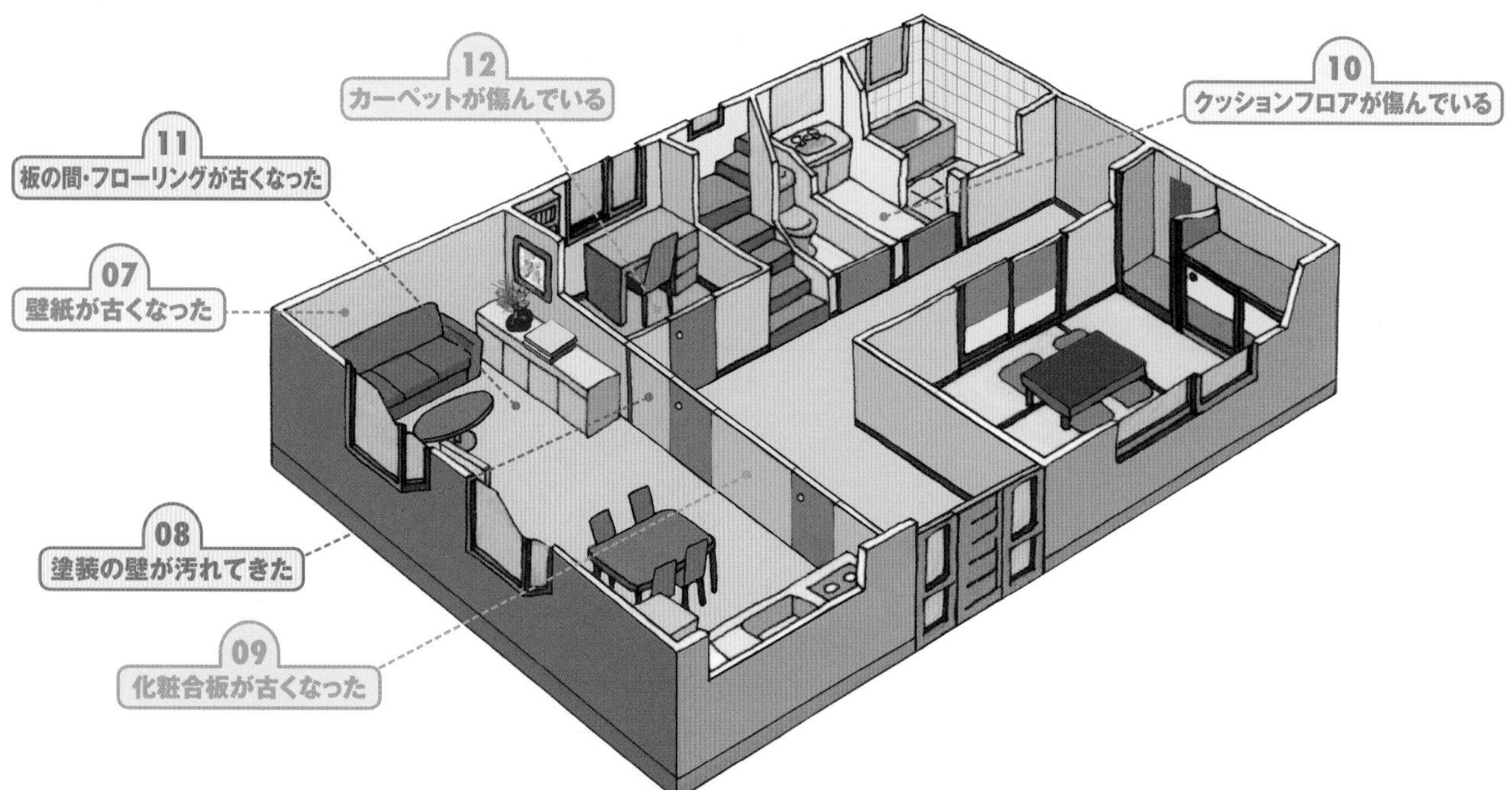

10 クッションフロアが傷んでいる

クッションフロアを張り替える

P.124

コスト	2
手間	2
技術	2

床が汚れやすい部屋には掃除が簡単なクッションフロアを。はがれや破れを調整すれば上から重ねて張ることができる

カーペットタイルを敷く

P.134

コスト	4
手間	2
技術	2

カーペットタイルはクッションフロアの上に直接敷くことができる。もっとも簡単なリフォームだ

置き敷きフローリングに

P.128

コスト	4
手間	3
技術	2

クッションフロアに直接敷くことができるのが置き敷きフローリング。床のサイズに合わせノコギリでカットする

フローリング材を張る

P.130

コスト	5
手間	5
技術	5

フローリング材はクッションフロアをはがしてから張る。下地調整と張る作業に技術が必要なので上級者向き

コルクタイルを敷く

P.138

コスト	4
手間	2
技術	2

底冷えする部屋や子どもやお年寄りの部屋に最適。クッションフロアをはがす必要があるが接着剤で張るので簡単

11 板の間・フローリングが古くなった

クッションフロアを張る

P.124

コスト	2
手間	2
技術	2

床が汚れやすい部屋には掃除がしやすいクッションフロアがおすすめ。多少の段差があっても直接張ることができる

カーペットタイルを敷く

P.134

コスト	4
手間	2
技術	2

カーペットタイルはフローリング材の上に直接敷くことができる。もっとも簡単なリフォームだ

置き敷きフローリングに

P.128

コスト	4
手間	3
技術	2

元のフローリングの床が平坦であれば、直接敷くことができる。段差がある場合ははがす必要がある

フローリング材の張り替え

P.130

コスト	5
手間	5
技術	5

古いフローリング材をはがしてから張る。ただし、はがす作業は大変。下地調整も難しいので上級者向き

コルクタイルを敷く

P.138

コスト	4
手間	2
技術	2

底冷えする部屋や子どもやお年寄りの部屋に最適。表面が平らなフローリングには直接接着剤で張ることができる

12 カーペットが傷んでいる

クッションフロアを張る

P.124

コスト	2
手間	2
技術	2

床が汚れやすい部屋には掃除が簡単なクッションフロアを。カーペットをはがして、下地調整してから張る

カーペットタイルを敷く

P.134

コスト	4
手間	2
技術	2

汚れたカーペットは不衛生なので必ずはがす。下地をきれいにしてからカーペットタイルを敷く

置き敷きフローリングに

P.128

コスト	4
手間	3
技術	2

置き敷きフローリングはカーペットをはがしてから敷く。下地調整後、床のサイズに合わせノコギリでカットする

フローリング材を張る

P.130

コスト	5
手間	5
技術	5

フローリング材はカーペットをはがしてから張る。下地調整と張る作業に技術が必要なので上級者向き

コルクタイルを敷く

P.138

コスト	4
手間	2
技術	2

コルクタイルは、カーペットをはがし下地調整してから接着剤で張る。底冷えする部屋や子どもやお年寄りの部屋に

Column

ペットのいる家のリフォーム①

人にもペットにも快適な壁材

人とペットが快適に暮らせる環境を作る

家族の大切な一員であるペット。最近ではペットを室内で飼う家庭が多くなっていますが、犬や猫の爪でフローリングや畳などを傷めたり、ハムスターやフェレットが柱を噛むなど、快適な環境が壊されている場合も見うけられます。けれど、そこでペットを怒ってしまうのはペットにとって大きなストレス。また臭いや汚れ、ノミやダニなどは人にとってもストレスになります。こうした問題を解消するために、人もペットも伸び伸びと暮らせる快適な環境を作るリフォームをしてみましょう。

このコラムでは①②③で、壁・床の代表的な素材のほか、臭いやキズの補修について紹介していきます。

ペットを家族の一員として、お互いに快適に暮らせる環境を作り、ストレスのない暮らしを心がけよう

壁　材

ペットによって起こる引っかきキズや汚れなどが目立つ壁。とくに猫の場合は爪とぎによってボロボロにされてしまう部材です。壁材を替えることでキズや汚れの補修と予防をし、さらに吸放湿性や消臭、消音効果を上げましょう。

エコカラット

さまざまなバリエーションがあり、イメージ通りのコーディネートが可能。LIXILから発売

- 手入れのしやすさ ➡ ◎よい
- キズのつきにくさ ➡ ◎よい
- 消臭・防臭効果 ➡ ◎よい

美しい仕上がりと家の中の空気を換える壁材

ペットのみならずシックハウス対策にも有効な、呼吸する内壁用建材。壁紙とは違う魅力を持ち、優れた脱臭効果を発揮してペットやタバコ、トイレのニオイを大幅にカット。吸湿性にも優れ、湿度を40~70%に保ちカビやダニの繁殖を抑制、結露の発生も抑えることができる壁材だ。

クロス（壁紙）

人もペットも快適で、手入れも簡単なクロスに張り替えてみよう

- 手入れのしやすさ ➡ ○普通
- キズのつきにくさ ➡ ○普通
- 消臭・防臭効果 ➡ ◎よい

手軽にリフォームできる経済的な壁材

消臭や抗菌などペット向けに作られたものが販売されている。手入れも簡単なものが多く、水拭きなどですぐに汚れが落ちるものもある。キズや汚れが目立ってきたら簡単に張り替えできるのも魅力。「ペット共生用壁紙」などの名称で売られている。

塗り壁

幅広いインテリアコーディネートも可能な、伝統的に使われている日本の気候に適した壁材

- 手入れのしやすさ ➡ ○普通
- キズのつきにくさ ➡ ◎よい
- 消臭・防臭効果 ➡ ◎よい

吸放湿性にすぐれた伝統的な壁材

湿気の多い日本では古くから使われてきた代表的な壁材。とくに珪藻土は吸放湿性に優れ、日本の家屋に最適な素材だ。最近では環境や健康のほか、自然素材としても注目を大きく集めている。人によい素材ということは、ペットにもよい素材。

腰壁

ペットのキズ対策だけでなく、部屋をおしゃれにする効果もある

- 手入れのしやすさ ➡ ○普通
- キズのつきにくさ ➡ ○普通
- 消臭・防臭効果 ➡ ◎よい

インテリアリフォームとしても効果的

ペットの届く範囲だけのキズや汚れが防げる壁材。壁紙の上から取りつけるだけで、さらに手入れが簡単になる。最近では既設の壁紙の上から簡単に張りつけられるものも販売されている。インテリアリフォームとしても効果的な壁材だ。

PART 1

リフォームプランの基礎知識

あれもやりたい、これもやりたい。夢はどんどん広がっていきますが、
予算はいくらあるか、まずどこから始めるか、自分でDIYできるかなどを考えて、
無理のないプランを立てることが大切です。

プランニング

DIYリフォームでいちばん大事なことは、時間をかけて、自分らしいプランを練ることです。リフォームの時期、予算、情報収集、準備と、綿密に計画すれば、成功間違いなし！あれこれ悩んで選ぶのも楽しい作業です。

リフォームのタイミング

目的を明確にして わが家を快適に

DIYリフォームの上手なプランの立て方は、まず初めに家の中の不満をリストアップすることです。「壁紙がすすけてきた」「床がペットの爪跡だらけ」「収納が少ない」など、とにかく日々生活する上で気になっていることを、思いつく限り書き出すのです。こうしてできたリストを読み返してみると、自分がどんな暮らしをしたいのか、自分にとっての「快適な生活」がハッキリしてきます。「無垢フローリングにしたい」「ヨーロッパ製のドアに交換したい」「天井に古材の梁を取りつけたい」など憧れのインテリアを最優先すると、サイズが合わなかったり、思わぬ出費が発生したり、のちのちのメンテナンスが大変になるなど新たな悩みが生まれる可能性があります。見た目重視で進めるリフォームはとかく失敗しやすいもの。初めてDIYリフォームをする場合はとくに気をつけないといけません。

まずは目的をしっかり持って、無理のないプランを立てること。そこからがスタートです。

リフォームの時期を把握しよう

適切な時期にリフォームすることも重要なプランニングのひとつです。壁材や床材にはそれぞれ耐久年数があります。それは、使用環境によって差は出ますが、トラブルが発生する平均年数と考えておけばよいでしょう。たとえば壁紙なら10年で張り替えを考える。この時期を大幅に過ぎると、劣化が進んでうまくはがれず、あとの処理が大変になります。

張り替え時期が数年先なら、掃除や補修ですませたり、落ちないシミのある面だけに、安価なペンキを塗ったりして、無駄な出費を省いてもいいでしょう。

DIYでできること できないことがある

初めて自分でリフォームするとなると、どんなことができるのか、どこまで施工してよいのか、予測がつかないものです。一戸建ての持ち家なら制約を気にせず塗装やクッションフロアなどの張り替えができますが、たとえば壁を抜く作業は、設計図でもない限り、専門家に相談しないと進められません。

また、水道やガス、壁や天井内部の電気配線を工事することは法律で禁じられていて、有資格者でなければ作業ができません。基本的にリフォームできるのは「室内の表面の部分だけ」ということを覚えておきましょう。

リフォーム時期の目安

壁	ペンキ	5年で塗り替え
	壁紙	10年で張り替え
	塗り壁	15～20年で塗り替え
	タイル	20年で張り替え
床	畳	3～5年で裏返し 5～8年で表替え
	クッションフロア	10年で張り替え
	カーペット	10年で張り替え
	フローリング	20年で張り替え

※バスルームなどの水のかかる場所やペットを飼っている家では、さらに劣化が早まる。

マンションの管理規約をチェックしよう

分譲マンションには所有者専有部分と、共有部分があり、リフォームできるのは専有部分のみで、コンクリートの床、壁、天井、柱、梁の解体、穴あけ、はつりは禁止されている。室内の壁材の変更はOKだが、床材は防音規定があることが多いので、事前に管理規約を確認し、管理者に問い合わせておこう。

予算

業者とDIYどっちがお得？

まずは左の表を見てください。内装業者にリフォームを依頼した場合の平均的なコストをまとめました。これは職人さんの人件費と材料代、中間マージンなどが含まれた一般的な料金体系の一例です。

これに対し、DIYでリフォームする場合は材料代と道具代だけですむので、かなり安価にすることができます。もちろん、仕上がりとスピードはプロにはかないませんが、ゆっくりていねいに施工すれば完成度もそれだけ高くなります。お金か手間か、選ぶのはあなたです。

業者の平均コスト

壁や床にタイルを張る	15,000円～／m^2
壁紙の張り替え	60,000円～／6畳
ペンキの塗り替え	60,000円～／6畳
塗り壁の施工	150,000円～／6畳
クッションフロアの張り替え	50,000円～／6畳
フローリングを張る	150,000円～／6畳

※6畳＝壁30.6m^2、床9.9m^2で算出。

DIYリフォームの平均予算

DIYリフォームでの平均コストは下にまとめました。壁は30・6㎡、床は9・9㎡、それぞれ6畳の部屋の場合です。タイルは1㎡あたりとしています。道具代は含まれていません。それぞれの材料は種類やデザインによってコストに差が出るので、あくまで参考程度に考えてください。

わが家をどのようにリフォームするかは、先に「何万円以内で」と予算から決めていく方法と、壁材や床材を先に決めて予算を組む方法があります。

予算が先に決まっている場合、たとえばキッチン全体を一新するのに3万円と決めているのなら、壁は水性塗料、床はクッションフロアに張り替え、残りの金額でキッチンワゴンの天板にタイルを張ることなどができます。

また、レンジまわりの壁はタイル、その他の壁は珪藻土と決めている場合は、それぞれの面積を測って見積もりを出しておきます。

ただし、壁材や床材のほかに道具も必要だということをお忘れなく。すでに持っている道具と重複しないように、購入する道具を決めておきます。これらも予算の中にちゃんと入れておきましょう。

クッションフロア

安価で色柄豊富な床材といえばコレ。キッチンやトイレなど水まわりに最適。下記は家庭用クッションフロアを接着剤で張る場合の予算

●17,000円～／6畳

フローリング

無垢板の単層フローリング、合板に突板を張った複合フローリングがある。下記は初心者におすすめの置き敷きフローリングの予算

●75,000円～／6畳

タイル

内装用と床用があり、どちらも価格は同程度。下記の価格は15cm角の陶器質タイル、接着剤、目地材の予算。小タイルほど目地材が必要

●12,000円～／1㎡

塗り壁

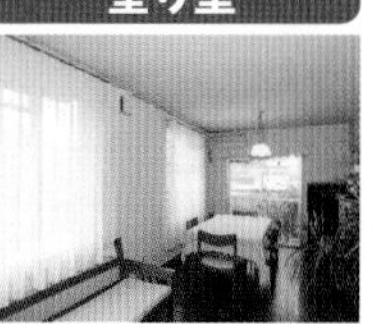

塗り壁には繊維壁・じゅらく壁、漆喰などがある。下記は珪藻土を壁に直接塗る場合の予算。比較的高価だが初心者でも塗れる

●15,000円～／6畳

塗装

低臭の室内水性塗料を使用する場合の予算。防カビ剤配合の浴室用は少々割高。下地によっては別途シーラー（下塗り材）も必要

●10,000円～／6畳

壁紙

紙や繊維でできた壁紙もあるが、ビニール製が一般的。下記の価格はDIYにおすすめの生のり付きビニール壁紙を張る場合の予算

●20,000円～／6畳

予算オーバーはこうして解決

一部屋だけのリフォームなら予算も決めやすく出費もそれなりに抑えられますが、何部屋か同時に行なう場合は、予算オーバーに頭を悩ます場面が出てきます。そんなときは、壁材や床材のグレードを落とすとか、リフォームする範囲を狭めてみましょう。

まずは優先順位を決めて、緊急に改善しなければならない場所から順に予算を立てていきます。とくに歩行のさまたげになる床のトラブルは優先的に予算を回しましょう。

どうしてもこだわりたい場所があれば、そこだけグレードの高い仕上げ材を使って、ほかの部分のグレードを落とすなどして、予算の配分を決めていきます。

あっちは次のリフォームに先のばしして今回はここだけなどと、潔くあきらめることも大切です。

ハーフDIYのすすめ

大規模リフォームを行なう場合、すべての作業をDIYでするとなると時間も手間もかかるし、業者に全部頼むと予算オーバー…。そんな場合は、難しい部分や手間のかかりそうな作業だけを業者にお願いする方法もある。たとえば和室から洋室への変更は、フローリングの施工をまかせて、壁紙は自分たちで張る。コストダウンの裏ワザだ。

床・壁の面積

※単位はm^2。壁の面積は天井高240cmで算出。実際には窓やドアなどの分、作業面積は少なくなります

畳のサイズ		1畳	2畳	3畳	4.5畳	6畳	8畳
団地間 85×170cm	床	1.4	2.9	4.3	6.5	8.7	11.6
	壁	12.2	16.3	20.4	24.5	28.6	32.6
江戸間 88×176cm	床	1.5	3.1	4.6	7.0	9.3	12.4
	壁	12.7	16.9	21.1	25.3	29.6	33.8
中京間 91×182cm	床	1.7	3.3	5.0	7.5	9.9	13.2
	壁	13.1	17.5	21.8	26.2	30.6	34.9
京間 95.5×191cm	床	1.8	3.6	5.5	8.2	10.9	14.6
	壁	13.7	18.3	22.9	27.5	32.1	36.7

建具の面積

室内ドア	80×180cm	1.4m^2
トイレドア	65×180cm	1.2m^2
ふすま	90×180cm	1.6m^2
腰窓	90×180cm	1.6m^2
肘掛け窓	140×180cm	2.5m^2
掃き出し窓	180×180cm	3.2m^2

※一般的なサイズから算出

情報収集

まずは正確な採寸

材料の購入前に必ずしなければならないのが壁、床、天井、建具、柱などのサイズを正確に測ることです。

日本では部屋のサイズを畳数で表すのが一般的ですが、上の表のように畳の規格は建物によって異なります。また、真四角に見える部屋でも、隅が直角とは限らず、東西の壁の幅が5cmも違う、ということも珍しくありません。面倒でも一辺一辺の長さを正確に測ってメモしておきましょう。面積を算出することもお忘れなく。

図面を描いてみよう

部屋の各所のサイズを測ったら、次は図面です。絵に自信がなくても手描きの簡単な図面でよいので面倒臭がらずに描いておきましょう。そして各サイズをそこへ記入します。壁や床の色を決めるときは、その図面に着色するとイメージしやすいでしょう。図面は数枚コピーしておくと便利です。

より明確なイメージをつかむには、パソコンを利用するのもおすすめです。デジタルカメラで撮影した部屋の画像をフォトレタッチソフトで色づけすれば、よりリアルなシミュレーションができるので、ぜひお試しを。

図面は材料調べや購入時に必ず持っていきましょう。

素材を見に行こう

内装材や木材、パーツにはさまざまな種類があります。また、塗り壁材といっても珪藻土や漆喰、繊維壁などがあり、素材感が異なります。どのような材料があるかを調べるには、ホームセンターで現物を見るのがいちばん。「百聞は一見にしかず」です。

仕上がり見本で色柄や素材感を確認したり、パッケージに記載されている施工方法や注意書きを読んだりすることで、仕上がりのイメージや作業の難易度がより明確になるでしょう。もちろん、価格チェックも抜かりなく！

店によって取り扱い品や売価が異なるので、数店回るのがベストです。

通販サイトを利用する場合のコツ

近所にホームセンターがない場合や欲しい材料が見つからない場合は、インターネットの通販サイトを利用するのも一策です。ただし、写真を見て「コレ！」と思っても、現物とはイメージが違って見えることがあるので注意。サンプルを請求できる店なら、購入前に必ず送ってもらいましょう。

実店舗を持たない通販サイトは、比較的、価格が安いのが利点です。また、量販店ではなかなか手に入らない輸入品や超破格のアウトレット品を扱う店もあります。送料を考慮した上で検討してみてはいかがでしょう。

インテリアショップや雑誌をお手本にする

実際に材料を見ていくと「色柄がイメージと違う」「家には床タイルは寒いかも」と次々に迷いが出てくるものです。とくに床材は直接触れてみないとわからないもの。予算の範囲内でより気に入るものがあったら、臨機応変にプランを立て直しましょう。素材に迷ってイメージが混乱してきたら、インテリアショップやカフェなどの内装、雑誌、マンションの折り込みチラシなどをお手本にしましょう。

準備

工期を決める

具体的なイメージと使用する材料が確定したら、工期を決めます。

それぞれの施工の平均日数は左の表を参考にしてください。ただし、部屋の広さや作業人数、作業スピードによって工期が変わるので、余裕を持ったスケジュールを組みましょう。集合住宅での音の出る作業は、平日なら9～17時まで、土日は遅めに10時以降から始めるなど、近隣への配慮も必要です。

必要な材料と道具を準備

材料や道具は前日までにまとめてそろえておきます。作業を始めてから買い足しに行くと、効率が落ちる上に、品切れなどで中断せざるを得ない場合があります。このような事態を防ぐためにも、材料は必ず多めに購入しておくこと。とくに塗料などは塗り方や下地によって、表示された塗り面積の通りにいかない場合があります。材料はそれぞれ必要量の1・2倍を用意しましょう。

段取りよく作業する

1部屋をまるごとリフォームする場合は、天井、壁、床の順で施工するのが基本です。これは、完成した面を汚さないようにするためです。左のような工程表を作っておくとよいでしょう。さらに、それぞれ部屋の奥から手前に向かって施工することも重要です。とくに接着剤など乾燥時間を要する床材の場合は、出入口から始めてしまうと部屋から出るのが困難になります。必ず通り道を確保しながら作業を進めましょう。家全体をリフォームする場合もこれらの基本に従って施工します。

リフォームにかかる平均日数

壁	壁紙をはがす＋下地調整	半～1日
	シーラーを塗る	半日
	壁紙を張る	1日
	ペンキを塗る	1日
	塗り壁材を塗る	2日
床	クッションフロアをはがす＋下地調整	半～1日
	カーペットタイルを敷く	半日
	クッションフロアを張る	1日
	タイルを張る	2日

※6畳の部屋をふたりで施工する場合を想定。壁紙やクッションフロアをはがしてから施工する場合は下地調整が必要。作業時間は下地の状態によって増減する

作業工程表

※壁紙に珪藻土を直塗りし、クッションフロアをタイルに張り替える場合を想定

1日目	家具の搬出	養生と壁紙の下地調整	
2日目		珪藻土を塗る	
3日目	乾燥		クッションフロアをはがして下地調整 / タイルを張る
4日目	乾燥		目地入れ / 乾燥
5日目	家具の再搬入		

部屋別快適リフォームプラン

部屋別のリフォームは使い方や目的に合わせて

キッチンや玄関、リビング、寝室などを快適にリフォームするためには、インテリア性はもちろん、それぞれの用途に適した素材を選びましょう。耐水性、不燃性、耐久性、遮音性などの機能面に加え、防汚、防カビ加工の有無も選択基準に入れます。また、シックハウス対策など、有害物質を含まない安全素材を用いることが重要です。さらに、収納を設けたり壁を取り除くリフォームもありますが、いずれも現状を把握した上で計画を立てましょう。

子供部屋の床・壁リフォーム

小さい子供のいる家庭では、壁や床が汚れやすい。また食べ物や飲み物をこぼしたり、汚れた手で壁をさわったり、いたずら書きをしたりと、掃除が大変なケースが多い

ビニール壁紙を張る ➔P.64

コスト	¥¥¥
手間	●●●
技術	●●

ビニール壁紙の利点は水拭きができること。生のりタイプを選べば初心者でも簡単に張ることができる

カーペットタイルを敷く ➔P.134

コスト	¥¥¥¥
手間	●●
技術	●●

カーペットタイルはクッションフロアやフローリングに直接敷くことができる。汚れた部分だけはずして洗える。部分交換も簡単

Others

いたずら書きが気になる時期は、水性塗料で壁を２色に塗り分けるとよい。壁の下方に濃い色を塗ればいたずら書きが目立ちにくい。水性塗料は安価で塗り替えも楽なのでおすすめだ

玄関・廊下のリフォーム

玄関はいつも明るく清潔にしておきたい場所。けれども汚れやすく、湿気や臭気がこもりやすいのが悩みの種。また、玄関付近の廊下は荷物がぶつかりやすいためキズが絶えないことも

玄関にタイルを張る ➔P.144

コスト	¥¥¥¥¥
手間	●●●●●
技術	●●●●●

汚れやすい玄関の床はタイルが最適。明るい色を選んでイメージアップを。吸水性のない床用タイルを選ぶと掃除がしやすい

玄関の壁に調湿機能タイルを張る ➔P.78

コスト	¥¥¥
手間	●●●
技術	●●

調湿機能タイルを壁に張れば、湿度をコントロールしイヤなニオイも防ぐことができる。コストを抑えたいなら部分張りしてもよい

廊下に腰板を張る ➔P.82

コスト	¥¥¥
手間	●●●
技術	●●●●

廊下の壁の保護には腰板を張るとよい。重厚感があり、塗装で好みの色に仕上げられるので、玄関まわりのイメージアップにもなる

Others

玄関まわりは、出入りの邪魔になるので、できるだけものを置かないようにしたい。靴や傘などの収納が足りない場合は壁に収納棚を作るとよい。

キッチンの床が古くなった

水はねや油汚れ、摩擦で傷みやすいキッチンの床。リフォームするなら、水や汚れに強く掃除がしやすい素材を選ぼう。また、長時間立ち仕事をする場所なので弾力性も重視したい

クッションフロアを張る ➔P.124

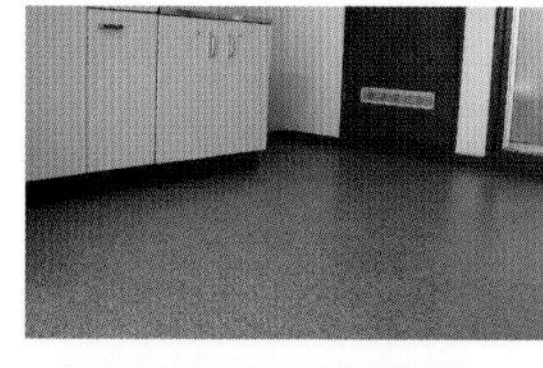

水や油に強く掃除が簡単なクッションフロア。安価で施工も簡単だ。現在の床が同素材なら重ね張りでき、弾力性も２倍に。ただし、熱やゴム製品に弱いので気をつけよう

コルクタイルを敷く ➔P.138

足元の冷えが気になる場合は断熱性に優れたコルクタイルを。水や汚れをはじくようにウレタン塗装品かワックスがけをする。現状がクッションフロアなら、はがしてから張る

キッチンの壁をきれいにしたい

キッチンの壁は水はねや油煙で汚れる場所。リフォームするなら掃除がしやすく、汚れがつきにくく、シミが目立たない素材を選ぶ。コンロまわりは必ず不燃材を用いること

タイルを張る ➔P.78

コスト	¥¥¥
手間	●●●
技術	●●

汚れをサッと拭ける陶器質の施釉タイルを。目地の汚れ対策には大きめのタイルか、色付きの目地材を選ぶ。汚れに強い目地材もある

Others

コンロまわりの壁には粘着テープ付きのステンレスシートを。金切りバサミでカットできる。化粧合板の収納扉にはカッティングシートを。いずれも油分をしっかり落としてから張る

シックハウス対策をする

健康に害を与えるVOCやホルムアルデヒド。室内の有害化学物質を低減するためには、リフォーム素材を厳選することも大切だ

珪藻土を塗る ➔P.74

コスト	¥¥¥¥¥
手間	●●●●●
技術	●●●●

珪藻土は空気清浄機能にすぐれ、有害物質を吸着する塗り壁材。珪藻土の配合率の高いものを選ぼう。下地調整をすればさまざまな壁に塗ることができる

調湿機能タイルを張る ➔P.78

コスト	¥¥¥
手間	●●●
技術	●●

調湿機能タイルは、湿度をコントロールし有害物質を吸着する。壁に張るには接着剤を使用するが、VOCやホルムアルデヒドを含まないものを選ぼう

単板フローリングを張る ➔P.130

コスト	¥¥¥¥¥
手間	●●●●●
技術	●●●●●

単板材でできたフローリングは調湿機能と安全性が高い。天然原料のワックスで手入れをする。反りやあばれを防ぐには技術を要するので、上級者向き

Others

上記以外にも、室内の有害物質を低減するさまざまな素材がある。一般的なリフォーム素材に比べるとローコストとはいえないが、健康のためにも材料にこだわって選びたい

Special 収納を充実させる

床下収納を作る ➔P.140

コスト	¥¥
手間	●●●●
技術	●●●●●

少々勇気のいるリフォームだが、床下の構造がわかれば、床を抜いて収納を作ることも可能だ。DIY中級者向け

中空壁を利用して棚を作る ➔P.80

コスト	¥¥
手間	●●●●
技術	●●●

石こうボードの壁の内側は中空壁といって空洞になっている部分がある。この部分を利用して棚を作ることもできる。これも床下収納と同様、中級者向け

Others

壁面に棚を作る場合にネックになるのが、ネジやクギの効かない石こうボードの壁。この場合はアンカーフックを利用する

リビング・寝室を快適にする

家族が集うリビングは、明るく居心地のよいスペースとなるよう、素材選びにこだわりたい。また、寝室の壁や床は、快適な睡眠のためにも、素材や色を工夫してリフォームしたい

輸入壁紙を張る ➔P.64

コスト	¥¥¥
手間	●●●
技術	●●

室内のイメージを大きく左右する壁。リビングのインテリアにこだわりたいなら、デザイン性の高い輸入壁紙がおすすめ。再湿タイプ、のりなしタイプが中心

珪藻土を塗る ➔P.74

コスト	¥¥¥¥¥
手間	●●●●●
技術	●●●●

珪藻土は空気清浄機能にすぐれた塗り壁材。リビングや寝室を快適にリフォームできる。下地調整をすればさまざまな壁に塗ることができる

カーペットタイルを敷く ➔P.134

カーペットタイルは肌触りもよく遮音性にすぐれている。こまめな掃除は必要だが、フローリングに比べホコリの舞い上がりが少ないという利点もある

壁の色を選ぶ ➔P.96

壁のリフォームで重視したいのが、色。インテリア性も大事だが、人の気分に影響するので、部屋の用途によって色を使い分けるとよい

Others

壁のリフォームに伴い、天井も一緒に仕上げることをおすすめする。とくに寝室は、壁より天井が目に入るので、眠りにも大きく影響する

間取りを変更する

長い年数を限られた空間で生活するには、さまざまな工夫がいる。ライフスタイルに合わせて使い勝手のよい間取りに変更したい

壁を抜いて部屋を広くする ➔P.92

コスト	¥
手間	●●●●●
技術	●●●●●

大がかりなリフォームになるので上級者向けだが、建物の構造がわかれば、壁を抜いて間取りを変えることも可能だ

Others

家族が増えて子供部屋が足りない場合などは、部屋の中に壁を設けたり、パーテーションで区切る方法がある

リフォーム素材まるわかり講座

室内で圧倒的な面積を占める壁と床。仕上げ材の種類によってガラリと印象が変わるので、素材選びは重要なポイントとなります。自分でできる？ 予算オーバー？ そんな心配をクリアするため、まずは各素材の徹底比較を！

レベルと予算に合わせて素材を選ぼう

リフォーム素材をいろいろ選ぶのは楽しいものです。けれども壁や床の仕上げ材にはさまざまな種類があり、なにを選べばよいのか迷ってしまう人も多いでしょう。DIYでリフォームする場合に重要なのは、まず第一に、自分のレベルに合った素材を選ぶことです。また、壁や床の全面リフォームとなると、面積が広いだけにコストや手間がかかります。作業を始めてから後悔しないために、まずは各素材の特徴と施工の難易度、コストを比較してみましょう。

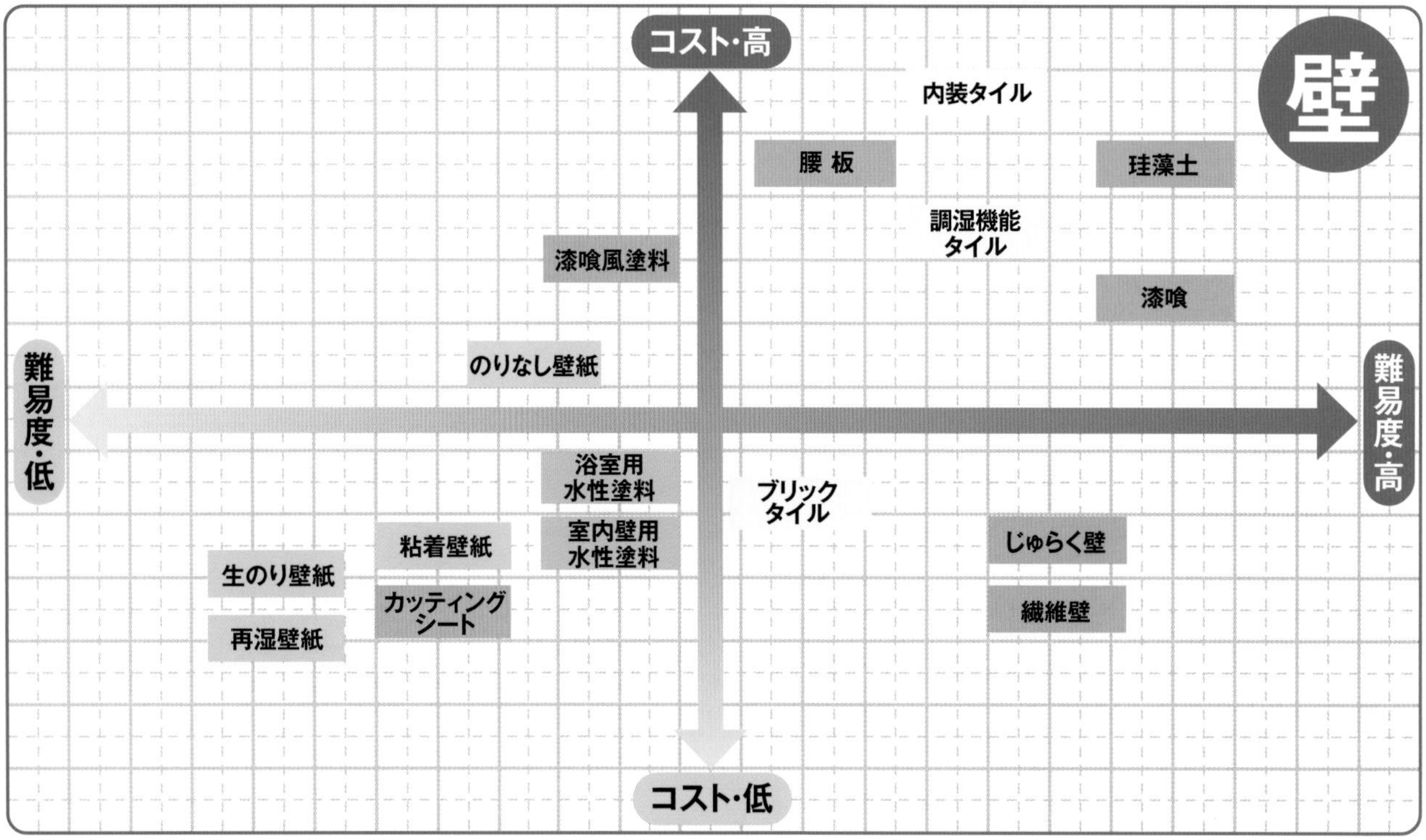

壁

コスト・高

内装タイル

腰板

珪藻土

調湿機能タイル

漆喰風塗料

漆喰

のりなし壁紙

難易度・低

難易度・高

浴室用水性塗料

ブリックタイル

室内壁用水性塗料

粘着壁紙

じゅらく壁

生のり壁紙

カッティングシート

繊維壁

再湿壁紙

コスト・低

色とテクスチャーで雰囲気アップ

分類	素材	特徴
塗り壁材	漆喰	・ホコリがつきにくく、断熱、消臭機能に優れる ・表面を平滑に仕上げるには高度な技術が必要
	じゅらく壁	・和室らしい落ち着いた色合いが魅力。風合いもよい ・接着材配合で水で練るだけで施工できる
	繊維壁	・表面にホコリがつきやすいが、安価で素朴な仕上がりに ・接着剤配合で水で練るだけで施工できる
	珪藻土	・調湿、断熱、脱臭などの機能を持つ ・壁紙や繊維壁に直に塗ることができるので簡単
	漆喰風塗料	・調湿効果は低いが、漆喰風の仕上がりを楽しめる ・水で練る必要がないのでそのまま塗ることができる
タイル	内装タイル	・キッチンやバスルームなどの水まわりに適している ・接着剤で張り、目地材で仕上げる
	ブリックタイル	・レンガを積み重ねたような仕上がりになる ・両面テープで張ることができるので初心者でも簡単
	調湿機能タイル	・湿度をコントロールし有害物質を吸着する ・接着剤を塗って張ることができる
壁紙	生のり壁紙	・シワがよっても張り直しができる ・色柄は限られるが、張りやすくきれいに仕上がる
	粘着壁紙	・裏紙をはがすだけでスピーディーに張ることができる ・張り直しできないので慣れた人におすすめ
	再湿壁紙	・輸入壁紙など豊富な色柄がそろっている ・水をつけてから張るので、少々手間がかかる
	のりなし壁紙	・紙製や織物製など、風合いのよいものがそろっている ・裏に壁紙用のりを塗ってから張るので手間がかかる
塗料	室内壁用水性塗料	・壁を好みの色にリフォームできる ・ローラーバケで簡単に塗ることができる
	浴室用水性塗料	・パステルカラーが中心。壁のカビを防ぐことができる ・室内壁用に比べると少々高い。塗り方は同様
その他	カッティングシート	・プリントによる豊富な色柄がそろっている ・凹凸面には不向き。プラスチックや金属部に最適
	腰板	・壁面の汚れやすい部分を保護できる ・板を塗装してから、クギ打ちで固定する

室内のイメージを大きく変える壁・床 きれいに仕上げるにはDIYレベルに合った素材選びを！

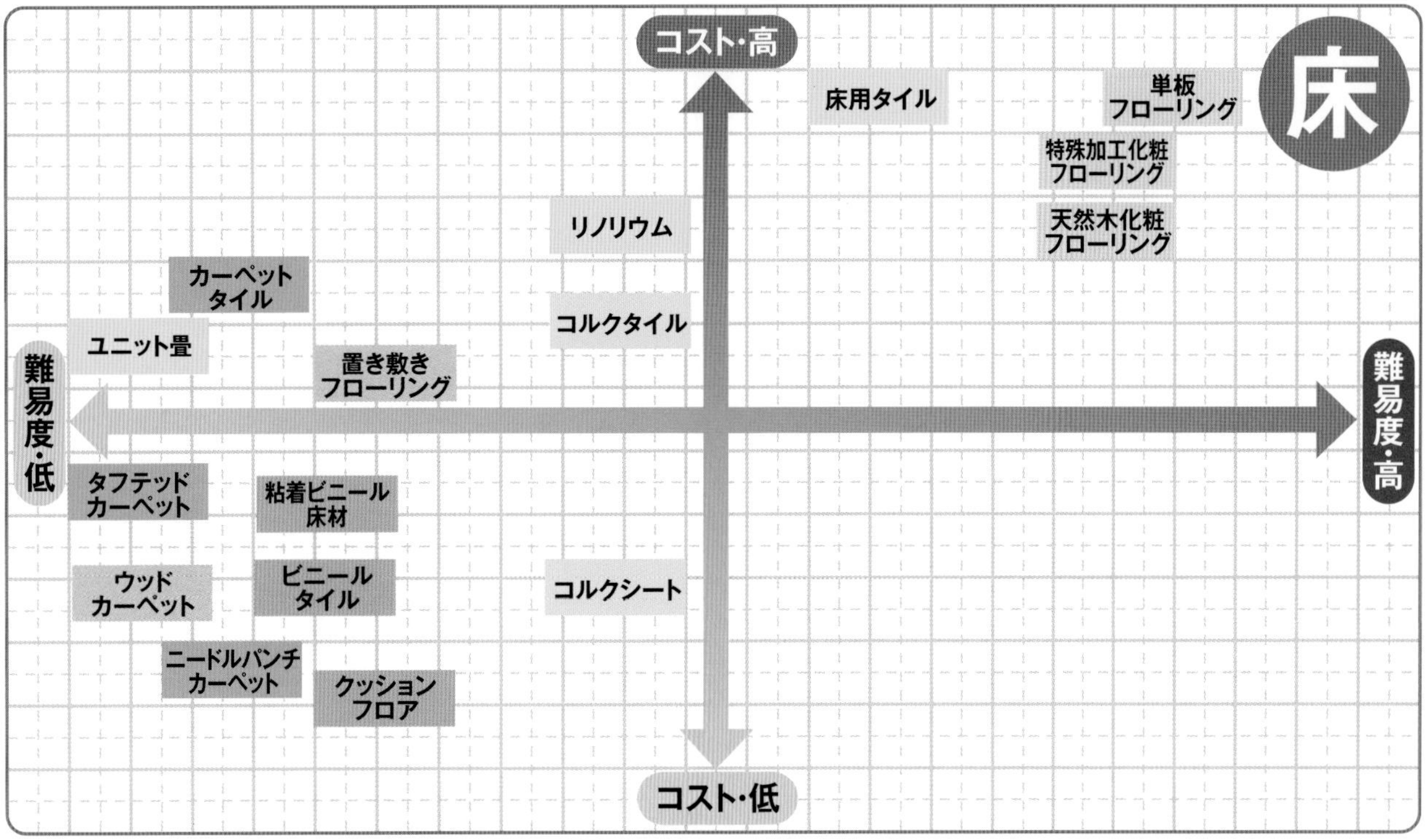

分類	素材	特徴
ビニール床材	クッションフロア	・撥水性なので水まわりに最適。汚れたら水拭きできる ・床のサイズに合わせてカットし両面テープで張る
	ビニールタイル	・接着剤で張るだけでカラフルな床にリフォームできる ・硬質のものは角が割れやすいが、安価で汚れに強い
	粘着ビニール床材	・粘着シール付きのタイル式クッションフロア ・裏紙をはがすだけでスピーディーに作業できる
カーペット	タフテッドカーペット	・保温性、弾力性が魅力。さまざまな織柄と色がそろう ・基本は置き敷き。切断したままだと端がほつれる場合も
	ニードルパンチカーペット	・両面テープや接着剤で直張りする ・ほかのカーペットに比べると弾力性は劣るが価格は安い
	カーペットタイル	・広面積では高くつくが、並べるだけなので手間いらず ・汚れた部分をはずして洗えるのが利点
コルク床材	コルクタイル	・適度な弾力性で歩行感がよい。保温、吸音効果も高い ・専用の接着剤で直張りする
	コルクシート	・薄いので弾力性は低いが、長尺シートで張りやすい ・コルクタイルに比べると安価
フローリング材	単板フローリング	・高価だが、本物の木のぬくもりと調湿効果が魅力。無垢の1枚板の場合、反りやあばれを防ぐには技術を要する
	天然木化粧フローリング	・無垢材に比べると質感は劣るが、その分安価 ・施工はクギ打ち。基材が合板なので比較的作業しやすい
	特殊加工化粧フローリング	・キズ、汚れ、日焼けの防止加工で手入れが簡単 ・施工は天然木化粧フローリングと同様
フロア材	ウッドカーペット	・置くだけでフローリングに変身。賃貸住宅でもOK ・畳の上に敷くとカビが発生しやすいので要注意
	置き敷きフローリング	・接着剤やクギを使わずそのまま置くことができる ・高価だが、取りはずせるので転居先でも使用可能
その他	床用タイル	・底冷えするが、質感がよく、水まわりに最適 ・接着剤で張り目地を埋めて仕上げる。乾燥時間を要する
	リノリウム	・弾力性、耐久性に優れ、抗菌作用がある ・接着剤を用いて床に直張りする
	ユニット畳	・フローリングの上に敷くだけで和の空間が手に入る ・本物の畳より薄くて硬いが、まめに畳干しができる

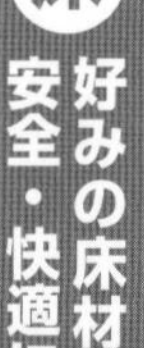

床 好みの床材で足元を安全・快適に

タイル

壁用のタイルには、サイズや形、色もさまざまなものがある。材質は陶器質、せっ器質、磁器質に大別され、基本的に接着剤で張り、目地材を埋めて仕上げる。

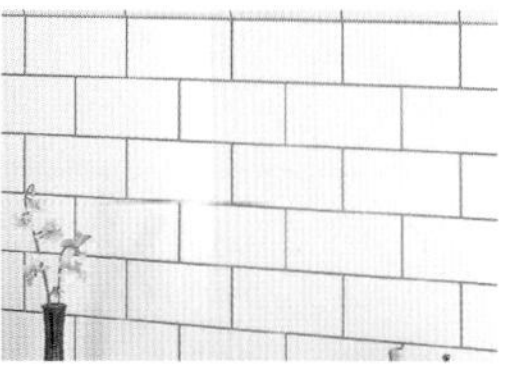

内装タイル

1㎡あたりの必要量 **100枚** → 平均コスト **12,000円**

※10㎝角の場合

表面に釉薬を施した陶器質タイルは水まわりに最適。接着剤で張り、目地材を埋めて仕上げる。一般的なサイズは100㎜角と200㎜角。実測では目地幅の分だけ2～4㎜小さくなっている

ブリックタイル

1㎡あたりの必要量 **60枚** → 平均コスト **12,000円**

※215㎜×65㎜の場合

レンガ風に仕上げたい場合に。室内壁にはセラミック製がおすすめ。軽量なので両面テープで張ることができる。本物のレンガを薄くスライスしたものは、強度の高い壁向き

調湿機能タイル

1㎡あたりの必要量 **103枚** → 平均コスト **15,000円**

※202㎜×50㎜の場合

湿度をコントロールし、ニオイや有害化学物質を吸着する機能を持つ。吸水性があるので水まわりには不向き。さまざまなデザインがあるがいずれも接着剤で張る

モザイクタイル

1㎡あたりの必要量 **11.5枚** → 平均コスト **20,000円**

※22㎜角の300㎜シートの場合

正方形、長方形、丸型、六角形などの小さなタイル。磁器質、ガラスが中心で、施工しやすいように目地幅を均一にあけて紙やネットに張ってあるものが多い

壁紙

壁紙の素材には水拭きできるビニール製、風合いのよい紙製と布製があるが、基本的に張り方の種類によって難易度が異なる。一般的なサイズは幅92㎝で長さ5m、10、15、30mのロール巻きで販売されている。

再湿壁紙

6畳あたりの必要量 **30m** → 平均コスト **18,000円**

※92㎝幅の場合

裏に水をつけてのりを戻してから張る、もっとも一般的な壁紙。少々手間はかかるが、輸入物も多く、豊富な色柄がそろっている

生のり壁紙

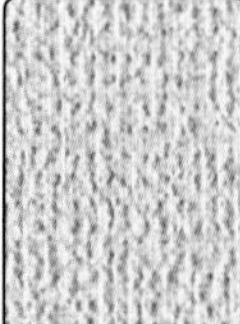

6畳あたりの必要量 **30m** → 平均コスト **20,000円**

※92㎝幅の場合

ビニール製の壁紙が中心。色柄は限られる。裏に生のりが塗られており、フィルムをはがしながら張る。シワが寄っても張り直しができるので簡単に美しく仕上がる

のりなし壁紙

6畳あたりの必要量 **30m** → 平均コスト **32,000円**

※92㎝幅の場合／壁紙用のりを含む

風合いのよい紙製や織物製に多いのがこのタイプ。裏に壁紙用のりを塗ってから張るので手間がかかる。壁紙の中では上級者向き

粘着壁紙

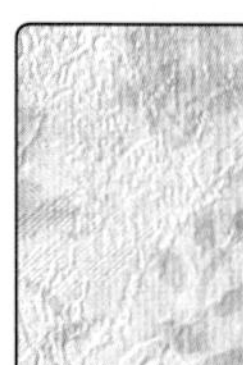

6畳あたりの必要量 **30m** → 平均コスト **25,000円**

※92㎝幅の場合

手軽なシール式でスピーディーに仕上げることができる。裏紙をはがしながら張るが、シワや空気が入ったり曲がってしまった場合の張り直しは困難

その他

壁のリフォーム素材には上記のほかにもさまざまな種類がある。カッティングシートや腰板はDIYでも施工しやすく、ホームセンターなどで簡単に入手できる。

腰板

床から約1mまでの高さに張る木製板。凹凸加工された側面をはめ込み、クギで固定する。下部に巾木、上部に見切り縁を取りつける。施工前に好みの塗装をしよう

6畳1面分 **36枚** → 平均コスト **30,000円**

※105㎜×910㎜の場合／巾木、見切りを含む

カッティングシート

裏紙をはがしながら張るビニール製の粘着シート。プリントによる色柄が豊富にそろっている。接着面は化粧合板やプラスチック、金属などの平滑な面に限る

ドア1枚分の必要量 **1枚** → 平均コスト **1,900円**

※900㎜×1,850㎜の場合

※6畳あたりの壁面積は25㎡としています。

塗料

室内の塗装には低臭の水性塗料がおすすめ。床や窓枠にしっかりマスキングをして、ローラーバケやコテバケを使って塗る。柱などの木目を活かした塗装にはステインやオイルを。

室内壁用水性塗料

1m²あたりの必要量 100mℓ → 平均コスト 350円

壁の色にこだわりたいならカラーバリエーションが豊富な室内壁用がおすすめ。壁紙や塗り壁にそのまま塗ることができるタイプ、消臭機能付きのタイプなどがある

浴室用水性塗料

1m²あたりの必要量 100mℓ → 平均コスト 300円

浴室用はパステルカラーが中心。防カビ剤が配合されているので室内壁用に比べると少々高い。浴室以外にも、キッチンや洗面所などの水まわりや湿気が気になる場所に

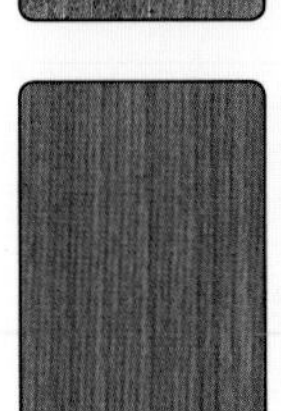

ステイン

1m²あたりの必要量 100mℓ → 平均コスト 350円

柱や長押にステインを塗れば、一度で深みのある色に染まる。浸透しやすいようにハケや布ですり込むように塗る。さらに、乾燥後ニスを上塗りすればキズや汚れを防止できる

オイル

1m²あたりの必要量 100mℓ → 平均コスト 400円

オイルはステインに比べると高価だが、水や汚れをはじいて木部を保護する。たっぷり塗って余分なオイルを布で拭き取るのがポイント。さらにワックスで磨くと美しいツヤが

塗り壁材

素朴なテクスチャーで室内に趣をもたらす塗り壁材。水を加えて練り、コテを使って塗るものが中心。基本的に下地調整が難しいので、DIY向けに改良されたものがおすすめ。

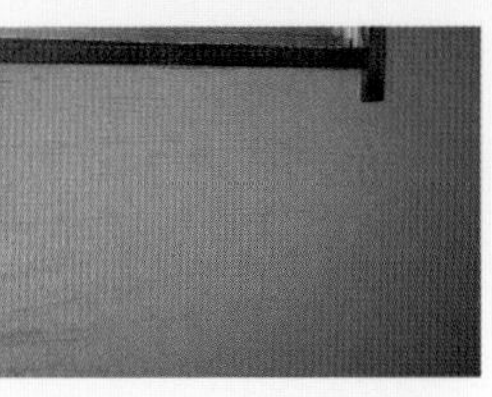

珪藻土

6畳あたりの必要量 30kg → 平均コスト 60,000円

珪藻土は水中の植物プランクトンが堆積、化石化した泥土。調湿、脱臭などさまざまな機能を持つ人気の塗り壁材。壁紙や繊維壁の上に直に塗ることができるタイプが多い

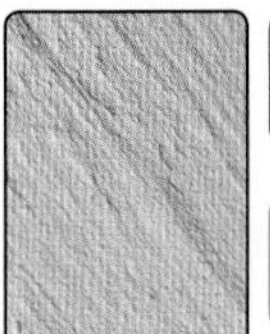

漆 喰

6畳あたりの必要量 25kg → 平均コスト 40,000円

消石灰を主原料とする断熱、消臭機能にすぐれた日本古来の塗り壁材。従来品は施工が非常に難しいのでDIY向けののりの配合が多いものを選ぶ

漆喰風塗料

6畳あたりの必要量 32kg → 平均コスト 55,000円

漆喰調のテクスチャーを楽しめる水性塗料。調湿機能は本物の漆喰に劣るが、水で練る必要がなく、ローラーバケでそのまま塗ることができるので簡単

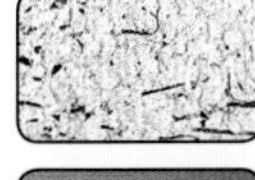

和風壁 繊維壁・じゅらく壁

6畳あたりの必要量 9kg → 平均コスト 9,000円

※じゅらく壁の場合

和室に多く見られる繊維壁やじゅらく壁もDIYで施工できる。接着材が配合されているので、水を加えて練れば、塗り始めることができる。ほかの塗り壁材に比べると安価

購入の前に必要量を算出する

店頭で選ぶ前に、まず壁の総面積からドアや窓などの面積を引き、実際の施工面積を算出しておこう。これを、塗料や塗り壁材に書かれた1個あたりの施工面積、壁紙ならその幅で割れば、必要な個数や長さを算出できる。施工方法により材料が不足する場合があるので、必ず2割以上多めに見積もること。

Point

モール材とボーダーでデコレーション

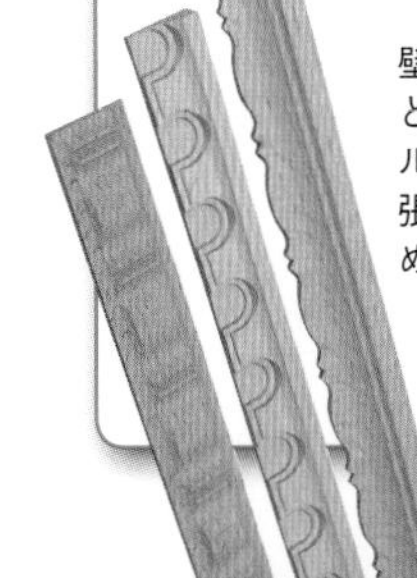

モール材

壁紙の切り端、天井や床との境をカバーするモール材。好みの色に塗って張れば、より装飾が楽しめる。ドアや窓枠にも

ボーダー

幅5～30㎝の帯状の壁紙で、部屋の腰まわりなどに張る。輸入物は色柄が豊富。壁紙や塗装壁と組み合わせて華やかな室内に

ビニール床材

水や汚れに強く、安価でリフォームできるのがビニール床材。キッチンや脱衣所などの水まわりや、廊下などに適している。色柄のバリエーションが豊富なので思いどおりの床にアレンジできる。

クッションフロア

発泡塩化ビニールやガラス繊維を基材に、表面にプリントとエンボス加工を施したシート床材。幅は910㎜、1,820㎜で必要な長さだけ購入できる。両面テープか接着剤で施工

6畳あたりの必要量	平均コスト
11m	15,000円

※幅910㎜の場合

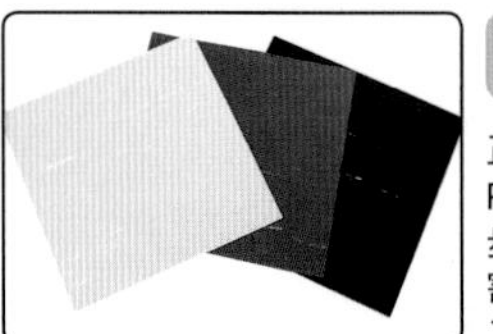

ビニールタイル

正方形の形をしている。半硬質のものはPタイルと呼ばれ、耐久性にすぐれた重歩行用。学校などで多く見られる。角が割れやすいが、安価で汚れに強い。カラフルな床にリフォームできる

6畳あたりの必要量	平均コスト
108枚	20,000円

※303㎜角の場合

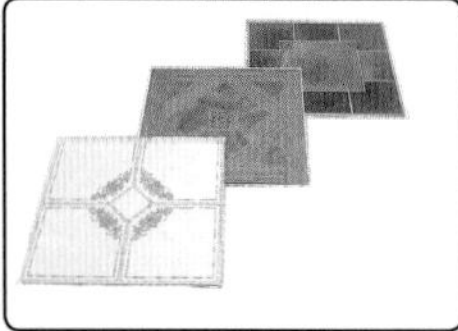

粘着ビニール

ビニールタイルの裏面に粘着シールがついているタイプ。裏紙をはがすだけでスピーディーに張ることができる。水まわりの部分的なリフォームに最適

6畳あたりの必要量	平均コスト
108枚	25,000円

※303㎜角の場合

カーペット

心地よい感触と保温効果にすぐれているカーペットは、大がかりな施工が必要ないので手軽にリフォームを楽しめる。ロールカーペットとカーペットタイルの2種類があり、肌触りや機能性を基準に選ぼう。

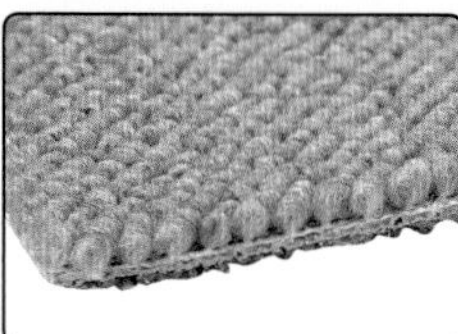

タフテッドカーペット

基布と呼ばれる平織りの麻布などにパイルを縫い込んだもので、さまざまな織柄と色がそろう。保温性、弾力性、空気清浄機能にすぐれるのはウール製。化学繊維製は丈夫で安価

6畳あたりの必要量	平均コスト
1枚	40,000円

※2,700㎜×3,640㎜の6畳用を使用

ニードルパンチカーペット

ポリプロピレンなどの繊維をプレス加工したもの。ほかのカーペットに比べると弾力性は劣るが、水に強く施工しやすい。両面テープや接着剤で直張りする

6畳あたりの必要量	平均コスト
11m	17,000円

※幅910㎜の場合

カーペットタイル

300〜500㎜角の正方形のカーペット。広い面積を敷く場合は高くつくが、汚れた部分をはずして洗ったり、交換できるのが利点。数色組み合わせてデザインを楽しむこともできる

6畳あたりの必要量	平均コスト
48枚	60,000円

※500㎜角の場合

コルク床材

コルク樫の樹皮の部分でできた床材。タイルタイプ、シートタイプがある。断熱、遮音、吸音効果が高く、適度な弾力性で歩行感もよい。軽いので施工しやすい。

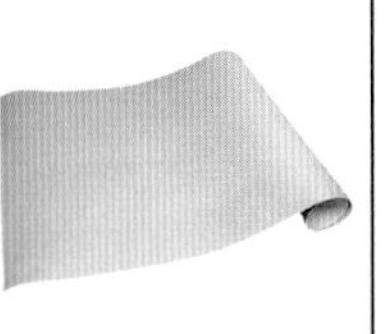

コルクシート

長尺シートで張りやすいコルクシート。コルクタイルに比べると安価。目地が少ないのでホコリや汚れがたまりにくく、掃除しやすいのが利点

6畳あたりの必要量	平均コスト
6m	20,000円

※幅1820㎜の場合

コルクタイル

色柄のバリエーションが豊富なコルクタイル。300〜305㎜角、3〜5㎜厚、無塗装やワックス仕上げなどが中心。専用の接着剤で直張りし、半端な部分はカッターで簡単にカットできる

6畳あたりの必要量	平均コスト
108枚	56,000円

※305㎜角の場合

その他の床材

壁材同様、床の仕上げ材にもさまざまな種類があるが、床用タイル、リノリウム、ユニット畳などもDIYに向いている。これらの素材については、とくに床は人や家具などの重量が加わる部分だけに、素材の適正と施工方法をしっかり把握してから選びたい。

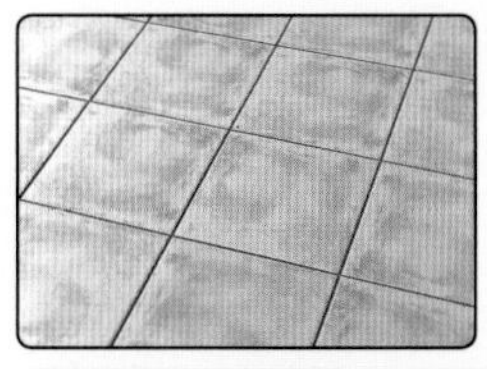

床用タイル

玄関や水まわりの床用タイルは、耐久性にすぐれ、滑りにくく汚れが付着しにくい。目地を含め300mm角に仕上がる295mm角のものが中心。接着剤で張り、目地を埋めて仕上げる

1m²あたりの必要量	平均コスト
12枚	10,000円

※295mm角の場合

リノリウム

亜麻仁油、松脂、顔料木粉、コルク、麻布が原料の弾力性、耐久性にすぐれたシート床材。主に病院で採用されており、最近では抗菌作用が注目されている。接着剤で直張りする

6畳あたりの必要量	平均コスト
6m	66,000円

※幅2,000mmの場合

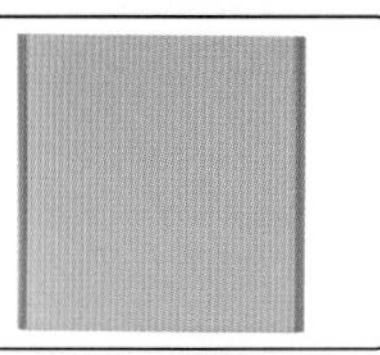

ユニット畳

フローリングの上に敷くだけで和の空間が手に入るユニット畳。畳表の素材はいろいろあるが、天然のい草のものがベスト。本物の畳より薄くて硬いが、まめな畳干しがしやすい

6畳あたりの必要量	平均コスト
12枚	48,000円

※880mm×880mmの場合

フローリング材

床のリフォームで人気があるのがウッドフローリング。なかでも一般的なのは基材に合板を使用した複合フローリング。いずれも板を切って床下地にクギで固定するのでDIYでの難易度は高い。上級者向け。

単板フローリング

無垢材の単板フローリングには保温、調湿機能、木ならではのぬくもりがある。高価である上、板の反りやあばれが出るなど扱いにくいので上級者向け

6畳あたりの必要量	平均コスト
25枚	90,000円

※1枚3,650mm×120mmの場合

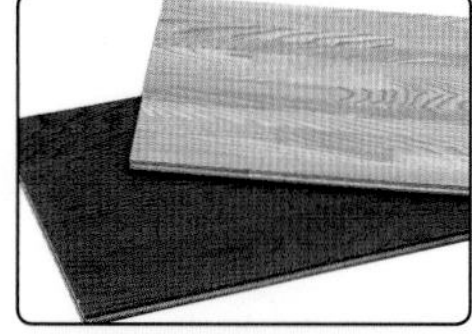

天然木化粧フローリング

合板などの表面に天然木の突板が張られた複合フローリング材。無垢フローリングに比べると質感は劣るが、板が安定しているので施工しやすい

6畳あたりの必要量	平均コスト
18枚	75,000円

※1枚1,818mm×303mmの場合

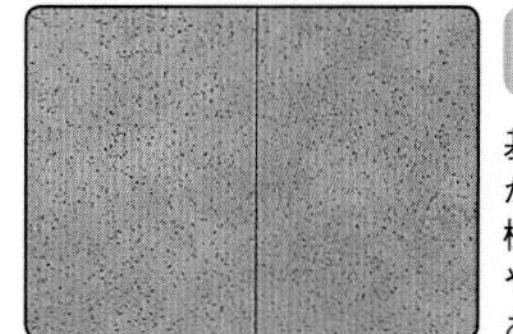

特殊加工化粧フローリング

基材は天然木化粧フローリングと同様だが、表面板が木質単板以外のものを指す。樹脂を染み込ませて硬化させた板に木目や色、溝を加工してある。床暖房対応もある

6畳あたりの必要量	平均コスト
18枚	75,000円

※1枚1,818mm×303mmの場合

フロア材

クギを使わずにフローリングにリフォームできるのが置き敷きタイプ。一方、カーペットのように敷くだけのタイプもある。手軽にフローリングを楽しみたい人に。

置き敷きフローリング

フローリング材と同様に端に凹凸のサネが加工されているが、クギや接着剤を使わず床に直に敷くことができる。切断にはノコギリを用いる。中級者向け

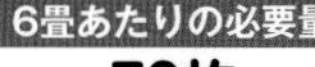

6畳あたりの必要量	平均コスト
72枚	35,000円

※1枚900mm×150mmの場合

ウッドカーペット

置くだけでフローリングに変身するウッドカーペット。表面に天然木の突板を張ってあり、部屋のサイズに合わせてカッターで切ることができる

6畳あたりの必要量	平均コスト
1枚	25,000円

※６畳サイズの製品をオーダーする場合

Column

ペットのいる家のリフォーム②

床材選びが重要なポイント

床　材

ペットの居場所となるリビングや廊下などは、ペットのことを考えた床材選びをしましょう。キズのつきにくさ、掃除のしやすさのほか、マンションなどの集合住宅の場合には、階下への音にも配慮して床材の材質や特性を吟味し、メリット・デメリットを考えたリフォームをするように心がけましょう。

フローリング

ペットのためにフローリングには滑りどめのコーティングをしてあげたい

- 手入れのしやすさ ➡ ◎よい
- キズのつきにくさ ➡ ○普通
- 消臭・防臭効果 ➡ ○普通

今いちばん使われている床材

合板のフローリングの場合、ペットの爪で表面の板がはがされやすいが、無垢板のフローリングならはがされる心配がない。フローリング材は塗装面がアンモニアに弱いため、ペットのオシッコによるシミに注意が必要だ。また、滑りやすいので、滑りどめのコーティングをしてあげるとよいだろう。最近では、汚れや水などに強い加工が施されたフローリング材も販売されている。

簡単な施工で防滑効果を発揮するペット用のコーティング剤が市販されている

コーティング剤について

床をワックスで手入れするのはペットの健康にはあまりよくないので、ワックスではなくコーティング剤を使おう。ペット向けの製品の場合、キズや汚れ防止のほか、滑りをとめて脱臼や腰痛などを防止する効果も持っている。

コルク

人に優しい素材でシックハウス対策として注目され、最近ではペットを飼う人からも注目を浴びている

- 手入れのしやすさ ➡ ◎よい
- キズのつきにくさ ➡ ◎よい
- 消臭・防臭効果 ➡ ◎よい

自然の風合いを持つ床材

天然素材を使用したコルクは断熱性、保温性、衝撃吸収性、吸音性、防音性など、あらゆる面ですぐれた素材。近年では既設の床上に施工できる接着剤不要の製品もあり、手軽にリフォームすることが可能だ。また、足触りもやわらかく滑りにくいので、ペットと暮らすリフォームの素材として最適な床材といえるだろう。

カーペット

インテリアコーディネイトに近い。しかし、防音効果などのほかペットの健康面にも効果がある

- 手入れのしやすさ ➡ ○普通
- キズのつきにくさ ➡ ◎よい
- 消臭・防臭効果 ➡ ○普通

手軽で簡単に施工できる床材

カーペットは敷くだけで簡単に施工できる身近な床材だが、掃除に手間がかかることやシミになりやすいなどデメリットもある。しかし最近では、防音効果や消臭効果、防ダニ加工などを施された製品も多く販売されている。ペットの爪などがあまり引っかからないように、まずは毛足の短いものを選ぼう。

クッションフロア

一般的には水まわりに使われることが多い。しかしペットにも向いているため選択する人も多い

- 手入れのしやすさ ➡ ◎よい
- キズのつきにくさ ➡ ◎よい
- 消臭・防臭効果 ➡ ○普通

手軽に模様替えができるシート

保温性、衝撃吸収性にすぐれて水にも強く、一般的には洗面所や台所などに使用されることが多い。手入れが簡単なのとコストもあまりかからず施工もでき、ペットのいる部屋にも使われることが多い。適度な弾力性があるので、ペットの足にもあまり負担がかからない。

タイル

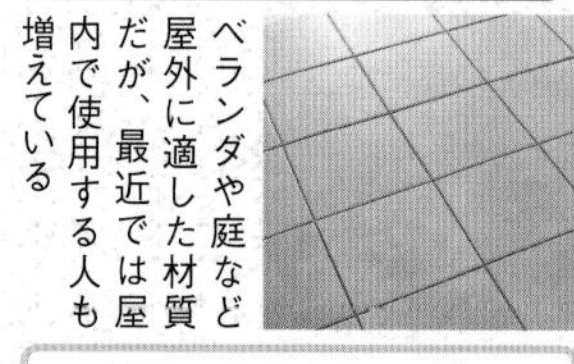

ベランダや庭など屋外に適した材質だが、最近では屋内で使用する人も増えている

- 手入れのしやすさ ➡ ◎よい
- キズのつきにくさ ➡ ◎よい
- 消臭・防臭効果 ➡ ○普通

汚れに強く手入れもお手軽簡単

ベランダや庭などに使用することが多いタイルは、水拭きもできて手入れも簡単。汚れにも強く滑りにくい床材だ。屋外で使われることの多いタイルだが、最近では室内で使うことができる製品も多くある。床暖房との組み合わせなら1年中快適な環境を作ることができる。

PART 2

「壁・床」リフォームの実践基礎テクニック

なにごとも最初が肝心です。壁や床のリフォームでも、本番に入る前の準備段階で成否は決まるといっても過言ではありません。ここでは、マスキングや養生、あるいは状況に応じたさまざまな下地調整の方法を実践的に学びましょう。

差がつく下地調整術 作業別早見表

壁・床リフォームには、幾つかの代表的な施工方法がありますが、どれを取っても適切な下地調整をする必要があります。ここではどんな作業がどんな手順で進めていくのかをわかりやすくまとめた早見表を作りました。

壁リフォームの下地調整

Before \ After	塗り壁材を塗る	ペンキを塗る	壁紙を張る
壁紙の壁	**壁紙の上から珪藻土を塗る場合** 1.汚れを落とす ▶P.54 2.壁紙の浮きやはがれを補修 ▶P.54 ※さらに壁紙をタッカーで固定するとよい ▶P.55 **じゅらく壁・繊維壁を塗る場合** 1.壁紙をはがす ▶P.55 2.シーラー処理 ▶P.56	**壁紙の上から塗る場合** 1.汚れを落とす ▶P.54 2.壁紙の浮きやはがれを補修 ▶P.54 ※欠損部分は目立たないところの壁紙をはがし、それを使って補修する。はがした部分はパテで埋めてならす	**重ねて張る場合** 1.汚れを落とす ▶P.54 2.壁紙の浮きやはがれを補修 ▶P.54 3.欠損部分をパテで補修 ▶P.54 **はがしてから張る場合** 1.壁紙をはがす ▶P.55 2.残った裏紙をはがす ▶P.55 ※ビニール壁紙の場合は表層だけをはがして残った裏紙を下地にする
和風壁（じゅらく壁・繊維壁）	1.汚れを落とす 2.はがれかかっている部分の壁材をはつる ▶P.58 3.シーラー処理 ▶P.56	1.汚れを落とす 2.はがれかかっている部分の壁材をはつる ▶P.58 3.はつった部分や亀裂を同じ素材の壁材で埋め、凹凸をならす 4.シーラー処理 ▶P.56 ※同じ素材で補修すれば、補修した部分があとで目立たない	1.汚れを落とす 2.はがれかかっている部分の壁材をはつる ▶P.58 3.はつった部分や亀裂をパテで埋め、凹凸をならす ▶P.57 4.シーラー処理 ▶P.56 5.下地押さえ紙を張る ▶P.56 ※ベニヤ板を壁に打ちつけて下地を作ってもよい ※壁の劣化がひどいときは全面をはつって下地を出し、パテで凹凸をならす
化粧合板の壁	1.合板が浮いているときはクギで固定 2.汚れを落とす 3.サンドペーパー（100番程度）で軽くサンディング ▶P.59	1.合板が浮いているときはクギで固定 2.汚れを落とす 3.合板の合わせ目の溝をパテで埋める ▶P.57 4.サンドペーパー（100番程度）で軽くサンディング ▶P.59 5.シーラー処理 ▶P.56	1.合板が浮いているときはクギで固定 2.汚れを落とす 3.合板の合わせ目の溝をパテで埋める ▶P.57 4.サンドペーパー（100番程度）で軽くサンディング ▶P.59 5.プラスチック用プライマーを塗る
ペンキ塗装のモルタル壁	1.ペンキが浮いているときは落とす ▶P.58 2.汚れを落とす 3.サンドペーパー（100番程度）で軽くサンディング ▶P.59	1.ペンキが浮いているときは落とす ▶P.58 2.汚れを落とす 3.凹みをパテで補修 ▶P.57 4.シーラー処理 ▶P.56	1.ペンキが浮いているときは落とす ▶P.58 2.汚れを落とす 3.凹みをパテで補修 ▶P.57 4.サンドペーパー（100番程度）で軽くサンディング ▶P.59 5.シーラー処理 ▶P.56

床 リフォームの仕上がりに

床リフォームの下地調整

Before＼After	コルクタイル（カーペットタイル）を敷く	フローリング材を張る	カーペットを敷く	クッションフロアを張る
クッションフロアの床	1.クッションフロアをはがす ▶P.60 2.根太やコンパネのひずみをならして平坦にする ※下地がコンクリートの場合はパテまたはモルタルで凹凸を補修する	1.クッションフロアをはがす ▶P.60 2.根太やコンパネのひずみをならして平坦にする ※下地がコンクリートの場合はパテまたはモルタルで凹凸を補修する。	重ねて敷く場合 1.汚れを落とす 2.はがれを接着剤で補修する 3.凹みや欠損部分をパテで補修 ▶P.61	重ねて張る場合 1.汚れを落とす 2.はがれを接着剤で補修する 3.凹みや欠損部分をパテで補修 ▶P.61
カーペットの床	1.カーペットをはがす ▶P.60 2.根太やコンパネのひずみをならして平坦にする ※下地がコンクリートの場合はパテまたはモルタルで凹凸を補修する	1.カーペットをはがす ▶P.60 2.根太やコンパネのひずみをならして平坦にする ※下地がコンクリートの場合はパテまたはモルタルで凹凸を補修する	1.カーペットをはがす ▶P.60 2.根太やコンパネのひずみをならして平坦にする ※下地がコンクリートの場合はパテまたはモルタルで凹凸を補修する	1.カーペットをはがす ▶P.60 2.根太やコンパネのひずみをならして平坦にする ※下地がコンクリートの場合はパテまたはモルタルで凹凸を補修する
板の間・フローリングの床	1.フローリングをはがす 2.根太やコンパネのひずみをならして平坦にする ※下地がコンクリートの場合はパテまたはモルタルで凹凸を補修する ▶P.60 床の上に重ねて敷く場合 1.汚れを落とす 2.クギや接着剤で浮きやはがれを補修する	1.フローリングをはがす 2.根太やコンパネのひずみをならして平坦にする ※下地がコンクリートの場合はパテまたはモルタルで凹凸を補修する ▶P.60 床の上に重ねて張る場合 1.汚れを落とす 2.クギや接着剤で浮きやはがれを補修する	床の上に重ねて敷く場合 1.汚れを落とす 2.クギや接着剤で浮きやはがれを補修する	床の上に重ねて張る場合 1.汚れを落とす 2.クギや接着剤で浮きやはがれを補修する
畳	1.畳をはずして処分する 2.下地の高さを調整する ▶P.61	1.畳をはずして処分する 2.下地の高さを調整する ▶P.61	1.畳をはずして処分する 2.下地の高さを調整する ▶P.61 ※または畳の上に敷く	1.畳をはずして処分する 2.下地の高さを調整する ▶P.61

養生・マスキングの基本

塗料を塗る、ニスや塗り壁材を塗る、あるいは壁紙を張る、といった場合、家具や床など塗り面以外の部分に塗料はつけたくないものです。

最近は高性能な汚れ落としもありますが、一度ついたものを落とすより、つかないように準備するほうが簡単。それが養生やマスキングです。

塗装や張り替え作業の前に、きっちりと養生・マスキングをしましょう。とくにきちんとマスキングができれば、作業の成功は約束されたようなもの。なぜなら、マスキングのラインが、塗装の仕上がりラインとなるからです。

難しいことはありません。いくつかのポイントを押さえれば誰でもできます。まずは作業のさまたげになる家具を移動することから始めましょう。

養生の流れ

1. 不要なものを撤去する
2. 塗料などがつくと困る場所にマスキングテープを張る
3. 広い面積をシートや新聞紙で覆う

▼道具

マスキングテープ

下地を傷めずにはがせる専用テープ。ほかのテープでは塗料が染みたり、のりが残ったりするので、必ずマスキングテープを用意したい。幅は8mmから30mm前後まで各種ある

マスカー

折りたたまれた養生シートがついたマスキングテープ。広い床面や壁面の養生は、このテープを使うと格段にやりやすい。シートの幅は数種類

養生シート・新聞紙

部屋の床や家具は、養生シートやブルーシート、新聞紙などを使って覆っておく

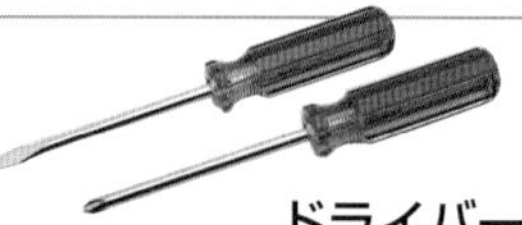

ドライバー

壁や床の不要なパーツ類を取りはずすときに使う。マイナスドライバーとプラスドライバーの２本用意しておこう

1 家具や不要なものをはずす

養生を始める前に、まず邪魔になる家具や雑貨を移動させて、不要な付属物は取りはずし、掃除してホコリを払っておきましょう。

カーテンレール

リフォームする部分にカーテンレールがある場合も、マスキングするよりはずしたほうがよい。作業の邪魔にならず、塗料をうっかりつける失敗の危険性もない。カーテンレールを固定しているネジをはずせばＯＫ

照明機器

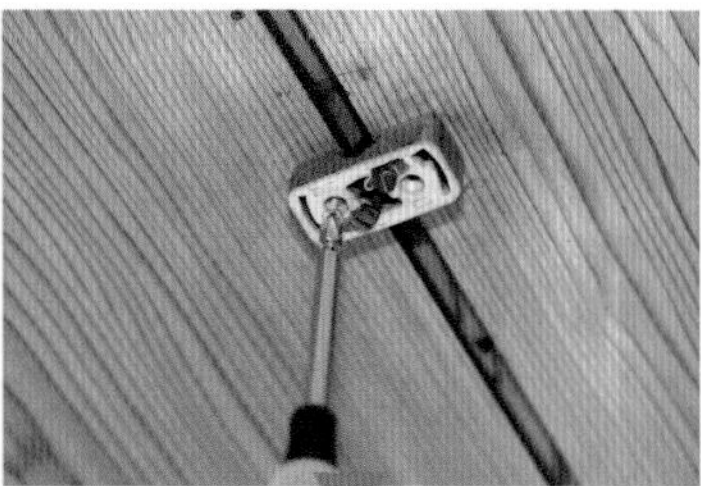

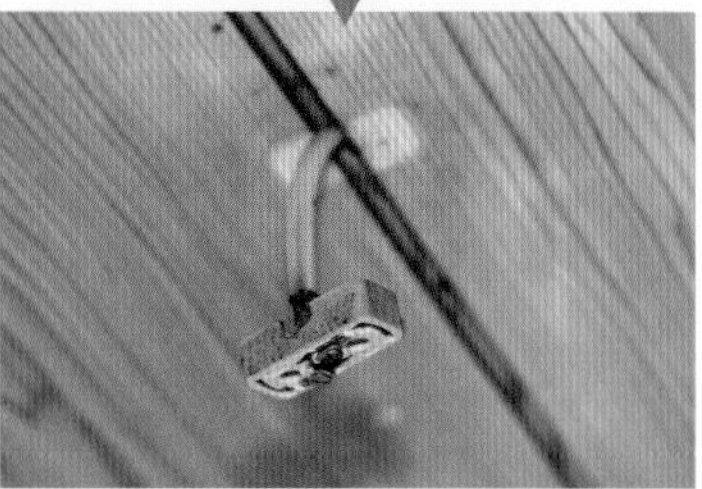

壁面と床面だけのリフォームならはずす必要はないが、天井も塗装する場合は、照明のソケットもはずしておきたい。電源を落としてから、ネジをゆるめて手前に引き、コードを伸ばしてマスキングテープを巻いておくとよい

スイッチプレート

スイッチプレートは、壁のリフォームでは邪魔物。マスキングテープで覆うこともできるが、はずしたほうが失敗がない。プレートはネジで固定されているので、ドライバーでネジをはずせば簡単に取りはずせる

2 マスキングテープとシートを張る

塗らない部分に、マスキングテープと養生シートを張って保護します。マスキングテープをきっちり張ることが成功の秘訣です。

01 マスキングテープを50㎝くらいずつ張る

壁に塗料を塗るときは柱をマスキング。マスキングテープは利き手で持ち、50㎝くらいずつ張っていく。マスキングテープの端のラインが塗装の境目となるので、真っすぐに張るのがコツ。珪藻土などを塗る場合には、厚み分を考えて2mmほど壁より離して張る

02 指で上から押さえしっかり密着させる

マスキングテープを張っただけの状態では、まだテープが密着しておらず、塗料がすき間からテープと接着面との間に入ってしまうこともある。指でテープ（とくに緑のほう）を上から押さえて、しっかりと密着させる

✕ マスキングテープが曲がり、すき間ができている。この状態で壁を塗ると、すき間にも塗料がついてしまう

はずさない場合のマスキング

スイッチプレート

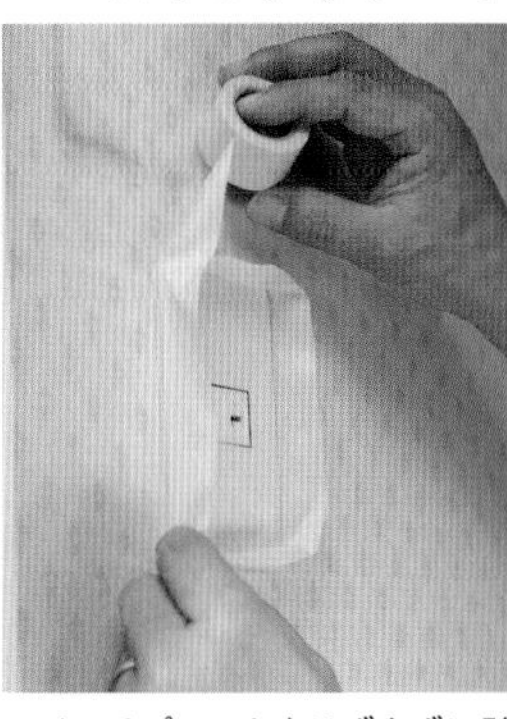

スイッチプレートをはずさずに壁を塗装する場合は、プレートのまわりにマスキングテープを張る。テープは塗装用具（ローラーの厚み）に合わせた幅を選ぶ

照明機器

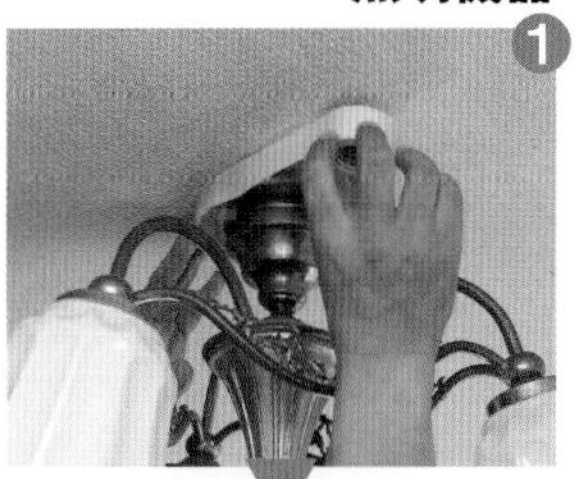

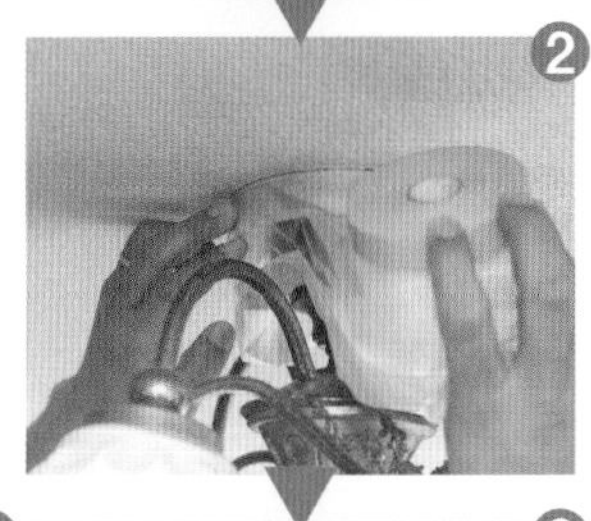

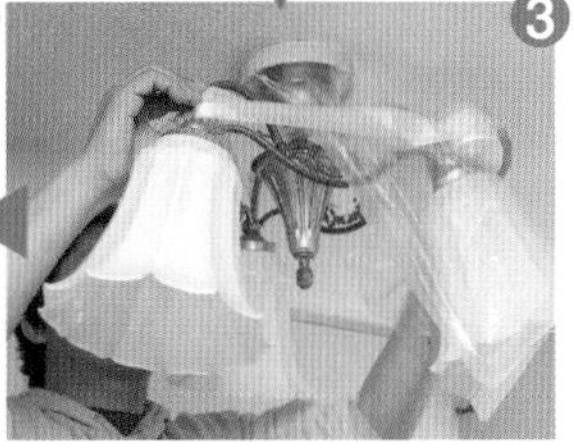

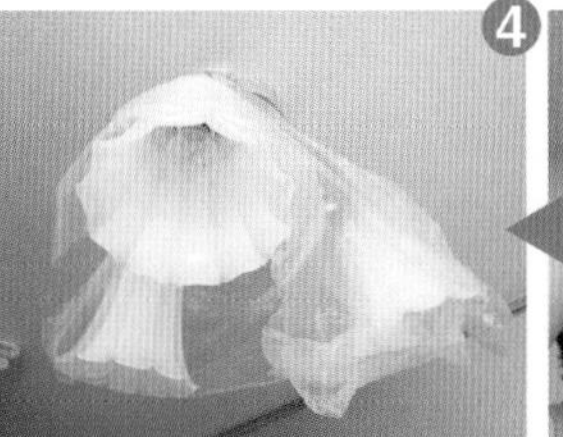

❶マスキングテープを根元に巻く ❷その上にマスカーを張る ❸シート部分を広げてすき間がないように照明器具をすっぽりと覆う ❹完成

応用編 カッターで直線を出す

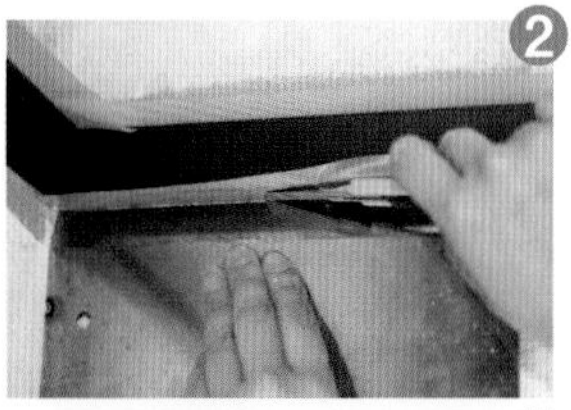

テープを張るときに直線にするのが難しい場合はこんな方法もある
❶テープをはみだして張る
❷直線の金ヘラなどを利用して、塗膜の境のラインを作り、カッターではみだした部分を切る
❸切った部分をはずすと直線になる

マスカーで広い面を保護

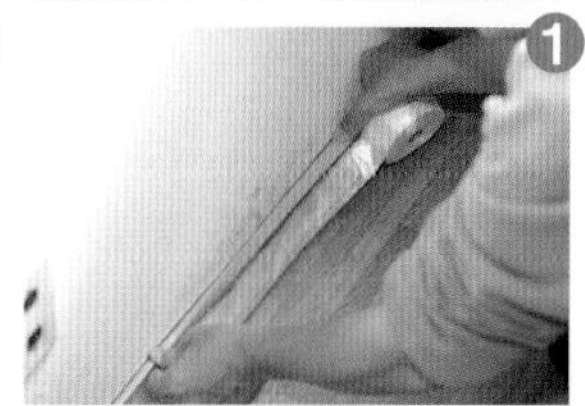

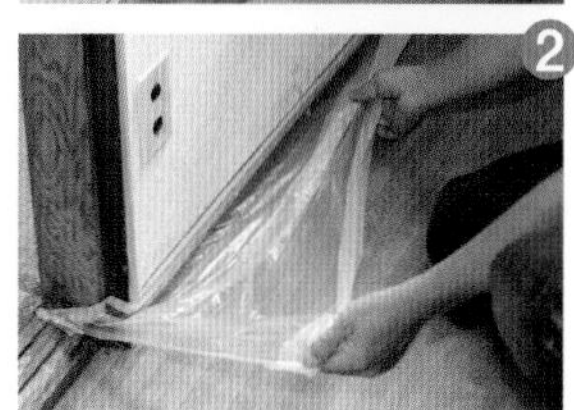

マスカーは、テープ部分の接着がやや弱いので、マスキングテープを一度張って下地と密着させ、その上から張るとよい
❶マスカーをマスキングテープの上から張る
❷シート部分を広げる
❸広げたシートを床面に置く。静電気で床に張りつく

壁の下地調整

壁のリフォームにおいて下地調整は非常に重要です。「下地（と養生）8割、塗り2割」とよくいわれますがそれは大げさではなく、下地状態で仕上がりの成否が決まるのです。壁の種類とリフォーム素材によって作業は異なります。50ページでどの作業が必要かをチェックしてから読んでください。

下地処理テク1 壁紙の汚れを落とす

●目に見えない汚れも、拭き掃除で除去

カビが発生し汚れも目立つ壁。リフォームする前に、一度カビを落として汚れも拭き取っておく

きれいに見える壁にも、脂分やホコリが。ベタつく汚れはペイントうすめ液や中性洗剤を使うと簡単に落とすことができる

壁紙に脂分やホコリなどの汚れがついたままでは、上に塗料や接着剤を重ねてもきちんと密着せず、きれいに仕上がりません。中性洗剤を使って、全面を一度きれいに拭き掃除してから作業を始めましょう。汚れのひどいところにはペイントうすめ液が有効です。

ペイント
うすめ液

ウエス

下地処理テク2 壁紙のめくれなどを補修する

●壁紙のめくれや破れは壁紙用接着剤で補修

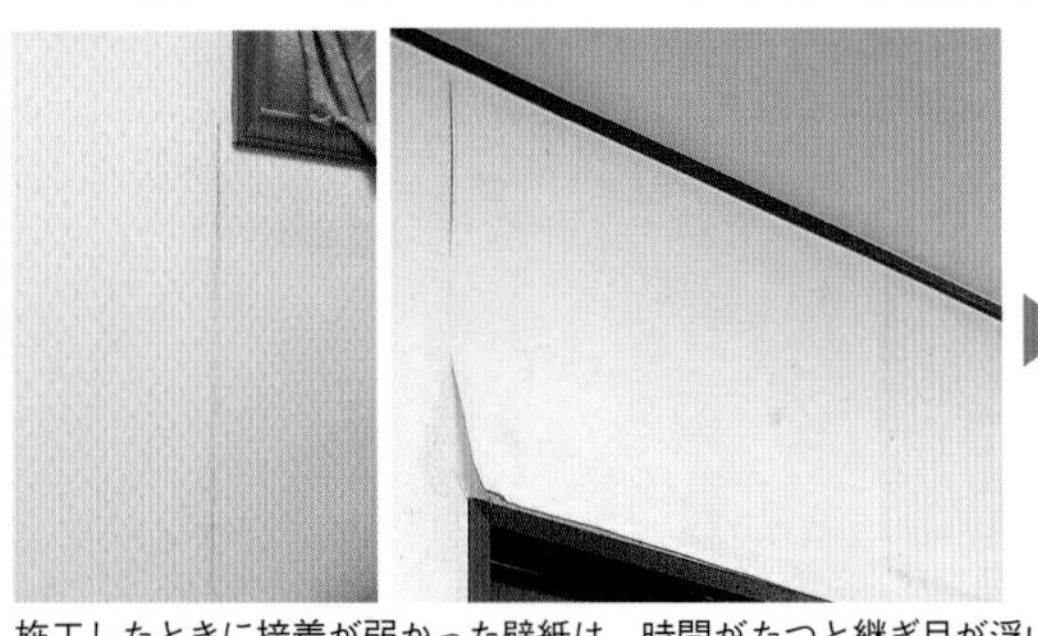

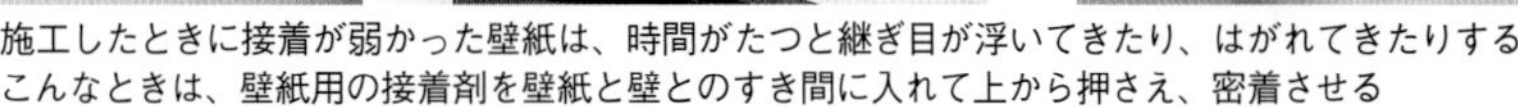
施工したときに接着が弱かった壁紙は、時間がたつと継ぎ目が浮いてきたり、はがれてきたりする。こんなときは、壁紙用の接着剤を壁紙と壁とのすき間に入れて上から押さえ、密着させる

壁紙を下地として使う場合、壁紙はしっかりと壁面と密着していなければなりません。そうしないとはがれてしまうからです。

浮いている部分やめくれあがった場所は接着剤で接合し、はがれかけた壁紙は切り取り、パテで段差を埋めておきましょう。

●はがれかけた壁紙は切って補修する

部分的に浮いてはがれかけている壁紙があったら、思いきってその部分だけ切り取って張り直す。壁紙が厚く、切り取った部分の段差が目立つ場合は、パテをヘラで薄く押し込んで段差を埋めておく

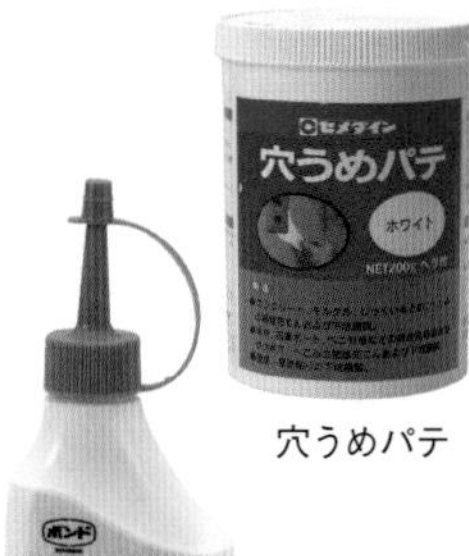

穴うめパテ

壁紙用
接着剤

下地処理テク 3 壁紙をはがす

壁紙は、下地を傷めないようきれいにはがすことが大切です。壁紙の種類によって、はがし方は違います。二層構造になっている高級壁紙は、はがすと裏紙がきれいに壁に残ります。また、一般的な壁紙は水分を含ませるときれいにはがれます。

01 壁紙をはがす

壁の縁にカッターで切り込みを入れ、少し持ち上げて引っぱってみて、スルスルはがれるようならそのままはがす。はがれにくい場合は、ワイヤーブラシなどで表面にキズをつけてから、スポンジで水を含ませ、濡らしてからはがすとはがれやすい

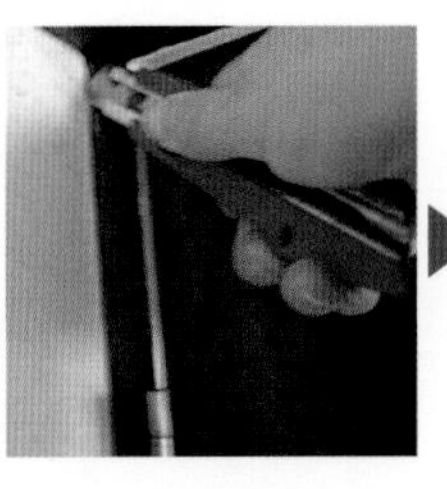

02 裏紙が浮いていたら取り除く

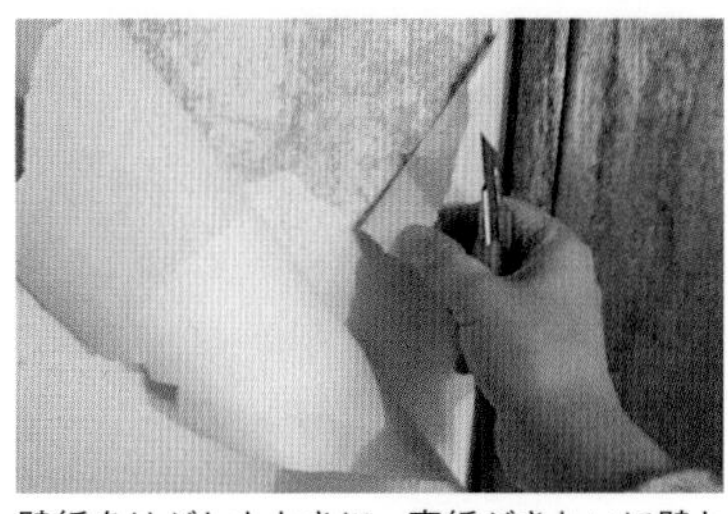

壁紙をはがしたときに、裏紙がきれいに壁と密着している場合はその上から施工できる。一部が浮き上がった場合や、残ってしまったときはスクレーパーなどで取り除く

03 裏紙が残ったら取り除く

部分的に残った裏紙は邪魔物。そのまま施工すると塗料や壁紙が密着できなくなってしまうので、取り除いておく

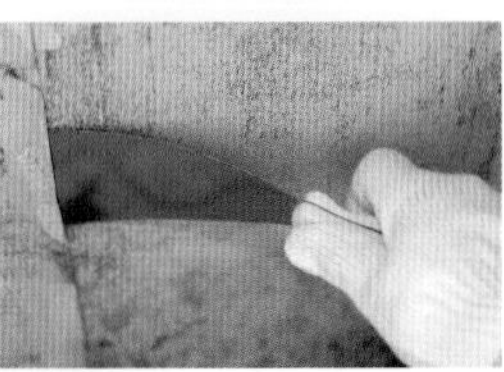

スクレーパーや皮スキなどの金属ヘラを使ってこそげ取る。ヘラのしなりを利用すると落としやすい

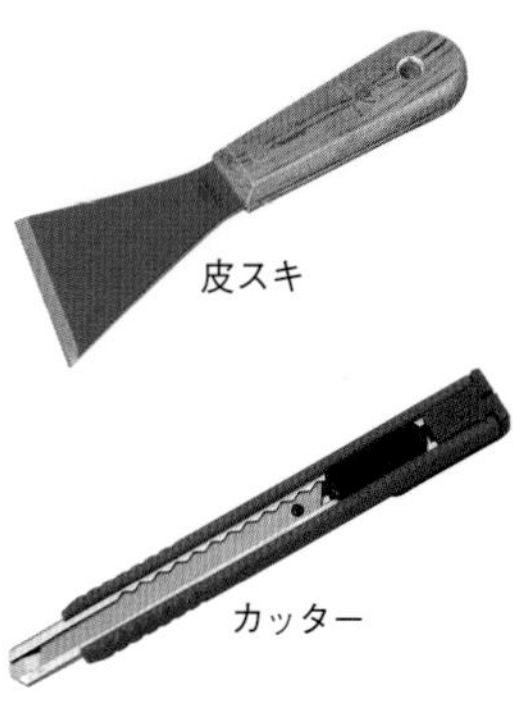

皮スキ

カッター

下地処理テク 4 壁紙にタッカーを打つ

壁紙の上に、珪藻土やタイルなどの重量のある素材を張ってリフォームするときは、上からタッカーを打って壁紙を固定します。タッカーは大きめのホチキスのようなもの。数カ所にタッカーを打てば、壁材の重みで壁紙がはがれてしまうこともありません。

タッカー

01 タッカーを打ったら次の場所を測る

タッカーは等間隔に打ったほうが、効果的に壁紙を押さえることができる。ひとつ打ったら、手の幅分程度（約20cm）あけて、次の位置を決めるとよい

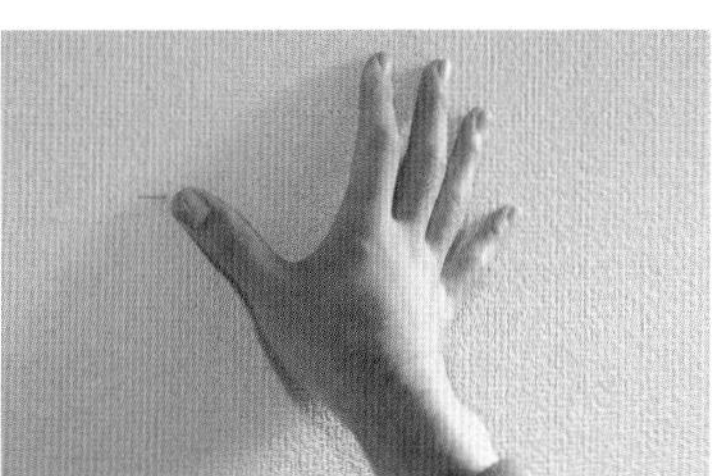

02 次のタッカーを打つ

決めた場所にタッカーを、同じ要領でどんどん打ち込んでいく。1列打ち終わったら、次の列の位置も手測りで、均等な位置に打っておくとあとが安心

03 拭き掃除をしておく

珪藻土や接着剤を塗るときも、手の脂分は禁物。ペイントうすめ液などを使って、手が触れた壁面をきれいに拭いておく。こうした作業によって失敗を防ぐ

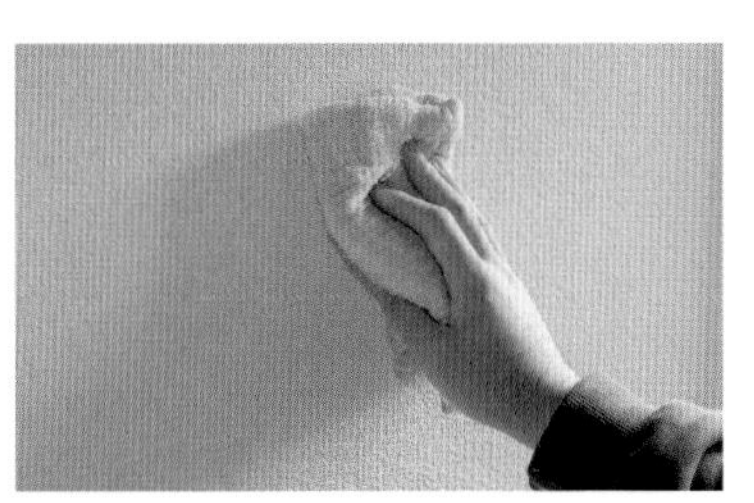

知っておきたいワザ&知恵

天井際などの端には多めにタッカーを打つ

壁紙の端部分は、中央部分よりはがれやすい。はがれ防止のため、イラストの赤点の位置のように端には狭い間隔で多めに打っておくとよい

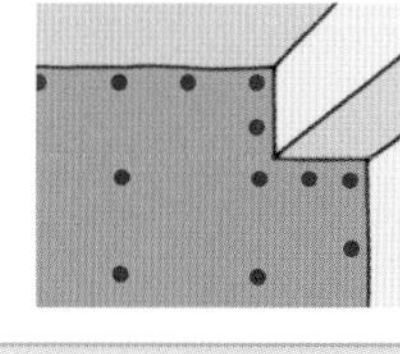

下地処理テク 5

シーラーを塗る

砂壁やじゅらく壁などの和風壁は、吸水性がある上に表面もはがれやすいので、塗装も壁紙を張ることも難しいものです。シーラーは、そんな下地を固めて塗装を可能にする下塗り剤。耐久性も出て、木のアクなどが染み出るのも防いでくれます。

水性ヤニ・アクどめシーラー

水性シーラー

01 ローラーにシーラーを含ませる

シーラーの塗り方は、ペンキなどの塗料と同じ。狭い端の部分はハケを使い、広い面はローラーで塗る。室内なら水性がベスト。粘りがなく垂れやすいので注意が必要

02 壁面に均一に塗る

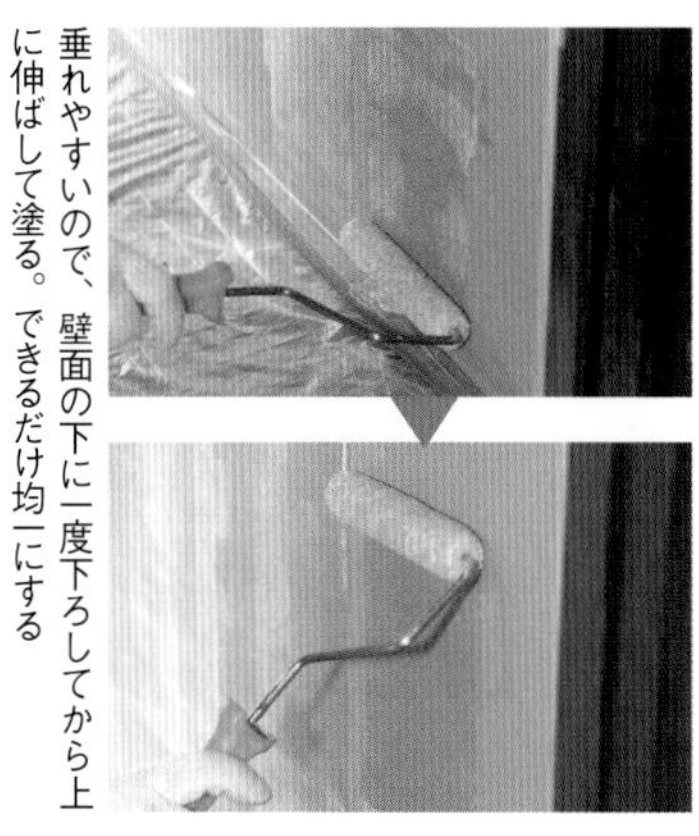

垂れやすいので、壁面の下に一度下ろしてから上に伸ばして塗る。できるだけ均一にする

03 手の届かないところは継ぎ柄で

天井近くの手が届きにくい場所は、継ぎ柄を使って塗るとよい。塗り残し部分があるとムラになってしまうので注意しながら塗る

Catalog DIYリフォームにおすすめ

スプレーなら作業もラクラク

塗るのがそれほど広い面積でない場合は、スプレータイプのシーラーが手軽で使いやすい。砂壁、繊維壁を塗装するときは、下地にさっとひと吹きしておくだけでも、仕上がりがグンと違ってくる

カベ塗料用下塗り剤

壁おさえスプレー

下地処理テク 6

下地押さえ紙を張る

砂壁や繊維壁などの凹凸した面や化粧合板などのツルツルした面に壁紙を張る場合、そのままではどちらも壁紙が下地と密着できず強度が落ちる可能性があります。そんなときは、下地押さえ紙を張ってから壁紙を張ると、密着度を高めることができます。

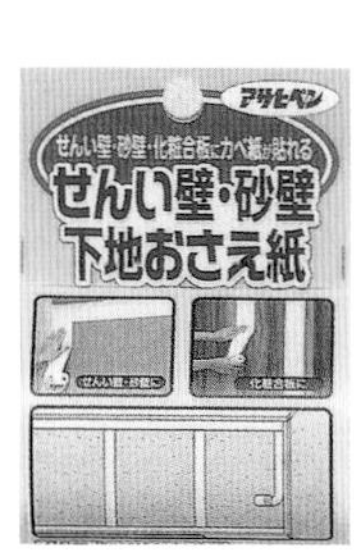

01 ハケでのりを下地に塗っておく

壁紙は、端の部分がきちんと張られていると密着できる。だから下地押さえ紙は、壁の端や壁紙の継ぎ目部分に張るとよい。最初に、下地押さえ紙を張る場所にハケでのりを塗る

02 下地押さえ紙をのりの上から張りつける

下地押さえ紙を、ピンと張りながらのりの上に張りつける。張った上から手で押さえて壁の凹凸となじませる。密着していないようなら、紙の上からさらにのりを塗ってもよい

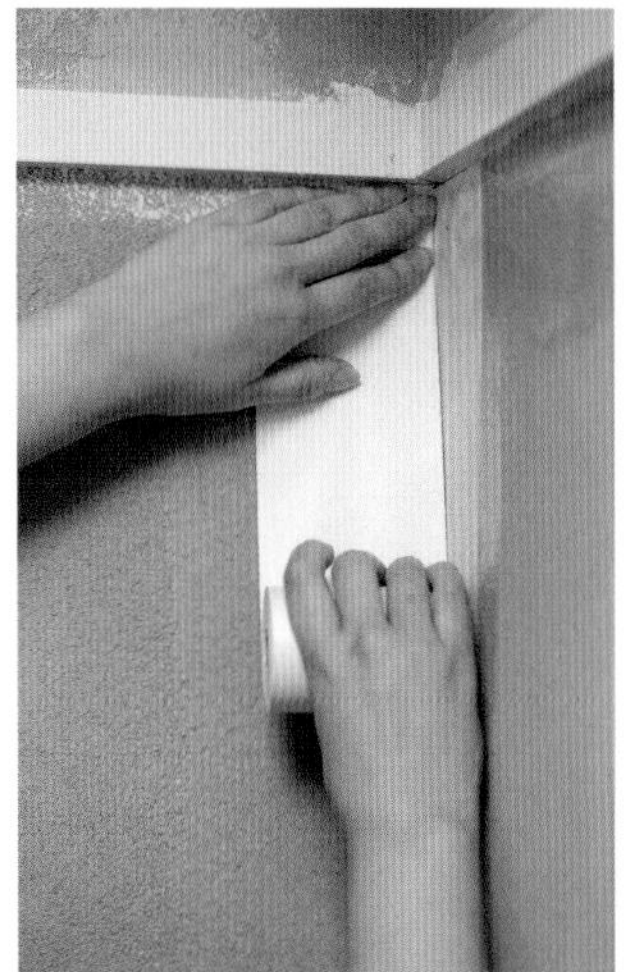

03 壁紙を張る四方の際に押さえ紙を張った

壁紙の際にあたる部分に下地押さえ紙が張られた。この上に壁紙を張れば、はがれることなくきれいに仕上がる

下地処理テク7 パテで凹凸をならす

和風壁のような凹凸のある壁に壁紙を張る場合、下地処理テク6のように下地押さえ紙を張る方法もありますが、さらに確実なのはパテで壁の凹凸をならす方法です。壁際部分まで凹凸をパテできれいに埋めれば、壁紙をなめらかに張ることができます。

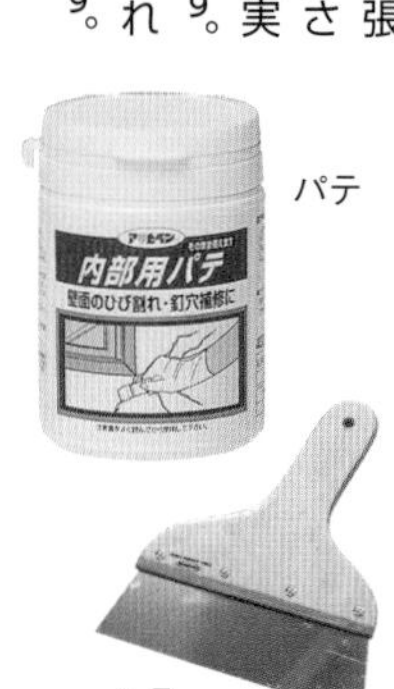

パテ

ヘラ

01 ヘラを使ってパテを壁にすり込む

パテを練って、ヘラに載せ、壁に対して垂直に近いくらい立てた状態で壁の端から内側へすり込むように動かす。凹部分にパテを練り込む気持ちで

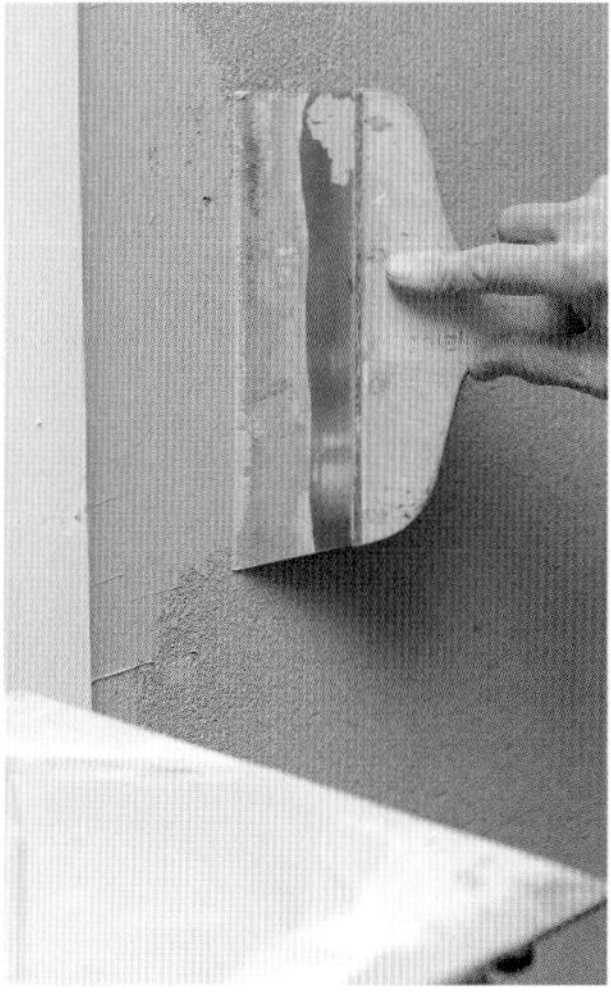

02 出っ張ったパテがあったら削り取る

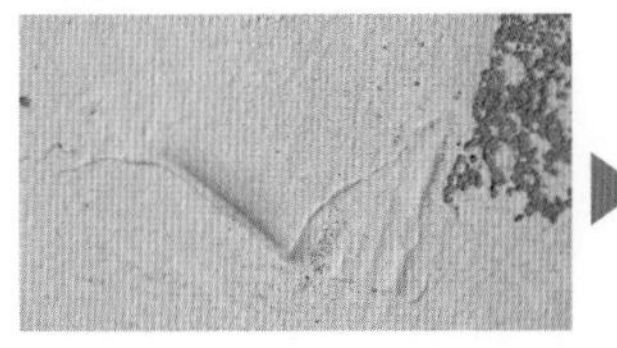

パテが固まったら全体をよく点検し、凸状に出っ張ったパテやはみ出したパテがあったら、ヘラで削り平らにならす。出っぱったまま上に壁紙を張ると、そこだけ浮き上がって目立ってしまう

03 サンドペーパーで平らにならす

梁などパテの凹凸が表に影響しそうな部分は、念のため上から粗目のサンドペーパーをかけるとよい。凹凸がなくなれば、壁紙もなめらかに仕上がる

下地処理テク8 パテで穴や亀裂を埋める

下地となる壁面に大きな穴や亀裂が入っていたら、仕上がりに響かないように補修剤で埋めておきましょう。補修剤は、亀裂や穴の大きさや深さ、材質に合ったものを選んでください。一般的には穴埋め用パテやパテづけ用ネットテープが便利です。

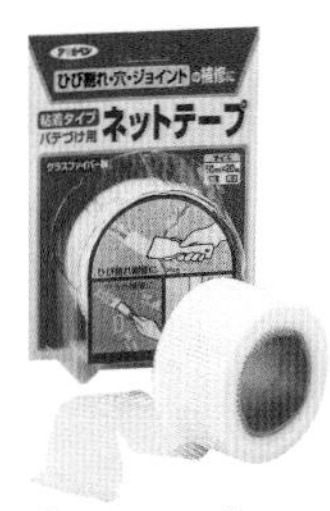

ネットテープ

パテ

●亀裂にはネットテープとパテを

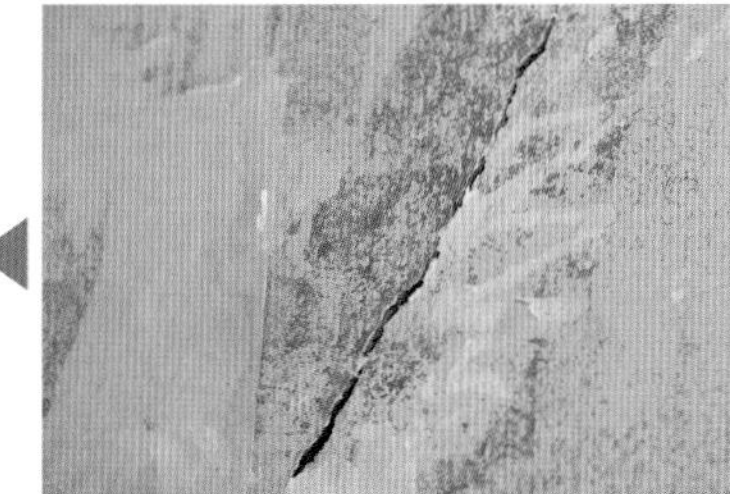

壁面にできた亀裂。このまま上から壁紙を張ると、この部分に凹凸ができ、仕上がりに響いてしまうこともある。パテできれいに埋めてから作業する

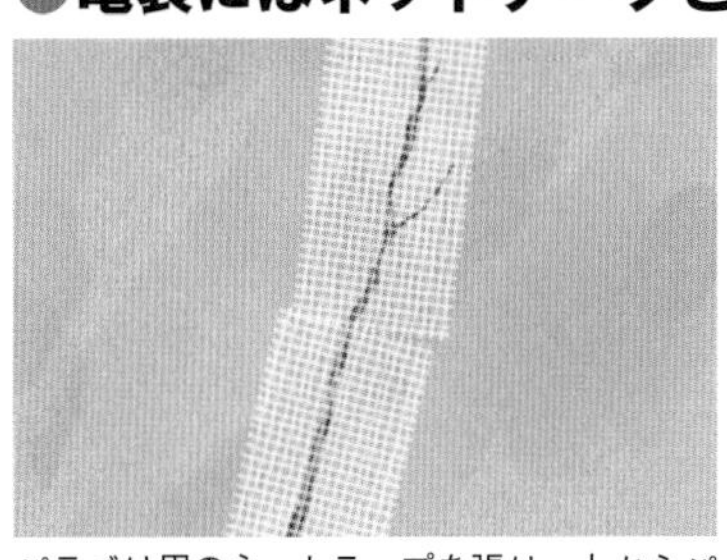

パテづけ用のネットテープを張り、上からパテをつける。テープが少し隠れるくらいが目安。パテが乾いたら、表面をサンドペーパーで平滑にする

●穴にはパテを

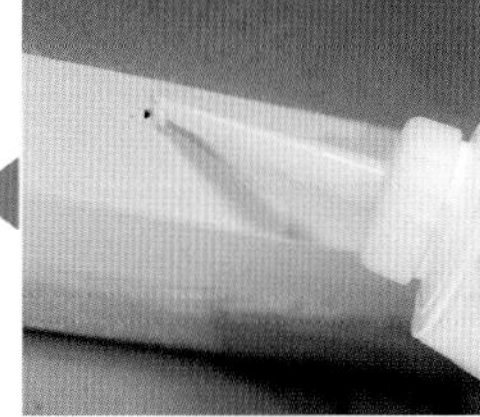

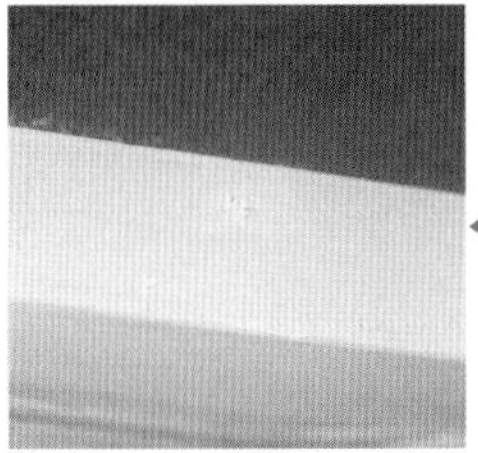

小さな穴も意外に目立ってしまう。クギ穴などは室内用パテを埋め込み、ヘラで表面をなめらかに整えれば完成。塗装する場合は、塗装可能なパテを使う

知っておきたいワザ&知恵

塗装の場合は補修剤も仕上がりに影響するので、ネットテープは使わず塗装可能なパテで埋める。和室壁は、壁と同じ塗り壁材で補修すると塗装後も目立たない

下地処理テク 9 壁材をはつる

はがれかかった壁材は、はがして除去したほうが作業しやすい。また、新たに使う塗り壁材によっては、古い塗り壁材をはがしてからでないと施工できないものもあります。そんなときは、スクレーパーや皮スキを使ってていねいに壁をはつりましょう。

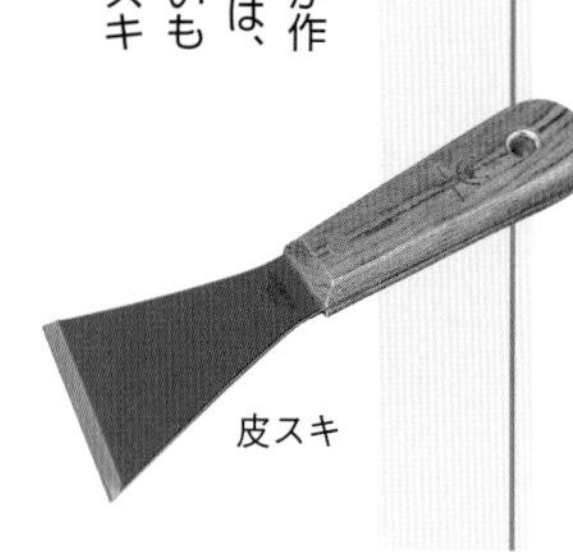
皮スキ

01 ひびの入った和室壁

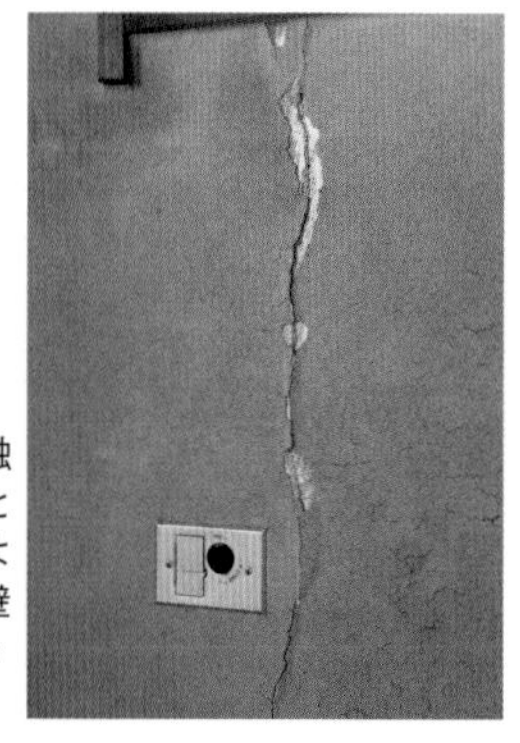

壁材がはく離して落ち、触れるだけではがれそうなところもある和室壁。このように浮いている状態の壁は、はがしてから施工する

02 水をスプレーする

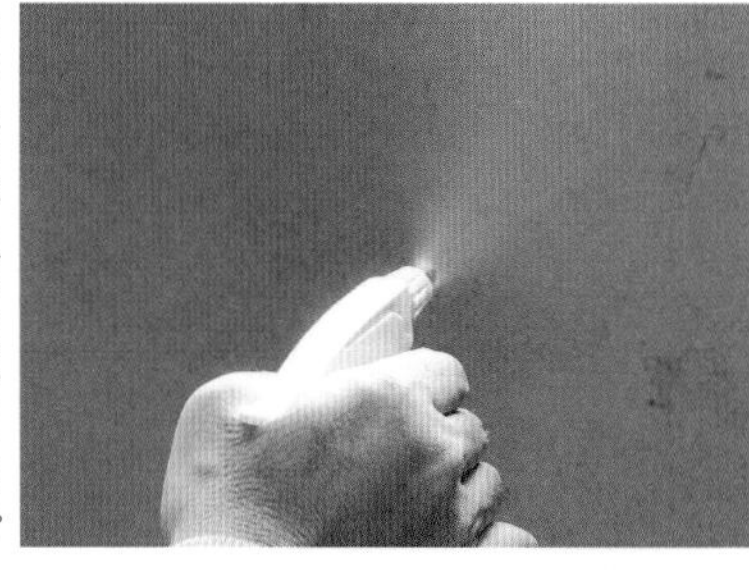

はつる前に、水をたっぷりとスプレーして壁に水分を含ませる。和室壁の壁材は水に溶ける性質のものが多いので、こうして水気を吸収させるとはがれやすくなる

03 皮スキではつる

壁の下地と壁材の間に皮スキを差し込み、はがしていく。水分を含んだ和室壁はもろいので、手で簡単にはつることができる。はつる前に床の養生を忘れずに

04 広範囲にわたってはつり終えたところ

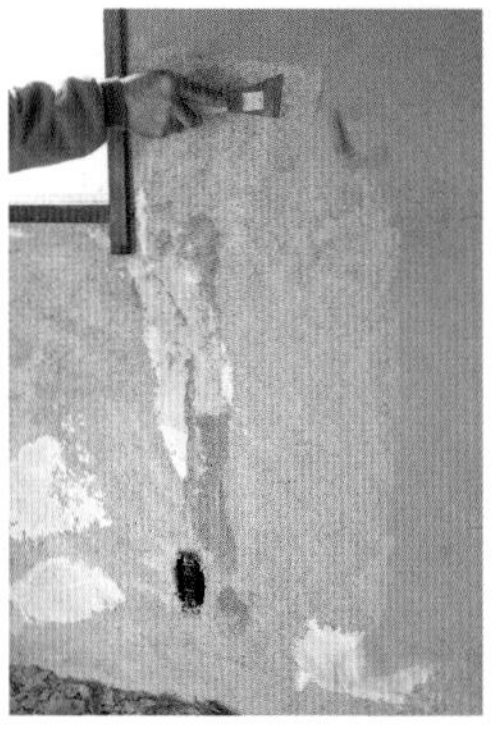

広い面積を皮スキではつったところ。下地のモルタルがむき出しになった。下はガレキの山になるので、シートや新聞紙などによる養生が必ず必要

下地処理テク 10 浮いた塗膜をはがす

はがれかかった塗膜も塗装や壁紙張りなどのきれいな仕上がりを妨げます。作業前に落としておきましょう。塗膜をはがした部分と残り部分は塗膜の厚みが段差になってしまうので、塗装する前にサンドペーパーをかけてなめらかにしておきます。

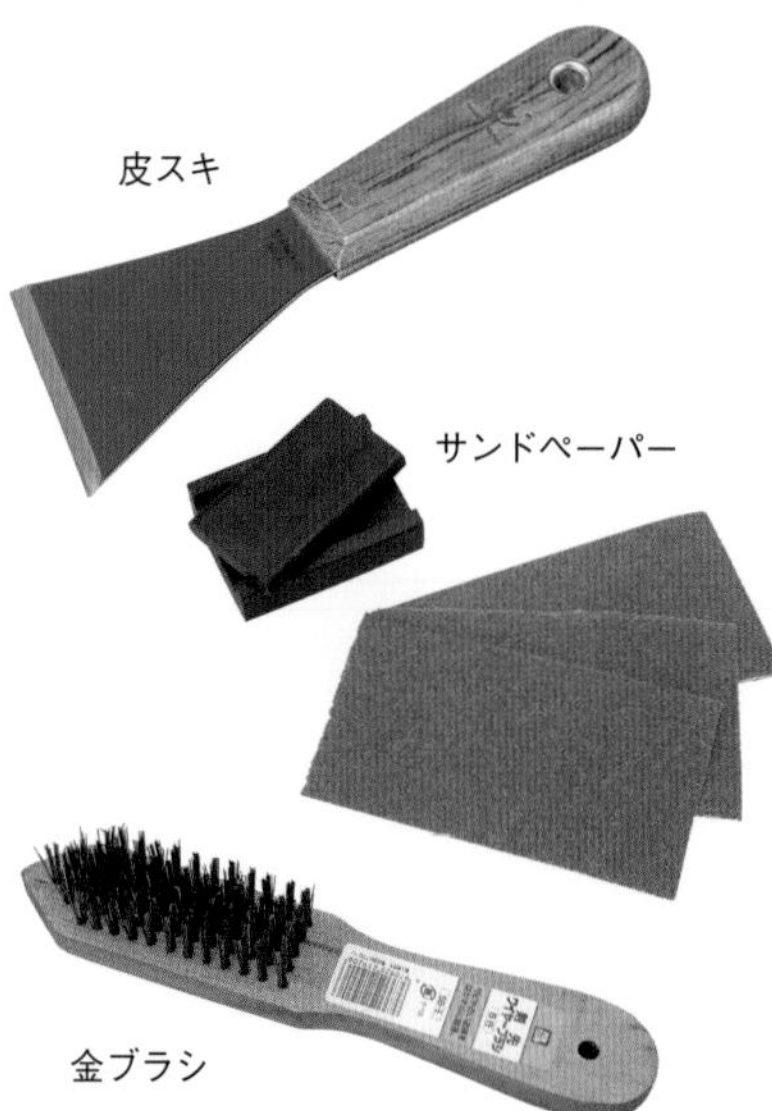
皮スキ
サンドペーパー
金ブラシ

01 古くなってめくれ上がった塗膜発見

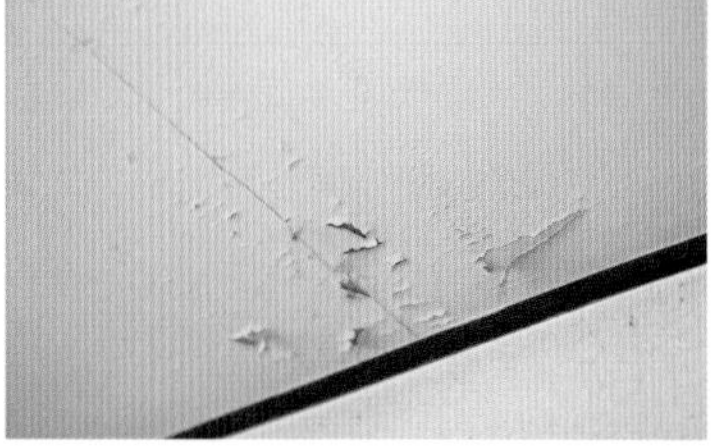

塗装の際の下地調整をきちんとやらず、壁が古くなった上に、長期間熱などにさらされていると、はがれてくることがある。はがれかけの塗膜は完全に取らないと美しい仕上がりにならない

02 皮スキで出っ張りをはがす

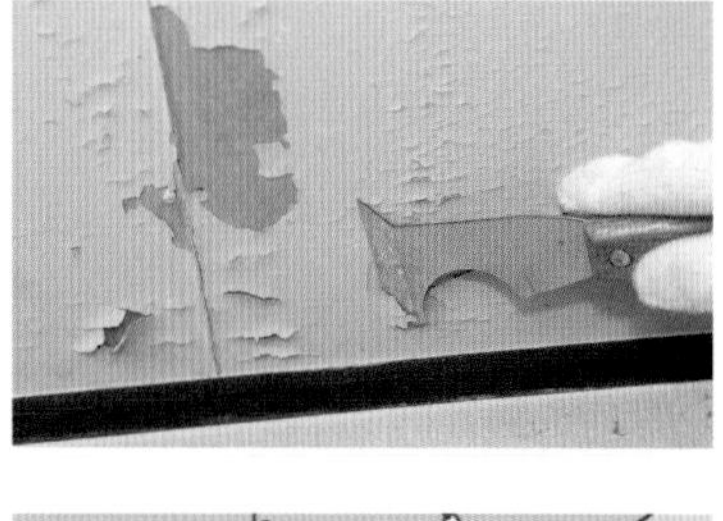

皮スキや金ブラシを使って、パリパリとはがれる塗膜を取り除いておく。古くなってもろくなり、触れただけで簡単にはがれるような塗膜は、できるだけすべて取り去っておくとよい

03 サンドペーパーをかける

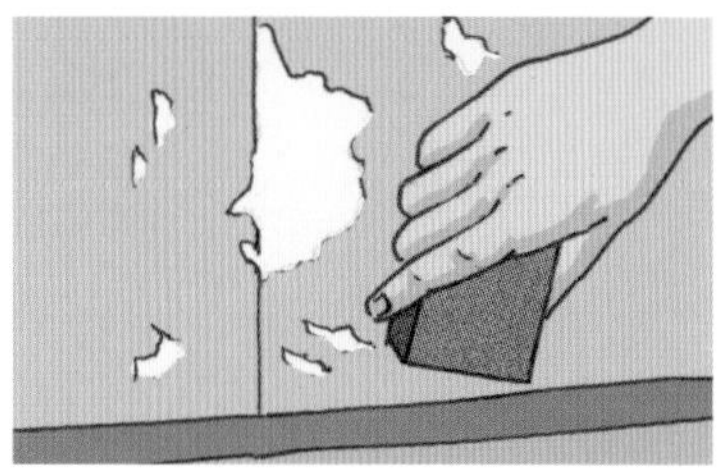

不要な部分をはがし終えたら、上から中目のサンドペーパーをかけ、塗膜の段差が目立たないよう平らになじませる

下地処理テク 11

サンドペーパーをかける

サンドペーパーはいろいろな場面で役立ちます。凹凸やザラザラな面にサンドペーパーをかけてなめらかにすることもできれば、化粧合板のようなツルツルすぎる表面に細かいキズをつけて、塗料や接着剤がよくくっつくようにすることもできます。

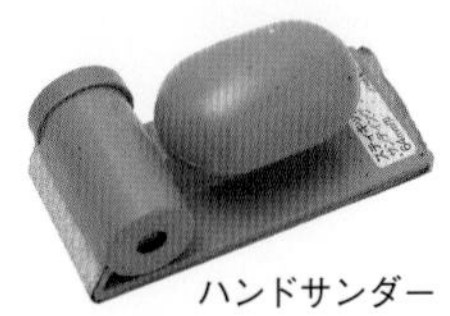
ハンドサンダー

サンドペーパー

●化粧合板の表面を粗らす

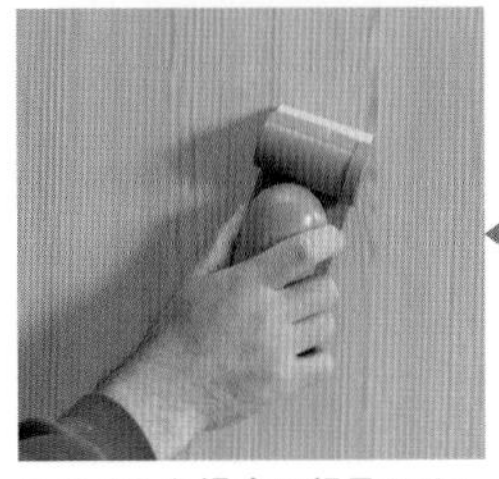
このような場合は粗目のサンドペーパーを使って表面を粗く仕上げると、塗装や壁紙を張ることができる

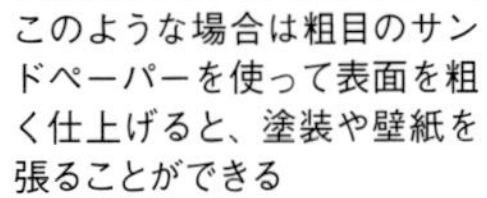

合板の上から特定の模様を印刷した化粧合板（プリント合板ともいう）は、防汚加工が施され、水分や脂分が付着しにくくできている

下地処理テク 12

壁に板を張る

手の施しようがないほど下地が荒れている場合や、下地調整に手がかかりそうな場合、表面に板（捨て板という呼び方もする）を張ってしまうのもひとつの方法。石こうボードやコンパネ、ベニヤ板など、素材に合う板を固定すれば完了です。

石こうボード　コンパネ

●コンパネを和室に張る場合

和室の場合は、鴨居や長押にネジを打ってコンパネを固定することができる。下地がしっかりしていれば、鴨居や長押と同じ面になる厚さの板を壁面に固定させ、フラットな面を作ることもできる

下地処理テク 13

木部を漂白する

木部にニスなどを塗る場合、先に漂白しておくと、木目を鮮やかに出すことができます。アクの多い木の場合も、漂白するとアクを抑えられます。黒くなった木の表面もかなりきれいになるので、塗料を塗らずにこれで仕上げとすることも可能です。

01 液と薬剤を混合し漂白液を作る

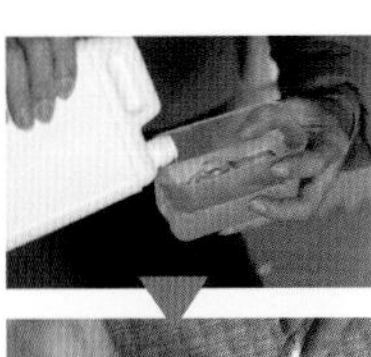

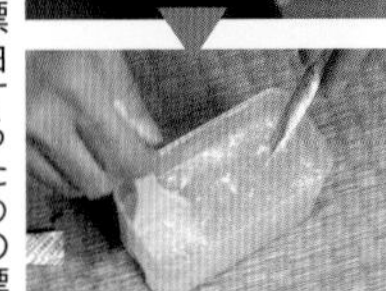

最初に白木を漂白するための漂白剤を作る。専用液と顆粒状の粉とを混合するとできる。作業は、手袋をはめて行なうこと。塗り始める前に、液が垂れても大丈夫なように床の養生も忘れずに

02 漂白液をハケで塗る

漂白液をハケで白木の表面に塗っていく。塗り残しがないよう慎重に

03 専用ブラシで表面をこする

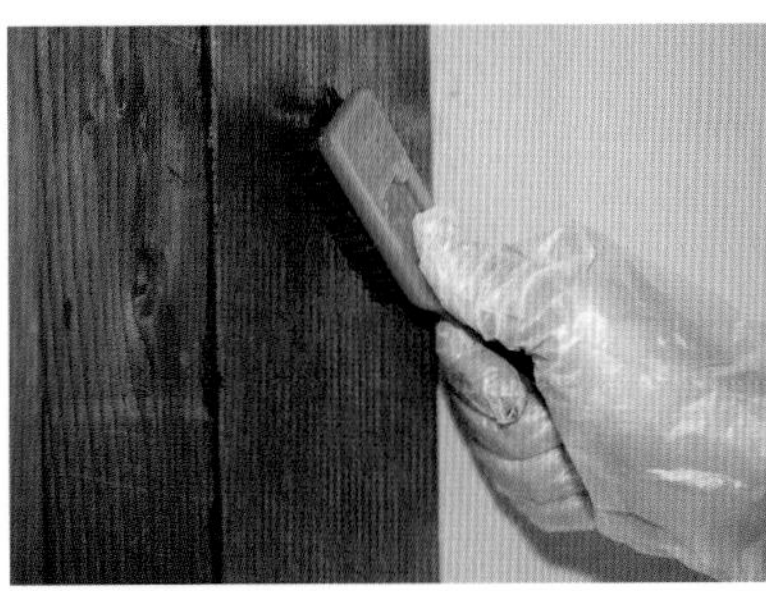

少し時間を置いてから、専用ブラシで表面をこする。これで表面の汚れを浮き上がらせる

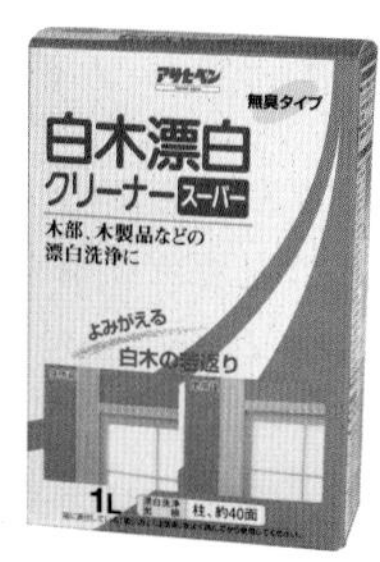

木部用漂白剤

04 ウエスで漂白液を拭き取る

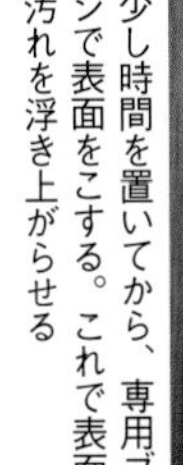

こすってからウエスで表面をぬぐっておく。すぐに白くはならず、一昼夜かけて徐々に漂白される

床の下地調整

壁と同じように床のリフォームでも下地調整は大切です。壁ほど処理のバリエーションはありませんが、床は人や家具など重量のあるものが載るところ。壁が見た目の問題であるのに対して、床には実用的な強度も求められます。きしみが出たりしないよう、きちんと処理しましょう。

下地処理テク 1 はがす

床材の上に直接施工できない場合は、床材をはがします。クッションフロアやカーペット、コルクタイルなど、はがすものによって方法は異なりますが、基本手順は同じです。はがすときはできるだけゆっくり、ていねいにはがしましょう。

01 カッターで切れ目を入れる

クッションフロアと壁とのすき間にカッターの刃を入れて、クッションフロアの端の部分をぐるりと切る。これをやっておくほうがあとの作業がやりやすい。カーペットなどの場合も同じ

02 皮スキなどを使ってはがす

壁との間に皮スキを入れて端をめくり、手でゆっくり引っぱってはがす。はがれにくい場合は、カッターで床面との間を切りながら引っぱる。クッションフロアの裏面がはがれて残ったり、浮いている部分があったら皮スキではがして完全に取り除く

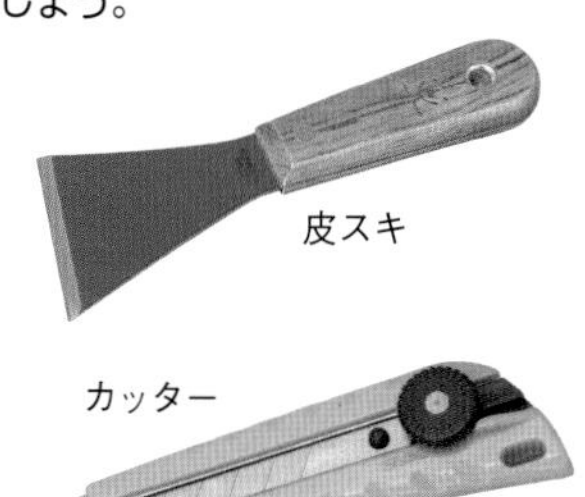

皮スキ

カッター

下地処理テク 2 凹凸をならす

カーペットなどをはがしたときに、下地がコンクリートの場合、その表面に凹凸があることがあります。凹凸のあるままでは次の施工ができません。モルタルやパテなどを使って、表面をできるだけ平らにならしましょう。

01 コンクリート下地の表面に凹凸がある

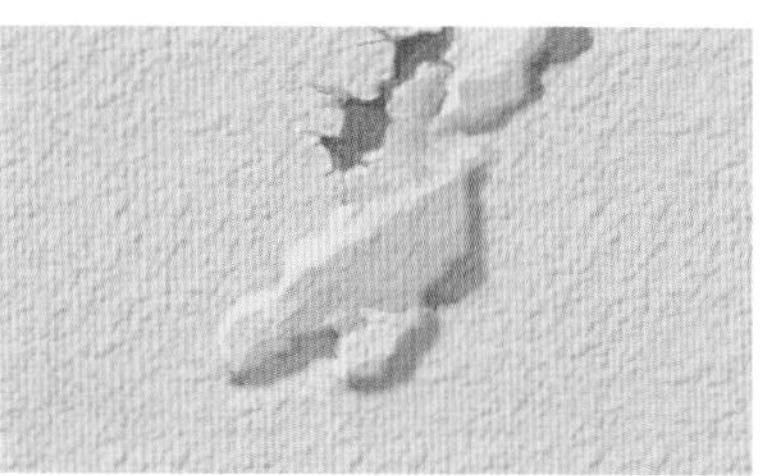

毛足の長いカーペットは、下地に多少の凹凸があっても厚みで段差を吸収する。そのため下地がきれいに仕上げられていない場合もある。こんなときはモルタルかパテを用意する

02 モルタルかパテで凹面をならす

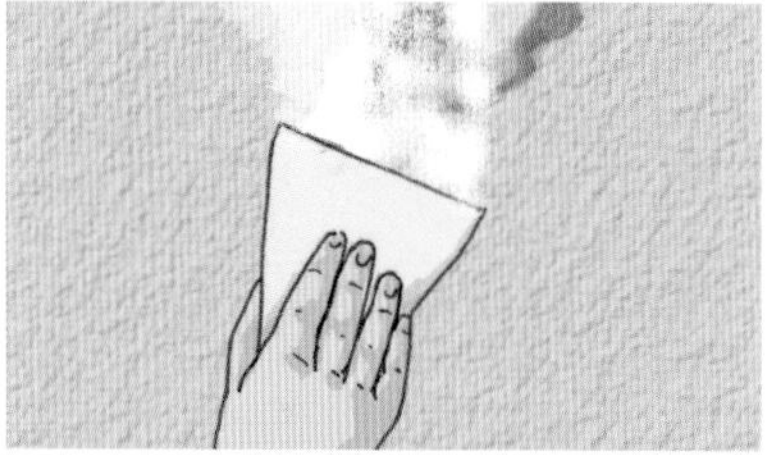

モルタルやパテなどの補修剤を水で練り、ヘラで地面をならすように塗る。凹部分を埋めて、ほかと高さを合わせるようにヘラでならす

03 仕上げはサンドペーパーで平らに

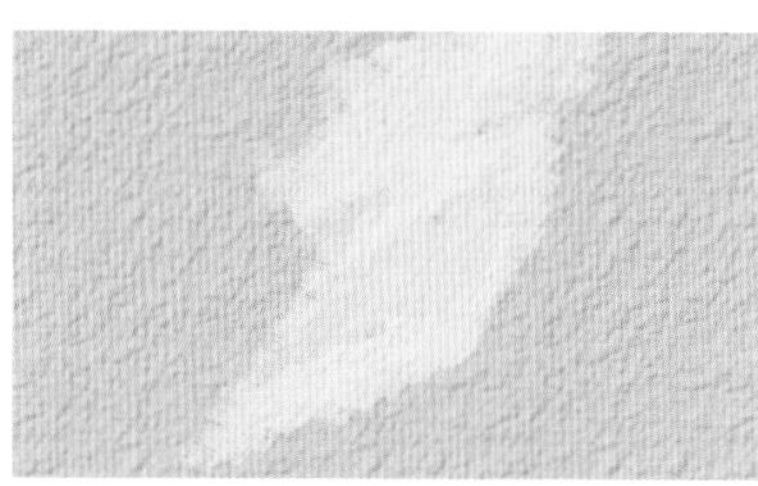

完全に乾いたら凹凸がないか全体を点検し、気になる部分にはサンドペーパーをかける

パテ

樹脂モルタル

下地処理テク 3 クッションフロアの凹みや穴を埋める

クッションフロアを重ね張りするなど、下地としてもクッションフロアを使う場合、下になるクッションフロアに凹みや穴があったら埋めておきます。これをしておかないと、上から張ったクッションフロアもその凹み部分で陥没してしまいます。埋めるのはパテや、新しく敷くクッションフロアの余った部分を利用します。

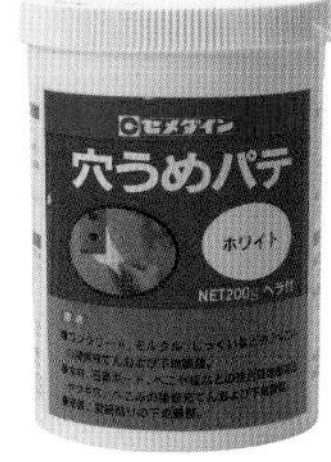

パテ

クッションフロア

●小さい凹みはパテで埋める

それほど大きくない凹みならパテで埋めておく。上からクッションフロアなどを敷く場合、下地は見えなくなってしまうので、パテとクッションフロアの色合わせは必要ない

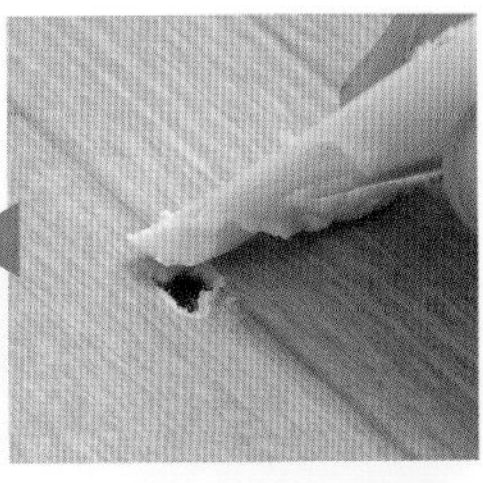

01 大きな穴は部分張り替えする

パテで埋まらない大きい穴は、部分的に張り替える。穴より大きい同じ厚みのクッションフロアを載せてガムテープで固定し、2枚重ねて一緒に切る

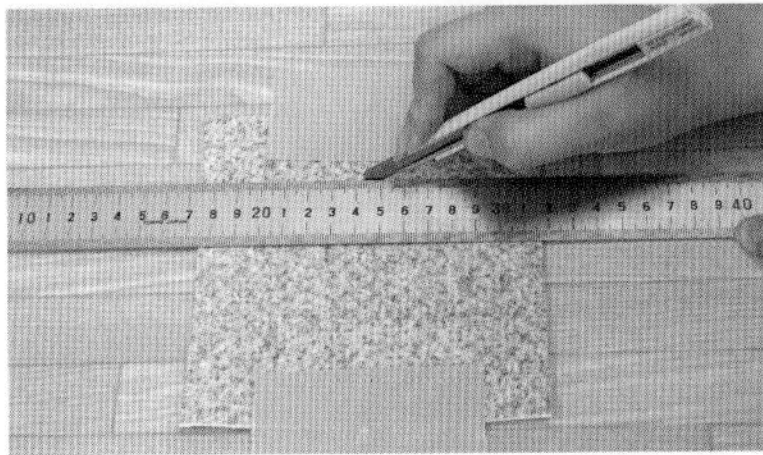

02 接着剤で固定する

大きい穴のあいた元のクッションフロアをはずし、同じ形に切ったクッションフロアをはめ込み、接着剤で固定する。下地になるので柄は違ってもよい

下地処理テク 4 板を張る

下地の状態がかなりひどい場合や、床の高さを調整したいときは、捨て板（ある程度の厚みのあるベニヤ板かコンパネ）を床面に張ります。このとき、板が根太に固定できるよう、根太の入っている位置を考えながら長い木ネジでネジどめします。

コンパネ

●捨て板を張る

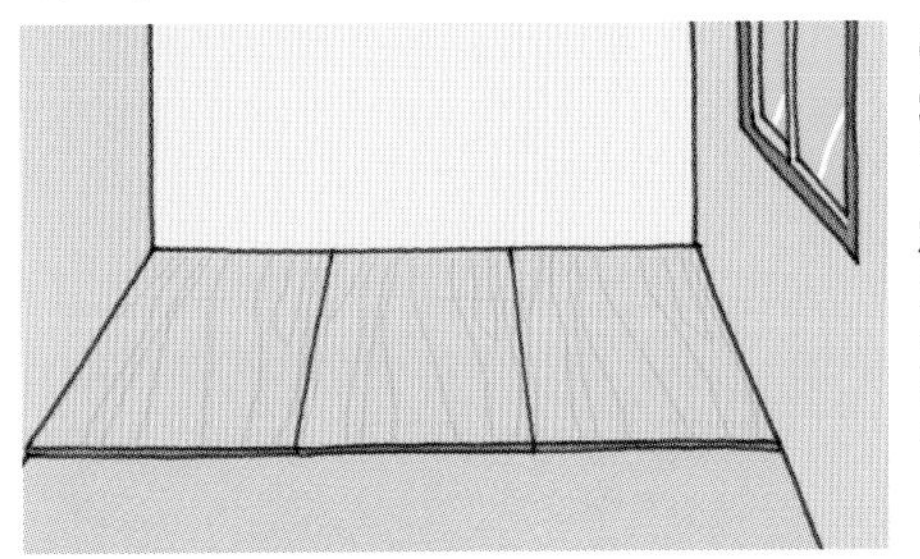
床材をはがしたあとに板を張る。ドライバードリルを用意してネジどめ作業を行なったほうがよい。また、洋室でも和室でもかかる手間は同じだが、捨て板なしにそのまま張ってはいけない

知っておきたいワザ&知恵

床は高さを合わせることが大切

薄い床材を厚みのある床材に変更したい場合（逆もまた同じ）は、床面の高さに気をつけなければいけない。

床材の厚みはクッションフロアで2～3㎜、フローリング材は12～18㎜、コルクタイルは5～10㎜。同じくらいの厚みのものなら問題はないが、差がある場合はドアが引っかかってあかない事態にならないか、逆に床が低くなりすぎて敷居でつまずきそうにならないか、注意が必要だ。

フローリングの厚みの計算を間違えてもドアはあかなくなってしまう。数㎜の厚みの違いでも、生活の中では大きな支障になる

Column

ペットのいる家のリフォーム③

ニオイ対策、安全対策、キズ補修etc.

ペット用ドア・ゲート

ペットの安全を確保するペット用ゲートも豊富に用意されている

ストレスのない室内環境を作る

ドアを加工して取りつけできるペット用ドアは、多数市販されている

ペットが開けることができないドアは、ペットにとってはストレスの原因。自由に行き来できるペット用のドアを設置してペットのストレスを軽減してあげよう。また、ペットにとって危険なため入ってほしくない場所にはゲートを設置して、安全を確保することも忘れずに。

ペット専用スペース

室内でペットを飼う場合、納戸や押入れなどをリフォームし、ペット専用のスペースを作るのもよいだろう。この場合、注意してほしいのは、濡れたり汚れたりしてもよいようにすることとニオイ対策をしっかりしておくことだ。

ペット専用スペースでペットの快適な環境を作ってみよう。人とペットが気持ちよく暮らせる環境を目指そう

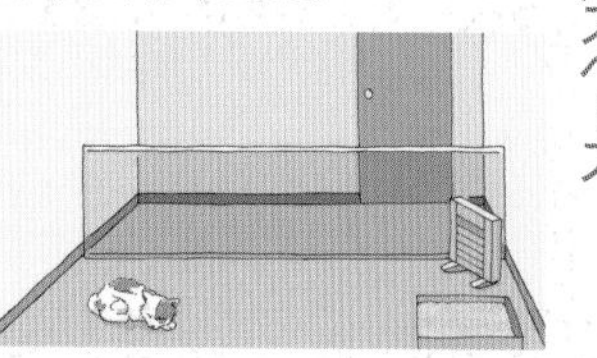

クロス（壁紙）にあいた画鋲やクギなどの小さな穴やキズに使用する補修剤

フローリングや柱などに使用するクレヨンタイプの補修剤。

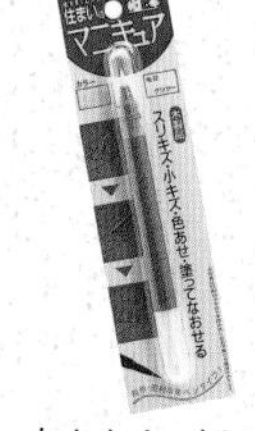

小さなキズやすりキズなどに使用するマニキュアタイプの補修剤

木材のひび割れや、大きな穴などに使用するパテタイプの補修剤。

ニオイ対策

イヤなニオイは退治しよう

消臭剤は置きすぎると嗅覚の鋭いペットには逆効果となるのでほかの対策と併用しよう

換気扇や空気清浄機は相乗効果がでるように設置することを心がけよう

ペットのニオイは動物と暮らす生活で避けることのできない問題。ニオイは慣れてしまうと自分ではなかなか気づかないものだが、ほかの人にはすぐにわかる。そのために換気扇や空気清浄機、消臭剤などを使って対策をする。また、床や壁を脱臭効果のあるものにリフォームすることでも対策できる。

トイレの設置場所

ペットと暮らすときに誰もが悩むのがトイレの設置場所。ニオイがいちばんきつい場所となるので、湿気の多い場所は避け、消臭剤は必ず置くようにしよう。さらに効果を高めたい場合は空気清浄機や換気扇の近くに置くのもよいだろう。

消臭対策を施し、空気の流れなども考慮した効果的な設置場所を確保しよう。人もペットもおいしい空気で快適に暮らしたい

キズの補修

ペットがつけた小さなキズは自分で補修しよう

ペットがつけた小さなキズは簡単に補修できるものが多い。キズのついた場所や材質に合わせた補修剤がホームセンターなどで入手できるので、自分で修繕しよう。建築用クレヨンや車補修用のタッチペンなどはひと塗りするだけで簡単に補修できるリフォーム用品だ。キズの補修はDIYの基本中の基本。DIYをしたことがない人は、これをきっかけに始めてみよう。なお、上から張るだけで簡単にリフォームができる床・壁材も多い。キズの補修だけでなく、模様替えを兼ねて張り替えるのもよいだろう。

PART 3

DIYで 壁のリフォーム

リフォームを計画するとき、誰もが気になる場所が壁面。暮らしの中でもっとも目につく場所であり、汚れや破損なども多いです。だから壁リフォームは暮らしを変えるほど大きな効果を期待できます。リフォームの方法、素材選び、コスト、作業の難易度などにより、プランの選択肢は数多くあります。

壁紙を張る

手間がかからずイメチェン効果も抜群

種類が豊富なので いろいろな選択が可能

壁紙は張るだけで、簡単に最高のリフォーム効果を発揮できる素晴らしい素材です。無地や柄物などデザインの違い、ビニールや織物などの素材の違い、選ぶのに苦労するほど、種類が豊富にあります。

施工の簡単さで選ぶこともできます。ここではのりを壁紙につけて張るタイプを紹介していますが、はじめから壁紙の裏に生のりが塗ってあるタイプや裏が粘着シートになっているタイプもあります。初めて壁紙張りに挑戦するのなら生のりタイプがおすすめです。

壁紙張りは準備が重要

01 よい作業をするには養生が大切

施工場所の周囲にのりがつかないよう、床面などをブルーシートとマスキングテープで養生する

02 壁紙専用の水性のりを作る

バケツに水を用意してのりを作る。使用するのは壁紙専用の水性のりで、張り直しが簡単にできる

03 のりは仕込みが重要

のりがなめらかになるまでかき混ぜる。のりは前日夜から仕込んでおくとしっかりとした粘りが出る。少なくとも水と混ぜて1時間は置いておきたい

04 1枚分の範囲だけのりを塗る

ローラーバケで壁にのりを塗る。まずは壁紙1枚分の範囲を、指でこすると筋がつくくらいたっぷりと塗ろう

05 コーナーや狭い場所が重要

塗り残しが起こりやすいコーナーや隅は、ハケを使ってしっかりと塗っておく

06 上下に余裕を持たせて壁紙を張っていく

左から壁紙を張っていく。壁紙の上下は張る長さより、それぞれ5㎝ほど長くとっておく

▼ 主な道具

今回の施工に使用した道具類と一部材料。左上から時計回りに、バケツ、撫でバケ、撫でベラ、ローラーバケ、カッター、ハケ、ジョイントローラー、竹ベラ、フリース壁紙専用の粉のり

▼ 主な材料

壁紙
色や柄だけでなく、素材の違い、接着方法の違いなど種類は豊富

▼ DATA

コスト……………………

手間……………………

技術……………………

07 撫でバケでていねいに空気を抜く

撫でバケで空気を抜きながら、壁にしっかりと張りつけていく。撫でバケの動きは、上から下、左から右が基本

08 竹ベラで端の部分を押さえる

竹ベラでカット位置をしっかりと押さえ、折り目をつける

09 余分な部分をカットする

地ベラを壁に押しつけながら、上端の余分な部分をカッターでカットする。カッターはひんぱんに刃を折って、常に切れ味のよさを保つといい

10 1枚目が完了

1枚目をきれいに張ることができた。これを基準に張りすすめていく

継ぎ目に注意して2枚目を張る

01 1枚目と柄を合わせて2枚目を張る

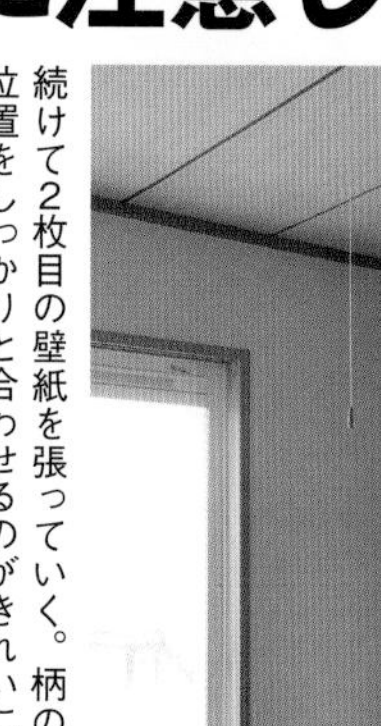

続けて2枚目の壁紙を張っていく。柄の位置をしっかりと合わせるのがきれいに張るコツだ

02 継ぎ目は慎重に

壁紙の継ぎ目はいちばんはがれやすい部分。のりをしっかり塗って、ジョイントローラーで押さえていこう

03 窓まわりの加工

窓まわりはそのまま上から壁紙を張って、余計な部分をあとからカットすればOK

04 はみ出たのりは早めに拭き取る

のりがはみ出たり汚れたら、すぐに水を含ませたスポンジで拭き取っておこう

05 窓の上下を張る

窓の上下は壁紙を分割して張っていく。左の壁紙と柄の位置がずれないように注意。このように繰り返し同じ作業が続く

06 コンセントカバーをはずす

コンセントプレートは事前にカバーをはずしておき、上から壁紙を張ると仕上がりがきれいにいく

07 コンセントカバーを取りつける

上から張った壁紙に切り込みを入れ、余分な部分をカットする。きれいに壁紙が張れたら、はずしたカバーを取りつけよう

08 壁一面が完了 角のカットは慎重に

この手順で張り進めていくと、最後の列は右端が余分になる。ここをカットすれば壁一面の施工が完了

知っておきたいワザ&知恵

気軽に張り替えできるTシャツ感覚の輸入壁紙

壁紙には、輸入壁紙と国産壁紙があるが、DIYリフォームでは輸入壁紙がおすすめ。輸入壁紙は、幅狭（50〜60㎝）で施工がしやすく、カラーやデザインが豊富。モダンなデザインから、クラシック、ビンテージと、部屋のイメージを自由自在に変えることができる。中でも不織布（フリース）壁紙は、丈夫で破れにくく、専用ののりを使えば、はがすこともできるので、賃貸ルームでも施工できる。なお、壁紙がそのまま張れる下地は国産クロス、壁紙、プラスターボードやベニヤなど。砂壁やコンクリートなどはシーラーとパテで下地処理すれば問題ない。

輸入壁紙専門店のWALPAは、ウェブショップと合わせて、実店舗も展開している。東京、大阪にストアがあり、壁紙張りのワークショップが開催されることも。実際に壁紙を手に取って、お気に入りの1枚をチョイスできる。各店舗の詳細はHPをチェック。

輸入壁紙専門店WALPA
https://walpa.jp/

KOZIEL（Briques/8888-100）。サイズは 幅53㎝ ×10m（1ロール）で9,180円

Eijffinger RAVAL（341512）。幅52㎝×長さ10m（1ロール）で19,440円

SCRAPWOOD WALLPAPER（PHE-03）。幅48.7㎝×長さ9m（1ロール）で29,160円

リフォームテクニック
壁

室内壁を塗る

格安で自分好みの色にチェンジ可能

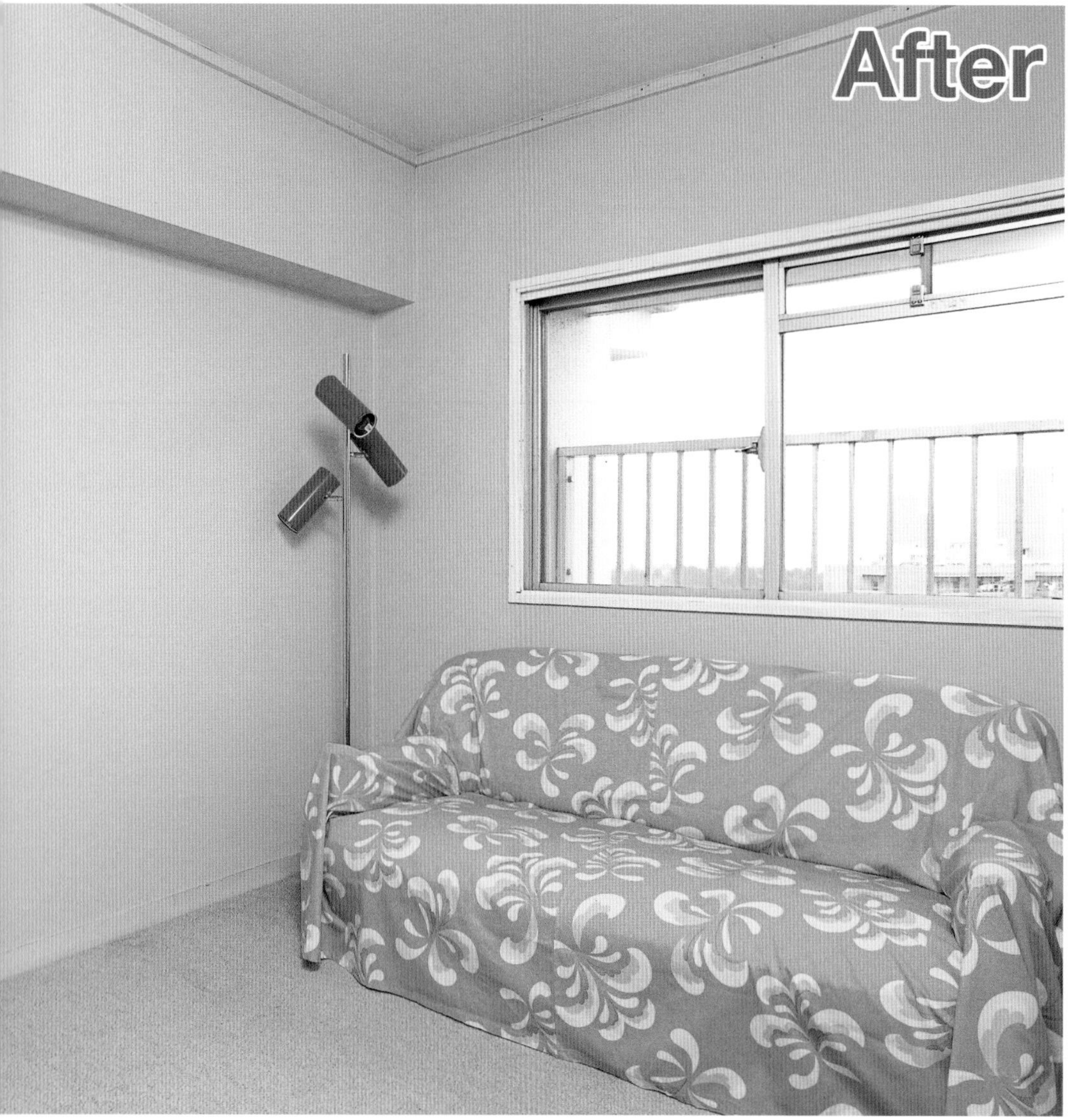

下準備をしっかりすれば簡単に塗り替えできる

リビングや廊下、子供部屋に、寝室。室内の壁をいちばん手軽にリフォームできるのが室内壁用塗料です。

壁紙をはがさないで直接塗装できるものもあるので、汚れ落としより手間がかからず、壁紙を張り替えるよりも安価。マスキングさえしっかり行なえば、誰でも簡単に塗ることができます。たとえ失敗しても、もう1回塗り直せばOK。最近の室内壁用塗料は、臭いもほとんどなく、ハケなどは水で洗える水性塗料ばかりなので取り扱いも楽です。

また、カラーバリエーションが豊富な塗料もあります。自分好みの色に塗り替えてみてはいかがですか。

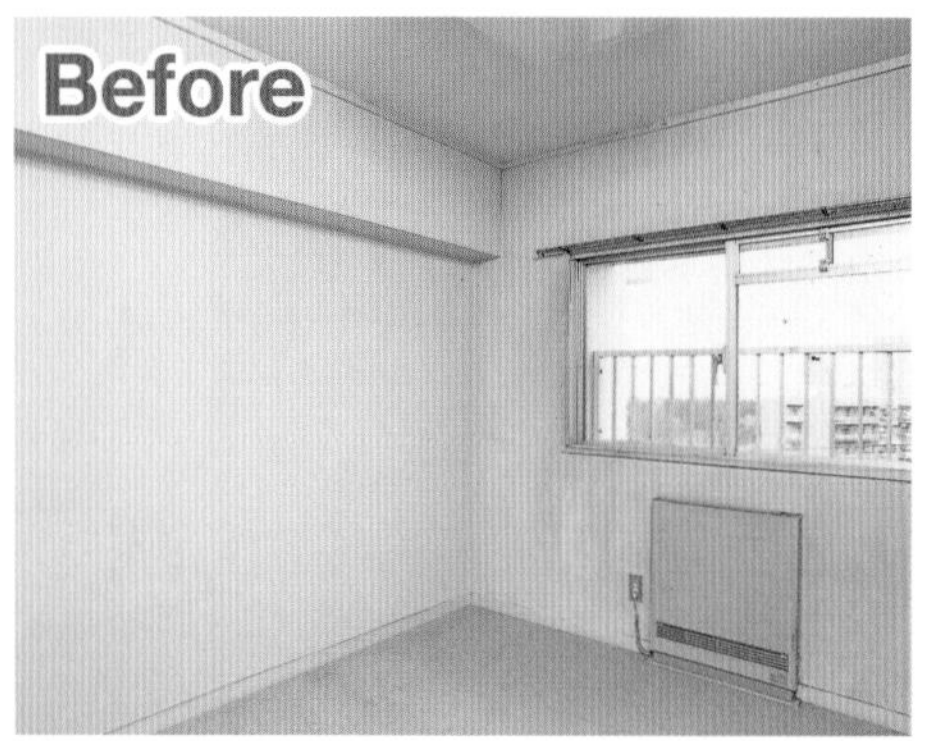

下準備する

01 はずせる障害物ははずしておく

塗装作業やマスキングをする場合に邪魔になるので、はずせるものは先にはずしておく。このあと汚れを落とし、補修作業を行なう。この作業をすることで、仕上がりがきれいになるのでキチンとやっておきたい

02 マスキングをする

マスキングテープの縁がペンキの境目になるのでていねいに張ること。幅の細いテープの場合は少し重ねて2回張りにして、幅を広めにしてもよい

03 マスカーを使うときはテープで補強をする

マスカーは少し密着性が弱めなので、先にマスキングテープを張り、その上に重ねて張ると、よりしっかりとカバーできる

04 部分マスキングをする

壁にあるコンセントプレートははずしておく。その上で、はずせないコンセント本体をマスキングする

スイッチプレートも、壁のリフォームでは邪魔物。マスキングテープで覆うこともできるが、はずしたほうが失敗しらず。プレートはビスで固定されているので、ドライバーでビスをはずせば簡単に取りはずせる

ココが大切！ 天井の養生用シートはキチンととめておく

天井に養生用シートを張ったら、シート部分が垂れ下がらないようにテープでとめる

▼ 主な道具

壁面の塗装にはローラーが最適。塗装面にほとんど凹凸がない場合はコテバケでもOK。天井が高い場合は継ぎ柄があると便利

▼ 主な材料

部屋のイメージに合った色を選ぶとよい。塗る壁面の大きさに合わせて必要量を用意しよう

室内壁用塗料

▼ DATA

コスト……………………

手間……………………

技術……………………

05 足下にシートを敷く

最後に足下にシートを敷く。養生用シートやブルーシート、新聞紙、いらなくなったカーペットなどを使うとよい

06 完了

これでマスキングと養生作業は完了。一度全体を見渡して、マスキングもれや養生の不完全な場所がないか確認するようにしよう

塗料を塗る

01 塗料を出す

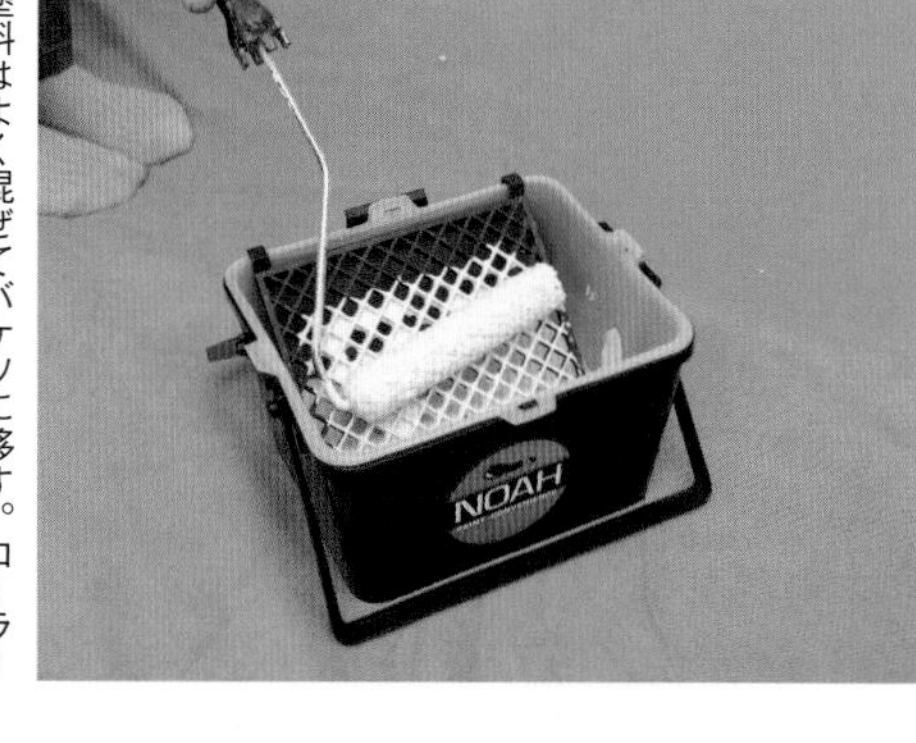

塗料はよく混ぜてバケツに移す。ローラーに塗料をつけて何度か転がし、均一に含ませる

02 隅から塗る

細いハケで隅の部分をていねいに塗る。これを先に行なっておくと、ローラー作業が楽に進む

03 広い面を塗る

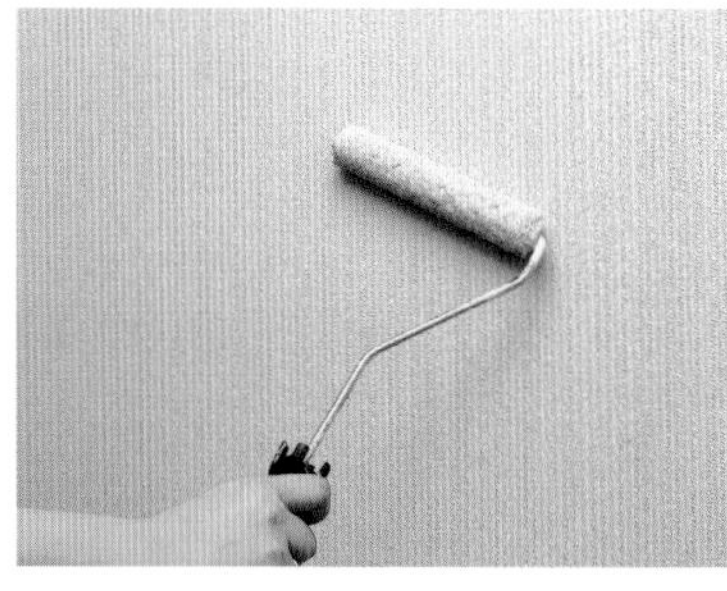

ローラーに含ませた塗料を壁面に配り、上から下へ、下から上へと広げる。ゆっくり塗ることがコツ

04 乾くまでさわらない

ローラーの扱いに慣れたら、このように隅の部分をローラーで塗ることもできる

すべて塗り終わったら、1度目の塗りは完了。乾くまでさわらないように注意

知っておきたいワザ&知恵

壁の汚れを落としておく

きれいに見える壁にも、脂分やホコリが。ベタつく汚れはペイントうすめ液や中性洗剤を使うと簡単に落とすことができる

乾燥させて2回目を塗る

知っておきたいワザ&知恵

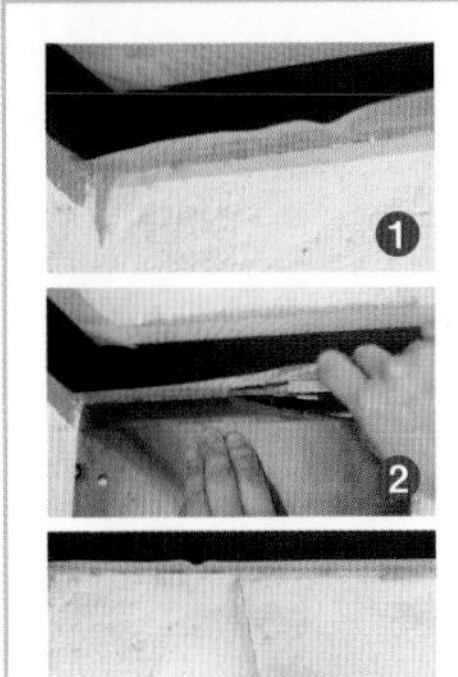

カッターを使って直線を出す

テープを張るときに直線にするのが難しい場合はこんな方法も❶テープを広めに張る❷直線の地ベラなどを利用して、塗膜の境のラインにカッターを入れる❸切った部分をはずすと直線になる

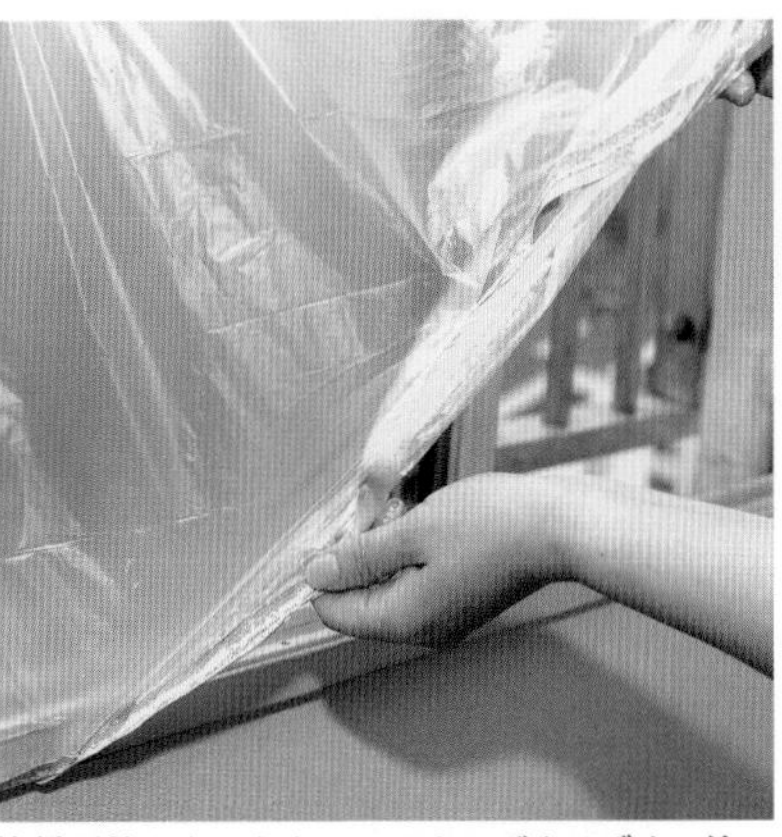

塗料が乾かないうちにマスキングをはずす。塗った場所にさわらないように注意しよう

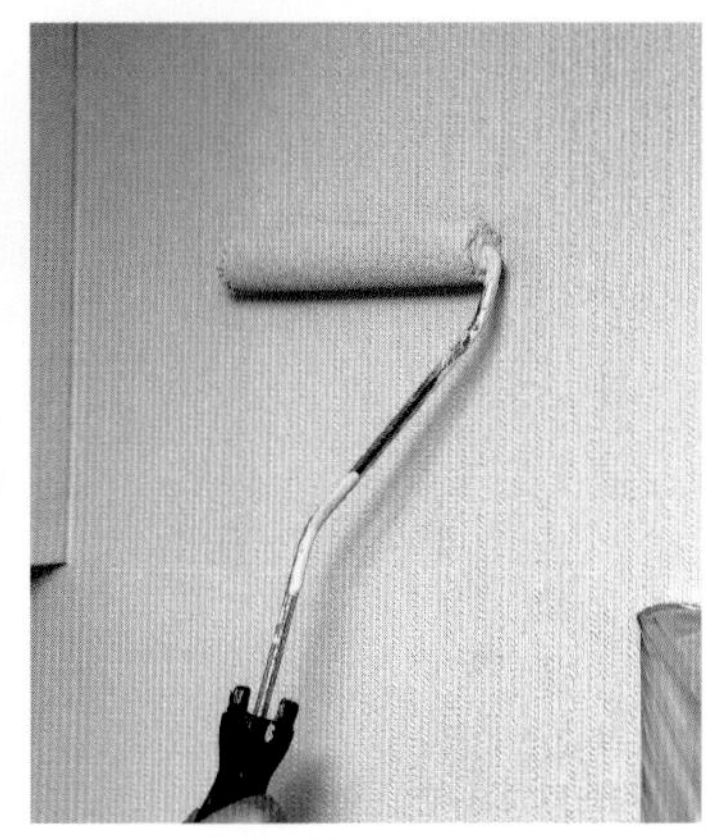

1回目よりも薄く塗っていく。厚塗りにならないように心がけよう

知っておきたいワザ&知恵

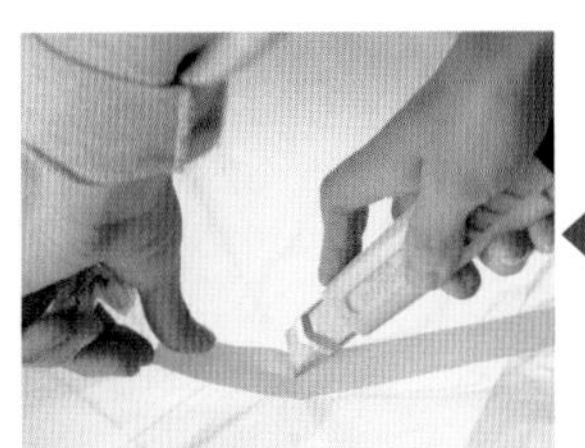

張ったテープの中心部分をカッターで切る。これで、きちんと固定された通気穴ができる

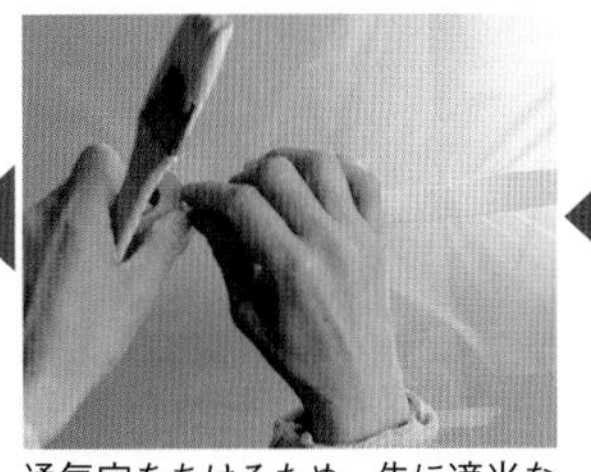

通気穴をあけるため、先に適当な長さのマスキングテープをシートの表面に張って補強する

窓に張ったマスキング。通気穴を作らないと空気の流れを遮断してしまう

換気をよくする裏ワザ

塗った塗料を乾かすには換気が重要。でも、マスキングで窓を覆ってしまうと空気が通らない。こんなときは養生用シートに切れ目を入れて空気の流れをよくする。また、早く乾かしたいときには扇風機などを使ってもOK

ペンキやハケでさまざまな模様をつける

自分の好みやインテリアに合わせて、壁の色を変えるだけでなく、模様を入れて個性を出したい場合は、専用のハケ、ローラーなどを使うことで、さまざまな模様をつけることができる。自分の思い描いた空間を作ってみよう。

スポンジを使って模様をつける

このスポンジを使って、砂目調の模様をつけることができる

ハケを使って模様をつける

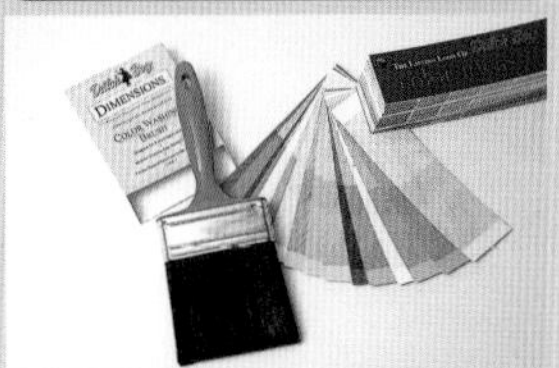

塗料を塗ったあとに、ハケでハケあとを意識的に残して、扇形などの模様をつけることができる

波形ローラー

手軽に波の模様をつけたい人に最適なのは、塗るだけで模様がつくローラー

海綿スポンジ

海綿スポンジを使うことで、ちょっと変わった模様をつけることができる

リフォームテクニック 壁

木装し、山小屋風にする

白い壁紙が張られていた壁をスギ板で山小屋風に仕上げた

After

板材を横張りし、下見張り風に仕上げた。板材の樹種はスギ。赤みが強かったため白い色の塗料で拭き塗りした

Before

壁紙と巾木をはがし接着剤で板材を張る

味気ない白い壁紙を板壁に変えることもできます。板材は、仕掛品と呼ばれる節穴などの処理されていないスギ板なら安価に手に入り、完成したときのナチュラルな雰囲気も魅力になります。

作業は、まず壁紙や巾木をはがし、あとはひたすら板材を張っていきます。接着剤を塗った板材を壁に張り、仮クギを打つ。接着剤が乾いたら仮クギをはずす。この連続で完成。あっという間に山小屋のような壁に変身してしまいます。

▼ 主な道具

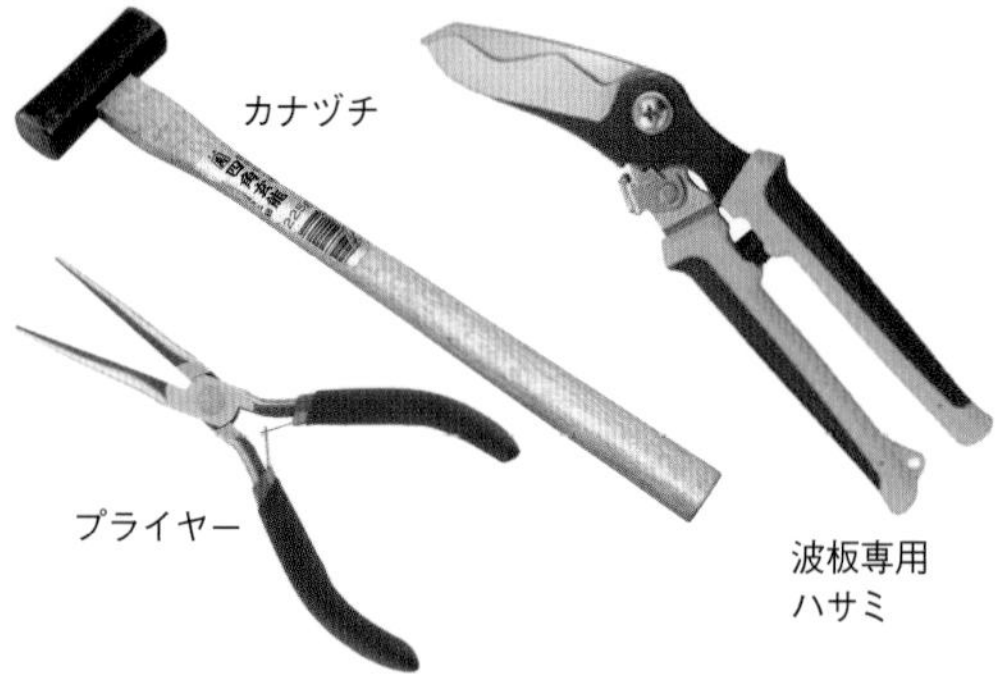

カナヅチ
プライヤー
波板専用ハサミ

▼ 主な材料

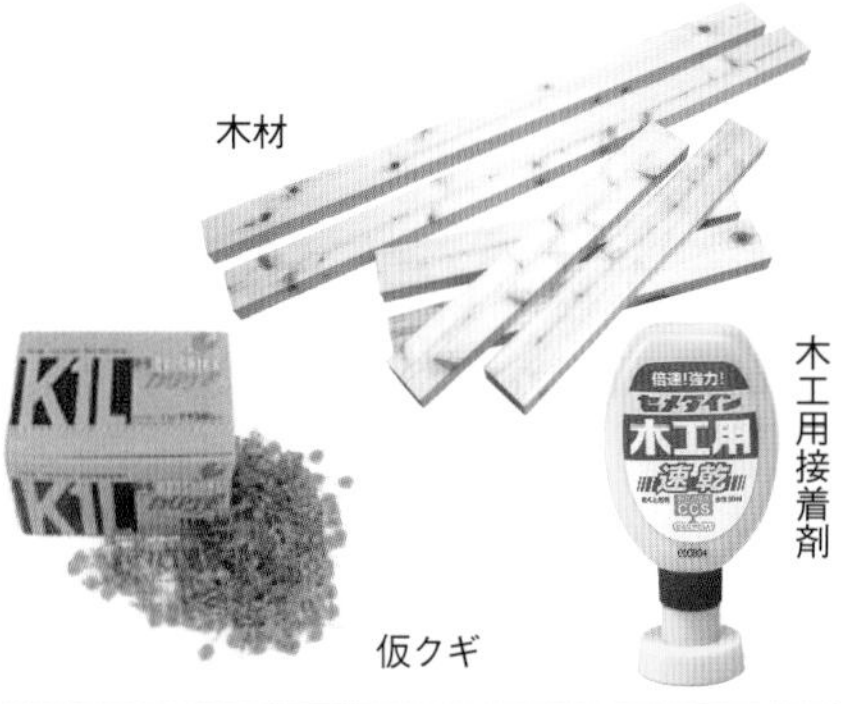

木材
仮クギ
木工用接着剤

▼ DATA

コスト…………………… ¥¥¥¥¥

手間…………………… 4

技術…………………… 4

壁に板材を張る

01 壁紙と巾木をはがしたら、マスカーで養生する

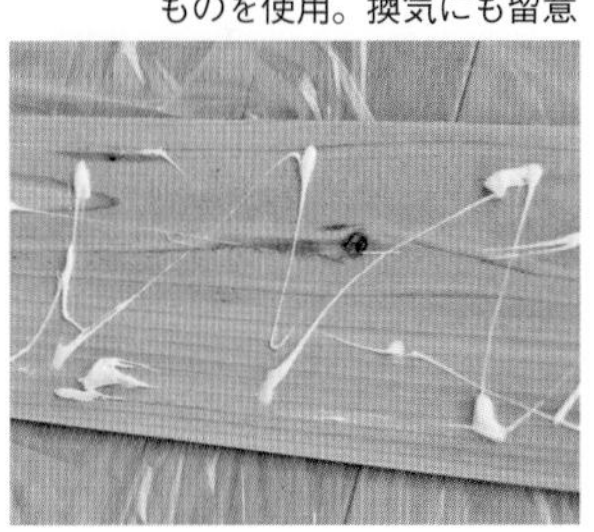

02 板材に接着剤を塗る。接着剤はフローリング張り用のものを使用。換気にも留意

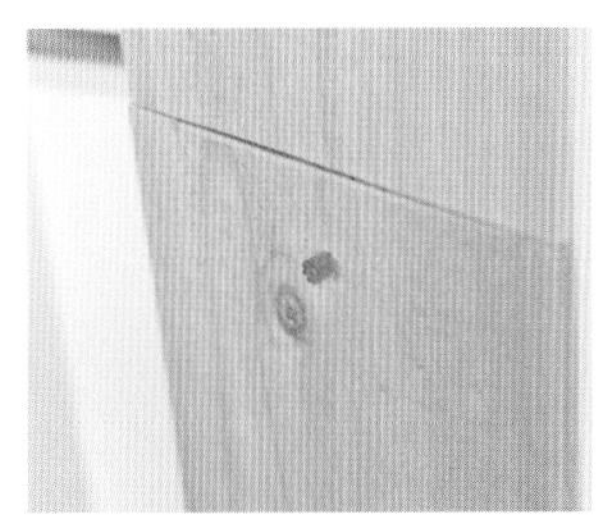

03 板材を張りつけたら仮クギを打つ

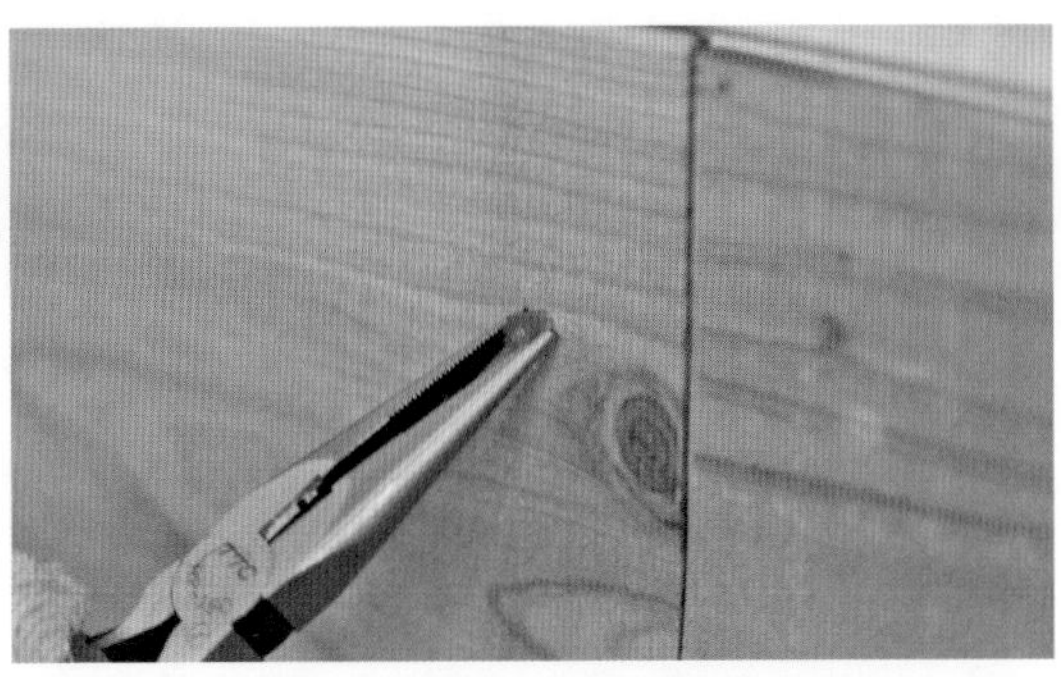

04 接着剤が乾いたらプライヤーで仮クギを取る

05 壁の木装ができた

ニッチにブリキ波板を張る

01 ブリキ板を切る

ブリキの波板を波板専用のハサミでカットする

02 波板を固定する

波板を壁にはめ込む

03 カバーを取りつける

自作のカラフルなインターホン用カバーを設置して生活感を排除した。ウッディな壁面とのコントラストがセンスを感じさせる

珪藻土を壁紙の上に塗る

脱臭や調湿性にすぐれた作業しやすい壁材

湿度を一定に保つ機能的な健康壁材

珪藻土は多孔性の鉱物で、湿気の吸放出性にすぐれています。

部屋の壁紙などの上に塗るだけでも、そのすぐれた吸放出性で湿度が一定に保て、結露などが予防できるばかりか、ニオイなども吸着するため、健康によい素材としても注目されています。快適な部屋作りにはぴったりな素材です。しかも、下地剤をしっかり塗り、そのあとの壁塗り作業もコツさえつかめば誰にでもＤＩＹが可能です。

床や窓枠、エアコンなどのマスキングにはちょっと手間はかかりますが、あせらずにヒマをみつけて壁一面ずつを時間を置いて仕上げることもできるので、週末ごとの作業でも大丈夫です。

フロアや窓枠をしっかりと養生する

01 床を養生する

床は素材が厚い養生用シートを使う。角の浮きを押さえて脚立の脚などによる穴あきを防ぐ

02 窓をマスキングする

窓は幅の狭いマスキングテープで縁を覆う。出窓の場合は写真のように下側もカバーしておこう

03 壁からのすき間は約2㎜

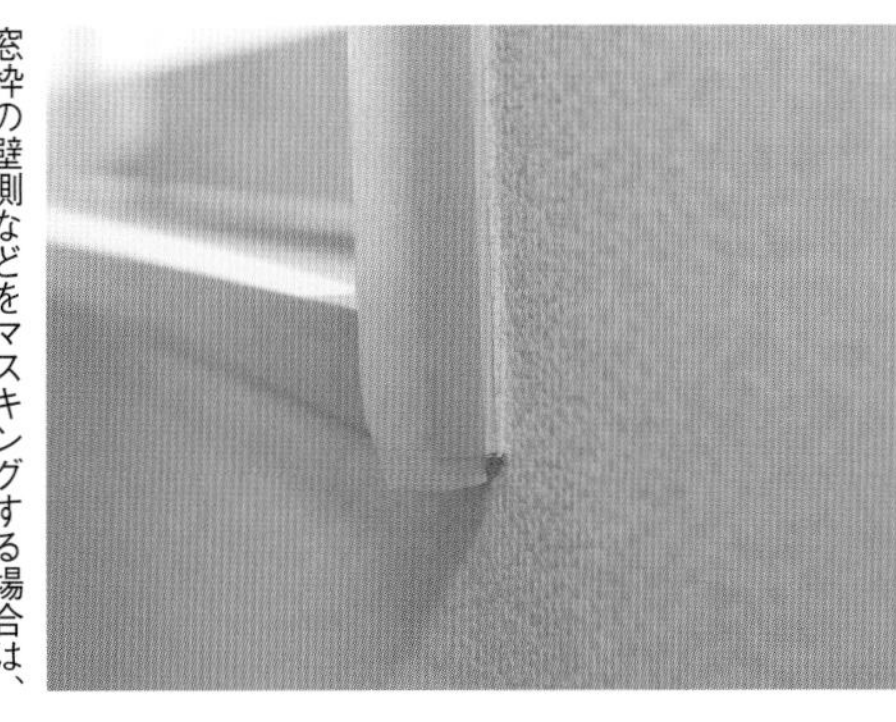

窓枠の壁側などをマスキングする場合は、珪藻土を塗る厚さを考え約2㎜浮かせて張る

04 はずせるものをはずす

カーテンレールなどは塗りの作業の邪魔になるため、できる限りはずす

05 カバー類をはずす

換気扇やエアコンはカバーをはずしてマスキングすると、完成時に塗り際が隠れてきれいに見える

知っておきたいワザ&知恵

穴がわかるようにネジを刺しておく

カーテンレール

壁に直接取りつけられたカーテンレールは、珪藻土を塗ると取りつけ穴がわからなくなる。取りはずしたらネジを穴にとめて、位置がわかるようにしておこう

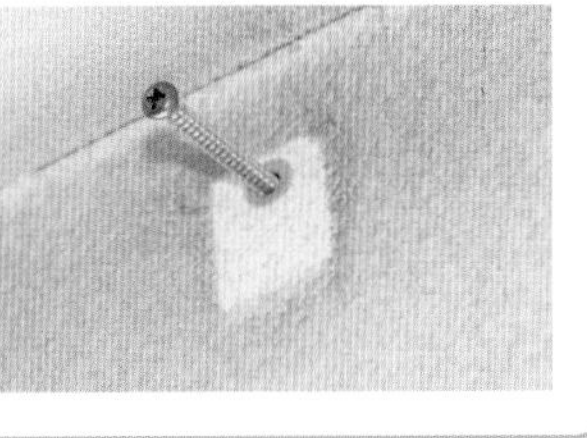

▼ 主な道具

コテ板

コテ

マスキングテープ

タッカー

養生用シート

▼ 主な材料

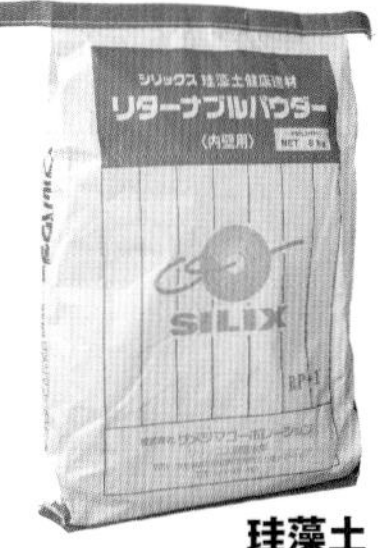

珪藻土

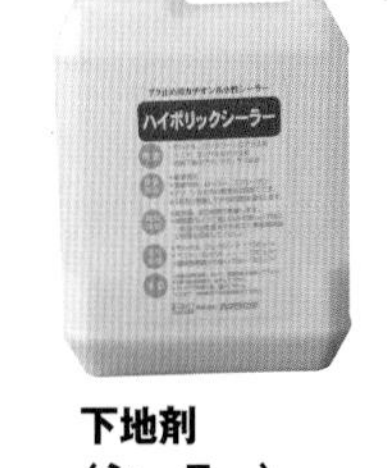

下地剤（シーラー）

▼ DATA

コスト……………………

手間……………………

技術……………………

塗りの準備をする

01 コンセントを浮かす

コンセントはネジをゆるめて全体を浮かす。エアコン用のダクト穴は壁にはめ込まれているだけなので引き抜いておく

02 壁紙を補強する

壁紙の表面に珪藻土を塗る場合は、全体をタッカーで補強する。水分や重さではがれや浮き上がりが起きないようにするための予防策

知っておきたいワザ&知恵

継ぎ目は15cm、平面は20〜30cm間隔で打つ

タッカーは隅や継ぎ目が約15cm間隔、平面の広い部分には20〜30cm間隔で打ち込もう。要は重量や水分がたまる部分を多めに打っていけばよい

壁の隅から中心に向けて塗る

天井や壁際の隅をきれいに塗るには、まずコテを隅側に軽く押しつけるようにして、盛った珪藻土を壁面に密着させる。さらにコテを壁の中心へ伸ばすように引いて塗れば、きれいに仕上げられる

壁に下地剤を塗る

01 下地剤をバケツに入れる

下地剤（シーラー）の塗りはハケとローラーバケを使用するので、ローラーの絞り加減が調整できる専用のネット付きバケツが使いやすい

02 狭い箇所はハケで塗る

壁の幅が狭い所は無理してローラーバケで塗らず、ハケを使用する。ハケを広く動かして伸ばしながら塗るようにしよう

03 塗料を配るようにゆっくり転がす

ローラーバケは塗料を配るように転がす。下から上へ向けて塗り始めたら、下側へ戻せば垂れが防止できる

04 塗ったらしっかり乾かす

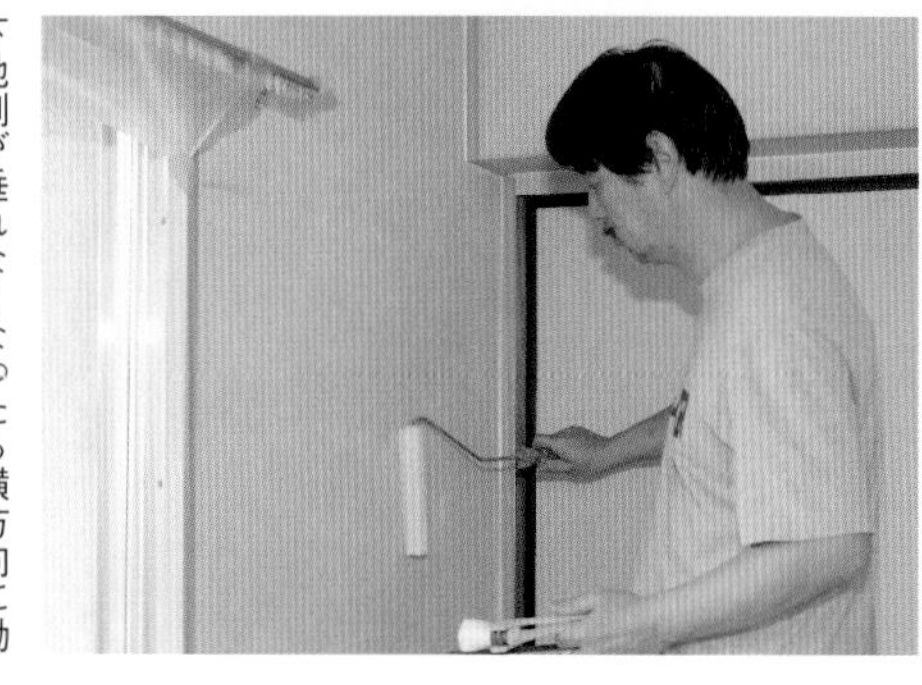

下地剤が垂れなくなったら横方向に動かしてならす。ムラなく塗れたら、しっかり乾かす

珪藻土を壁に塗る

01 水に入れて練る

指定量の水に珪藻土を入れて練る。水の入ったバケツに珪藻土を半分入れて軽く練り、残りを入れればこぼれない

02 5分間かくはんする

木ベラなどを使い十分に練る。水の量を調整して初心者はやや硬めに練ると塗りやすい。かくはん機を使うと楽に混ぜられる

03 コテを押し出すように！

コテ板の珪藻土をすくい取る場合、適当な分量をコテで板の外に押し出すようにする。粘着力が強いので落ちない

04 下から上に伸ばす

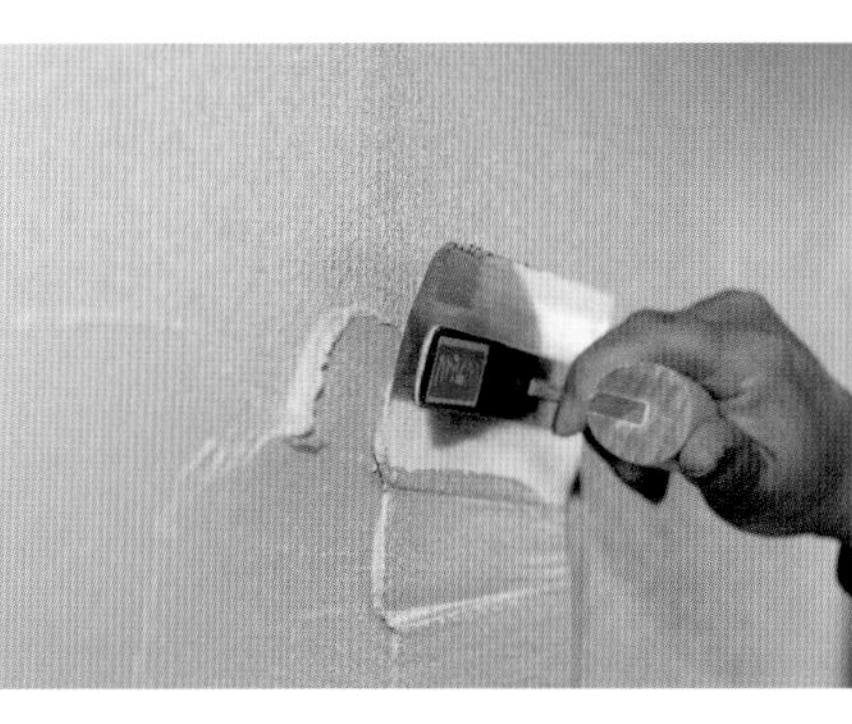

コテの動かし方は、まず、すくった珪藻土を下から上に伸ばしてやる。このときコテは上側を少し浮かせる

05 下に返しながら横に広げていく

上方向にある程度珪藻土を伸ばしたら、コテを下に返しながらずらして横に広げる。コテは今度は下側の先端を浮かせるようにする

06 横方向に表面をならす

コテを上下に動かして珪藻土を塗りつけたら、今度はコテを横に動かして表面をサッとならしておく

07 角は専用のコテを利用

珪藻土を塗った壁面と壁面が交わる角は、写真のような角専用のコテで軽くならすときれいに仕上がる

08 乾ききる前にはがす

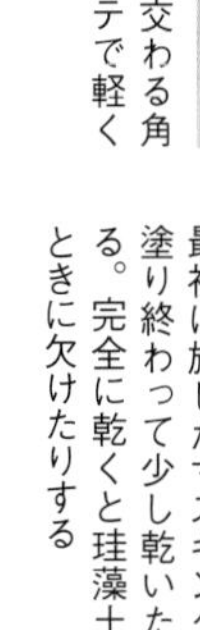

最初に施したマスキングは、珪藻土を塗り終わって少し乾いたらはがしてやる。完全に乾くと珪藻土の端がはがすときに欠けたりする

09 内側に押して折る

壁を3日間ほど乾かしたら、コンセントの取りつけ口などにはみ出たものは内側に押して折る。カバーを取りつけて完成

ブリックタイルを張ってレンガ調の壁に

ガラッと部屋の雰囲気が変わる。部分使いも面白い

目地は浅目地で仕上げた。アンティークレンガ風のブリックタイルによく似合う

ブリックタイルの上の壁には漆喰を塗った。リビングの空間に合うようにドアも白く塗装している

簡単に接着剤で張れるタイルの種類は多い

壁のイメージをガラッと変えたいならタイルを張ることをおすすめします。タイルの種類は色や形、材質や模様の違いなど、ビックリするほど多くのものが用意されています。

ここでは、アンティークレンガ風の白いブリックタイルをチョイスしました。ブリックタイルは、セメントやモルタルなどの石材を砕いて混ぜてタイル状にした製品。軽量レンガとも呼ばれています。

作業はシンプル。タイル用の接着剤をタイルに塗り、壁面に張るだけ。完全に接着されたところで、目地を埋めていけばOK。目地袋を使い目地を入れ、表面が少し乾いたら指で押し込んでならしてください。

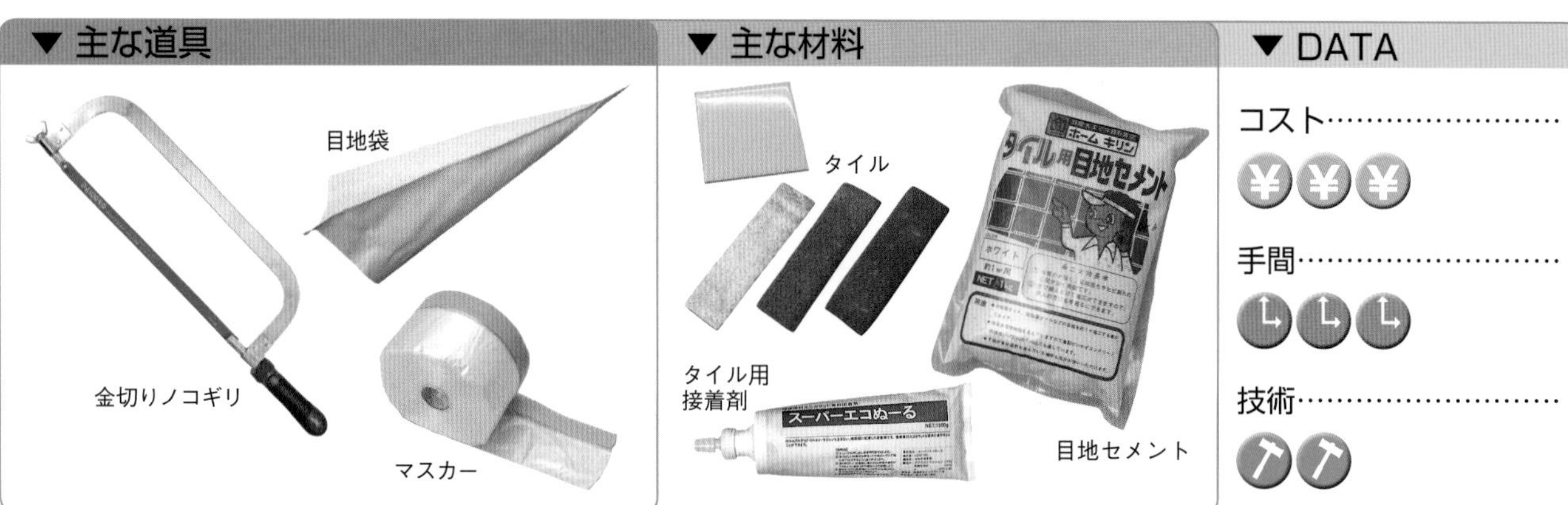

超簡単にレンガ調の壁に変身させられる！

01 しっかり養生する

右上がタイルを張る前の白壁。マスカーでしっかり養生する。ブリックタイルをあらかじめ張る順番に並べておく

02 タイルに接着剤を塗る

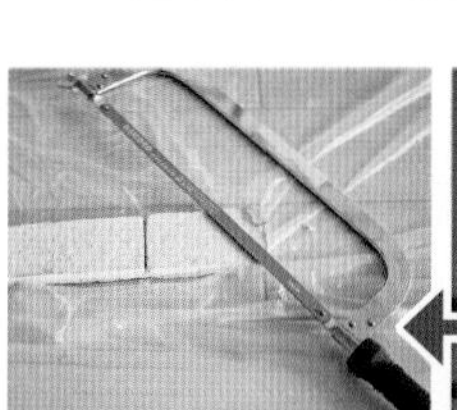
タイル用接着剤を塗り、ヘラで平滑にしたら壁に張りつけていく。換気に注意

03 水平に気をつけて張る

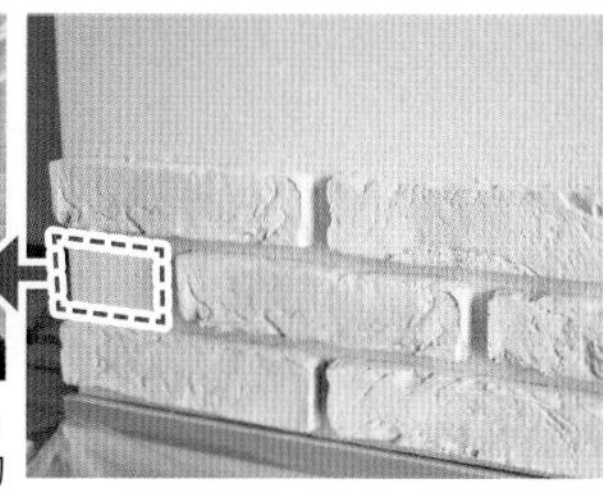
半端サイズのタイルのカットはタイルカッターや金切りノコギリで切り込みを入れて板チョコを割るようにパキッと割る

タイル張りは、だいたい水平に、目地幅もだいたい均等になるように張る

04 目地材を塗る

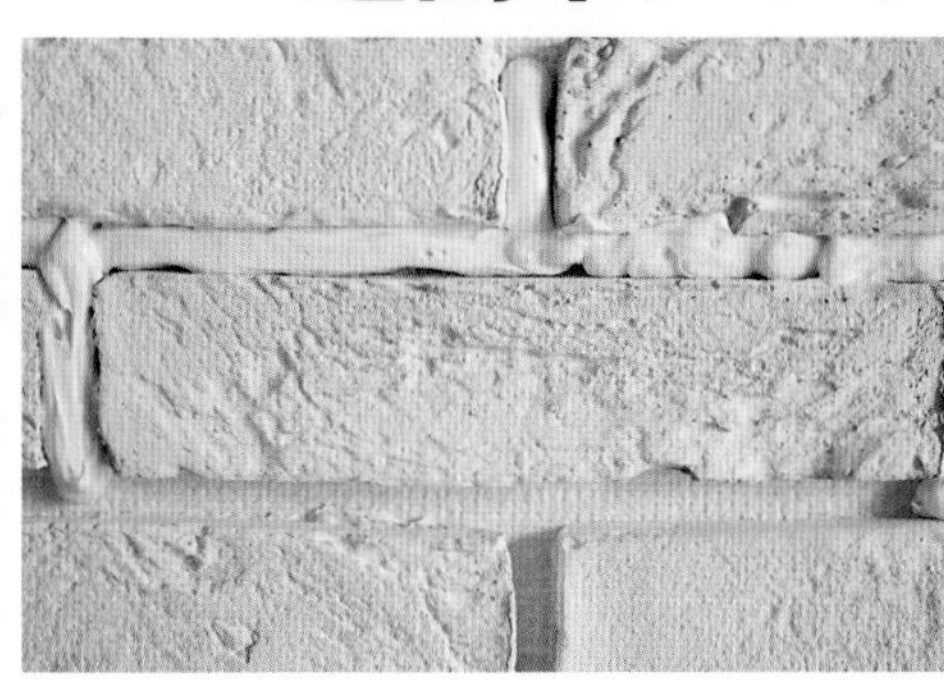
ゴムベラで目地袋に目地材を詰めて、タイルのすき間に入れる

05 目地材をならして仕上げる

目地の表面が乾いてきたら指で押し込んでならす。目地の量は好みで

知っておきたいワザ&知恵

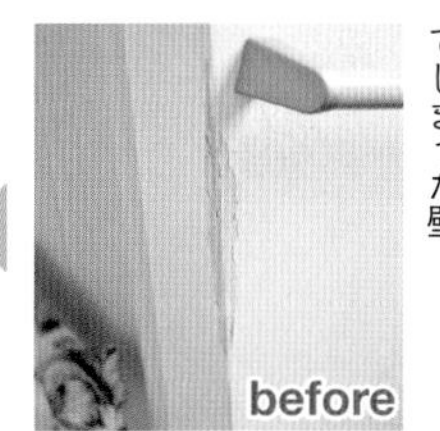

ペットにキズをつけられてしまった壁

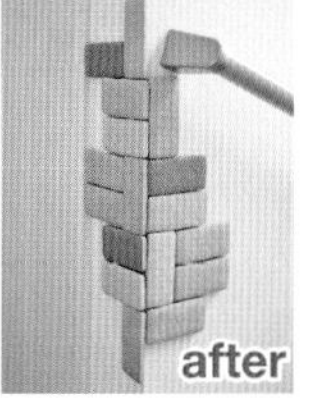

レンガ敷きの敷きパターンのひとつであるハーフバスケット風に張ってキズを隠す

軽くて両面テープでも張れるブリックタイルは、愛猫に爪とぎされた壁の部分リフォームなどにも便利

知っておきたいワザ&知恵

100円ショップのカラーボードでレンガ風の壁ができる！

カラーボードとは板状の発泡スチロールのこと。この材で作られたレンガ風の壁を簡単にDIYできるワザがある。まずはカラーボードに下書きをし、下書きに沿ってハンダゴテで溶かすだけ。ただし、作業中はニオイが出るので屋外作業がおすすめだ。

壁張り専用タイプの両面テープで壁に張った

製作ダイジェスト

01 壁のサイズに合わせて、縦450×横300×厚さ10㎜のカラーボードを6枚用意した

02 ボールペンなどで下書きする

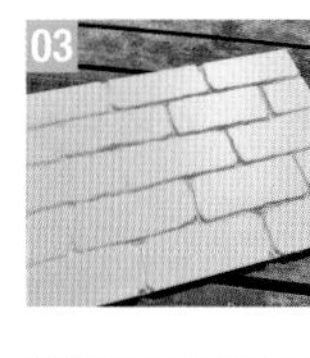
03 ハンダゴテで溶かしてアンティークレンガ風に加工した。カラーボードはガムテープでつなぎ合わせて1枚の板にする

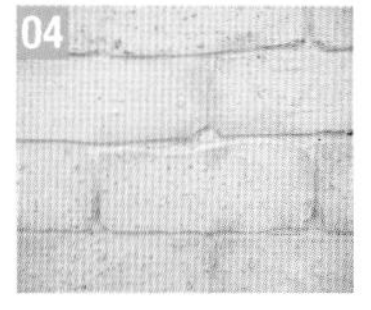
04 砂を混ぜた水性塗料を2度塗り。さらにシャビー仕上げにするため、一部にサッと茶色い塗料を塗った

PART 3 DIYで壁のリフォーム

壁のニッチに飾り棚を作る

壁のすき間をくまなく利用するワザ

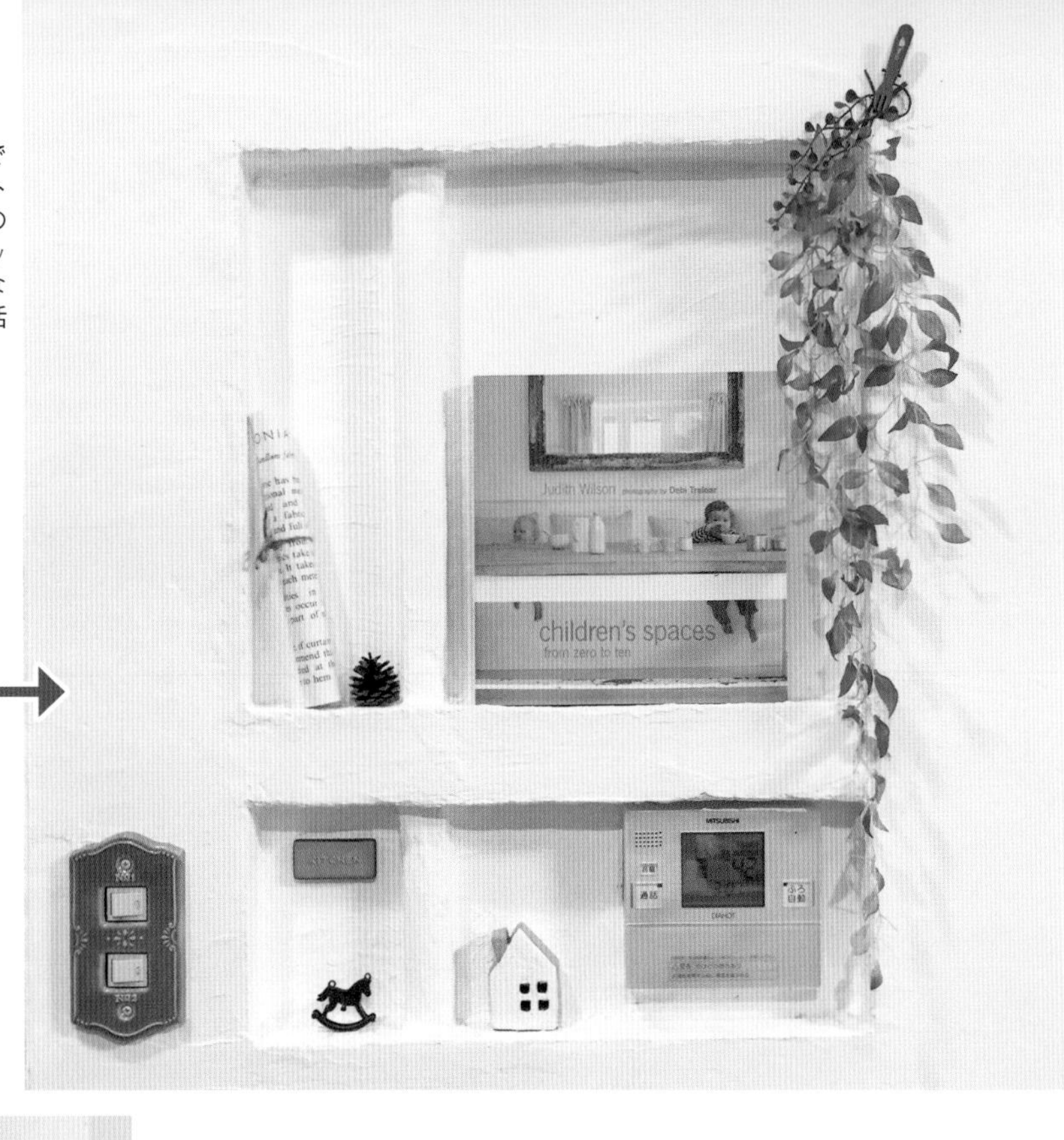

真白の壁にニッチができて、部屋のアクセントになった。キッチンの仕切り壁に作ったニッチ。奥行が45㎜しかないため、飾り棚として活用している

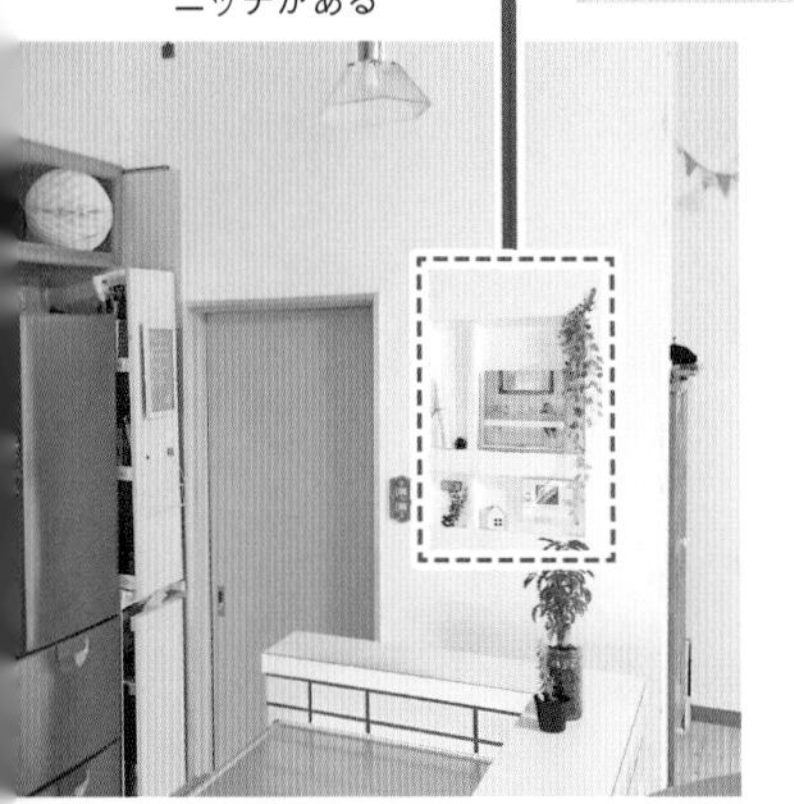

引き戸の右壁にニッチがある

壁の一部をくり抜きスペースを生み出す

ニッチは壁の一部分をくぼませて作る飾り棚のこと。2本の間柱を探し出し、その間に作る。ただし、スジカイの入った壁（耐力壁）に作るのは避けたほうが無難。耐力壁の位置は自宅の図面で確認してみよう。

ここで作ったニッチはトイレの壁面とキッチンの仕切り壁。間柱の位置を見つけて、開口部を墨つけし、ドリルドライバーで壁に穴をあけます。そこを起点に石こうボード用のカッターで開口します。開口したサイズに合わせて側板、底板、上板を取りつけ、漆喰を塗って仕上げます。

▼主な道具

石こうボード用カッター

ドリルドライバー

下地探し

▼主な材料

棚板

木ネジ

木工用接着剤

▼DATA

コスト……………………… ¥¥

手間……………………… 4

技術……………………… 3

間柱を探して壁を切り抜き、棚を取りつける

01 白壁から間柱の位置を探す

まず間柱を探す。針式の下地探しを使って探した。刺した場所に間柱があると、写真のようになる。先端の目盛りで壁から柱までの距離がわかる

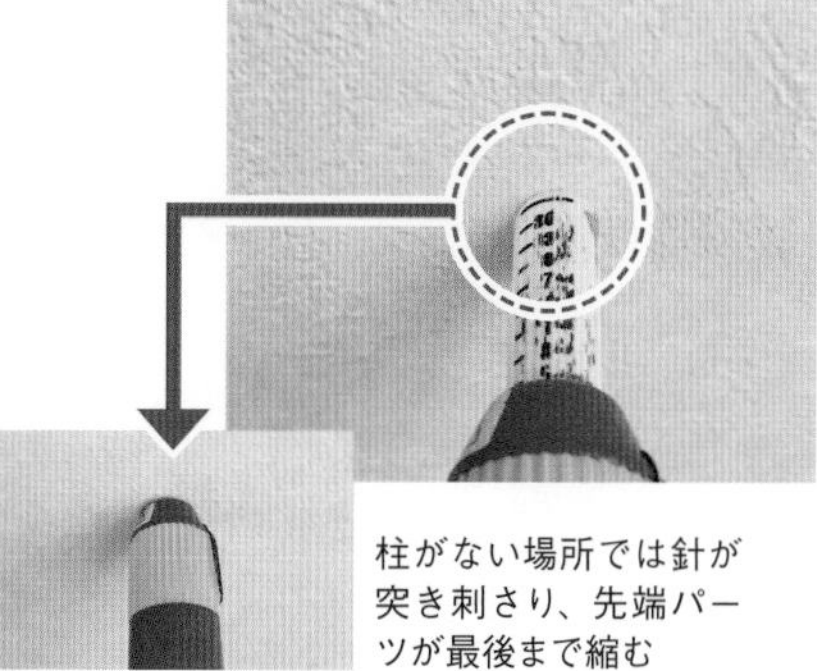

柱がない場所では針が突き刺さり、先端パーツが最後まで縮む

02 ニッチの大きさを設定する

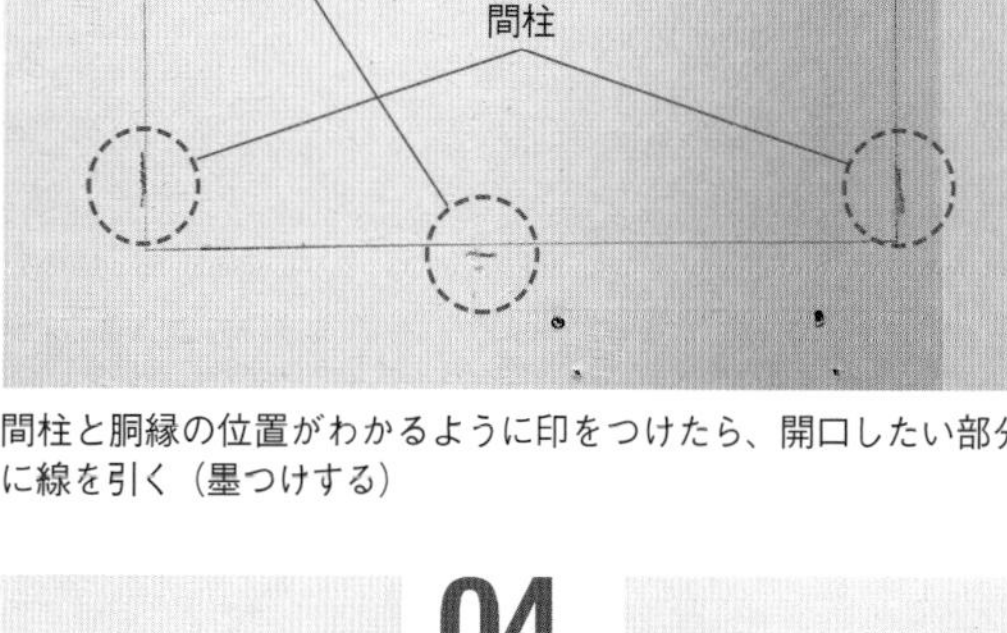

間柱と胴縁の位置がわかるように印をつけたら、開口したい部分に線を引く（墨つけする）

03 穴をあける

ドリルドライバーで墨線のやや内側に穴をあける

04 カッターで切り広げる

石こうボード用カッターでカットする

05 壁を開口

縦組みの間柱と横組みの胴縁の間の空間を2カ所開口した

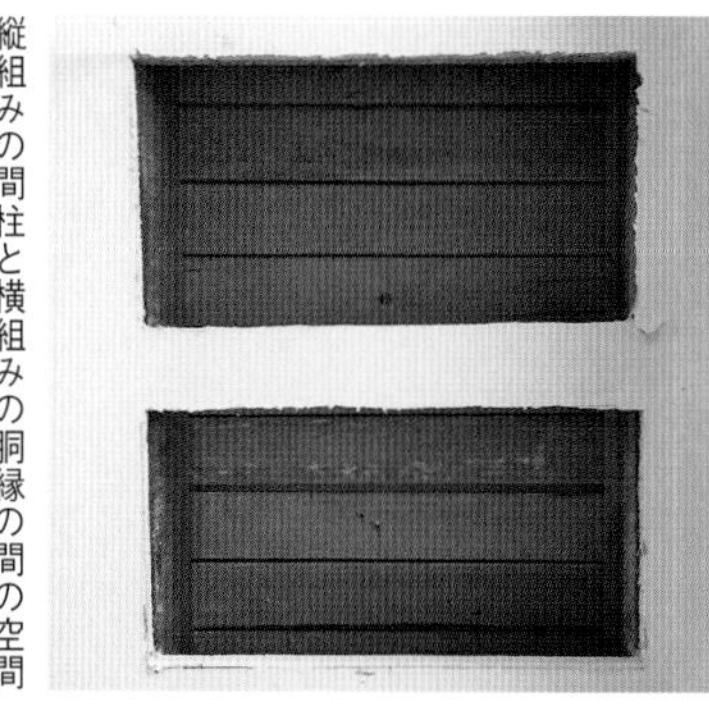

06 棚板を取りつける

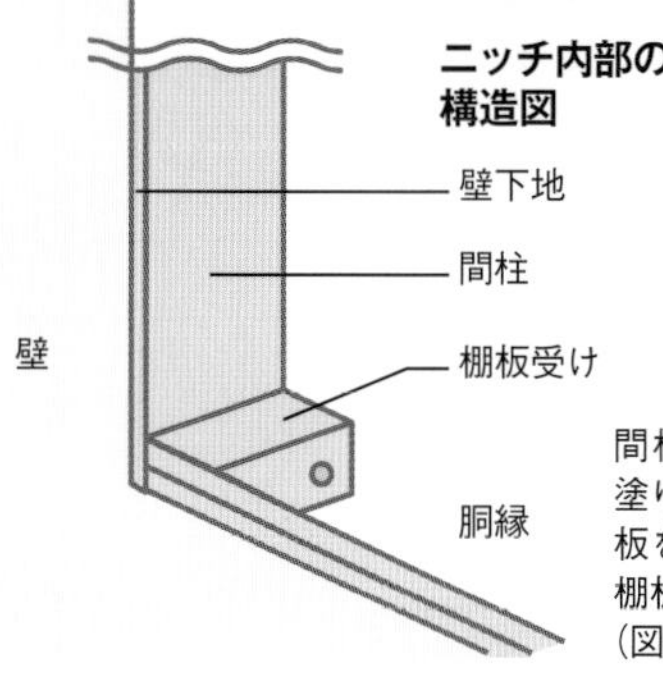

間柱に木工用接着剤を塗り、木ネジで側板、背板を取りつける。間柱に棚板の受けを取りつける（図参照）

07 ニッチの完成

開口部にすべての材を取りつければ、ほぼニッチのできあがり

08 壁と色を合わせる

漆喰を塗り、養生をはがしたら完成

腰板を張る

風格漂う部屋へグレードアップ

和洋どちらにもマッチ 壁のキズ隠しにも効果あり

カントリー調のやわらかい雰囲気を醸し出す、腰板のある部屋。古きよき時代のアメリカの家のよう。腰板といえば、そんなイメージが大きいのではないでしょうか。

DIYを趣味とするベテランにも、腰板は人気の高いリフォームアイテム。それだけ、リフォーム効果が大きく、満足度は高いです。

木にはさまざまな種類があるので、同じ腰板といっても、木目や色合いなど素材によってできあがりの雰囲気はずいぶん違ってきます。洋風にしたいのか、和風にしたいのか、明るくしたいのか、シックにまとめたいのか。材料を買うときは、自分のイメージをしっかり固めておきましょう。

また、インテリア的な効果もさることながら、腰板には傷んだ壁を隠す役割もあります。

既存の壁紙の上から張るのであれば、技術的にはそれほど難しくありません。大きな効果が得られる腰板は古い家のリフォームにはもってこいの素材といえます。

腰板を張る

01 かくしクギを打つ

プラスチックのクギ頭（ピンク色の部分）のあるかくしクギで、腰板用の溝がついた横木（巾木）を壁に固定する

02 かくしクギの頭部分をはずす

かくしクギは、壁に打ち込んでいくとプラスチックの部分がクギの上部に移動する。そこでクギの頭を横から叩くと頭部分が取れて、板には本体だけが残される。こうすると、クギがほとんど見えなくなる

03 腰板をはめる

受けの巾木と壁とのすき間に、腰板をはめ込む。木工用接着剤を溝部分につけてから差し込み密着させる

04 すき間を詰める

腰板同士がぴったりくっつくように、カナヅチで横からも軽く叩く。すき間があいているときれいに仕上がらなくなってしまうので注意

05 細クギでとめる

腰板の重なる部分を何枚かに一度、細いクギでとめる。クギの頭が出ていると隣の板が引っ掛かるので、ドライバーの先などをあてててカナヅチで打ち、奥へ押し込む

06 上から横木をかぶせる

腰板を張ったら、上から横木（胴縁）をかぶせてかくしクギでとめて固定する。最後にかくしクギの頭を落とす

07 完成

和風の腰板の完成。こげ茶の色合いと木目模様が、砂壁とぴったりマッチ。もっと明るい色の木を使うと、カントリー風の雰囲気になる

リフォームテクニック 壁

ユニバーサルデザイン

階段に手すりをつける

移動しやすさと安全性を実感できるおすすめリフォーム

After

Before

取りつけ強度と使いやすさが大切

手すりを取りつけるとちょっとしたときに体を支えられ、屋内での移動の安全性が飛躍的に高まります。

玄関や廊下、お風呂場などに取りつけても効果を発揮しますが、とくに必要とされるのが階段です。

装着したあとに上り下りすると、手が自然と手すりを握っています。体に不自由さを感じたときは大きな助けになります。

取りつけ作業では、強度をしっかり確保するとともに、握りやすい位置を探して取りつけることが肝心です。

また、手すりには上部が平らで肘を滑らせながら利用できるタイプ、水場用に防水対策が施されたタイプなどさまざまあり、用途に合わせて選べることも知っておきましょう。

間柱の位置を探す

手すりの取りつけは、金具を柱や間柱に固定するのが基本。在来工法の家なら柱の中心から中心までが91cmで、その中心に間柱がある。化粧パネルをとめているかくしクギの跡で確認したり下地探しで探してみよう

手すりの取りつけ高さ

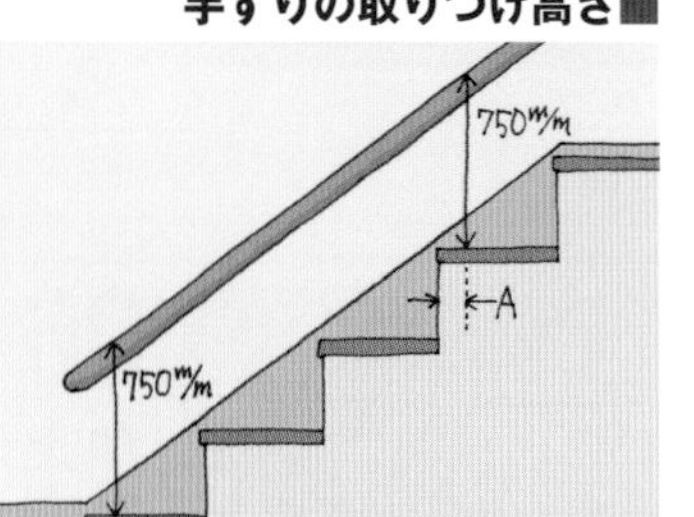

取りつけの高さは標準値が床面から750mmといわれているが、利用する人が握りやすいか確認して位置決めしよう。また、階段の場合、下り用は上り用の取りつけ高さ（標準値）よりも、階段一段分高くすると利用しやすくなる

▼主な道具

ドリルドライバー

ドライバー

メジャー

ノコギリ

下地探し（ワンプッシュ）

▼主な材料

手すり
太さは35mm径ほどで、滑りどめ加工をしてあるものがおすすめ

木ネジ

木工用接着剤

アンカープラグ

▼DATA

コスト…………………… ¥¥¥

手間…………………… 3

技術…………………… 3

取りつけ位置を決め、両側の金具を固定する

知っておきたいワザ&知恵

取りつけ高さは、段の同じ位置から計測する

手すりの取りつけ位置を決める場合、階段の奥行きが同じ位置で高さを計測しないと、階段と手すりの傾斜が違ってしまう。（右ページのイラストのAを参照）。

01 棒に手すりの高さを印す

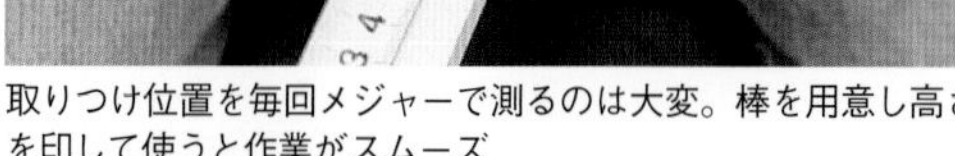

取りつけ位置を毎回メジャーで測るのは大変。棒を用意し高さを印して使うと作業がスムーズ

02 金具の位置に印をつける

手順01の棒をあてて金具の位置を印していく。写真のように砂壁の場合は紙テープを張り、位置を印す

03 間柱の位置に印をつける

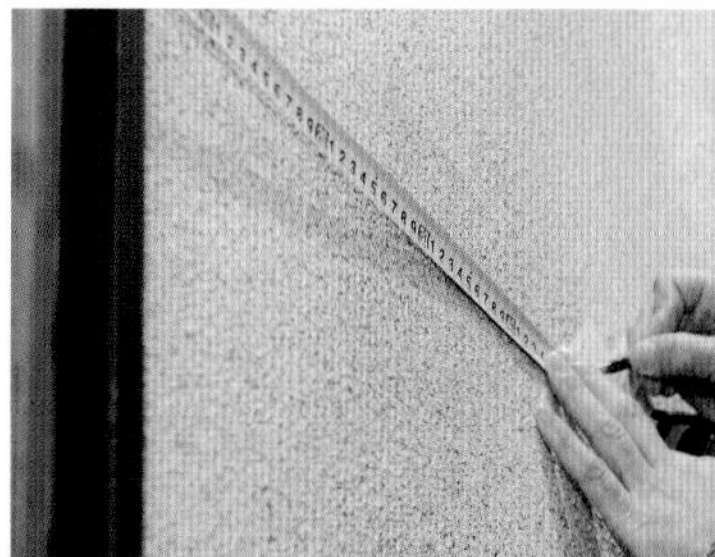

柱の太さも計算に入れて計測し、間柱の位置にも金具の取りつけ高さを印す

04 手すりの傾斜を確認する

金具の取りつけ位置を印したら、棒をあてて階段の傾斜と平行か確認しておこう

05 両端の金具を仮どめする

両端の金具のネジどめ穴1カ所を木ネジで仮どめ。グラグラしない程度に締めておく

06 手すりを渡し、角度を決める

両端の金具を仮どめしたら手すりを渡し、金具の角度を決めて手すりを木ネジで固定する

07 中央の金具を固定する

両端を固定したら、中央の金具（間柱の位置）の角度を確認しネジ穴の位置を決めて金具を壁に固定する

踊り場の手すりを取りつける

01 踊り場の手すり用金具をつける

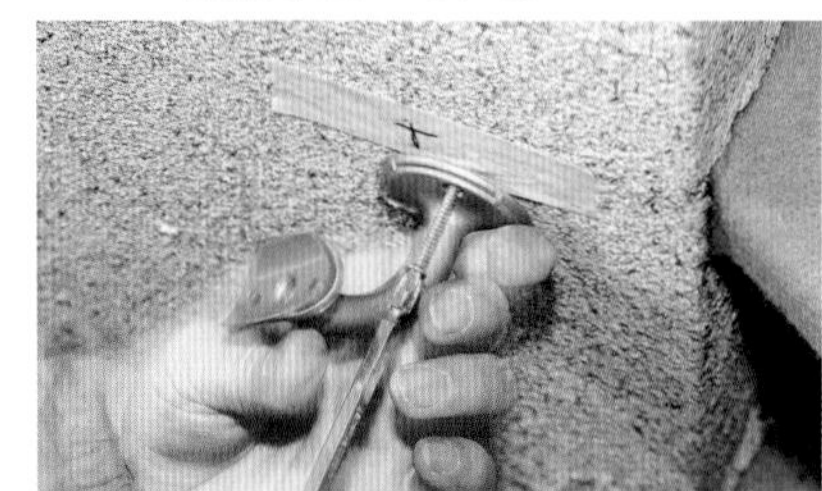

今回使用した金具と金具の取りつけ間隔は900㎜以内（製品により異なるので仕様を確認すること）なので、平らな踊り場用の金具は左右の柱に固定した

02 高さを再度確認する

手すりを載せて床と平行か確認したらまず金具を仮どめし、固定するが、利用しやすい高さは階段部分と異なる可能性があるので、再度、実際に手をそえやすいか確認しておこう

03 手すりの長さを調整する

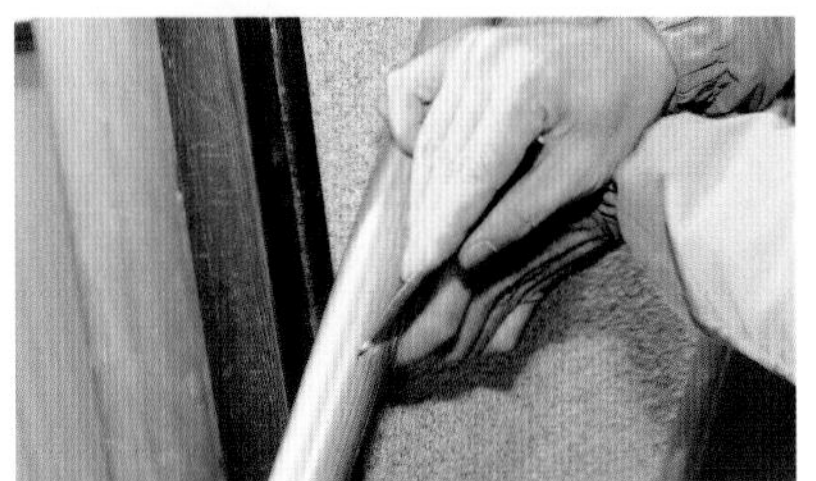

取りつける手すりの長さは、先端が柱の外に出ると体をぶつけたり衣服を引っかける原因になるので、やや短かめに切るようにする

04 余分な長さを切り落とす

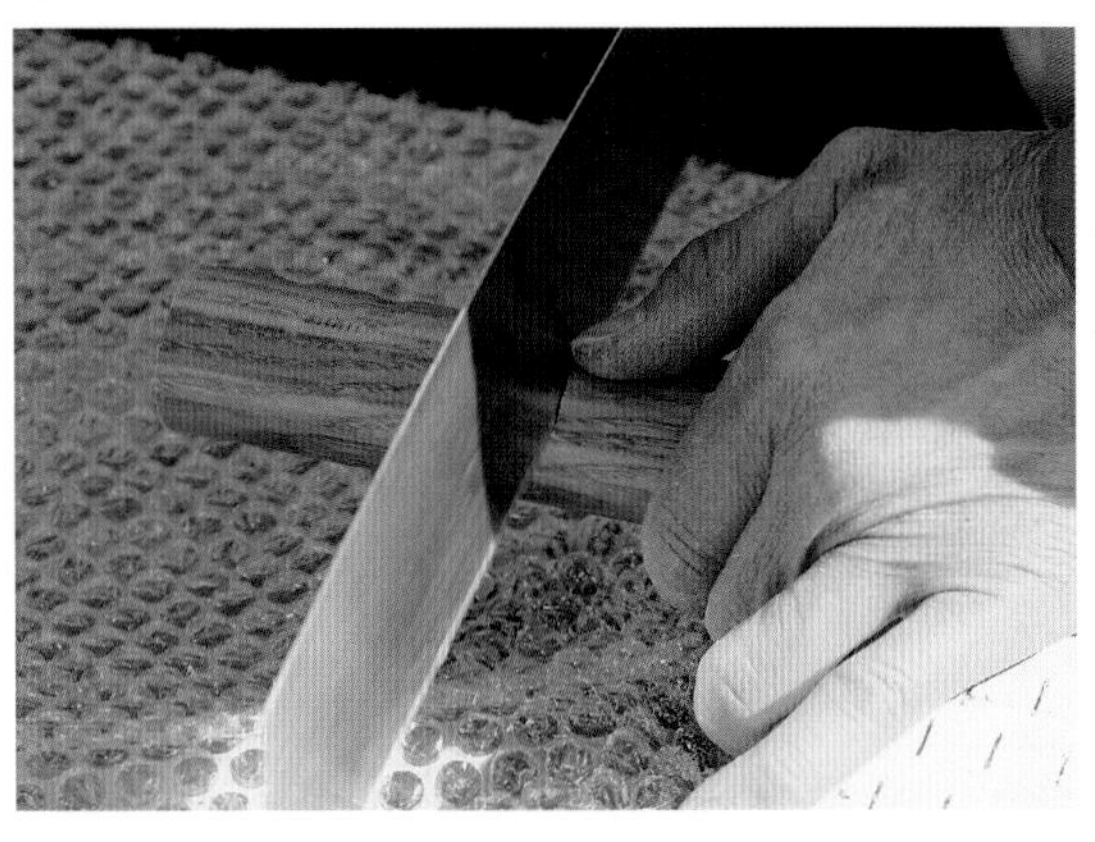

余分な長さをノコギリで切り落とす。切り口には作業の最後に接着剤でキャップを接着するのでなるべく平らに切ろう

知っておきたいワザ&知恵

間柱が見つけにくい場合は柱の間にそえ木を渡す

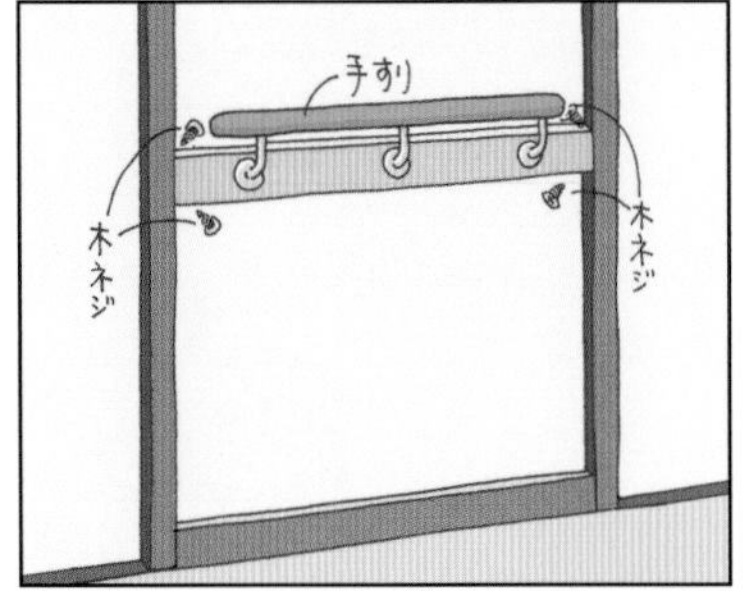

間柱が見つけにくい場合は、柱の間に厚さ15㎜前後のそえ木を渡し、そこに金具を取りつけるといい。裏には木工用接着剤を塗布して壁に張りつけ、左右を長めの木ネジで柱に固定する

知っておきたいワザ&知恵

壁裏が石こうボードや薄い合板ならアンカープラグで補強

手すりは取りつけ強度が安全性を左右するが、間柱の幅が狭かったり階段部分は金具が斜めになってしまうことで、3本のネジ穴のひとつが柱や間柱からはずれることもある。

壁裏が石こうボードや薄い合板だと、木ネジを打ち込んでも強度が出ないので、そんなときはアンカープラグを利用する。

キリなどでガイド穴をあけ、ドライバーでネジ込んだら真ん中の穴に金具を固定する木ネジを締め込むのだ。かなり強度が高められる。

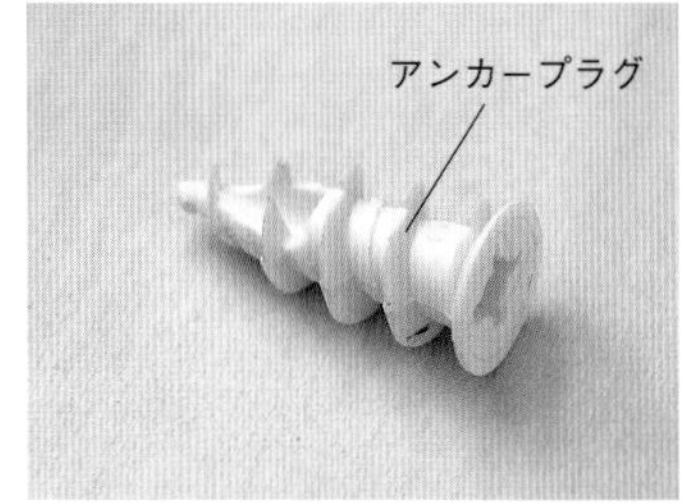

もろい壁にはプラスチック製を使用する

ドライバーで回して簡単に埋め込める

頭部が壁面と平らになるまで締め込もう

05 手すりにガイド穴をあける

手すりと金具の固定位置を決め、使用する木ネジよりも細い径のドリル刃でガイド穴をあける

06 木ネジを締め込む

手すりに使われる素材は硬いため、ガイド穴はやや深めにあけて木ネジで固定する

07 エンドキャップをつける

取りつけ作業が終了したら手すりの両端にキャップをつける。木工用接着剤は多めに塗ろう

知っておきたいワザ&知恵

手すりの安全性を高める工夫

手すりをより安全に利用するには、施工にも工夫がいる。

基本的には、手すりに手をそえて移動したときに、ずっと手すりを持ち替えなくてすむのが理想的だ。階段と踊り場の境の角度が変わる場所や、廊下の曲がり角部分に、ジョイントなどを上手に利用して継げたい。

継ぎ目にジョイントを使用しない場合は、手すりと手すりのすき間に手が落ち込まないように狭く設定しておく

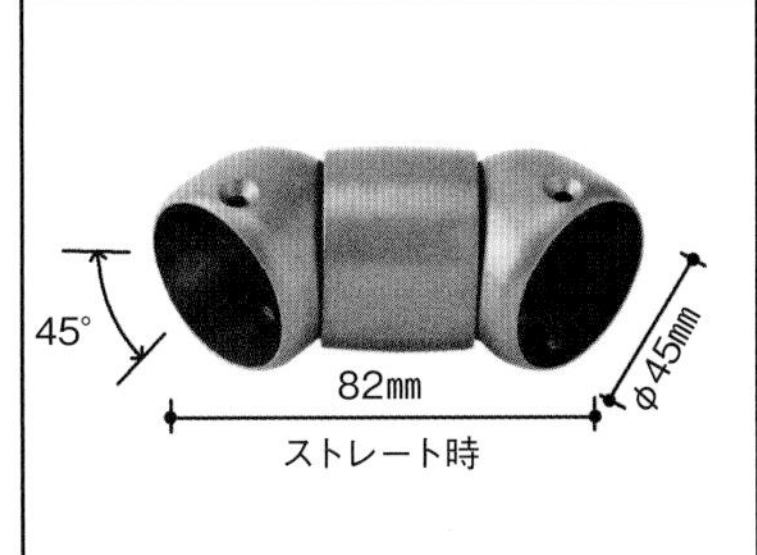

手すりを継げるジョイントには、写真のように角度が自在に変えられる便利なものもある。金具の取りつけ位置などと干渉しないならぜひ利用したい

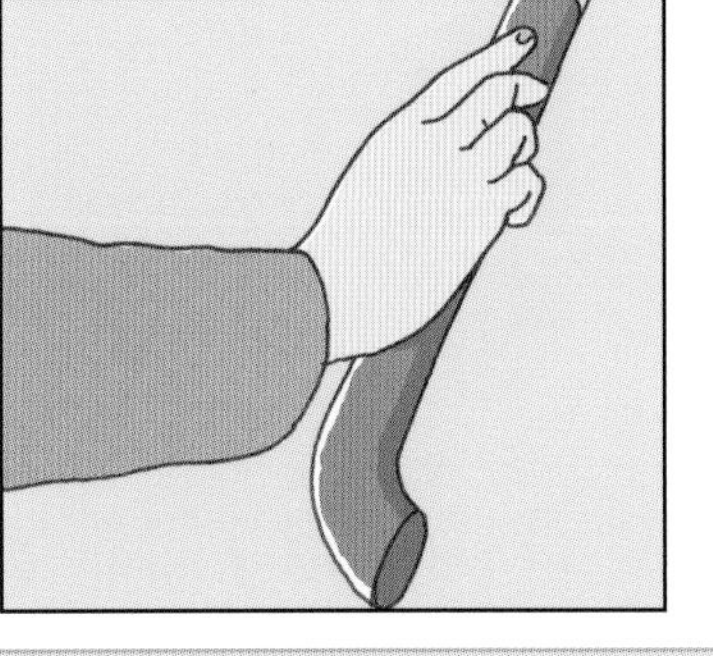

手すりの部材には、手を移動させる際に衣服の袖口などを引っかけないように、手すりの先端を壁側に向けて曲げてあるものなど、便利な部材がたくさんある

知っておきたいワザ&知恵

穴あけに失敗したら木工用接着剤で補修

手すりの取りつける高さを調整したり、間柱の位置を探したりしているうちに、金具の取りつけ位置が変わることがある。

壁に穴をあけてから取りつけ位置が変わったときは、左の写真のように穴を隠してやるといい。

まず穴の上に木工用接着剤を塗って、その上に壁際の下などに落ちている細かな壁材のカスを集めて押しつけてやるだけ。

①そのままだと穴がかなり目立つ

②やや多めの木工用接着剤で穴を埋める

③壁材の粉などを表面につける

リフォームテクニック
壁

ユニバーサルデザイン

レバーハンドルに交換する

見た目がスマートで握らなくてもドアがあいて便利

やさしい使い心地が室内の雰囲気も変える

握って回すドアノブと比べて、押し下げるだけのレバーハンドルは使いやすく、握力の衰えた高齢者や小さな子供にもやさしいバリアフリーアイテムです。また、見た目にもスマート。部屋のデザイン性もアップします。

DIYで簡単に取り替えられるのは、錠のタイプがチューブラ錠と円筒錠です。ドアノブの交換は、錠だけ、ドアノブだけという交換は基本的にはできません。規格サイズもメーカーで異なることが多いので、できるだけ現在ついているものと同じメーカーのものにするといいでしょう。ここでは、室内ドアにもっとも多く使用されているチューブラ錠を例に紹介していきます。

錠の種類を確認する

そのほかの錠

チューブラ錠
円筒錠

約60cm

交換可能なのはチューブラ錠と円筒錠。どちらもフロント部分の長さが約60mmなので、交換できる錠かどうかはここで見分ける

▼主な道具

ドライバー
キリ
メジャー

▼主な材料

レバーハンドル

押し下げるだけで力をあまり必要としない、軽い操作感が魅力のドア用ハンドル

▼DATA

コスト……………… ¥¥

手間……………… 2

技術……………… 2

ドアノブの錠をはずす

01 各サイズを確認する

交換に必要なサイズを調べる。とくにバックセットは重要で、いくら気に入っていてもサイズが合わないと交換は難しい。メーカー名で探すと適合品が見つかりやすい

02 ドアノブをはずす

ドアノブの台座についた木ネジをドライバーでゆるめてはずす。交換後に、同じ穴に取りつけることもあるので、穴が変形しないようにていねいに作業すること。表裏のネジをはずしたら、ドアノブを手前に引き抜いてはずす

03 ラッチ本体を抜く

フロントのネジ穴も再び使うので、木ネジはていねいにはずす。ラッチ本体は簡単に抜ける場合もあるが、固くて抜けない場合はドライバーなどを使って抜く。はずしたラッチボルトの向きを必ず覚えておくこと

04 ラッチ本体を交換する

レバーハンドルに付属されているラッチ本体を取りつける。穴を壊さないように注意する

知っておきたいワザ&知恵

ラッチ本体を抜くにはドライバーを活用する

ラッチ本体を抜こうとしても固くて抜けない場合がある。そんなときはドライバーを使うと簡単。ラッチ本体にあいている角芯を入れる四角穴にドライバーを通し、両手でゆっくり引くと抜けてくる。親指をフロントの下側に添えると力が入りやすく、安定する

ドライバーを使用するときも、左のようなことはしてはいけない。上記同様の抜き方だが、片手でドライバーを持って引っぱると、ラッチ本体を真っすぐ抜くことができず、ドアの穴をキズつけてしまう

また、マイナスドライバーでフロント部分からえぐり取るのもよくない。フロントが収まっている溝を破損することになり、交換用のラッチボルトを取りつけるとき、穴や溝に入りにくくなってしまう。

レバーハンドルを取りつける

01 レバーハンドルをつけ、下穴をあける

交換するレバーハンドルは台座が小判型。以前のネジ穴が使えなかったら、ハンドルを仮組みし、キリで木ネジを入れる下穴をあける

02 仮どめをして、動きを確認

台座の取りつけは片側ずつ行なう。まず、下穴に合わせてネジを入れ、軽く固定したら、レバーを下げてスムーズに動くか確かめる

知っておきたいワザ&知恵

レバーの動きがシブいのは芯が出ていないから

レバーの動きがシブい。ぎこちない。下げて離したときの返りの反応がいまひとつ…。チューブラ錠の場合、レバーの動きが思わしくない原因は、ほぼ芯が出ていないため。芯とは角芯のこと。ラッチ本体の角穴と角芯、そして両側のレバーの芯受けがゆがみなく一直線につながっている状態がベスト。少しでも芯に狂いが生じるとレバーの動きに影響を与える。

写真上のように芯が出ていないときは、ラッチ本体の芯穴にズレが見られる。また、下穴のズレにより、写真下のように台座が曲がって取りつけられた場合も芯は出にくい。

知っておきたいワザ&知恵

ラッチ本体は必ず交換すること

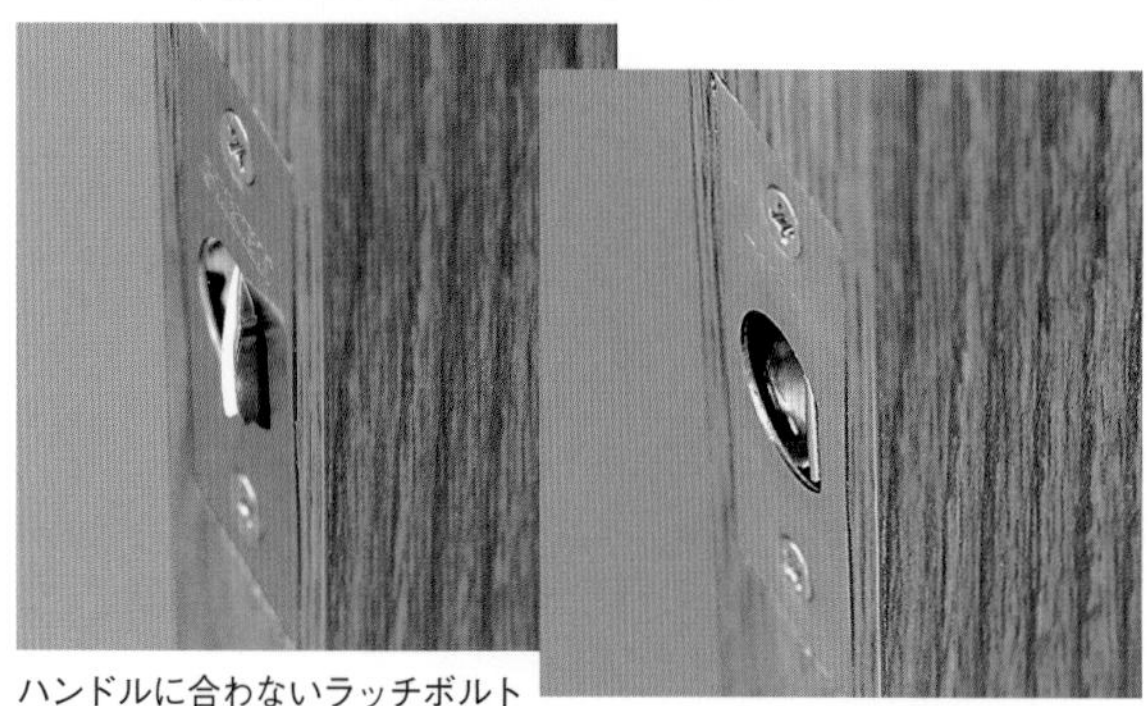

ハンドルに合わないラッチボルト

ハンドルに合ったラッチボルト

ドアノブからレバーハンドルに交換するときは必ず付属のラッチ本体に交換すること。ドアノブ（握り玉タイプ）とレバーハンドルではラッチ本体の回転角度が違うため、ドアノブのラッチ本体をそのまま使用することはできない。そのまま使用すると、レバーを下げてもラッチボルトがフロント板の中に入りきらなくなり、ドアの開閉に不具合が生じやすくなってしまう。そのほか、ラッチボルトの向きにも気をつけること。間違えると、ドアの開閉に不具合がでるので、取りはずす前に必ず確認しておきたい。

03 反対側のレバーも同様に確認

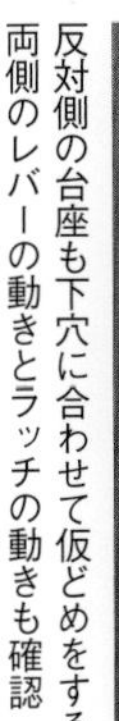

反対側の台座も下穴に合わせて仮どめをする。両側のレバーの動きとラッチの動きも確認

04 増し締めして完成

動きに異常がなければそのまま増し締めする。異常を感じたら台座をはずして90ページの手順01からやり直す

知っておきたいワザ&知恵

ゆるくなった小さなネジ穴を生き返らせる補修テクニック

ネジのもみ方やはずし方が荒いとネジ穴はすぐにダメになる。そこで登場するのが1本のつまようじ。どんなネジ穴も簡単に復活させてしまう裏ワザを紹介しよう

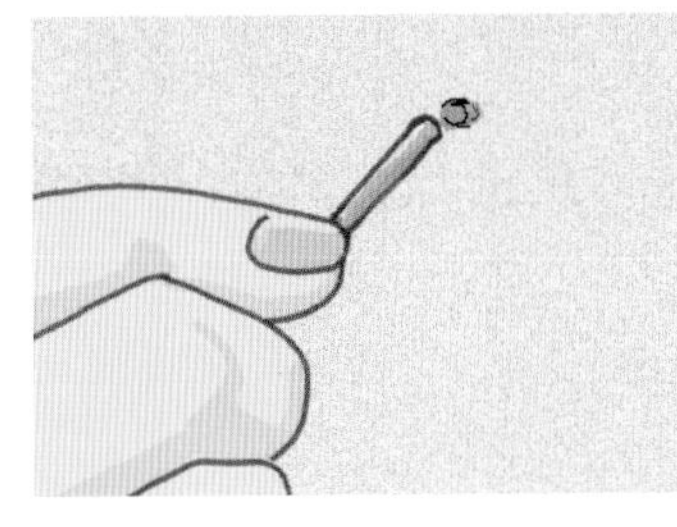

広がった穴につまようじを差し込む。奥まで十分に入れてから、ポキリとつまようじを折る。1本で穴がふさがらないときなどは、穴の広さに合わせて、ギュウギュウになるまでつまようじを何本も差し込むか、割りばしを差し込む

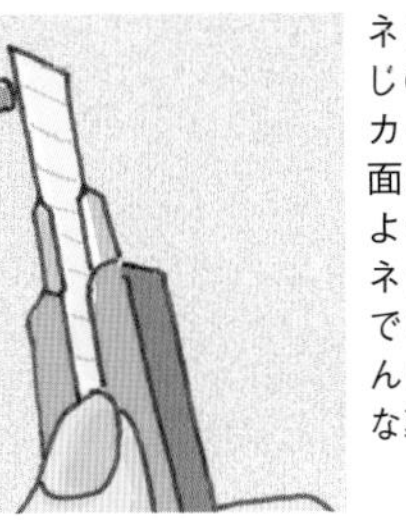

ネジ穴に入れたつまようじの突き出ている部分をカッターで切る。ドアの面に合わせて平らになるように削り取れば新しいネジ穴が完成。ドアだけでなく、木製品にならなんにでも応用が利く便利な裏ワザだ

知っておきたいワザ&知恵

円筒錠からレバーハンドルへの交換

チューブラ錠での交換と同じように、ラッチ本体を交換する。付属のネジ筒を用意し、表裏のハンドルの間に角芯と一緒に差し込んでネジを締める。ネジ筒は呼び込みになっており、ネジを締めると表裏の台座が互いに密着していく。すぐ増し締めせずに、途中でハンドルの動きを確認しながら固定していく

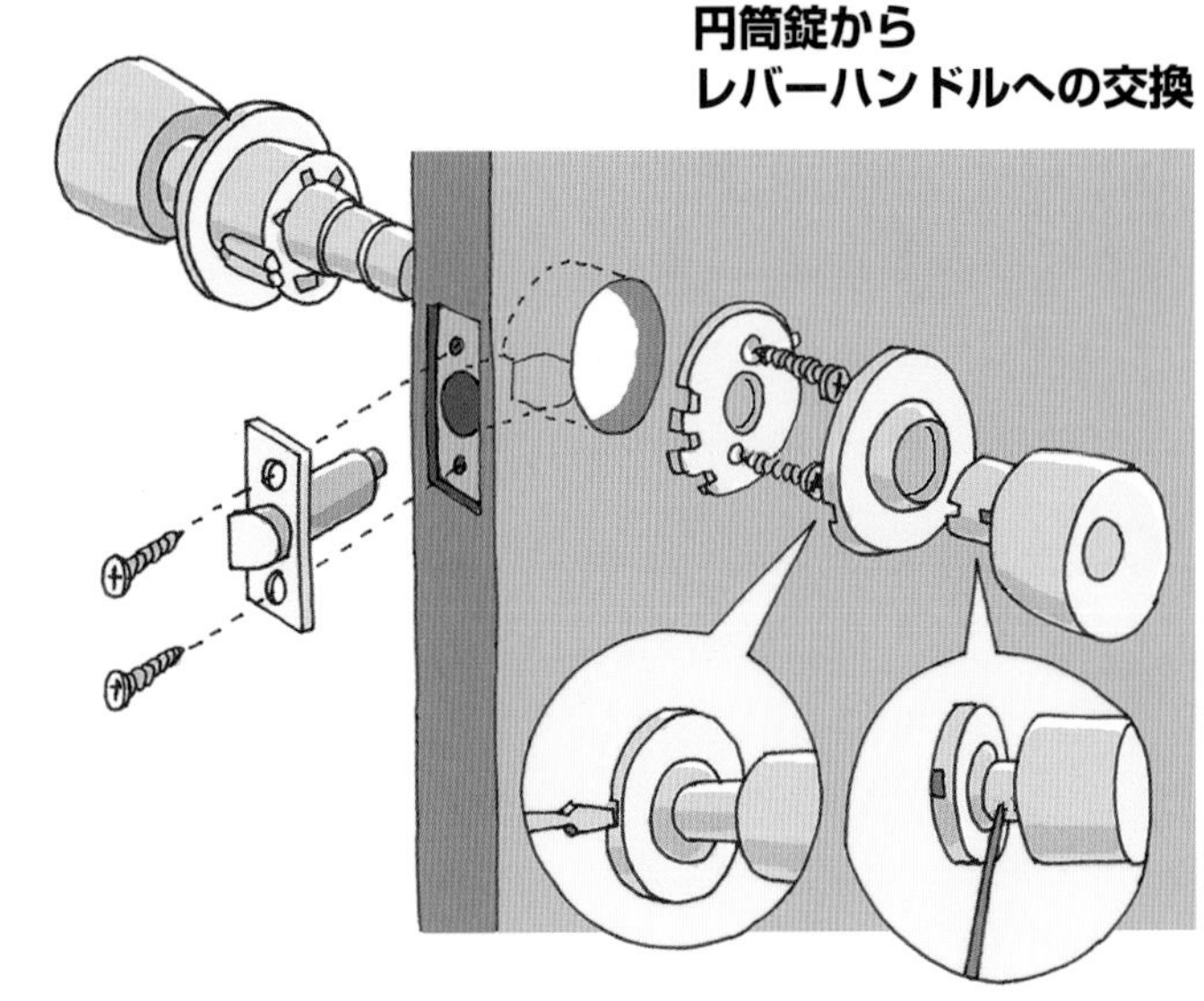

はずし方はドアノブのつけ根部分にある小さな穴にキリなどの細いものを差し込む。軽く押しつけ、バネのような手ごたえを感じる部分を探し、そこを強く押してノブを引き抜く。次に、台座をはずす。側面の切り込みにマイナスドライバーを差し込めばはずれる。そして、台座の裏金のネジを回し、表裏の裏金をはずす。最後にラッチ本体をはずす

リフォームテクニック
壁

壁を抜いて快適空間を手に入れる

部屋の仕切り壁を抜いて、広々とした空間を創出する

構造材になっていない壁の一部をくり抜いていく

狭い2部屋をつなげて大きなワンルームを作りたい、キッチンとリビングをつなげたい…、こんな願望をかなえるのが、仕切りの壁を取り払う大胆リフォームです。そんな大胆なことができるのかと不安になるかもしれませんが、間仕切りの壁が石こうボードや合板などでできている場合は、それほど難しい作業ではありません。

基本的な作業手順は、石こうボードなどでできた壁材の両面をカナヅチやバールで取りはずし、壁の下地になる間柱を撤去していきます。これで2つの部屋はつながり、快適で大きな空間が生まれます。

ただし、撤去できない耐力壁や、通し柱、管柱、スジカイといった、家を支える大切な構造材が含まれる壁があります。抜いてもいい壁なのか、どの部分までなら抜けるのかがわからないときは、専門家に必ず相談しましょう。

▼ 主な道具

カナヅチ
金切りノコギリ
引き回しノコ
バール
メジャー
養生シート

▼ DATA

コスト…………………… ¥

手間…………………… ●●●●●

技術…………………… ●●●●●

和室の壁をくり抜き、小部屋とつなげた

間柱の位置を探す

01 しっかり養生する

まずは撤去する壁の両側を養生

02 ブルーシートで床全体を養生する

壁をはずす作業は、思ったよりもホコリや木くずが飛散するので、床全体をブルーシートで養生しておこう

03 間柱の位置を推定する

間柱は455㎜間隔で配置されていることが多いので、寸法を測って見当をつけるのも有効

04 穴をあける

間柱がないと思われる位置に、ドリルで穴をあける。スイッチやコンセントの周辺は避ける

05 引き回しノコで慎重に切り開く

ドリル穴に引き回しノコを差し込み、壁（石こうボード）をカットする

06 間柱まで切り開く

横向きに切り進めると、間柱にあたったことが手応えでわかる

壁材をはずしていく

01 間柱の間を切り取る

間柱に沿って、石こうボードを切り取った

02 間柱の間隔を測る

間柱の間隔は通常の場合は、455㎜になっている

03 巾木を取りはずす

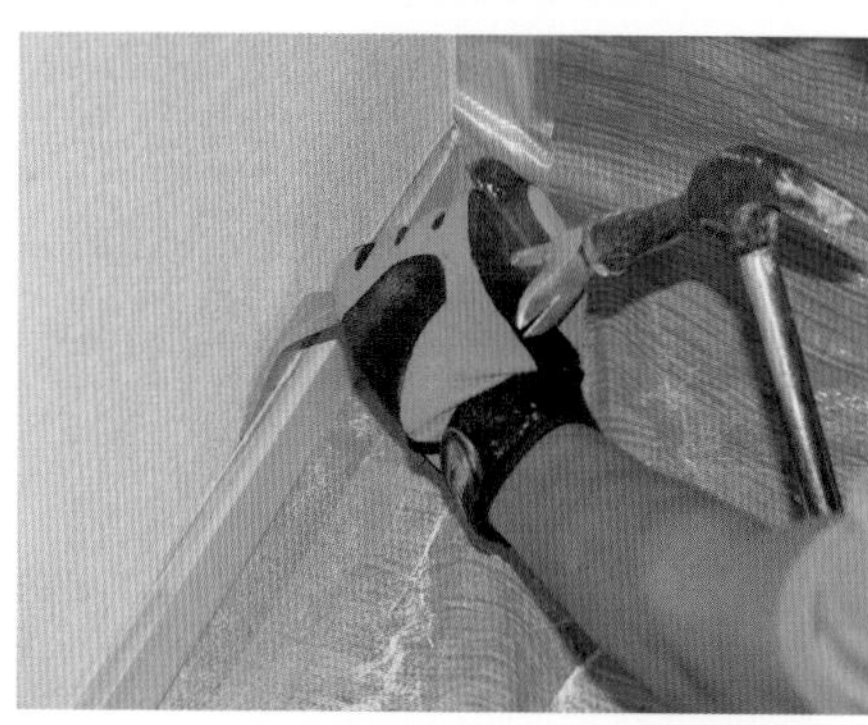

壁面の下端についている巾木にバールを差し込み、テコの原理で引きはがす

04 養生を残して取りはずす

巾木を取りはずした。クギが残っていたらていねいに抜いておく

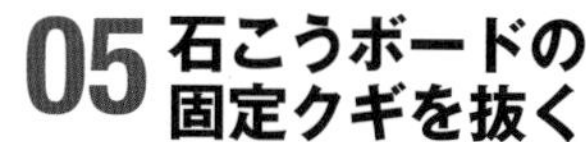

05 石こうボードの固定クギを抜く

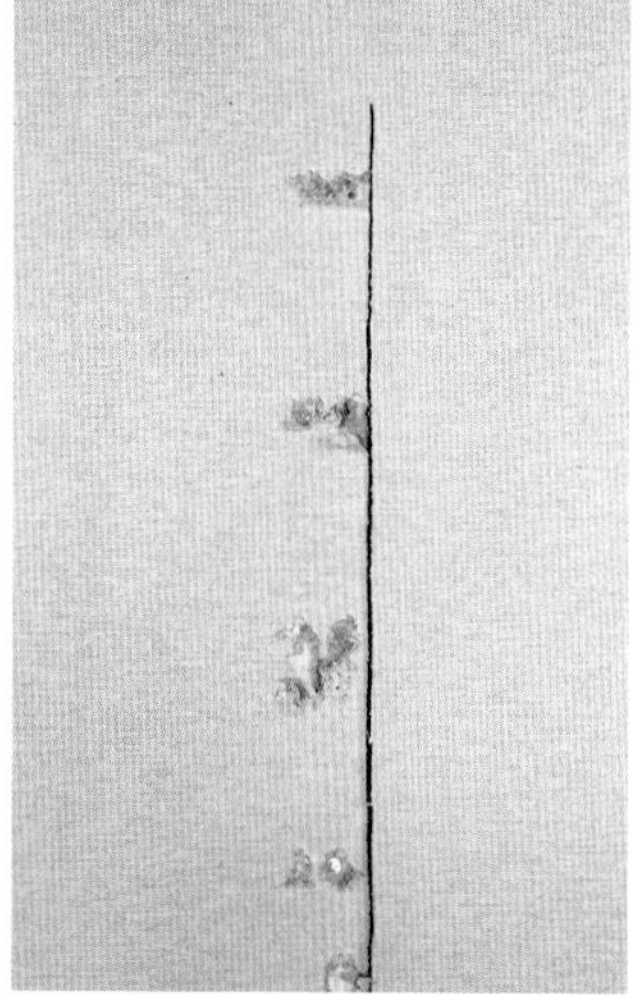

石こうボードをとめているクギの位置は、ビニールクロスに隠れてわからないが、ほぼ規則正しく打たれているので、作業を進めるうちに見当がつけられるようになる

06 壁が片面はずれる

片面の石こうボードの撤去が完了。配線の様子もわかった

07 反対側の壁に切り込みを入れる

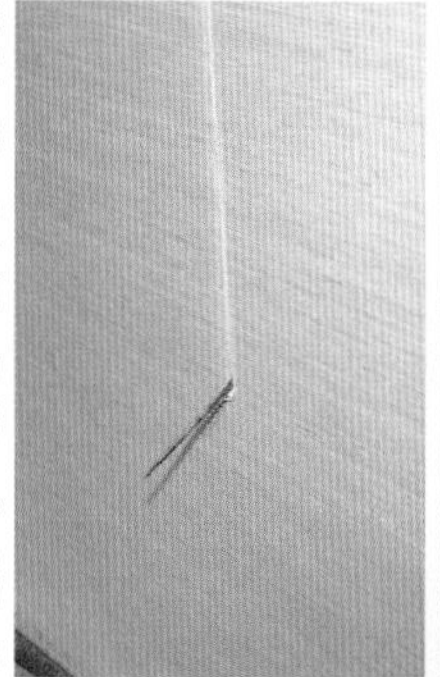

続いて残りの片面を撤去する。最初に、端に切り込みを入れておく

08 壁板を浮かす

裏側からカナヅチで叩き、クギ頭を押し出す

09 固定のクギを抜く

クギを抜いて、石こうボードを取りはずす

10 両面の壁がはずれる

もう片面の壁をはずす

11 壁が開通

壁の間柱だけが3本残った。これを取りはずせばひとつの部屋になる

12 不要な板をはずす

石こうボード下端の下地としてとめられていた板を取りはずす

13 間柱を抜き取る

間柱は、真ん中あたりでカットし、上下それぞれをクギから抜き取る

14 突起物を処理する

間柱をとめていたクギは、金切りノコギリやディスクグラインダーでカットする

知っておきたいワザ&知恵

構造材の撤去はタブー！

基本的に間柱と胴縁は壁の下地として組んでいる細い材のことで、壁を撤去するなら、一緒に撤去しても問題ない。ただし、通し柱や管柱、スジカイといった構造材を撤去するのは絶対にダメ。撤去したいものが耐力壁や構造材かどうか見極める自信がない場合は、大工さんや建築士などの専門家に相談したほうがいいだろう。

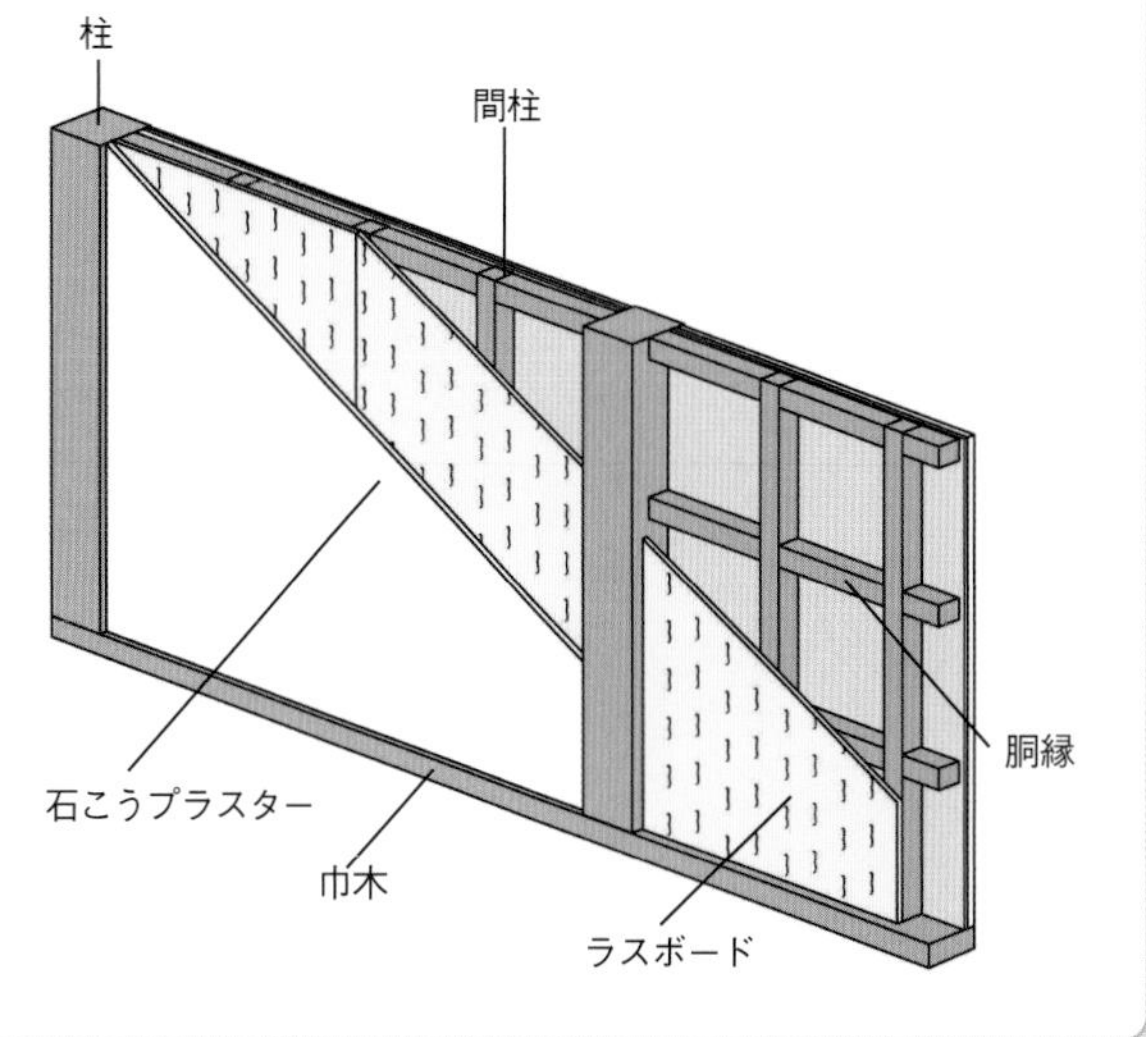

リフォームアイデア
reform idea

室内壁のカラーセレクト

壁を単に白く塗るだけじゃ味気ないもの。色の魅力をもっと知ろう。壁の塗装は、もっとも手軽でローコストなDIYリフォーム。せっかく塗るのなら、今度は白ではなく自分の好きな色で彩ってみませんか。

もっと自由に大胆に、壁の色を塗り替えてみよう

日本の住まいが今のようなスタイルになってから半世紀。まだまだ壁は白やアイボリーが多いのが現状ですが、欧米では住宅の外壁や室内壁にさまざまな色が塗られています。「壁の色＝白」といった既成概念にとらわれず、自由な発想で壁に色を塗ってみてはいかがでしょうか。

たとえば白い室内壁にクリームイエローを塗ったらあたたかみのある部屋に、ペールグリーンならさわやかな部屋になります。病院で壁の色を白から淡いピンク色にしたら、寝たきりだったお年寄りが元気になり、歩けるようになったという話を聞きました。色は人の心にも大きな影響を与えているのです。

色の持つ効果はそれぞれ違いますが（詳しくは左ページを見てください）、赤やオレンジなどの暖色系は交感神経を刺激するのであたたかみを感じたり活動的になったりし、青や紫の寒色系は交感神経を沈静化させるのでリラックスする効果があります。

また色のイメージは、赤や青などの色味だけでなく、明るさや鮮やかさが作るトーン（色調）にも左右されます。室内に塗る色は、自然界にあるナチュラルなトーンが適しています。たとえばショッキングピンクを壁全体に塗ると快適に感じない人もいるかもしれませんが、淡いベビーピンクであれば違和感はありません。

色の持つ効果やトーンも考えながら、自分がどんな色の部屋に住みたいのかイメージしてみましょう。明るい空色の壁ならクールでフレッシュな部屋に、モスグリーンなら安らぎを感じられ、黄色にすればポップで明るい環境に、ダークレッドなら高級感漂う部屋になります。

実際に色を選ぶときはトーンを一段階抑えた色に

小さい面積を見て選んだ色は、部屋全体になると印象が変わり、強く感じるものです。実際に部屋の色を選ぶときは一段階トーンを落とした色を選ぶことがコツです。

左のカラーチャートは色のパターンを示したもの。同じ色味でも中心ほど濃く、外側が淡くなっています。たとえば壁を淡い色で塗って、窓枠に同系の濃い色を塗るときに役立ちます。チャートが隣り合う色同士は相性がよいので、手持ちの家具とのコーディネートを考えて色を選ぶ方法もあります。

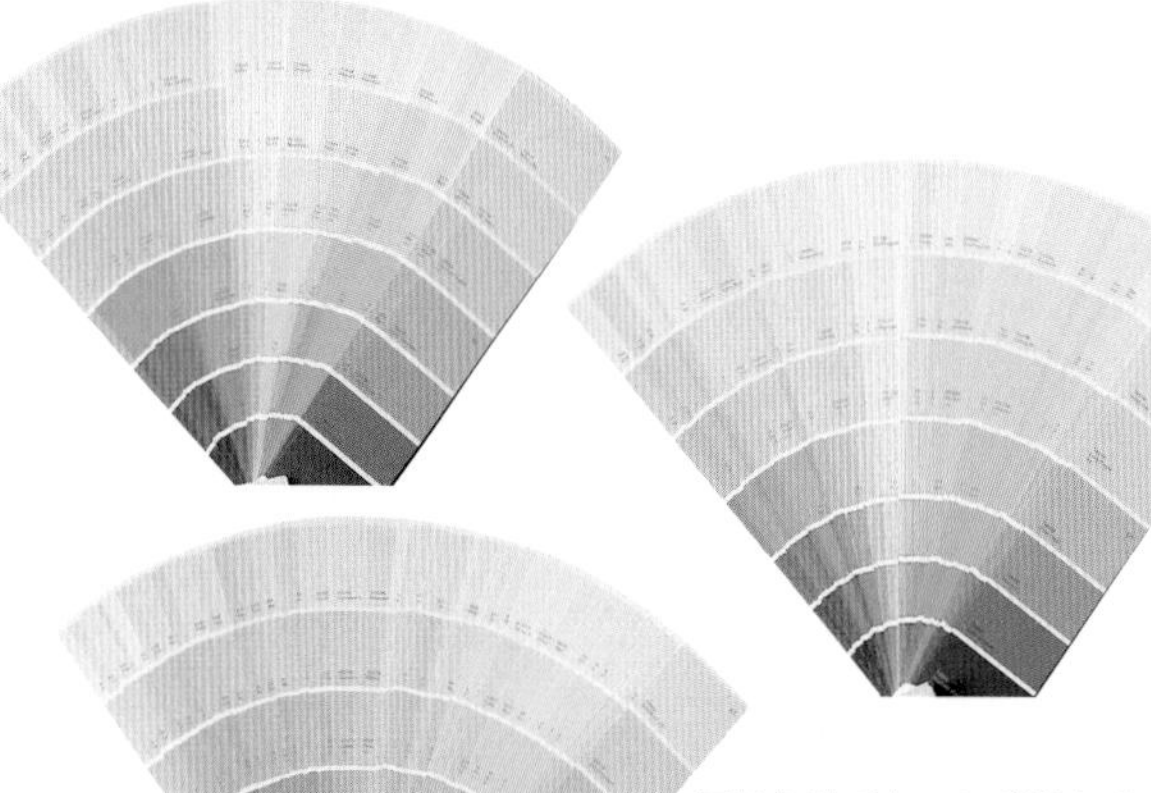

同じ色味でトーンが異なるカラーチャート。左上が強いトーン、右上が中間、下が弱いトーン。同じ色でもトーンが違うと印象が一変

青

空や海、あるいは冷静さや落ち着きを感じさせる青は、部屋に広がりをもたせ、静かでリラックスした雰囲気を醸し出す。交感神経の働きを沈静化させて高ぶった気持ちを静める作用がある。また睡眠を促進する効果もあるストレス緩和に効果的な色

Impression

空気・海・空・静けさ・気品・平和・尊さ・冷静・クール・信頼・さわやか

紫

情熱の赤と冷静の青が混ざってできた紫は、神秘性や高貴、幻想的など、不思議なイメージを持った色。赤ほど刺激は強くなく、青に近づくほど落ち着いた色になる。部屋に塗ると高貴で幻想的な雰囲気になります

Impression

宇宙・高貴・優雅・ロマンス・神秘・魅力・神聖・幻想的・インスピレーション

赤

赤はアドレナリンの分泌をうながし、あたたかみを感じさせる色。それ自体強い刺激を持った色なので、カラーチャートの中心側のようなビビッドな色を壁全面に塗るのは難しいが、アクセントカラーとして取り入れると効果的。淡いピンク色や、トーンを抑えた暗い色なら壁面の塗装にも合う

Impression

愛・情熱・力・パワー・バイタリティ・スピード・革命

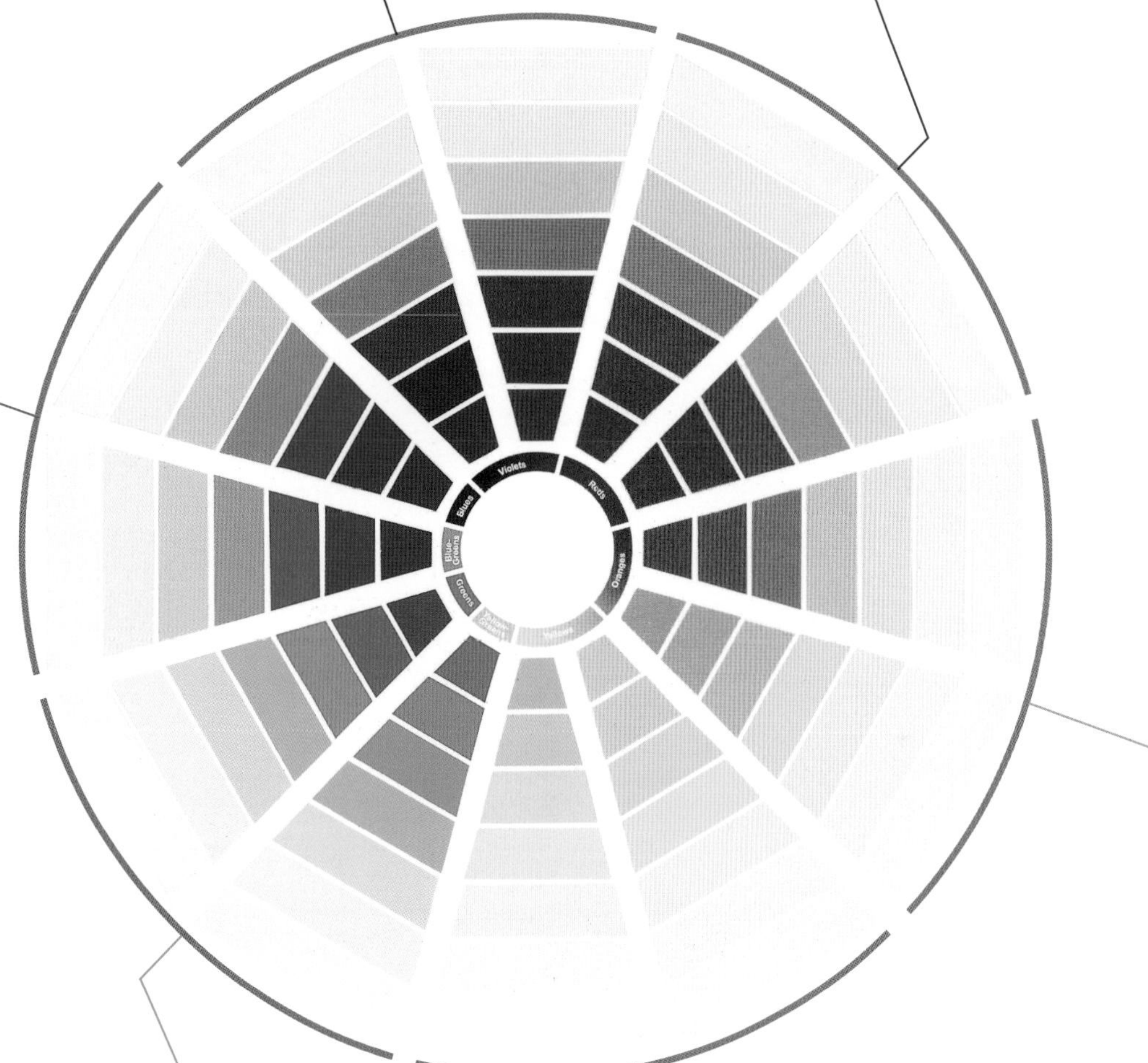

緑

緑はくつろぎを感じさせ、リラックスさせてくれる色。心地よく疲れをいやすヒーリング作用があるのでベッドルームなどに最適。暑いときは涼しく、寒いときはあたたかく感じる色なので、四季を通じて快適。インテリアの色とも調和しやすい

Impression

森・高原・自然・成長・希望・成功・平和・静寂・調和・安全・忠誠

黄

明るさや、みなぎるエネルギーを感じさせる黄色は、周囲を幸せな雰囲気にしてくれるので、明るい環境作りにぴったり。リビングルームやダイニングルームのアクセントカラーとして、ほかの色やトーンの違う黄色と組み合わせて使うと効果的

Impression

光・明るさ・活動的・エネルギッシュ・明朗・楽観的・愉快・軽快

橙

オレンジは家庭的なあたたかみと元気さ、穏やかさをイメージさせるので、生活に取り入れやすい色。食欲を刺激するので、キッチンやダイニングに使うと効果的。淡いオレンジは家の中のどこにでも似合う汎用性の高い色

Impression

活発・陽気・元気・冒険・想像・膨張・興奮・開放的・温かい

資料提供：カラーワークス

リフォーム
アイデア
reform idea

装飾材で部屋にアクセントをつける

長年の念願がかなって壁紙を張り替えて見違えるようになったが、すっきりしすぎてどこかもの足りない。そんな印象の部屋に、装飾材としてラインナップ。豊富なボーダーやモール材を張れば、それがアクセントとなってワンランクグレードアップすること間違いなしです。

ボーダー

ボーダーを張る場所の例

●床や天井の境

●壁の腰まわり

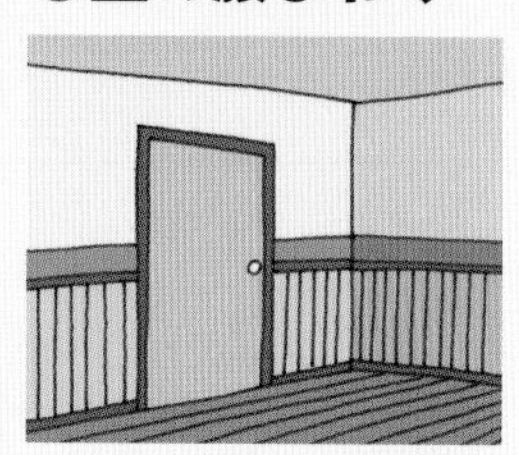

●キッチンまわり

●ドアや窓の周囲

壁紙の上に直接張って簡単リフォーム

ボーダーとは、壁の腰まわりや天井まわりに張る帯状の壁紙のこと。幅は約5～30cm、ビニール製が一般的です。柄はプレーン、木目、石目、植物、幾何学模様からキャラクターがプリントされたものまで多種多様です。多くはロール状で売られ、ボーダートリムやトリムと呼ばれている場合もあります。

接着方法は、のりなしや再湿といったタイプがありますが、簡単施工には、裏紙をはがすだけで直接壁紙の上に張れる粘着シートタイプがおすすめです。

専門店のショールームに行けば、輸入品も豊富にそろっていますから、壁紙とのコーディネートによって好みで選ぶことができます。どこにどのように張ったらいいかは、イラストを参考にして、部屋のリフォームに役立てましょう。

ボーダーの張り方

01 張る高さに印をつける

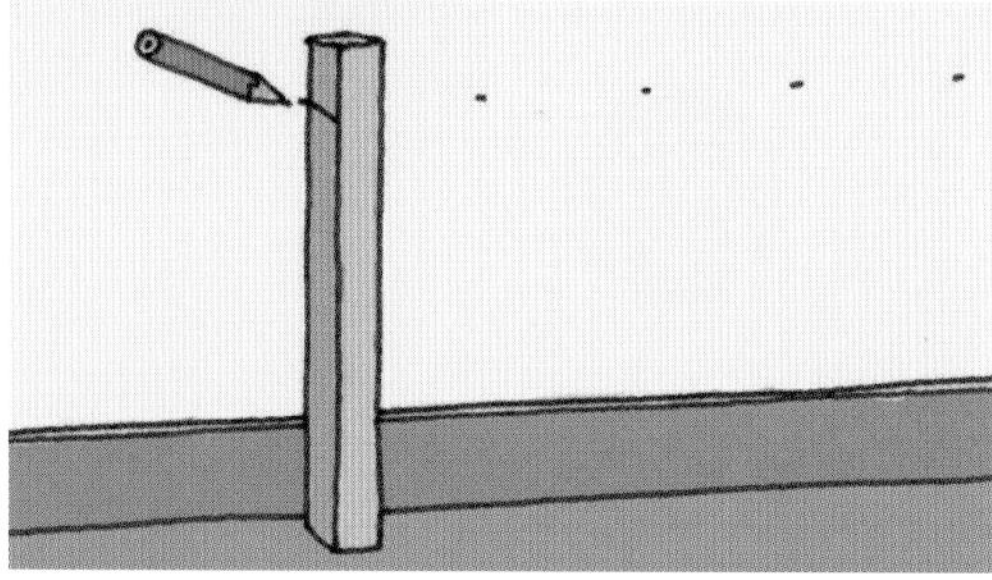

張る部分の汚れをよく拭き取る。腰まわりに張る場合、床からの高さをマークした固い棒を壁にあて、鉛筆や養生テープで壁面に印をつけていくほうがメジャーを使うよりも確実。印はたくさんつけて、間隔が短い（50㎝以内）ほうが張り進めやすい

02 コーナーから張り始める

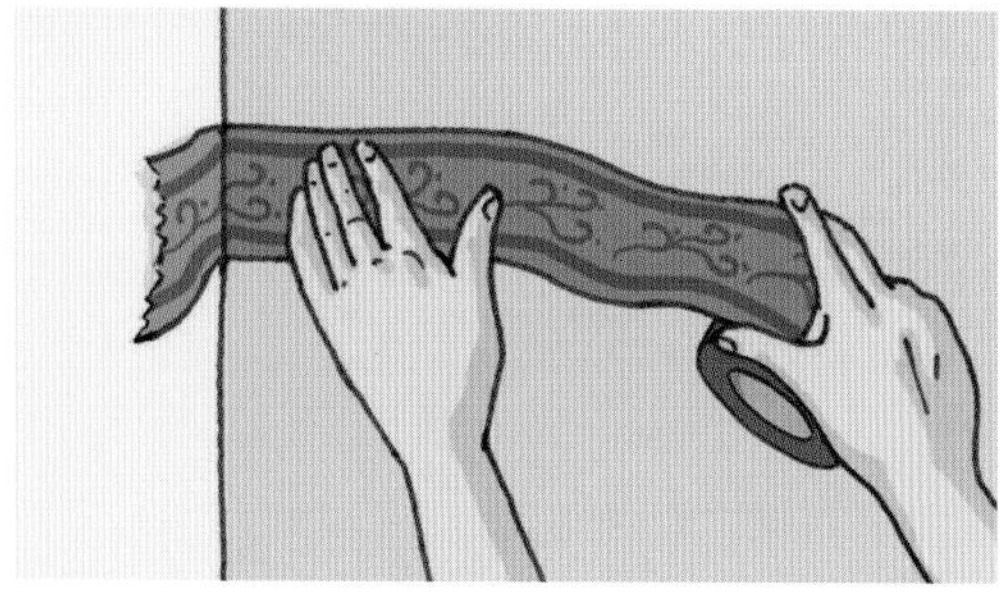

ボーダーの切り端を少し余らせ、コーナーから張り始める。裏紙をはがし、撫でバケか固く絞ったタオルでシワを伸ばしながら、印に沿って少しずつ張っていく。鉛筆の印はギリギリ隠すようにすると、あとで消す手間が省ける

03 継げるときは重ね切り

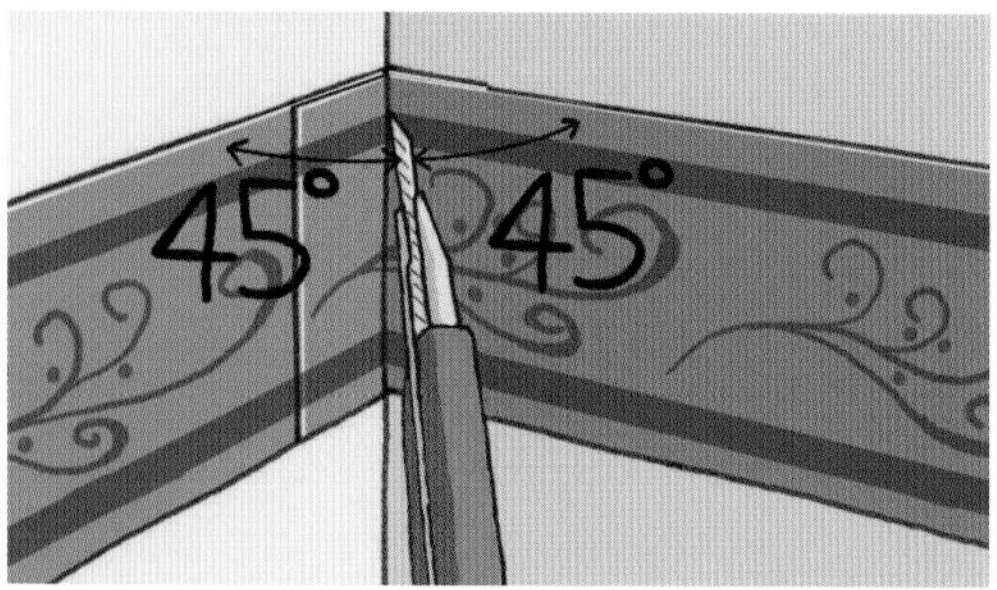

継ぎ合わせるときは、合わせ目（継ぎ目）はコーナーに持ってくるようにする。必ず柄が合うようにして２枚を重ね合わせ、カッターの刃は左右どちらかに倒れないように均等にあてて切るようにするとすき間があかない

モール材

回り縁や巾木など種類は豊富

モール材とは、壁の装飾や壁紙の切り端をカバーするために、接着剤やかくしクギで壁に張る部材の総称のこと。天井と壁の角に取りつける「回り縁」や、壁と床との境目を覆う「巾木」はよく使われていますが、そのほかドア枠や窓枠に張られる額縁など、さまざまな種類があります。

材質の多くは木材ですが、ゴム、タイル、コルク、発泡プラスチック、天然石などもあります。塗装されていない木材は、ニスやステイン、ペンキで好きな色に塗ることができます。壁紙や、床の色や材質に合わせてモール材を選べば、壁紙だけの部屋だったときとは見違えるほどに雰囲気は変わるでしょう。

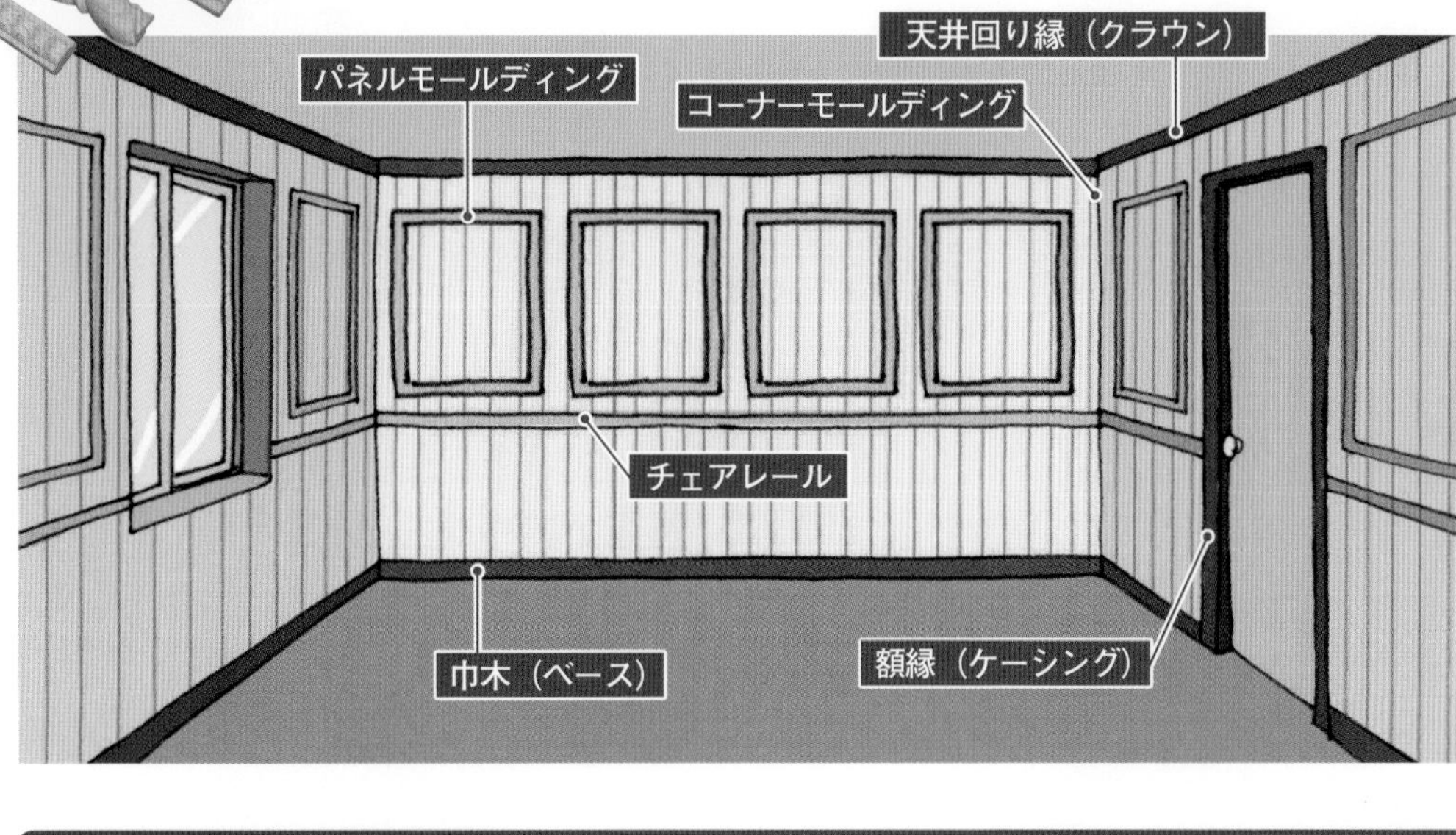

モール材の取りつけ方

チェアレール

01 ノコギリで切りそろえる

あらかじめ張る順番を決めて、つなぎ合わせたときに模様がつながるようにノコギリで垂直に切りそろえておく。窓枠、天井、床など水平・垂直に張る手がかりがあれば、それに沿って張れば曲がる心配はない

02 壁に印をつける

腰まわりに張る場合、水平に張る手がかりがないので壁に印をつける（ボーダーの張り方P98を参照）。モール材はたわんでくることが多いので、印の間隔はできるだけ短くしたほうが真っすぐに張りやすい

03 印に沿って壁に張る

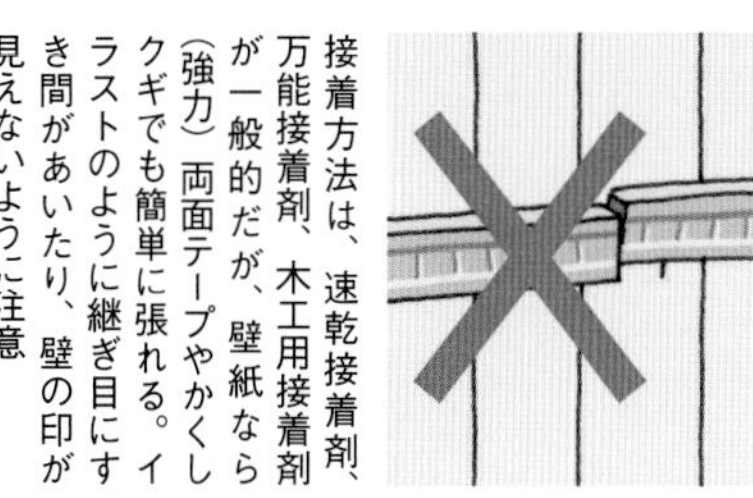

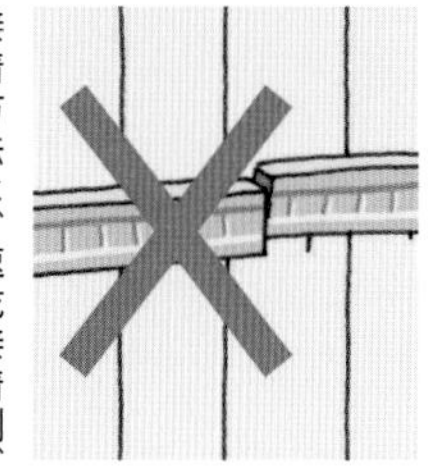

接着方法は、速乾接着剤、万能接着剤、木工用接着剤が一般的だが、壁紙なら（強力）両面テープやかくしクギでも簡単に張れる。イラストのように継ぎ目にすき間があいたり、壁の印が見えないように注意

巾木

01 巾木の裏に接着剤を塗る

ビニールやゴムの巾木は専用の巾木のり、木の巾木には木工用接着剤を用意して、巾木の裏に切れ目なく塗る。壁にあてたとき、のりがはみ出さないように、上下ギリギリまでは塗らないようにする

02 下辺部をあてて接着

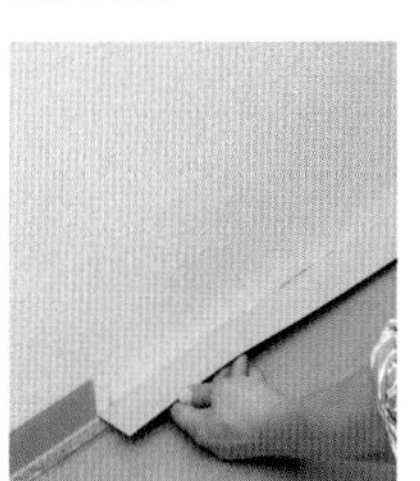

のりづけした裏面を上にして巾木を寝かせて持つ。巾木の下の端を壁と床の境にあててから全体を起こすようにして壁に押しつける。隣の巾木と継げて張る場合には、すき間があかないように注意する

03 全体を圧着する

乾いた布で全体を撫でて、強く壁に圧着する。はみ出た接着剤は拭き取る。柱などのコーナーの場合は、2枚の巾木の裏側をすき間なくガムテープで継ぎ、継ぎ目がちょうど角にくるようにして速乾接着剤で張る

リフォームアイデア
reform idea

壁収納の便利アイテム

壁面を上手にいかせると、おしゃれ度や実用度がぐっと上がります。しかし壁に直接加工をするのにはなかなか踏み切れない。そんな悩みを解決る便利で楽しいアイテムや小物があります。

簡単設置で撤去も簡単しかも安価！

ディアウォール

これは市販の2×4材の上下にかぶせて立てるだけで、壁や床、天井をキズつけずに柱を作れるアイテム。天井側にスプリングが内蔵されたディアウォールをかぶせ、2×4材を上に押しつけながら、ディアウォールの床側をずらすだけで設置できます。柱を2本立てて棚を取りつけるときは、別売りの専用棚受けを使うと便利。不要になったら簡単に取りはずせるのもいいし、安価なのもうれしいアイテムです。

ディアウォール＆
高さ調節用スペーサー
940円●若井産業

専用棚受け
494円
●若井産業

ディアウォール使用例

天井の高さより45㎜短い2×4材を1本用意してディアウォールを使えば、あっという間にコートハンガーができる

ディアウォールで柱を2本立ててその間に別売りの専用棚受けを使い、棚板を載せれば簡単に飾り棚ができる。耐荷重は5kg

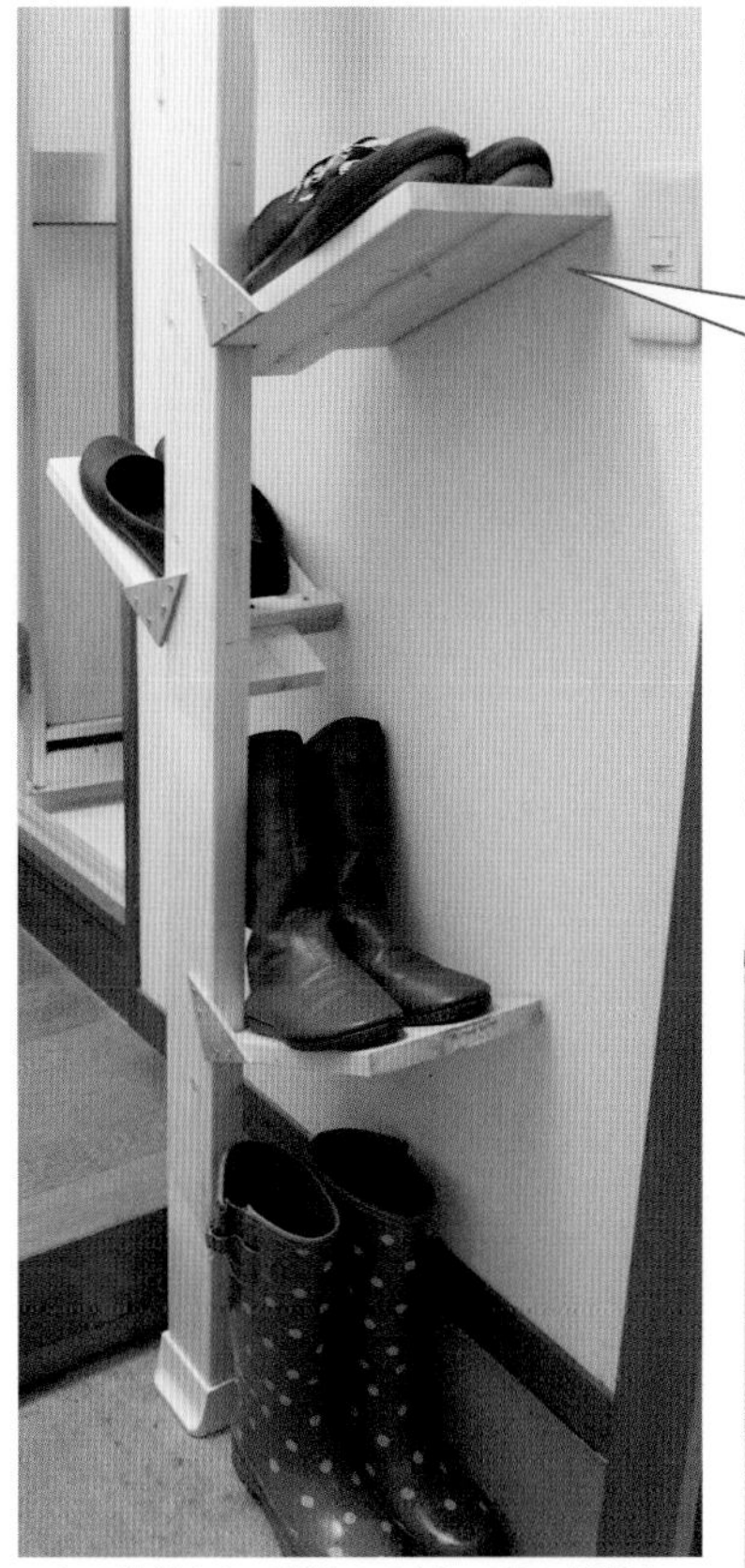

これは靴棚として製作した例。3枚の棚板をつけた2×4材をディアウォールを使って立てた

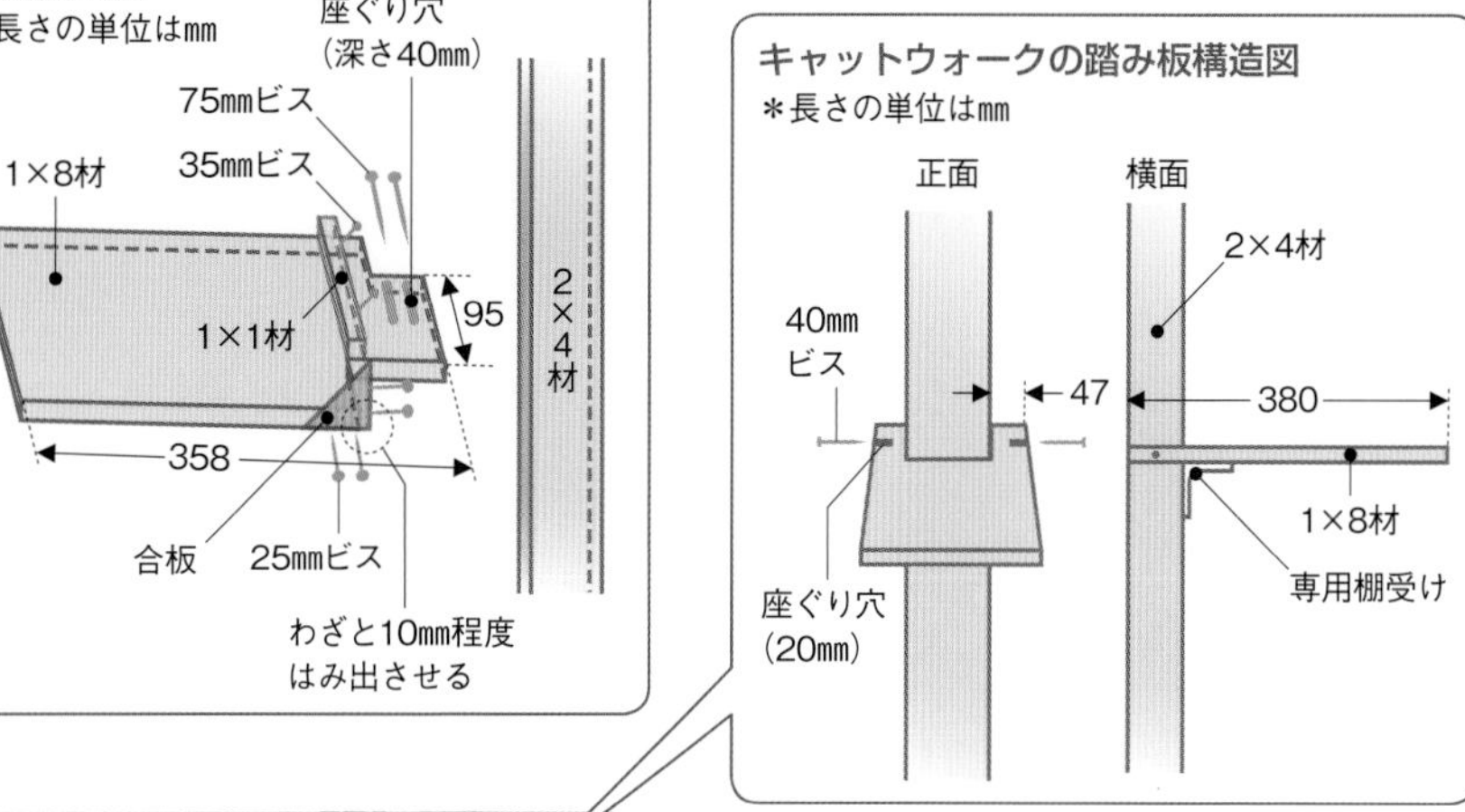

適当な距離を置いた2本の柱に専用棚受けを使ってアトランダムに棚板をつけただけ。飾り棚に使えそうだが、写真は子猫用のキャットウォークとして製作した例。柱に麻ヒモを巻いてネコがよじ登れるようにしてもいいかもしれない

これは子供部屋を仕切る壁にした例。ディアウォールで柱を立て、横桟、樹脂ガラス、合板を使って完成させた部屋の仕切り。部屋にキズがつかないのが大きなメリット

豊富なフック類が魅力
通販でみつけた便利な海外ものアイテム

個性的な部屋や、実用度の高い遊びの部屋を作るときに、探してみたいのが海外の商品を扱っているウェブサイト。海の向こうのインテリア達人や遊びの達人たちが使っているインテリアアイテムの中に、気に入ったものが見つかるかもしれません。

写真のアイテムは、ベースとなるボードを壁に張りつけて使用するもの。ボードは木の壁、コンクリートの壁、一般住宅の壁に張りつけ可能。各種フックやバスケットが用意されている壁収納アイテムです。

参考商品例
ACE JAPAN SHOP
(エースジャパンショップ)
https://www.diyna.com/acehardware/

見ても楽しい各種専用フック類

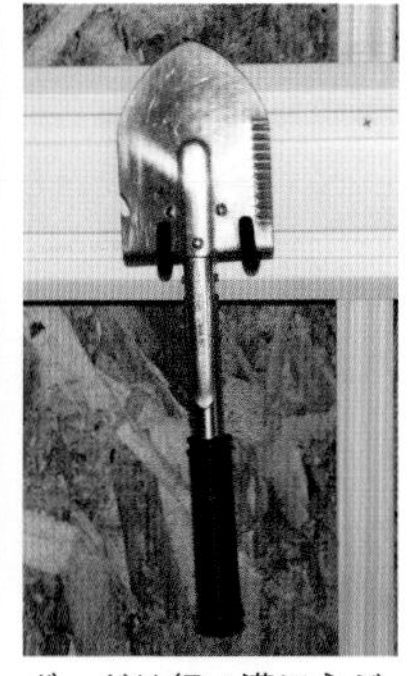

ボードは細い溝にネジで壁に打ちとめる

壁に棚を固定する方法

内装の壁に、ある程度重量のある棚を固定するには、壁材や壁下地を支える柱や間柱を探して、固定するのが安全。どうしても中空部分に固定する場合は、アンカー類を利用します。

01 道具を利用して間柱を見つける

一般的な木造住宅なら、壁の裏には一定の間隔で間柱が立っています。その間柱にネジを打って固定するのが、強度的にはもっとも安心です。間柱の位置を調べるには専用器具を使うと便利です。

下地センサー

壁面に押しあて、ボタンを押しながら横にずらしていくと、間柱の位置でランプが点灯する

下地探し

先端に針と目盛りがついていて、針を壁面に刺し、その刺さり具合で間柱の位置と、壁から間柱の距離がわかる

02 間柱のない中空壁にはネジが打てるアンカーを詰める

棚を固定したい位置の壁裏に間柱がないときは、左の写真のような強化材やアンカーを利用することで、中空壁でも自由にネジを打つことができます。これらはすべてホームセンターで入手することができますが、アンカーの許容荷重に注意して購入しましょう。

固定力には限界があることを認識して使用しましょう。

石こうボード用アンカー（20本入り）

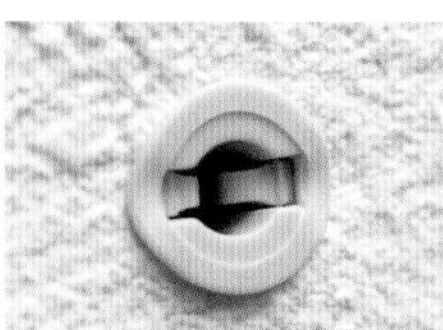

ドリルで6㎜の穴をあけ、トリプルグリップを押し込む

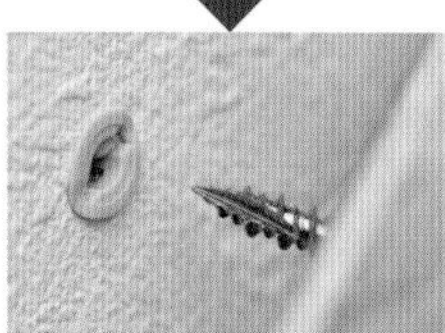

あらかじめ取りつけるものにネジを打ち、ネジの先端を出した状態で、トリプルグリップの位置に合わせて固定する

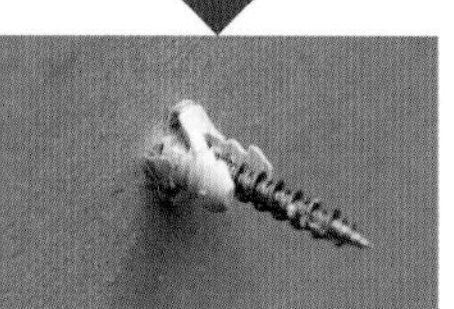

ネジを打つと壁の裏側でトリプルグリップが広がり、ガッチリと壁に固定される

石こうボード用アンカー（8カ所用）

壁面にドリルで7～8㎜の穴をあけ、専用液を綿棒で塗り込む

アンカーをドライバーでねじ込む

あらかじめ取りつけるものにネジを打ち、ネジの先端を出した状態で、アンカーの位置に合わせて固定する

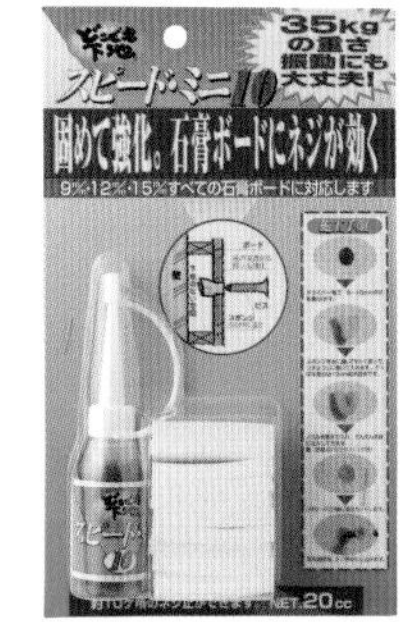

石こうボードにネジが効く下地強化剤

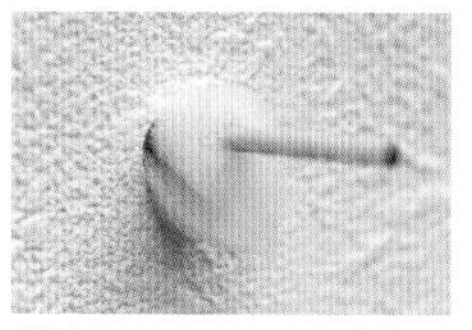

ドリルで8～10㎜の穴をあけ、水を含ませた付属のスポンジをつまようじに巻いて押し込む

スポンジを10㎜くらい表面に出した状態で、専用液を奥までたっぷり注入する

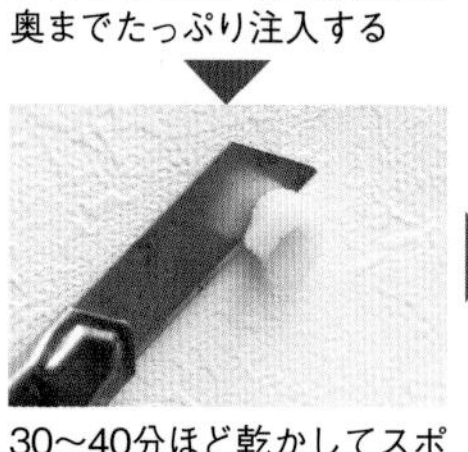
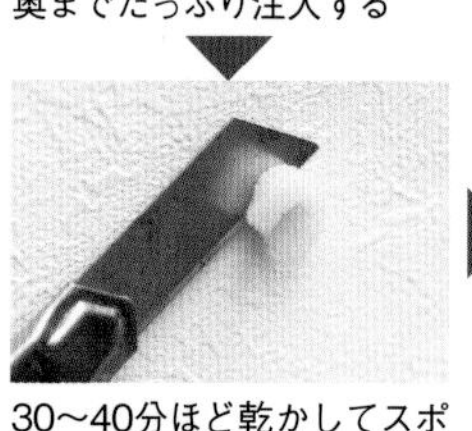

30～40分ほど乾かしてスポンジが硬化してから、はみ出している部分をカットする

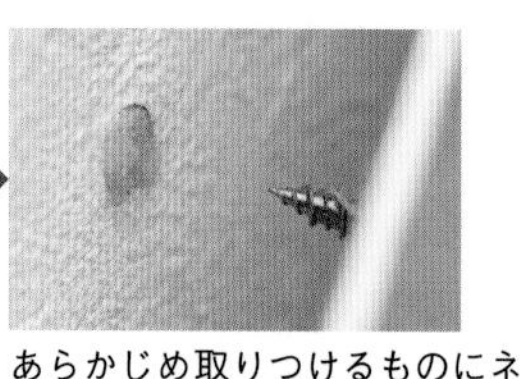

あらかじめ取りつけるものにネジを打ち、ネジの先端を出した状態で、スポンジの位置に合わせて固定する

03 壁の垂直や水平を見極めて棚を取りつける位置に墨つけする

棚設置の準備ができたら、垂直や水平を確認しながら、棚を固定する位置を決めていきます。すべての基準となるこの墨つけはとても重要。この線が傾けばすべてが傾いてしまうからです。

垂直・水平は、水平器を使えば簡単に測定することができます。水平器には気泡管という、着色された水と気泡が密閉されたガラス管が取りつけられていて、写真のように、この気泡の位置を見ることで、簡単に正確な水平、垂直を確認することができます。

水平器の本体を直定規として利用すれば、壁面への正確な線引きも可能です。

また、水平器がなくても、糸と重りを使った簡単な道具で重力を利用して、垂直を測定することもできます。サシガネなどの直角定規があれば、水平の線を引くことができます。

水平器は長さ300㎜から600㎜程度の腕（本体）と水平と垂直が測定できる気泡管がついた測定器

水平用の気泡管。左右の線の真ん中に気泡があれば水平状態

垂直用の気泡管

糸と重り（5円玉など）があれば垂直を測定することができる下げ振りと呼ばれる道具。写真では見やすいように糸を太くしているが、糸は細ければ細いほど正確な測定ができる

下げ振りで出た垂直線にサシガネなど直角定規をあてれば、水平線を引くこともできる

水平器で垂直を決めれば、水平器の腕を定規にして壁に墨線を引くことができる

水平用の気泡管で測定すれば、壁の水平線を測定したり、墨つけをすることもできる

04 棚や作品を壁に打ちつける

棚を固定する位置に墨つけしたら、間柱がある場合は、棚を壁にあてて、そのままネジを打ち込んでいけばいいです。

間柱のない場所に固定する場合は、まず、アンカーを押し込む位置を決めます。

棚を壁にあてた状態で、ネジを慎重に打ち進め、ネジの先端が壁面にあたったところでやめます。

棚をはずすと、壁面にネジの跡がついています。そこがアンカーを押し込む場所となります。右ページで紹介した方法で、壁にアンカーを押し込みます。

あとは、ネジの先端を少しだけ出して、アンカーの位置を確認しながら打ち込んで、棚をしっかり固定すれば完了です。

作品や棚に合わせて正確な位置にアンカーを打っておけば、中空壁でも棚や作品を取りつけることができる

Column

DIYに便利な道具①

ペンキ、塗り壁、下地調整の道具

ＤＩＹでリフォームをする場合、材料のほかにも道具が必要になってきます。ここではペンキや塗り壁、下地調整などで使用する代表的な道具を紹介します。すでに持っている道具と照らし合わせながら、買い足すものを確認しましょう。

ペンキを塗る

塗る面に合わせてハケを選びましょう。手の届かない所を塗るときは、ハケ用の継ぎ柄や脚立が必要です。

ローラーバケ

広い面を塗るのに最適。柄は着脱式。ハケの直径は細いものが塗りやすい。参考価格1,000円

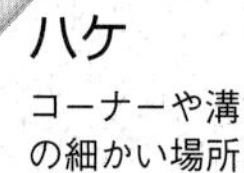

ハケ

コーナーや溝などの細かい場所にはハケを使う。水性用と油性用がある。参考価格300円～

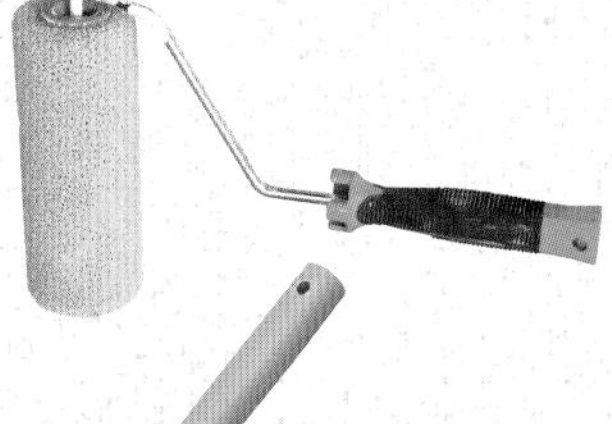

コテバケ

平滑な面を塗るときに使用。取りはずしてハケを交換できるものが便利。参考価格700円

ペイントトレイ

ローラーバケやコテバケとセットで使用。塗料の付着量を調整する。参考価格600円

塗り壁材を塗る

コテを使わずハケやスポンジで塗る方法もあります。材料を大量に練る際はかくはん機があると便利です。

キリ吹き

仕上げ前に塗り壁材が乾かないように、水を入れてスプレーする

タッカー

壁紙の上に珪藻土を塗る場合などに使用。参考価格1,500円～4,000円

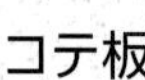

コテ板

練った塗り壁材を載せる板。木製とプラスチック製がある。参考価格2,000円

バケツ

塗り壁材に水を加えて練るときに使用

コテ

塗り壁材を塗り広げるのに使用。珪藻土には写真の剣先ゴテがおすすめ。参考価格2,000円

下地調整・養生

ペンキや塗り壁材を塗る前の下地調整、塗り分けや付着防止の養生用品は、必要に応じてそろえましょう。

マスキングテープ

塗料や塗り壁材が付着すると困る場所に張る。色の塗り分けにも便利。参考価格100円～

サンドペーパー

木材など塗料がのりにくい面の下地処理に使用。参考価格1枚100円

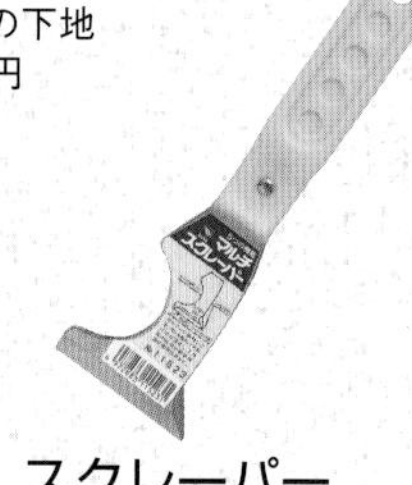

マスカー

マスキングテープと養生シートが一体化。窓やドアなどの広い面をマスキングするのに便利。参考価格400円

カッター

塗料や塗り壁材の下地処理に。壁紙をはがしたり修正したり、なにかと便利

スクレーパー

塗料のはがれ、シール、古い塗り壁材などを落とすときに使用。参考価格500円

PART 4

壁＆建具のメンテナンス

建具や壁を長年にわたって良好な状態に保ち、気持ちのよい暮らしを維持するためには、日頃からのメンテナンスや補修が欠かせません。ここではふすまや障子、壁紙や塗り壁など、代表的なケースをあげ、具体的な対処法を紹介しています。

ふすまの簡単メンテナンス

ふすまのメンテナンス **1**

ふすま紙を全面張り替える

本ぶすまの張り替えは、横枠（左右の枠）を取りはずすことから始めて、引き手を取りつけて完了します。とくに大きなふすまは、ふたりで行なうと作業がしやすいでしょう。

01 横枠を取りはずす

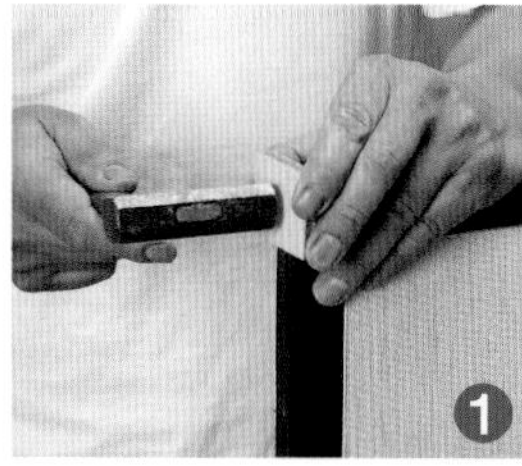

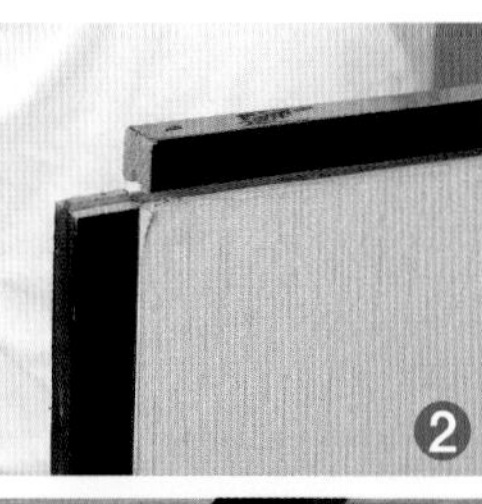

❶ふすまを横向きに置く。横枠の天側に当て木をしてカナヅチで軽く打つ。❷横枠を地側にずらしていく。❸ある程度ずれたら、手で引き抜く。❹上下を入れ替えて、もう片方の横枠も同じ要領ではずす。❺このとき、折れ合いクギが畳や床をキズつけないように、両端を厚めの板に載せて作業する。はずした横枠は、左右どちらのものであるか鉛筆で印をつけておく

02 天枠と地枠を取りはずす

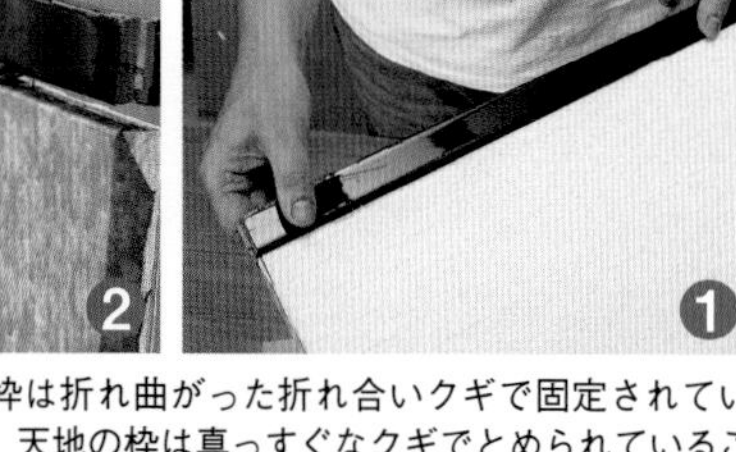

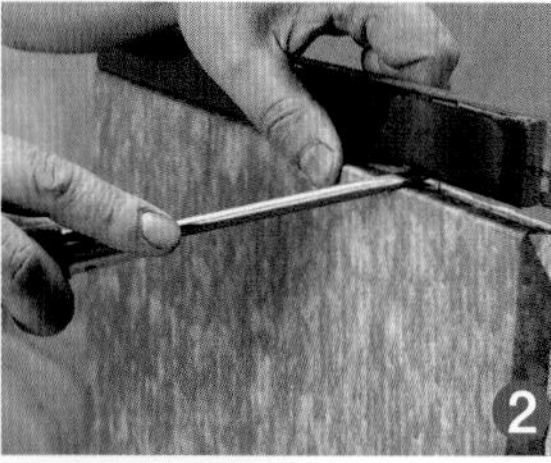

❸指先でゆらしても枠が動かないときは、クギのある場所をカナヅチで軽くたたいて刺激を与えるとよい

❶横枠は折れ曲がった折れ合いクギで固定されているが、天地の枠は真っすぐなクギでとめられていることが多い。両手指先で枠をつまみ、引っぱり上げるようにして枠を少しゆらしてみる。❷枠が少し浮いてきたら、ふすまの表面を傷めないようにするため、必ずふすまの裏面からマイナスドライバーを差し込んで少しずつ浮かせ、最後に手で引き抜く

❹❺天枠、地枠をはずしたら、クギの先端をカナヅチで軽く叩いて、枠からほんの少し出るように戻しておく

03 引き手を取りはずす

❶引き手は、上のほうが目立ちにくいので、まず上のクギから抜く。❷クギの頭の下にマイナスドライバーを差し込んでカナヅチで軽く叩き、クギの頭を少し浮かす。❸2本のドライバーで、クギの頭の下を両方から挟むようにしてクギを引き抜く。❹❺クギを抜いた引き手の上をマイナスドライバーで少し起こし、引き手全体を手で引っぱれば下のクギも抜ける。ただ、引き手は壊れやすく、キズつきやすいので取り扱いには十分に注意する。壊れたら、新しいものに交換する

04 張る面をきれいに拭いて新しいふすま紙を荒切りする

▼ 主な道具

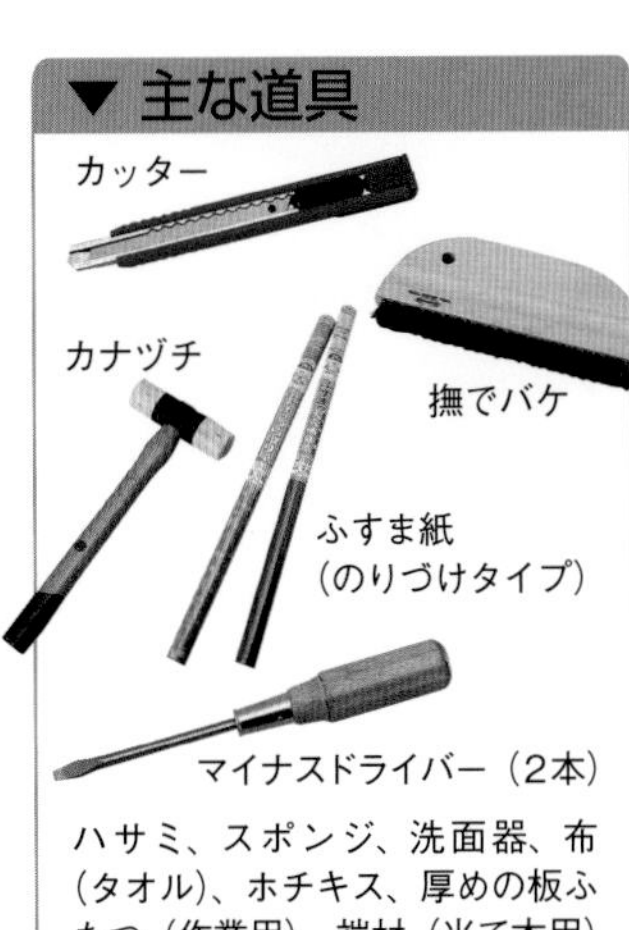

ハサミ、スポンジ、洗面器、布（タオル）、ホチキス、厚めの板ふたつ（作業用）、端材（当て木用）

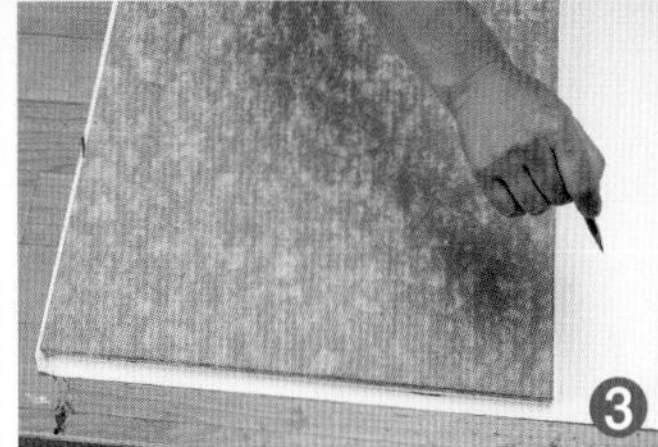

❶ふすまに大きな穴があいていない限り、プロが張った上張りははがさずに、その上から新しい紙を張るとよい。乾いた布で、ふすま全体をきれいに拭く。❷とくに隅は汚れやすいので入念に。❸❹ふすま紙は、張る面よりも各四方1.5㎝大きく荒切りしておくと張る作業がしやすい

05 のりがついた面に水を含ませて張る

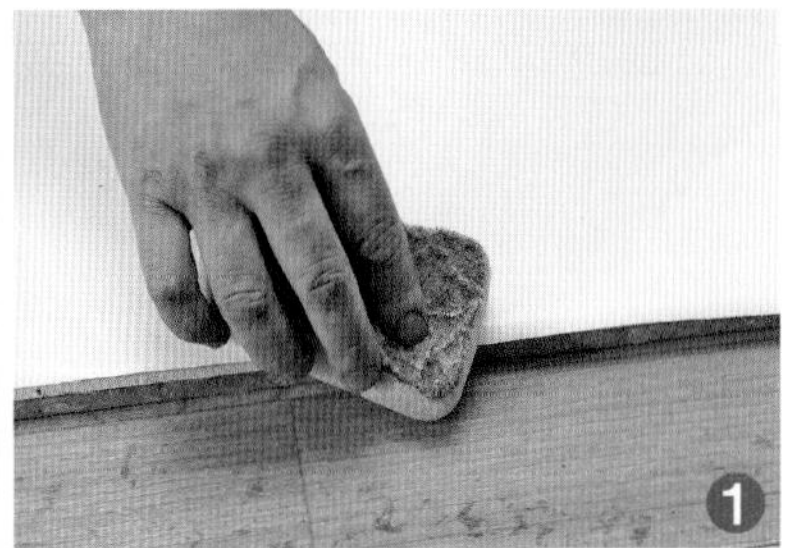

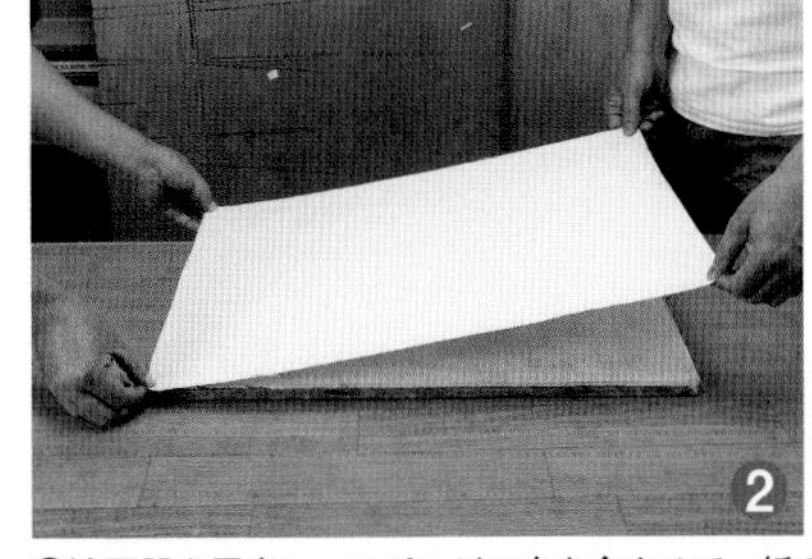

❶洗面器を用意し、スポンジに水を含ませて、紙ののりがついた面にたっぷり水をつける。このとき、水の量が少ないと、すぐにのりが乾いてしまって作業がしにくくなる。とくに紙の周囲10 ㎝幅につけ残しがないように水をたっぷりつければ、紙全体に水をつけなくてもさしつかえない。
❷水をつけた紙を裏返しにし、一辺の位置を合わせてから紙を軽く引っぱり気味にしてゆっくりと下ろしていく。きれいに張るために、この作業は必ずふたりで行なうこと

06 撫でバケでシワを伸ばす

専用の撫でバケ、あるいは乾いたタオルを巻いてふすまの中心にあて、必ず外側に向かってくり返しこすりながら空気を押し出し、シワを伸ばしていく。空気が抜けないときは、その部分をいったんはがしてから張り直す

07 折り返し部分もしっかりのりづけする

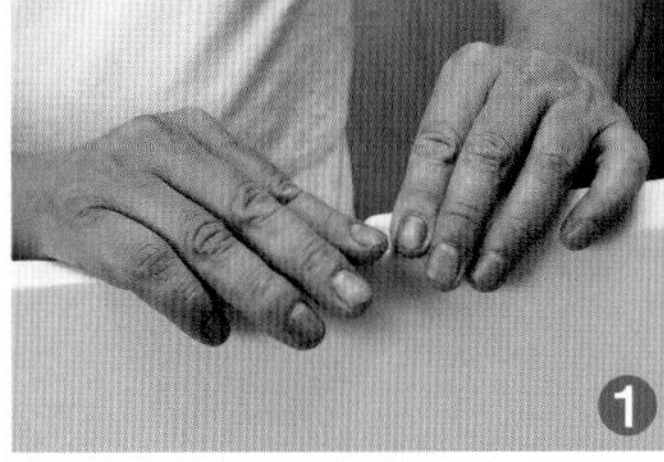

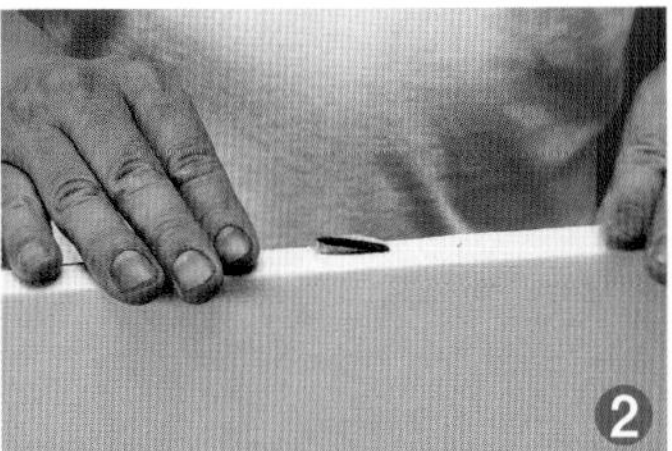

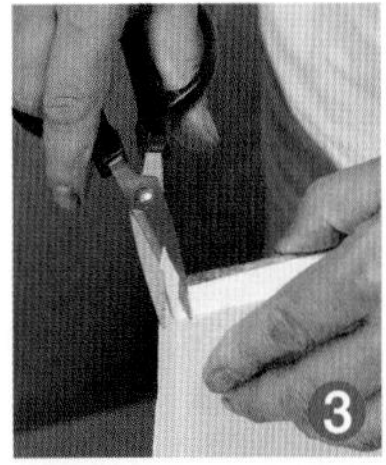

❶側面の折り返しの部分もしっかりのりづけする。❷横枠の折れ合いクギの場所は、カッターで紙をカットしてクギをむき出しにしておく。❸角の紙の出っぱりは、折りたたまないで切り取る。その部分から空気が抜けるので、シワができにくいからだ。❹のりがくっつきにくいときは、ホチキスを開いたままあて、カナヅチで軽くたたいてとめる裏ワザもある。❺側面からはみ出した紙は、のりで濡れているので、カッターの刃先をできるだけ寝かせて切り取る

08 引き手の部分を十字にカットして日陰で乾かす

引き手の部分の穴を十字にカットしてから、陰干しする。直射日光にあてて急いで乾かそうとすると、ふすまが反ってしまうので注意する。多少シワが残っていたり波打っていても、乾けば驚くほどピンとなる

09 枠をはめ戻す

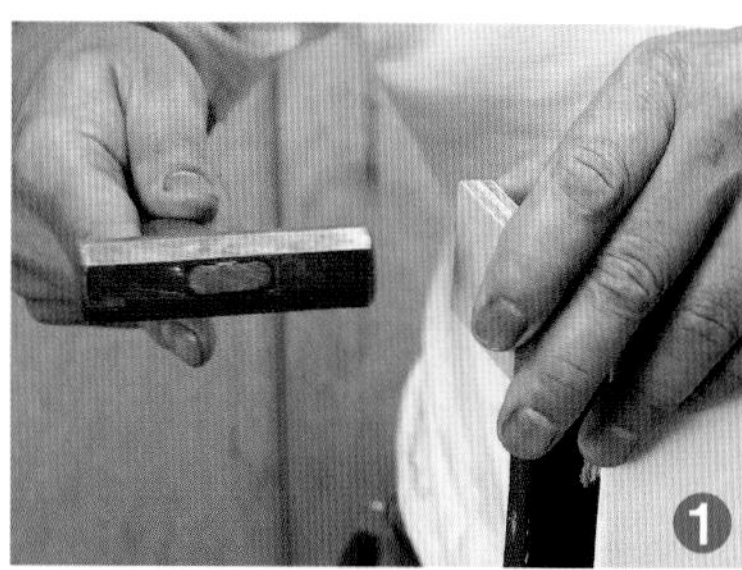

枠をはめ戻すときは、まず天枠からはめる。元のクギ穴に合わせて載せ、クギを打ちつける。天枠と同じように、クギ穴を合わせて地枠もはめ、次に引き手側の横枠をはめる。当て木をしてカナヅチで打ちながら折れ合いクギにはめ込んでいく

❷引き手側の横枠は、端がすれているほうを下（地側）にしてはめ込む。❸反対側の横枠は、かき込みが大きいほうを上（天側）にして置き、同じように当て木をしてカナヅチで打ちながら折れ合いクギにはめ込む

10 引き手を取りつける

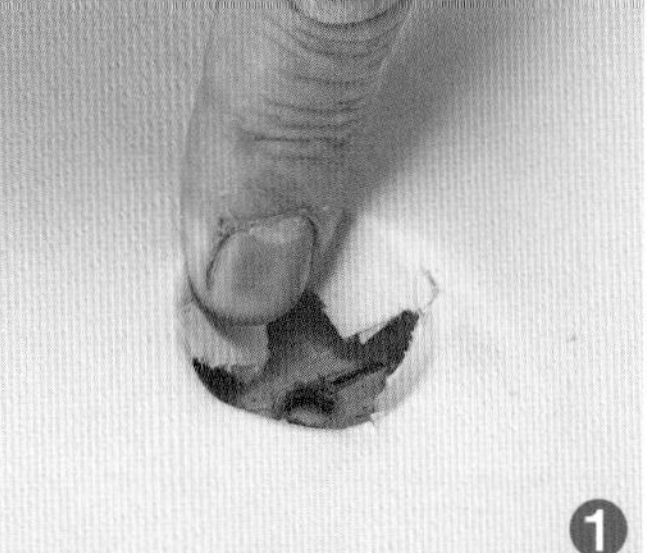

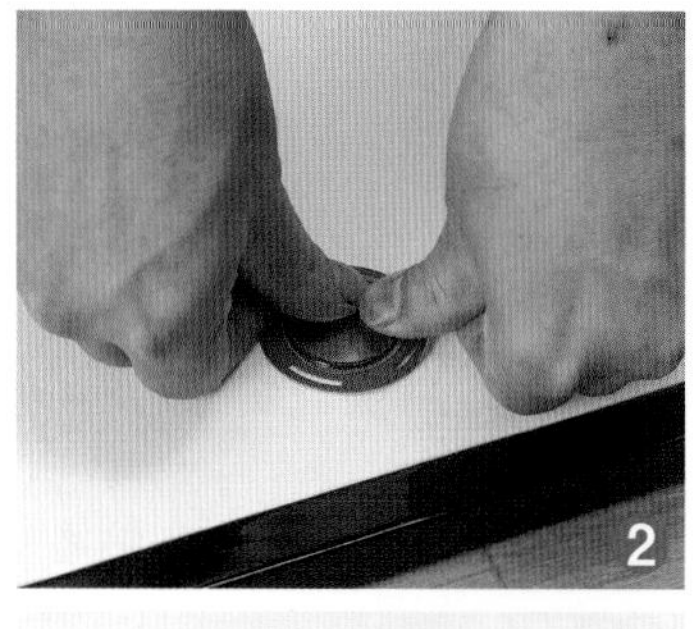

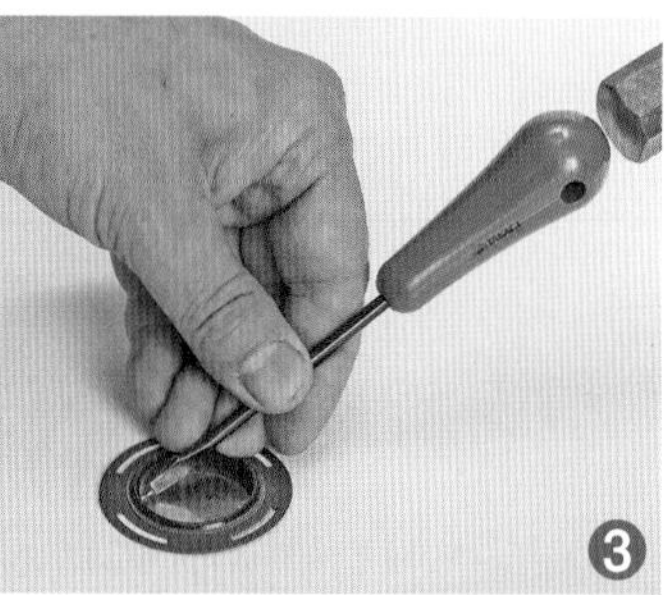

❶十字に切ってあった引き手の場所を、指先で押して穴を広げる。❷クギ穴がちょうど上と下にくるように引き手を穴に押し込む。❸まずは、下側のクギから、クギの頭にドライバーをあてて打ちつける。同じようにして、上側のクギを打つ。❹上側のクギの頭はほんの少し出るようにしておくと、次の張り替え作業のときや、引き手の交換作業がやりやすくなる。すべての枠がきちんと取りつけられたかをきちんと確認した上で、ふすまを敷居に立てる

知っておきたいワザ＆知恵

ふすまの下の枠にくさび形の当て木を入れる

ふすまがゆがむと、スムーズに開け閉めできなくなって敷居を傷めたり、ふすまの枠と柱の間にすき間ができてしまう。ゆがみを直すには、長さ約10㎝、敷居の溝と同じ幅の板を用意する。それを、すき間（傾き具合）に合わせてくさび形に削り、ふすまの下の枠に細いクギで打ちつける。すき間の位置によって当て木を入れる位置が異なる。

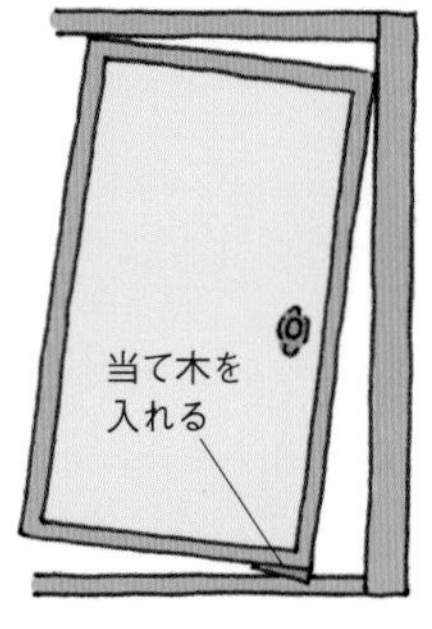

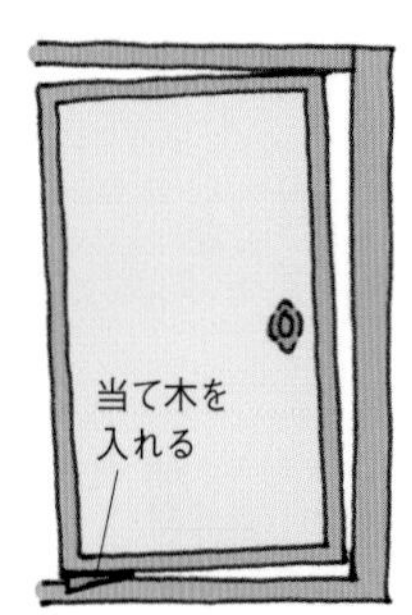

当て木の長さは約10㎝、幅は敷居の溝の幅と同じ。ゆがみの度合いに合わせてくさび形の厚さを削って作る

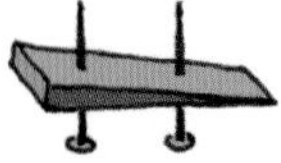

ふすまのメンテナンス 2

穴をふさぐ（破れを直す）

ふすまに穴があいても、破れた紙がそのまま残っていれば目立たなく修復できます。穴は放っておくとますます大きくなります。早めの処置が大切です。

01 穴の部分を湿らせる

破れた部分の紙をていねいにめくり、その裏面をキリ吹きで軽く湿らせる。下張り（袋張り）まで破れていたら、上張りと下張りをていねいに分離する

02 ハガキ（厚紙）を用意する

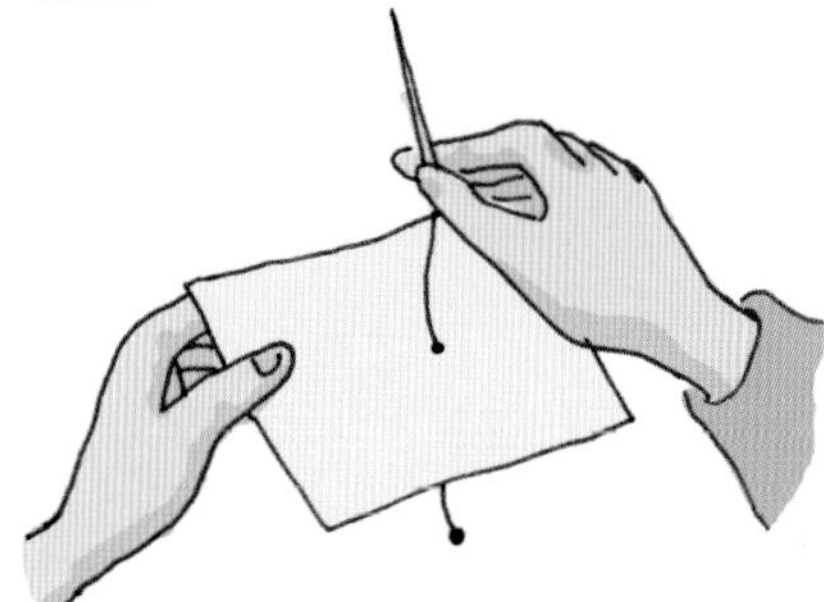

ハガキや画用紙などの厚紙を用意し、破れた部分にあてて穴よりもやや大きめにカットする。その中心に、玉結びをした糸を通すが、下張りが破れていなければこの作業は必要ない

03 のりをつける

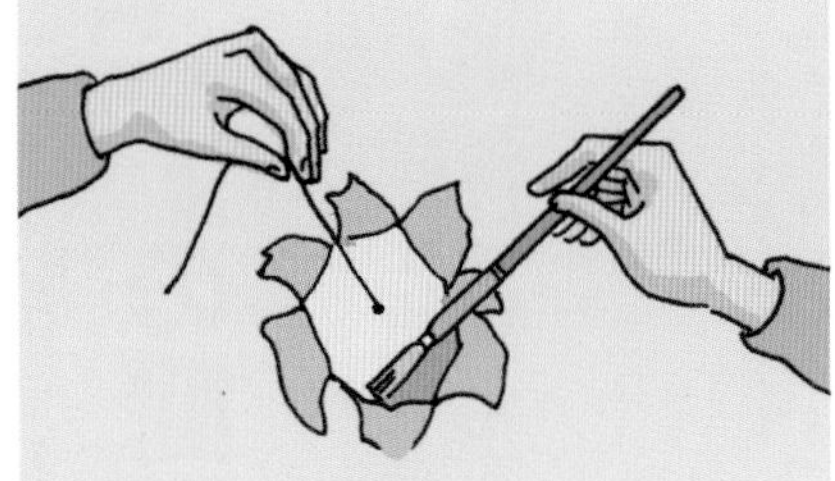

厚紙を破れた部分の上張りと下張りの間に差し込み、筆を使って奥のほうからていねいにのりをつけていく

04 破れを張り合わせる

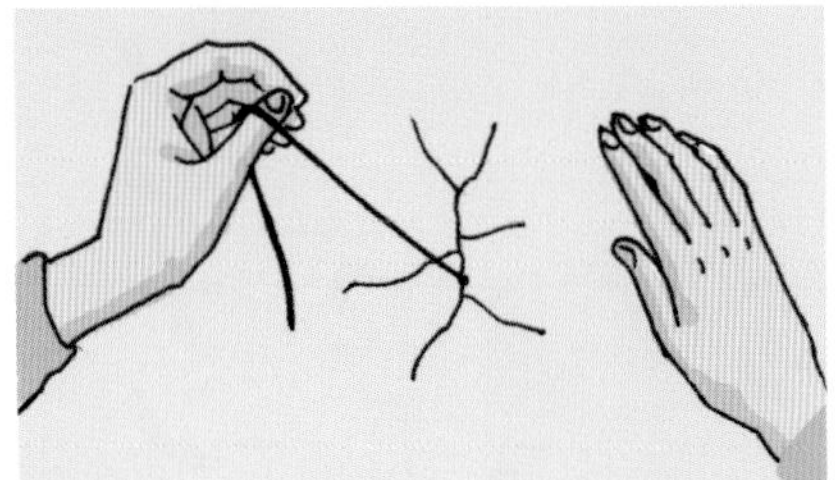

厚紙の糸を引っぱりながら、シワにならないよう上張りを厚紙に張りつけていく。

05 タオルでシワを伸ばす

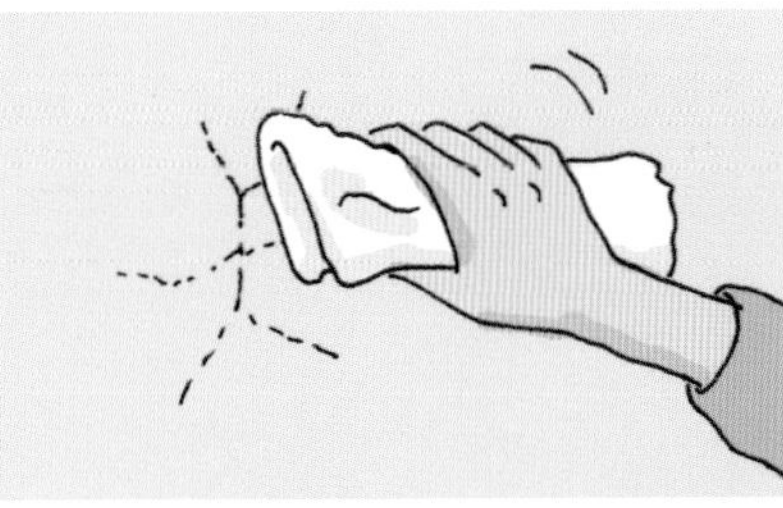

糸を切ってから、上張りの継ぎ目が目立たなくなるように乾いたタオルで軽くシワを伸ばす

▼ 主な道具

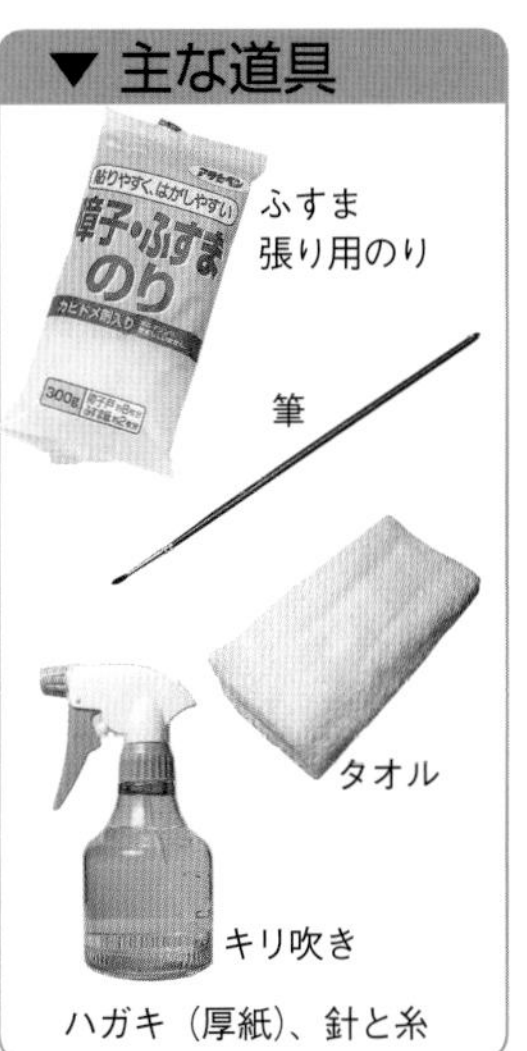

ハガキ（厚紙）、針と糸

ふすまのメンテナンス 3

敷居すべりを張るロウを塗る

スムーズに開閉しなかったら、敷居すべりを新しいものに交換してみましょう。敷居のすべりをなめらかにするロウやワックスも効果があります。

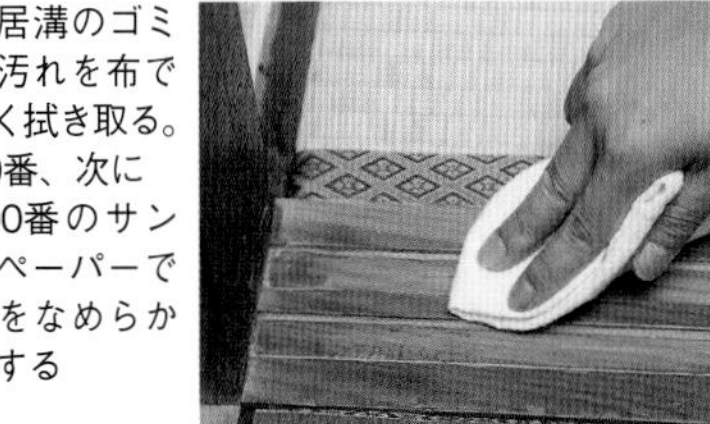

1 敷居溝のゴミや汚れを布でよく拭き取る。50番、次に100番のサンドペーパーで溝をなめらかにする

2 敷居すべりは、ピンと引っぱりながら指で押さえて張っていく。ゆるんでいると、あとで浮き上がりの原因になる

3 敷居すべりを交換するだけでなく、敷居溝にロウ状のワックスを塗ったり、すべり剤をスプレーするのも効果がある

▶ 主な道具

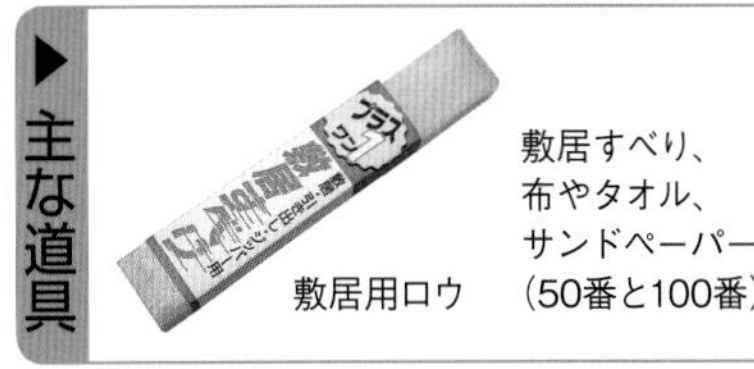

敷居用ロウ

敷居すべり、布やタオル、サンドペーパー（50番と100番）

障子の簡単メンテナンス

障子のメンテナンス **1**

障子紙を全面張り替える

障子紙が破れていたり、日焼けで黄ばんだりホコリで黒ずんだりしていると、せっかくの和室のすがすがしさも台無しです。小さな穴であれば、その部分だけを張り替えることもできますが、手間を惜しまず全面張り替えることをおすすめします。

01 桟を湿らせる

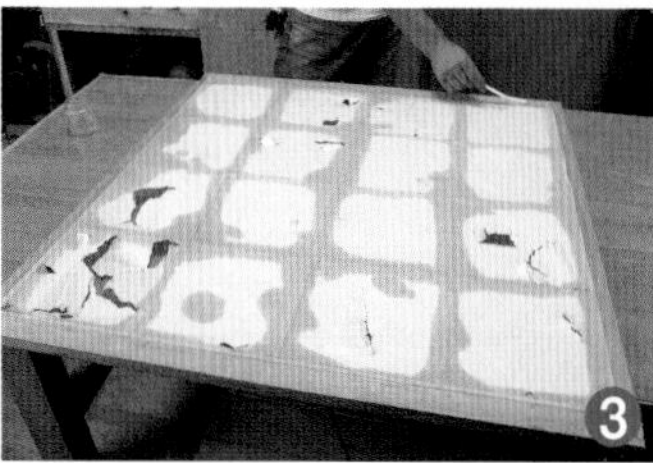

❶のりがついている面を上（裏返し）にして置く。床に置くときは、のりや水で汚れないように、新聞紙やシートを敷く。❷❸桟や枠ののりがついている部分を、ブラシやスポンジを使ってお湯か水で湿らせる。桟や枠が劣化する原因になるので、のりのついていないところはできるだけ湿らせないこと

02 古い障子紙をはがす

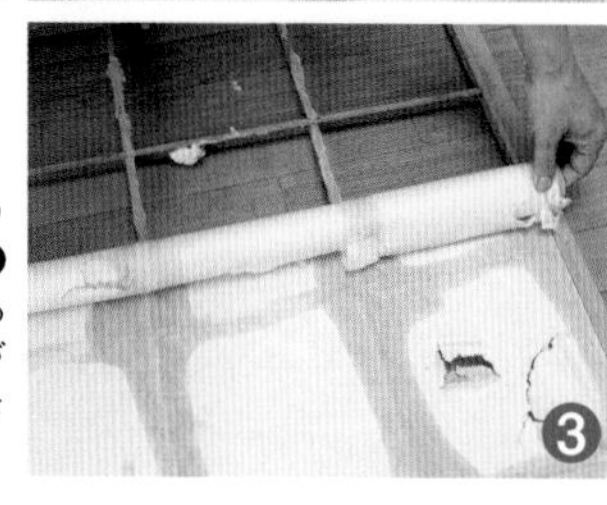

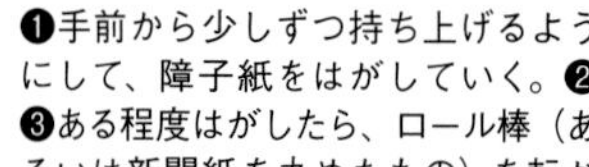

❶手前から少しずつ持ち上げるようにして、障子紙をはがしていく。❷❸ある程度はがしたら、ロール棒（あるいは新聞紙を丸めたもの）を転がしながらゆっくり巻き取っていくときれいにはがしやすい

03 桟の汚れを落とす

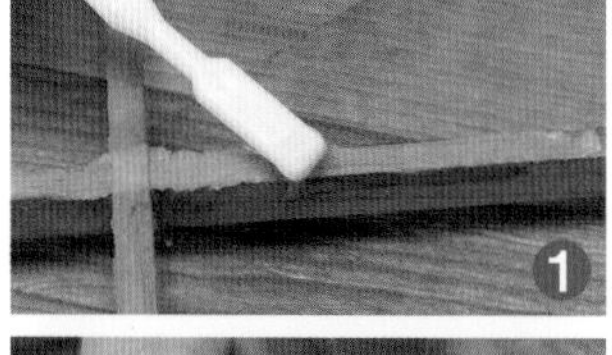

桟や枠に残ったのりは、プラスチックのヘラやブラシで入念に落とす。桟全体の汚れも濡れた布でよく拭き取る。白木漂白剤を使うと、桟のくすみ、日焼けの漂白に効果がある

04 障子紙を仮どめする

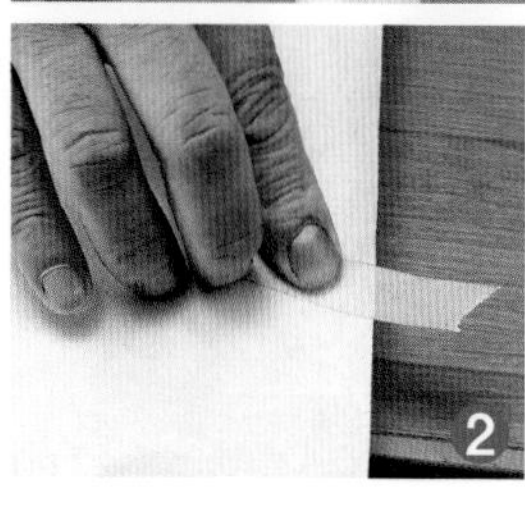

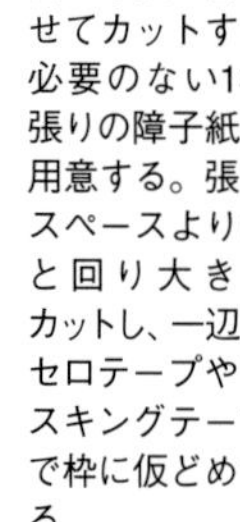

桟の寸法に合わせてカットする必要のない1枚張りの障子紙を用意する。張るスペースよりひと回り大きくカットし、一辺をセロテープやマスキングテープで枠に仮どめする

05 全体にのりをつける

桟や枠をブラシなどでサッと湿らせてから、全体にのりをつける。桟全体に均等に、周囲の枠部分は少し多めにつける。桟や枠が乾いたままのりをつけると、水分が吸収されてのりが乾きやすく、張る作業がしにくくなる。エアコンで乾燥した部屋での作業はできるだけ避ける

▼主な道具

06 紙を張り、指先でならす

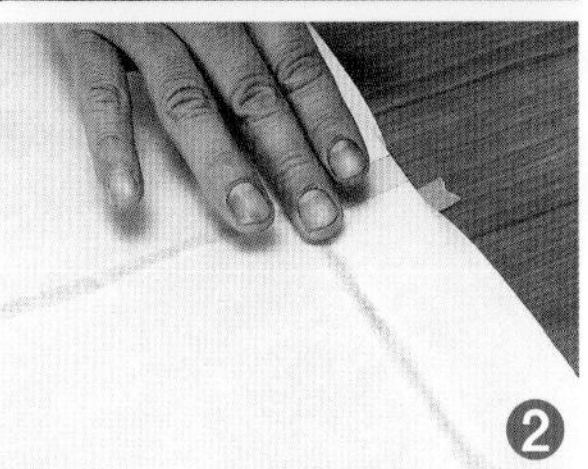

❶仮どめしてあった障子紙を、少し引っぱり気味に伸ばして桟の上に載せる。できれば、ひとりが一辺を押さえ、もうひとりが一辺を引っぱると、シワができにくく作業がしやすい。❷障子紙の上から、桟ののりがついた部分を指先でならしながら、しっかりくっつける。シワがあったら、その部分の障子紙をいったんはがしてシワを伸ばしてから張り直す

07 はみ出た紙をカットする

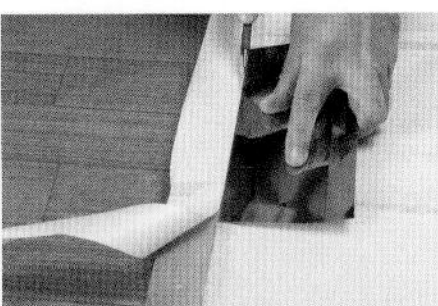
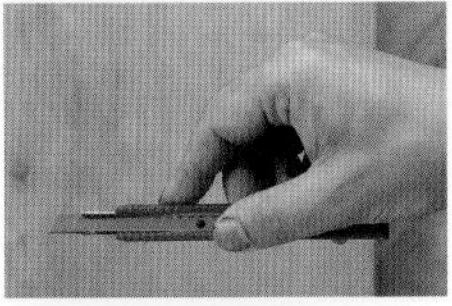
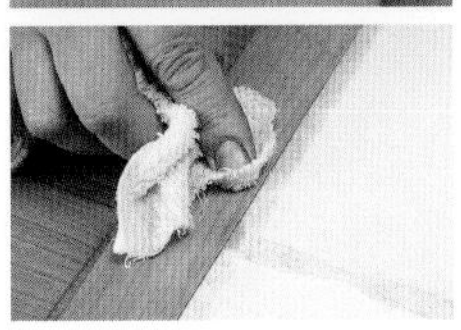

はみ出た障子紙は、カッターとカット定規（金属定規）で切り落とす。湿った紙をカットするときは、カッターの刃先をできるだけ寝かせるのがコツ。カッターの刃先は、カットを終えるまで枠にあてたまま、それをガイドにカット定規をずらしていくと真っすぐにカットできる。はみ出たのりは、濡れた布で拭き取る

08 キリを吹いて日陰で乾燥

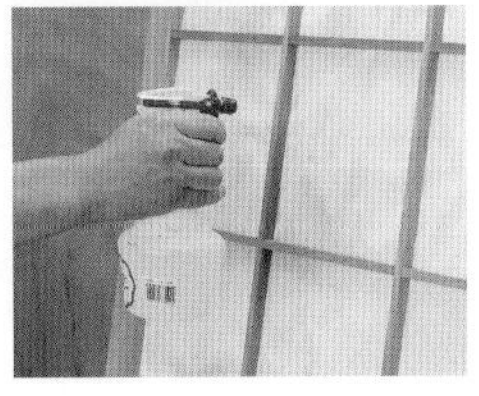

のりが乾いてからシワが出た場合、障子紙全体にキリを吹き、日陰で乾かす

障子のメンテナンス 2 障子紙を一部張り替える

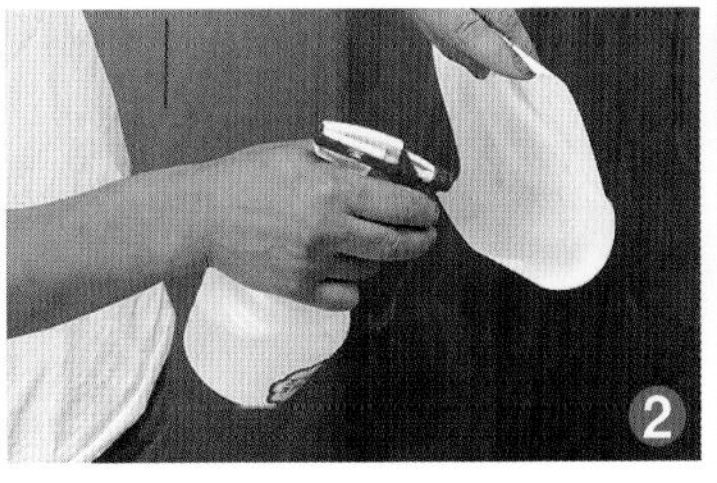
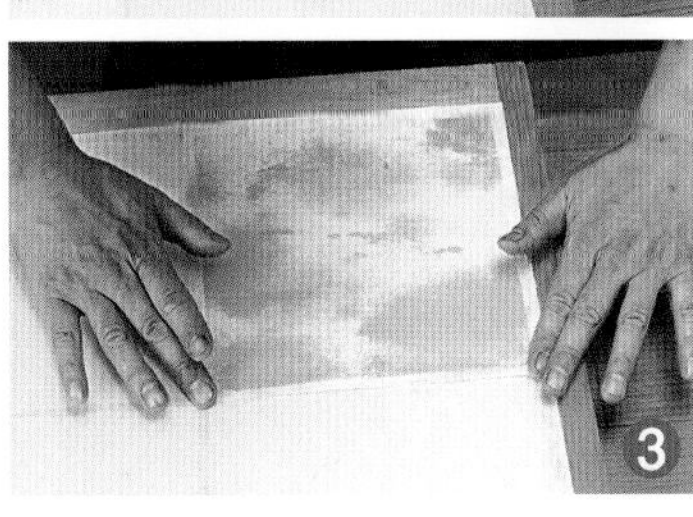

❶障子紙の大きな破れは、ひとマス分を張り替える。桟の四方にのりをつける。❷ひとマスの大きさにカットした障子紙にキリを吹く。❸桟の上に載せて指先で軽くなぞり桟にくっつける。日陰で乾かす

▼ 主な道具

障子紙、障子のり、カッター、金属定規、キリ吹き、障子紙補修用シール

知っておきたいワザ&知恵

小さい穴は、障子紙補修用シールを張る

小さな穴は、障子紙補修用シールを張ればふさぐことができる。1カ所だけ張るとそこだけ目立つので、破れていない場所にも数カ所張るとよい

障子のメンテナンス 3 桟のヒビ割れ 折れを直す

桟がヒビ割れたり、欠けてしまうことがあります。でも接着したり交換することで簡単に修復できます。

● 折れた部分が残っている場合

ヒビ割れた桟は、木工用接着剤を割れ目につけて修復する。はみ出た接着剤を濡れた布できれいに拭き取ってから、バネクランプで挟んだりビニールヒモで縛って圧着する。乾けば元通りになる

● 折れた部分が残っていない場合

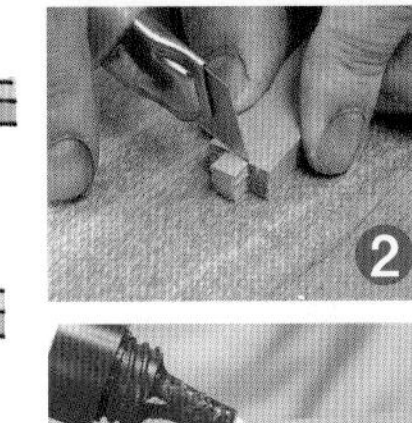

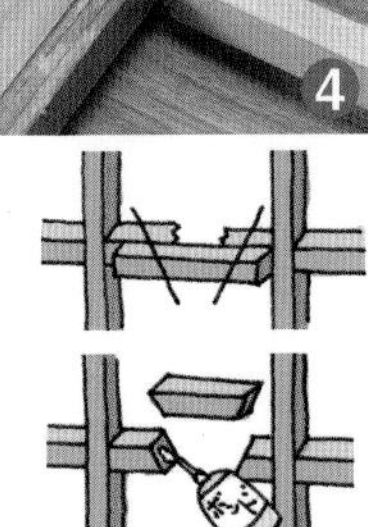
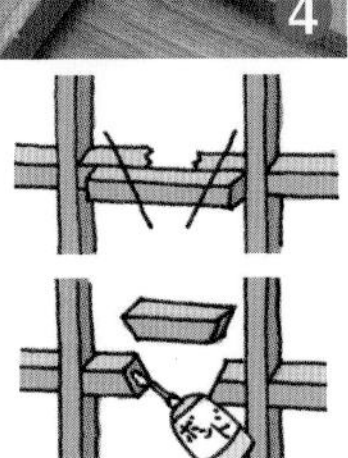

❶ひとマスの幅分の桟を交換する場合、まず折れた出っ張りはノコギリで切り落とす。似た材質（ヒノキ、あるいはスプルース）と太さの木材を用意し、交換する場所の長さに溝の深さ分（約5㎜）をプラスした長さにカットする。❷片方の先を、溝にはめ込める大きさに加工する。❸❹両端がピッタリとはまることを確認したら、両端に木工用接着剤をつけて、隣りの桟と一直線になるようにはめ込む。真ん中あたりで継ぎ木をする方法はイラスト参照

▼ 主な道具

桟と同質の端材、木工用接着剤、バネクランプ（ビニールヒモ）、カッター、ノコギリ、布

網戸の簡単メンテナンス

網戸のメンテナンス **1**

網を全面張り替える

網戸の全面張り替えは、押さえゴムを引き出して古い網をはずすことからスタート。あとは、新しい網を押さえゴムで固定するだけで完了するので、初めての人でも想像以上に簡単にできます。

01 古い押さえゴムをはずす

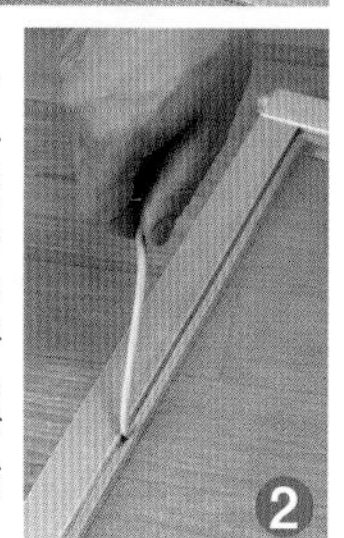

❶キリやマイナスドライバーなどで、切れ目から古い押さえゴムを持ち上げる。❷手でゆっくり引っ張り上げながらすべてのゴムを引き出す

02 古い網をはずし、汚れを拭き取る

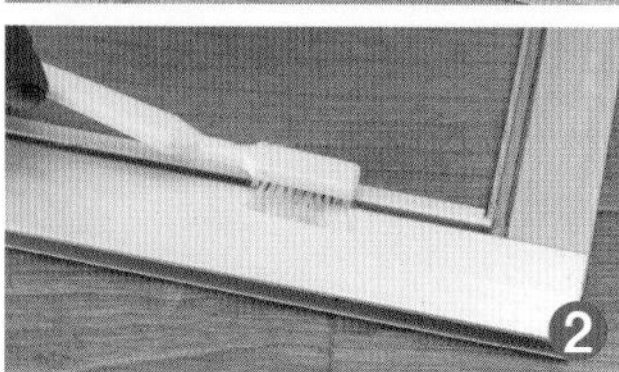

古い網をはずす。押さえゴム用の溝にたまったゴミやホコリは歯ブラシなどでかき出す。フレームの汚れも濡れた布できれいに拭き取る

03 新しい網を荒切りする

新しい網をフレームに沿って広げ、少し大きめにハサミで切り取る。網目をよく見てフレームと並行になっているかを確認する。押さえゴムの切れ端で網全体をフレームに仮どめしてもよい

04 ゴムの押し込みをスタート

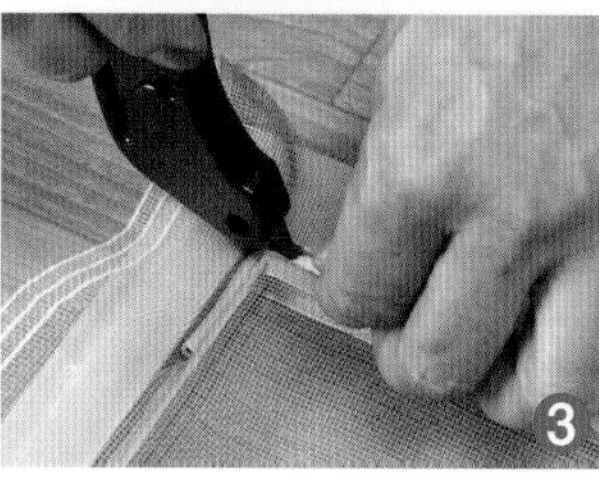

❶押さえゴムの押し込みは、コーナーの4、5㎝手前からスタートする。ワンタッチローラーの反対のとがった部分を使って網の上から溝に押し込んでいく。❷❸最初のコーナーのゴムを押し込んだら、網目がフレームと平行になっているかどうかを確認して、次のコーナー部分にゴムを押し込んで網がずれないように仮どめする

05 溝全体にゴムを押し込んで網を固定

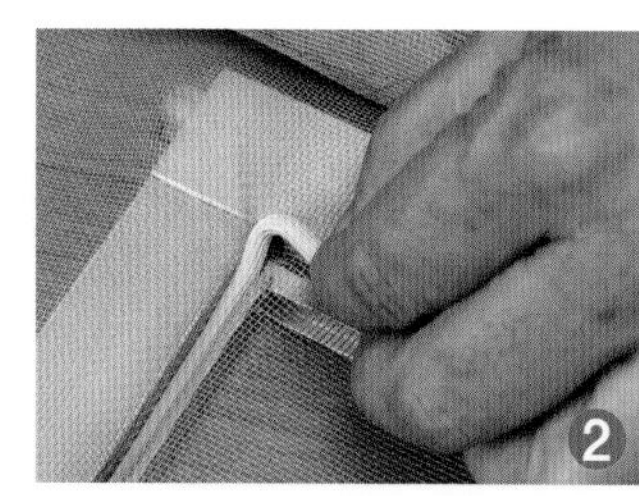

❶溝の直線部分は、網を軽く外側に引っぱりながら、ワンタッチローラーをゆっくり転がしてゴムを押し込んでいく。❷コーナーの部分は、少しゆとりを持たせるのがコツ。❸溝全体にゴムを押し込み、スタート地点まで戻ったらカットする。念のため、ゴムが浮いていないか、ワンタッチローラーを押しながら再度確認する

06 たるみがないかを確認

網戸を斜めに持ち上げて、網にたるみがないかを確認する。たるんでいたら、その場所のゴムをはずして網を外側に引っぱって直す

▶主な道具

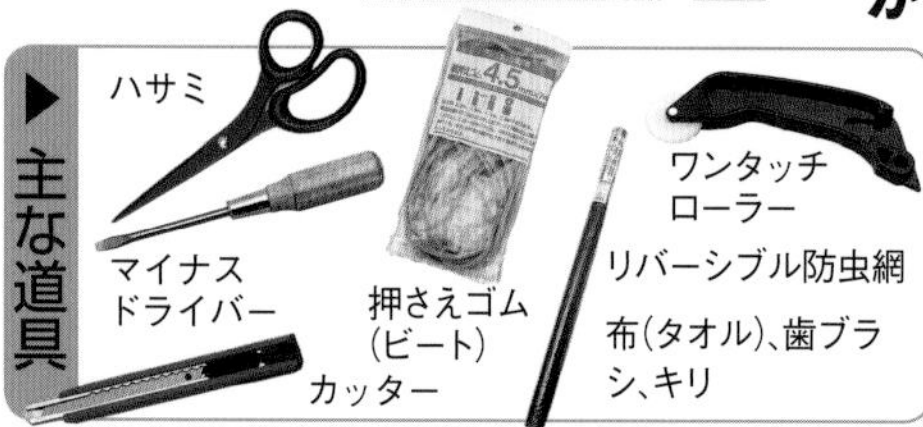

ハサミ
マイナスドライバー
押さえゴム(ビート)
ワンタッチローラー
リバーシブル防虫網
布(タオル)、歯ブラシ、キリ
カッター

07 余分な網はカット

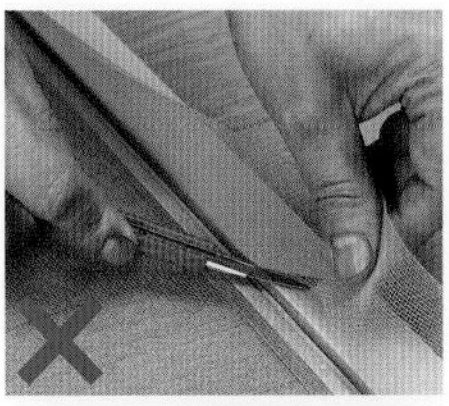

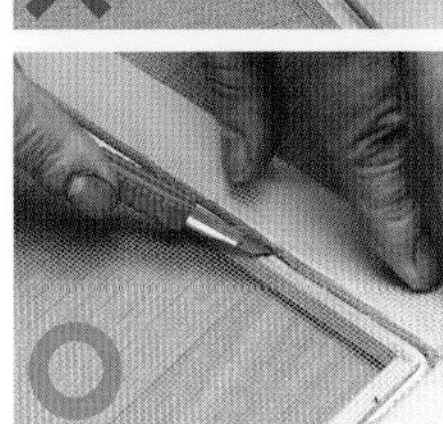

余った網は、カッターの刃を外側に向け、寝かせるようにして切り取る。溝の縁に沿って切るとケバ立ちやすいので、押さえゴムに沿って切るのがおすすめだ。この部分を切る専用のカッターも販売されている

網戸のメンテナンス 2 穴をふさぐ

網に穴があいたときは、専用の網戸補修シートを両面から張り合わせます。大きな穴は、同質同色の網を大きめにカットして、網糸で固定したり、専用接着剤で張りつけます。

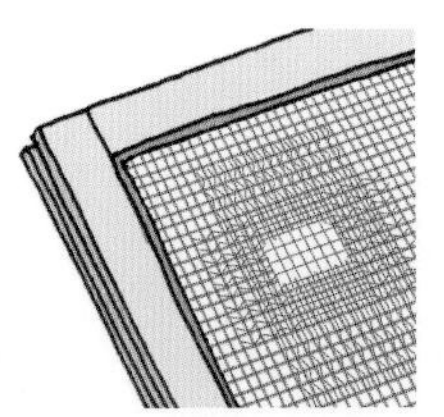

少し大きな穴の場合は、網戸と同じ網を用意して穴より大きく切り、周囲の網糸を抜く。それを穴の場所にあて、ピンセットなどで1本1本網目に交互に入れて固定する。また、1本の長い網糸で縫いつけてしまうやり方もある

穴が小さい場合は、穴のあいた場所の汚れをきれいに落としてから、同じサイズに切った専用の補修シートを両面から張る

▶主な道具

ハサミ

専用接着剤（塩ビ用）

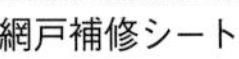

網戸補修シート

網の切れ端（同質同色のもの）

網戸のメンテナンス 3 はずれどめを調節する

網戸のフレームがゆがんでいると、ガタつきます。ガタつきを直してから固定ネジを締め直します。ゴミや汚れは、歯ブラシや割りばしで取り除きます。

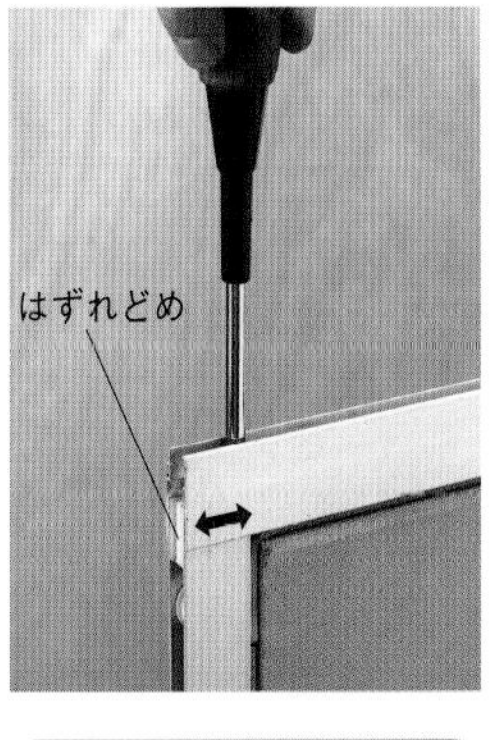

網戸上部のはずれ止めが引っかかるのもガタつきの原因。プラスドライバーでネジをゆるめて調整。最後に、潤滑剤をスプレーしておくとよい

▼ 主な道具

歯ブラシ、割りばし、プラスドライバー、潤滑剤

網戸のメンテナンス 4 戸車を交換する

戸車が壊れているためにスムーズに回転しないこともあります。ゴミを取り除いて潤滑剤を吹きつけるか、壊れていたら新しい戸車に交換します。

はめ込み式の戸車の場合、古い戸車がはずれなければ、すぐ隣に新しい戸車をはめ込んでも差しつかえない。そのとき、新しい戸車がいかされるように車高ネジで高さを調整する。はずれどめが外づけの場合、ネジをはずせば新しいものに交換できる

▼ 主な道具

はずれどめ

戸車

プラスドライバー

網戸のメンテナンス 5 ドライヤーでたるみを直す

全面張り替えをしたあとにたるみを見つけたときは、ドライヤーで温風をあてて直す裏ワザがあります。

ドライヤーの先端は網から10㎝以上離す。一点に温風をあてすぎると網が変形してしまうので注意する

▶主な道具

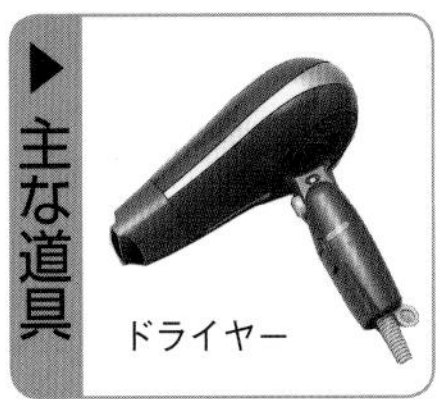

ドライヤー

知っておきたいワザ＆知恵

網戸をきれいにする

　網戸が汚れると通気性が悪くなり、見た目にも美しくない。網戸をはずし、水圧を利用して水をかけてから、やわらかいブラシに住宅用アルカリ性洗剤をうすめた液をつけて全体に塗り、再び水で洗剤を洗い流す。

　網戸をはずさなくてもできる方法がある。網戸の片面に新聞紙を張って掃除機をかけ、ホコリを吸い取る。そのあと、アルカリ性洗剤のうすめ液をコテバケなどで全体に塗り、2、3分してから絞った布で洗剤を拭き取る。網戸専用のクリーナー（写真）も便利だ。コテバケや布で網にふれるときは、必ず一方向に動かすのがポイント

壁紙の簡単メンテナンス

壁紙のメンテナンス 1 小穴やキズは補修剤で埋める

小穴やキズを隠すには専用の補修剤が便利です。白い壁紙のピンホールなら、事務用の修正液を使っても目立たなくなります。

01 クギ穴の状態

クギを抜くと穴のまわりの壁紙が少しめくれたようになる。キズの場合、ささくれた部分はカッターなどで切り落としておく

02 補修剤を充填する

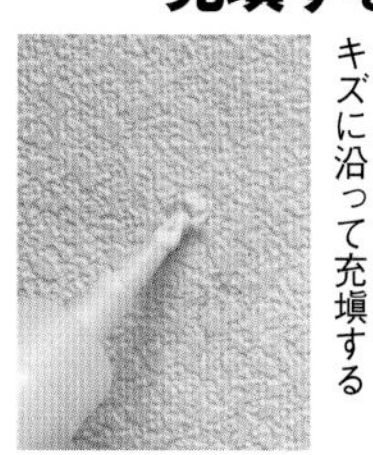

壁の色に合った補修剤を用意し、穴に差し込んで充填する。キズの場合は、キズに沿って充填する

03 はみ出た部分をそぎ取る

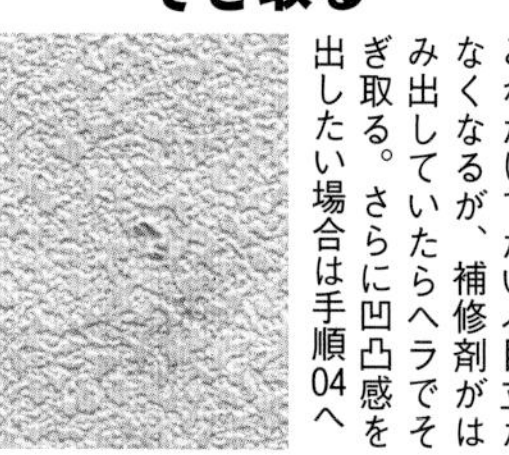

これだけでだいぶ目立たなくなるが、補修剤がはみ出していたらヘラでそぎ取る。さらに凹凸感を出したい場合は手順04へ

04 ドライヤーであたためる

ドライヤーの熱風をあてると補修剤が膨む。壁紙特有のざらざらした凹凸となじみ、より目立たなくなる

▶主な道具

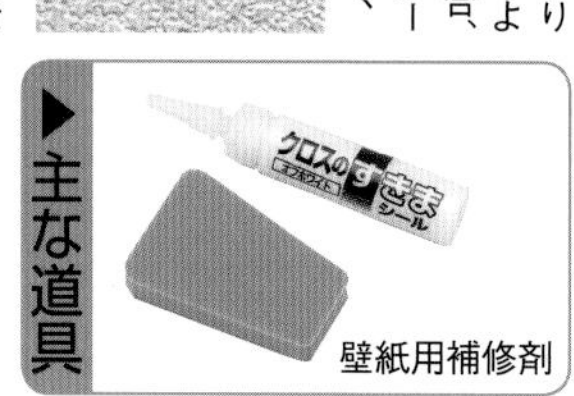

壁紙用補修剤

壁紙のメンテナンス 2 着色剤でシミを隠す

壁紙専用のシミ隠しを使えば、下写りや乾燥後の変色もなく簡単に塗ることができますが、色選びは慎重に。濃色の場合は不透明水彩絵の具などをそのまま塗ります。

01 シミの状態

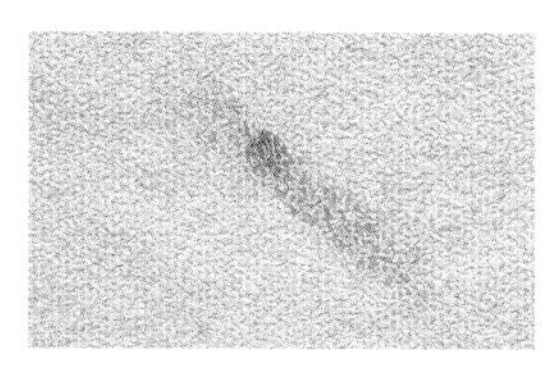

ビニール壁紙は水拭きや洗剤で掃除することができるが、時間がたった汚れは、シミになる。落ちない場合は着色剤を使う。

02 着色する

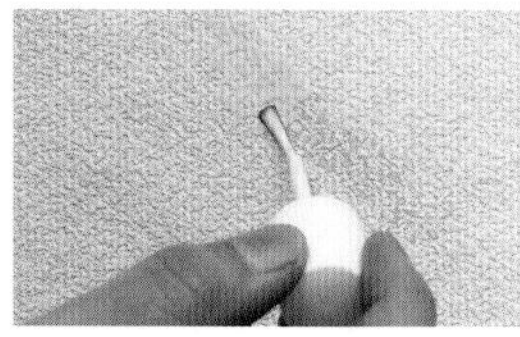

着色する部分は乾いた布でホコリや汚れを拭いておく。専用の着色剤をよく振って、フタにセットされた筆で薄く均一に塗る

03 重ね塗りをする

一度塗りでシミが隠れなければ、乾いてから重ね塗りを。クレヨンの落書きや濃い色のシミでも重ね塗りでカバーできる

▶主な道具

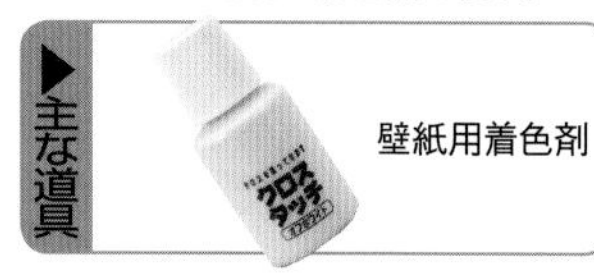

壁紙用着色剤

壁紙のメンテナンス 3 壁紙のはがれは接着剤で補修

壁紙がはがれてきたら、すぐに接着剤で張りましょう。下地によっては木工用接着剤でも張ることはできますが、やはり壁紙用が最適です。

01 はがれた部分を確認

はがれた壁紙をさわって硬くなっていたら、キリ吹きなどで湿らせて、やわらかくしておく。付着したゴミも拭いておくこと

02 接着剤を塗る

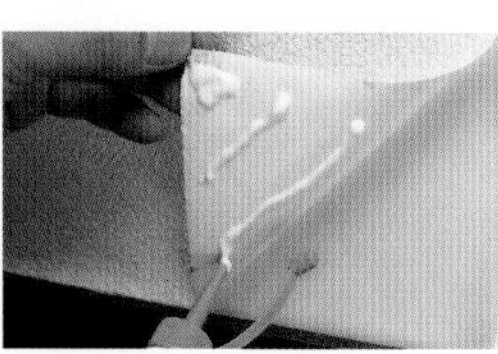

壁紙の裏側、広範囲のめくれには壁面にも接着剤を塗って張る。はみ出した接着剤は湿らせたスポンジで拭いておく

03 ローラーで圧着する

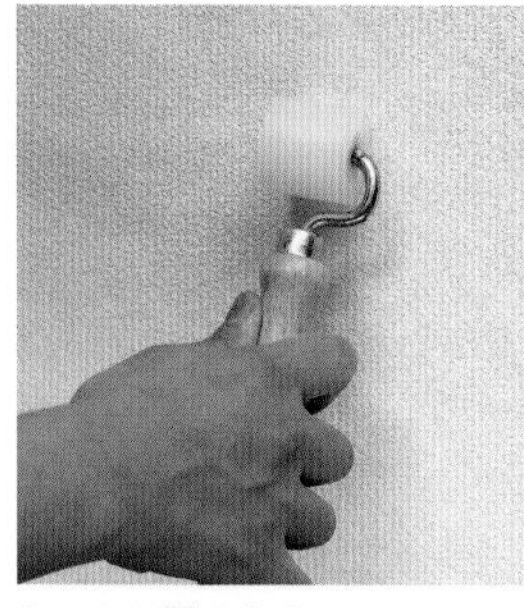

しっかり張るためにローラーで圧着。反りが強いとはがれてくるので、接着剤が乾くまで壁紙の端をピンでとめておく

▶主な道具

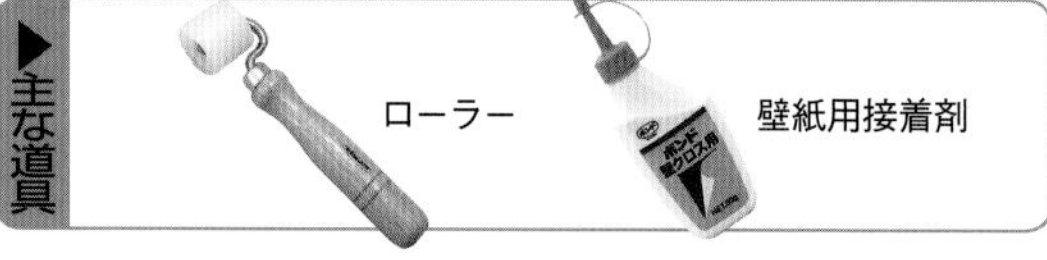

ローラー　壁紙用接着剤

塗り壁の簡単メンテナンス

塗り壁の
メンテナンス
1

表面の軽い汚れは消しゴムで消す

表面についた汚れを落とすには消しゴムが便利。表面を平滑に仕上げられた壁や凹凸の少ない壁に向いています。

01 汚れの状態

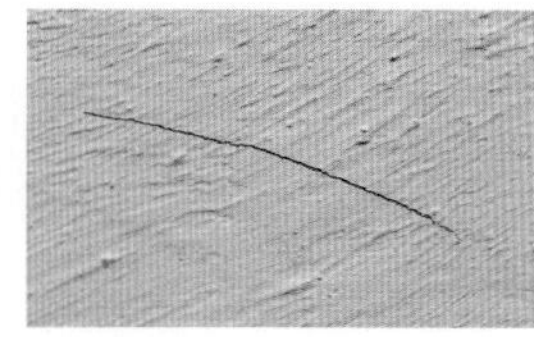
鉛筆の跡がくっきりついている。これはDIYで仕上げられた漆喰風の塗り壁

02 消しゴムでこする

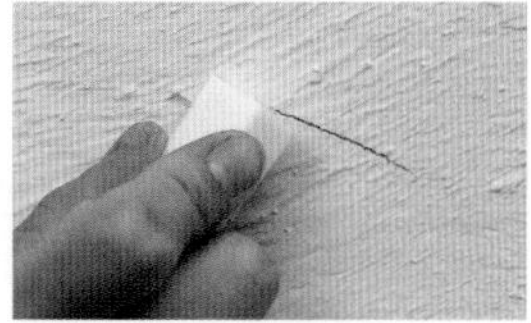
消しゴムのきれいな面をあてて、縦、横、斜めに方向を変えてこする。やわらかめの消しゴムの方が消しやすい

03 仕上がり

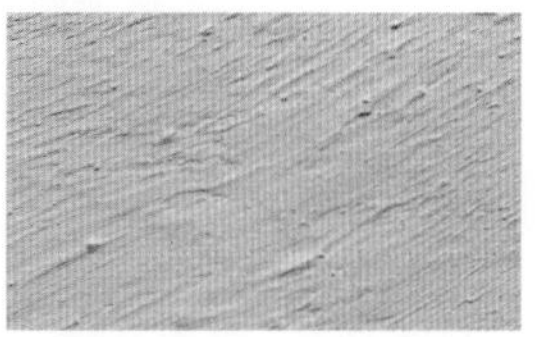
奥に入った汚れは少々残るが、遠目ではほとんど目立たない。消しゴムで落ちなかった場合はサンドペーパーで削る

▶主な道具

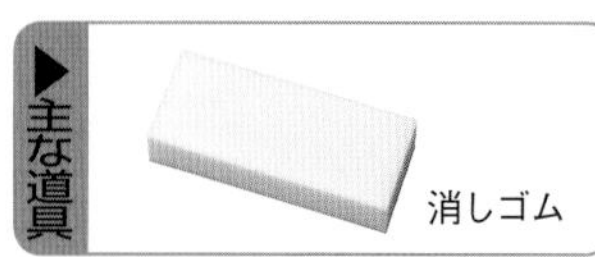
消しゴム

塗り壁の
メンテナンス
2

汚れやシミはサンドペーパーで削る

ざらつきの奥に入った汚れやシミは、サンドペーパーを使って落とします。表面に光沢のある漆喰の場合は、キズがつかないように粒子の細かいクレンザーを使用。

01 汚れの状態

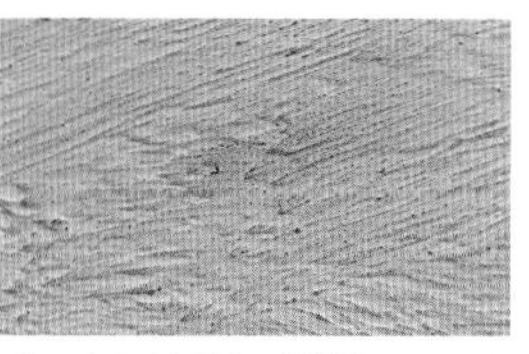
手アカや油汚れが付着していたり、壁材の細かい凹みや内部に浸透した汚れやシミは、消しゴムだけではなかなか落とせない

02 サンドペーパーをかける

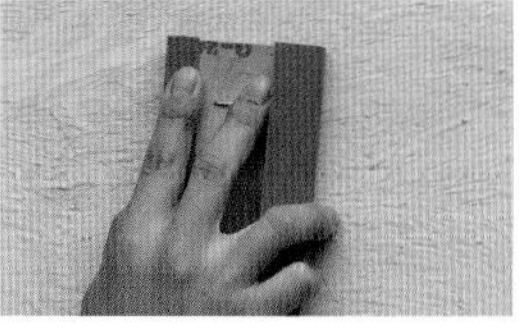
表面が平滑な漆喰は、240番のサンドペーパーを。ざらついた壁には120番、60番などの粗目が適している

03 仕上がり

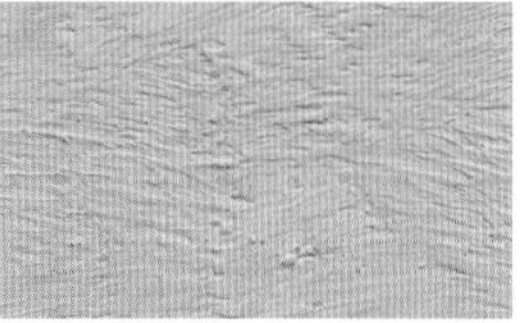
表面の質感のざらつきは少々失われてしまったが、汚れは完全に落ちている

▶主な道具

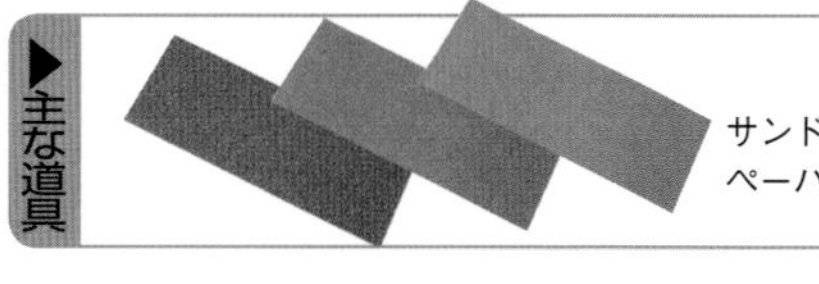
サンドペーパー

塗り壁の
メンテナンス
3

落とせない汚れは部分的に上塗りする

落ちない汚れには、同じ塗り壁材を使って上塗りします。ただ、同じ塗り壁材が手に入らない場合もあります。その場合は、漆喰調、テラコッタ調などの小瓶入りの塗料を利用する方法もあります。

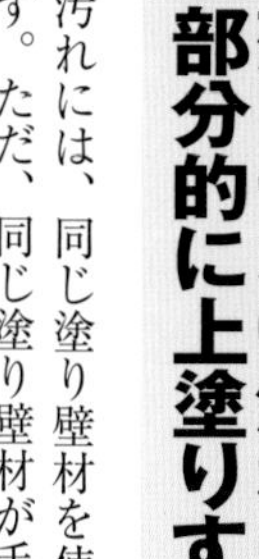

ホビー用の塗料から色調が合うものを見つけられることも

01 塗料を塗る

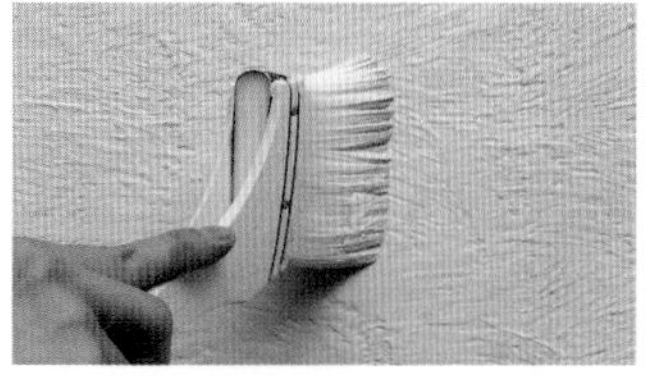
ホコリやゴミを取り除き、ハケやコテなどで上塗りする。表面が平滑なら、あらかじめサンドペーパーをかける

02 仕上がり

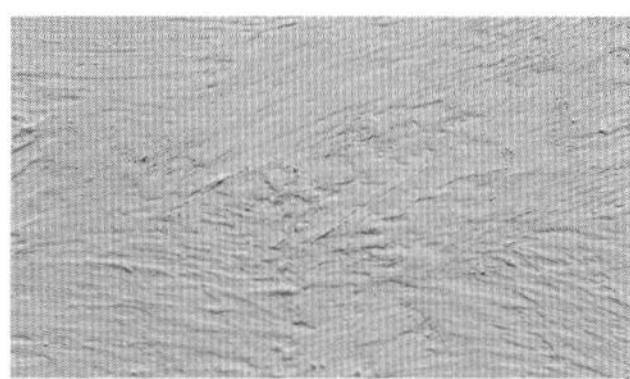
汚れが隠れるように塗り、周囲をぼかす。壁の質感や模様に合わせて塗り方を工夫する。塗り終わったら乾燥させる

▶主な道具

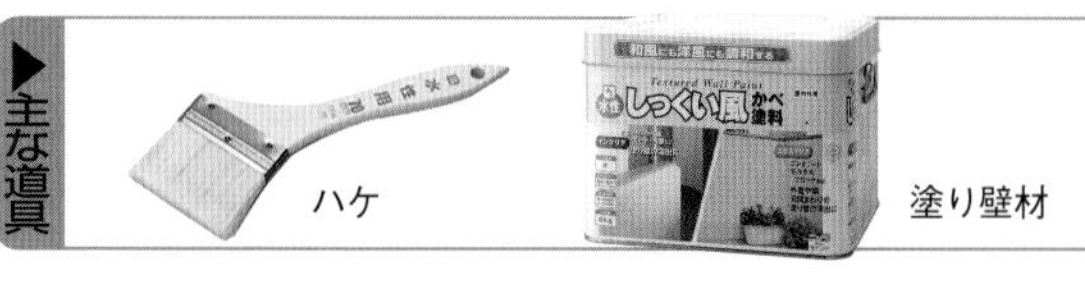

ハケ

塗り壁材

塗り壁のメンテナンス 4

キズや凹みはパテで補修する

キズや凹み、ヒビ割れなどは、室内壁用のパテを使えば簡単に補修できます。柱とのすき間を埋めるときは、柱にマスキングテープを張りましょう。

01 キズの状態

下地が見えてしまっているキズ。ペットの引っかきキズは壁へのダメージが大きい。範囲が広がらないよう、早めに補修する

02 パテを埋める

付属のパテベラを使って、キズや穴にパテを埋める。はみ出した部分はパテベラでそぎ取る

03 乾燥させる

パテが乾くまで乾燥させる。平滑な壁ならサンドペーパーをかけて平らにしておく。必要なら同じ壁材で部分塗りもする

▼ 主な道具

室内壁用パテ

穴を埋めるには

板＋段ボール＋メッシュテープで補修

壁裏が空洞の中空壁に穴があいたときの補修方法は以下の通り。下地材の石こうボードはカッターで切れるので、複雑な穴は四角くカットすると段ボールで埋めやすくなります。

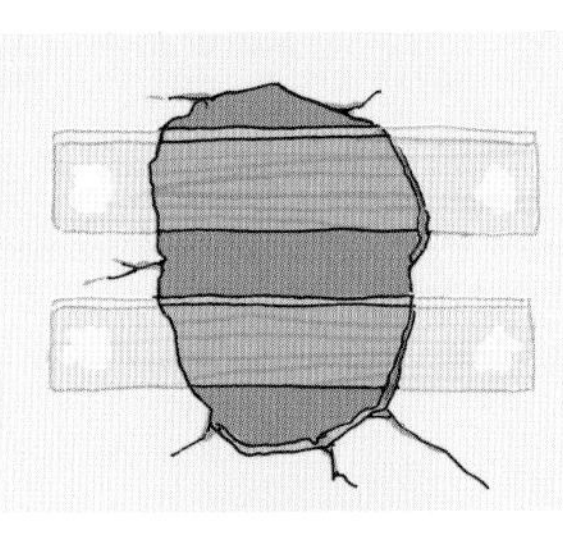

壁裏に補強板を入れる。小穴は壁裏に、大穴は構造材に接着剤で張る。板の中央にフックをつけると固定しやすい

穴の大きさに切った段ボールを補強板に接着しメッシュテープを張る。これで穴は埋まる。あとは塗装して仕上げる

塗り壁のメンテナンス 5

全面を塗り替える

水性塗料は漆喰壁、繊維壁などのほかにも、壁紙や石こうボードなどの壁にも塗装できます。ポイントは塗装前の下地処理。汚れを落とし、キズはパテで埋め、サンドペーパーをかけておきます。また、繊維壁には壁おさえスプレーを。

01 マスキングする

塗料が付着しないように柱やドア枠などにマスキングテープを張る。広い部分は、養生シートや新聞紙でカバーする

02 ハケで塗る

塗料をよく混ぜ、ハケを使って窓枠のまわりなどの塗りにくい部分を先に塗る。塗料が固い場合は水で薄める

03 ローラーバケで塗る

広い面はローラーバケを使うと作業がはかどる。塗料を多めに含ませW字に塗り、端から縦方向に進めるとムラになりにくい

04 乾燥させる

塗り終わったら、塗料が乾く前にマスキングテープをはがす。季節や湿度によって差があるが、1時間程度で塗料は乾く

▼ 主な道具

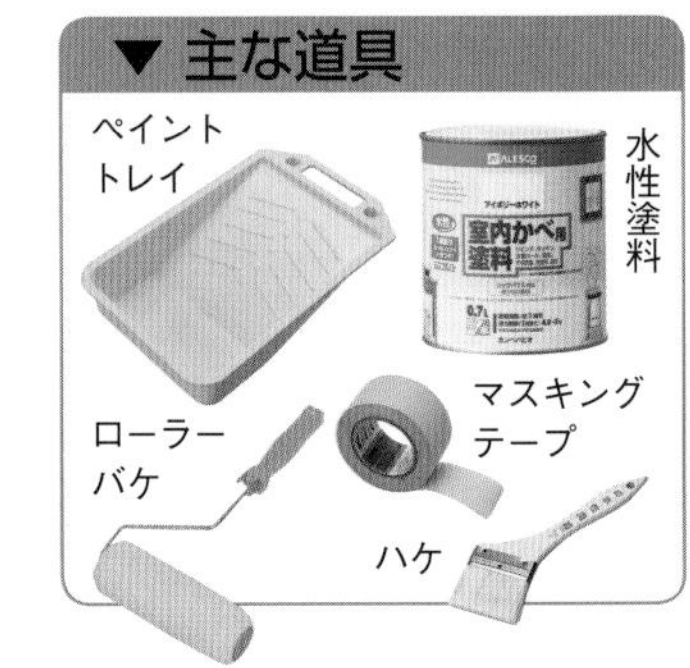

ペイントトレイ　水性塗料　マスキングテープ　ローラーバケ　ハケ

知っておきたいワザ&知恵

型取り補修剤

壁紙などの凹凸模様のある壁を欠損した場合に役立つアイテムが、型取り補修材だ。模様を型取りして、欠損部分に埋めたパテが乾かないうちに、型押しする。塗装前に補修しておけば、より完璧な仕上がりに。

木部の簡単メンテナンス

木部のメンテナンス 1 木部補修剤とつまようじで補修

木部の小さな穴を埋めるにはつまようじを用います。少し大きめの穴には割りばしを。木部用の補修剤も便利です。

ケース① キズやクギ穴が目立つ

01 つまようじを埋める

穴につまようじを差し込んで、ハンマーで軽く叩く。割りばしは、穴の大きさに合わせて先を削る

02 つまようじを切り落とす

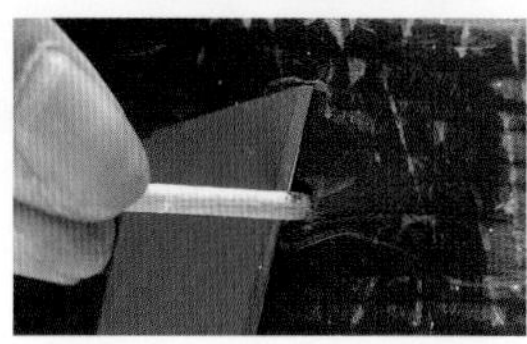

カッターを使って楊枝を切る。表面が平らになるように、刃を寝かせる

03 補修剤で着色する

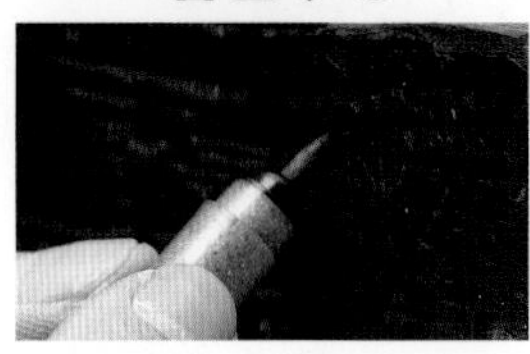

塗装など木の色が濃い場合はマニキュアタイプの補修剤で着色を。水彩絵の具やクレヨンを使ってもよい

▶主な道具

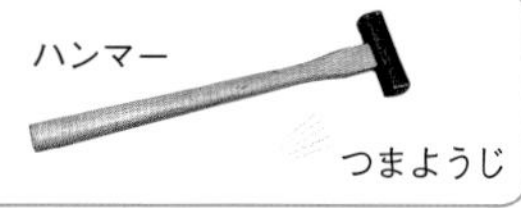

木部のメンテナンス 2 サンドペーパーで汚れ落とし

白木の部分汚れは240番のサンドペーパーで軽く研磨します。全体の汚れは市販の白木用漂白剤を塗ります。

木部のメンテナンス 3 突板を張る

突板は天然木を薄くスライスした仕上げ用の板。これを接着すれば新しい柱に変身します。

ケース② 柱、長押の汚れや変色が気になる

01 下地準備

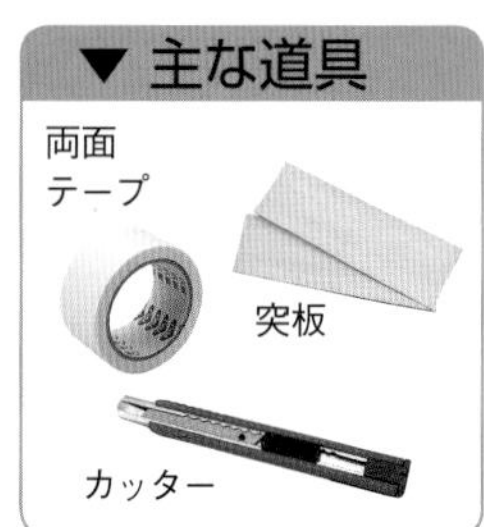

接着面の汚れを落とし、両面テープを張る。シール付きの突板を選べばこの手間は省ける

02 突板を張る

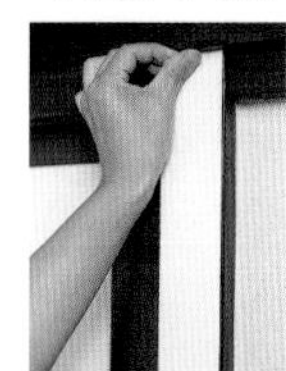

カッターで柱のサイズに合わせて切った突板を、柱の上部から慎重に張っていく

03 仕上げ

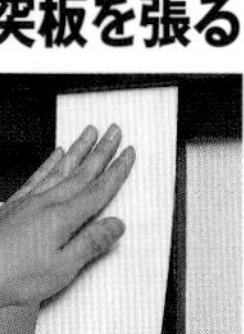

柱の角は面取りカンナをかけるとよい。ニスで仕上げれば汚れを防ぐことができる

▼ 主な道具

両面テープ

突板

カッター

木部のメンテナンス 4 柱を塗装する

全体に汚れやキズの多い柱なら、あえて古材のような色に塗ってみましょう。

▼ 主な道具

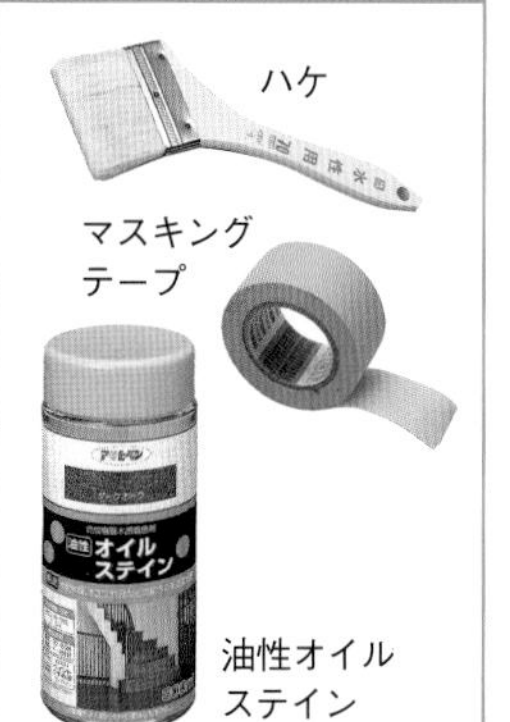

01 下地処理をする

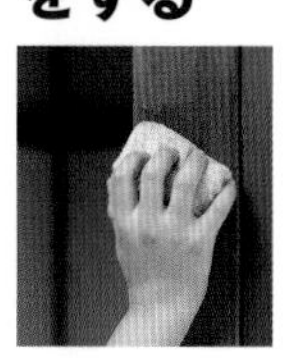

塗装面の汚れを拭き取り、全体をきれいに掃除しておく

02 マスキングする

塗料がついては困る場所は、マスキングテープや新聞紙でカバーする

03 塗装する

深い色味を出すならステインを。ニオイの少ない水性を選ぶ。すり込むように塗る

04 仕上げ

ステインが完全に乾いたら水性ニスを塗って仕上げる。柱にはつや消しがおすすめ

Column

DIYに便利な道具②

壁紙張り、棚の取りつけの道具

壁紙を張る

壁紙をきれいに仕上げるには専用の道具が欠かせません。ぜひそろえておきましょう。

撫でバケ

壁紙を壁に密着させるハケ。表面に凹凸加工された壁紙に適している。参考価格600円

撫でベラ

用途は撫でバケと同じ。こちらは表面に凹凸のない壁紙に適している。参考価格500円

メジャー

壁面のサイズや壁紙の長さを計測。参考価格600円～

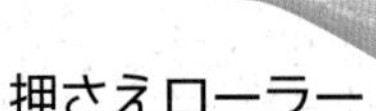

竹ベラ

コーナーや柱、巾木などに沿って壁紙を密着させるのに使用。参考価格200円

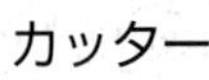

押さえローラー

壁紙の端や合わせ目を密着させるのに使用。参考価格400円

カッター

小型のカッターが使いやすい。刃はこまめに折って使う。参考価格100円～

カット定規（地ベラ）

壁紙をカットするときのガイドとして使用。柄付きがおすすめ。参考価格1,200円

棚の取りつけや製作

DIYに欠かせないのがドライバー。ネジの溝に合ったサイズを選びます。プラスの2番が一般的です。

電動ドライバードリルの使い方

グリップを握って人差し指をスイッチにあて、対象物に向かって垂直に持つのが基本。ビットを装着、回転方向を決めて、スイッチオン。慣れないうちは低速で作業しよう。

穴あけにはドリルビットを。ゆっくりスイッチを入れて、押し込むように穴をあけて回転させたまま引き抜く

ネジ締めにはドライバービットを。壁や木材にネジを締めるときは、ネジ軸より少し小さい下穴をあけておく

ドライバー

先端が磁石になっているものがおすすめ。狭い場所には柄の短いものが便利。参考価格400円～

電動ドライバードリル

ネジ回し、穴あけが簡単スピーディーにできる。充電式がおすすめだが、高価。コード式の小型の参考価格は8,000円

PART 5

DIYで床のリフォーム

インテリアを一変させるのが床のリフォームです。床の材質やカラーリングを変えるだけで、
暮らしががらりと変わるほどの効果が期待できます。さらに、古くなった床材を新しくすることで
清潔度が高まり、感動的に部屋が甦ります。

リフォームテクニック
床

畳をフローリングに

畳をウッディに変えれば、部屋のイメージチェンジ効果は絶大

After

作業は意外にシンプル

8畳ほどの部屋をフローリングに変えようとする場合、男ふたりで約8時間というのが一般的な作業です。

サネ付きのフローリング材を打ちどめるとき、凸サネを割らないようにすることや、最後のフローリング材を当て木を使ってきれいに叩き込むことなど、いくつかの注意点はありますが、シンプルな作業をコツコツと続ければ、確実にゴールの時はやってきます。劇的に変わった部屋を見て、大きな充実感を味わえるはずです。

▼ 主な道具

カッター

電動丸ノコ

インパクトドライバー

カナヅチ

クギシメ

▼ 主な材料

フローリング材

フロアクギ

▼ DATA

コスト…………………

手間…………………

技術…………………

畳を撤去して下地を作る

01 畳を撤去すると下張りが露出

まずは畳を撤去。撤去作業はそこまで難しくはないが、あらかじめ畳の処分方法を考えておくことが重要

02 根太材を等間隔に設置する

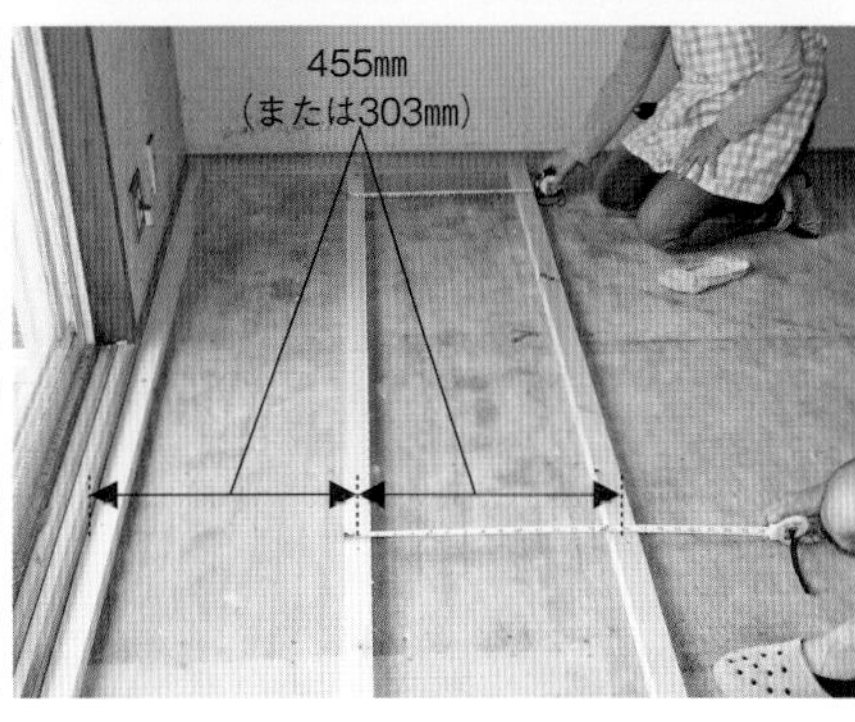

根太を、フローリング材と直交する向きにネジどめしていく。ここでは省コスト仕様として根太の間隔を455㎜としたが、万全を期すのなら303㎜間隔にする

03 根太材を下張りに固定する

根太の固定が完了

04 断熱材をセットする

根太の間に断熱材（30㎜厚の発泡プラスチック）をカットしてはめ込む

05 フローリングの下地が完成

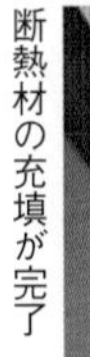

断熱材の充填が完了

06 根太の上に合板を張る

合板を根太にネジどめしていく。このように根太の位置に合わせて合板に線を引くのは、合板およびフローリング材を正確に根太にネジどめするため

07 合板をきっちりすき間なくとめる

順次、合板をとめる。合板は必要に応じてカットする

知っておきたいワザ&知恵

畳（廃棄物）の処分方法を決めておこう

撤去した畳は、あらかじめ処分方法を決めておきたい。まずは施工場所の市町村に問い合わせること。適切な方法を指示してくれるはずだ。ちなみに実例の施工場所、埼玉県日高市では、近辺の産業廃棄物処分業者を数件紹介された。各業者に問い合わせたところ、畳の引き取りが可能か否か、こちらからの持ち込みが可能か否かなど、業者によって違いがあり、畳を引き取る業者では、畳１枚の処分代は2000〜2500円が相場だった（そのほかに運搬費が必要な場合あり）。

フローリング材を張る

01 フローリング材を張る前に清掃

合板がすべて固定されたら、ゴミや木くずなど、作業で出たゴミをきれいに清掃しておく

02 フローリング材を張る

フローリング材の裏面に接着剤を塗る。換気に注意

03 端のほうから張っていく

1枚目のフローリング材を配置する

04 フロアクギで固定する

端のみ、フローリング材の表面にフロアクギを打つ（クギは必ず根太がある位置に打つ）。フロアクギの頭は小さく目立たないが、気になるなら巾木を上にとめて隠せばいい

05 凸の部分もクギで固定する

凸サネのつけ根に、フロアクギを斜めに打つ

06 クギの頭を埋め込む

最後はクギシメという道具をあてて打ち、クギ頭を材に沈める

07 1列目のフローリング完成

1列目最後のフローリング材は現物合わせでカットして張る

知っておきたいワザ&知恵

根太や合板の厚さの決め方

畳（before）とフローリング（after）の高さは、同じに仕上げるのが無難。高さを変えてもいいが、その場合、ドアが床にあたったり、気になる段差ができたりして、余計な手間がかかることも。同じ高さにするなら、「畳の厚さ」＝「根太＋合板＋フローリング材の厚さ」ということになる。

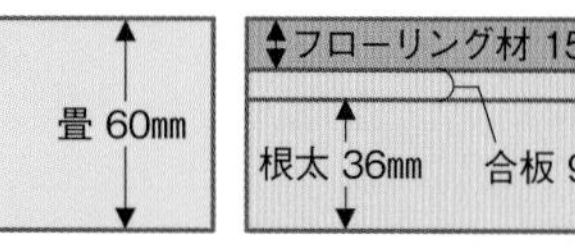

知っておきたいワザ&知恵

**室内での切断作業で大活躍！
充電式集じん丸ノコ**

根太材、合板、フローリング材と、ひんぱんに切断作業を行なうため、いちいち庭との間を往復するのは大変。かといって、室内で丸ノコを使うと、木クズが飛散してやっぱり大変。そこで重宝するのが集じん丸ノコ。

充電式集じん丸ノコは取り回しやすいので室内作業に適している

08 すき間ができないように2列目を張る

1列目最後のフローリング材をカットして出た端材を2列目の端にとめ、続けて材をとめていく。縦横の両方向ともに凸ザネと凹ザネを組み合わせる。当て木をしてカナヅチで叩いてサネをはめ込む

09 フローリング材を敷き詰めていく

順次、フローリング材をカットしながら張っていく。時間の短縮のため、ネジどめも可

10 最後のすき間の幅を計測

残り2列分になったところで、残った幅を測る

仕上げの決め手！ 残りの列の加工

01 2列組み合わせて幅を合わせる

残った幅に合わせて、フローリング材を2列組み合わせた状態でカットする

02 組み合わせてはめ込む

2列組み合わせた状態ではめ込む

03 当て木をして叩き込む

全体を少しずつ当て木をして叩き込んでいく

04 クギで固定

端にフロアクギを打てば作業完了

クッションフロアを張る

耐水性が高く、水まわりにおすすめ

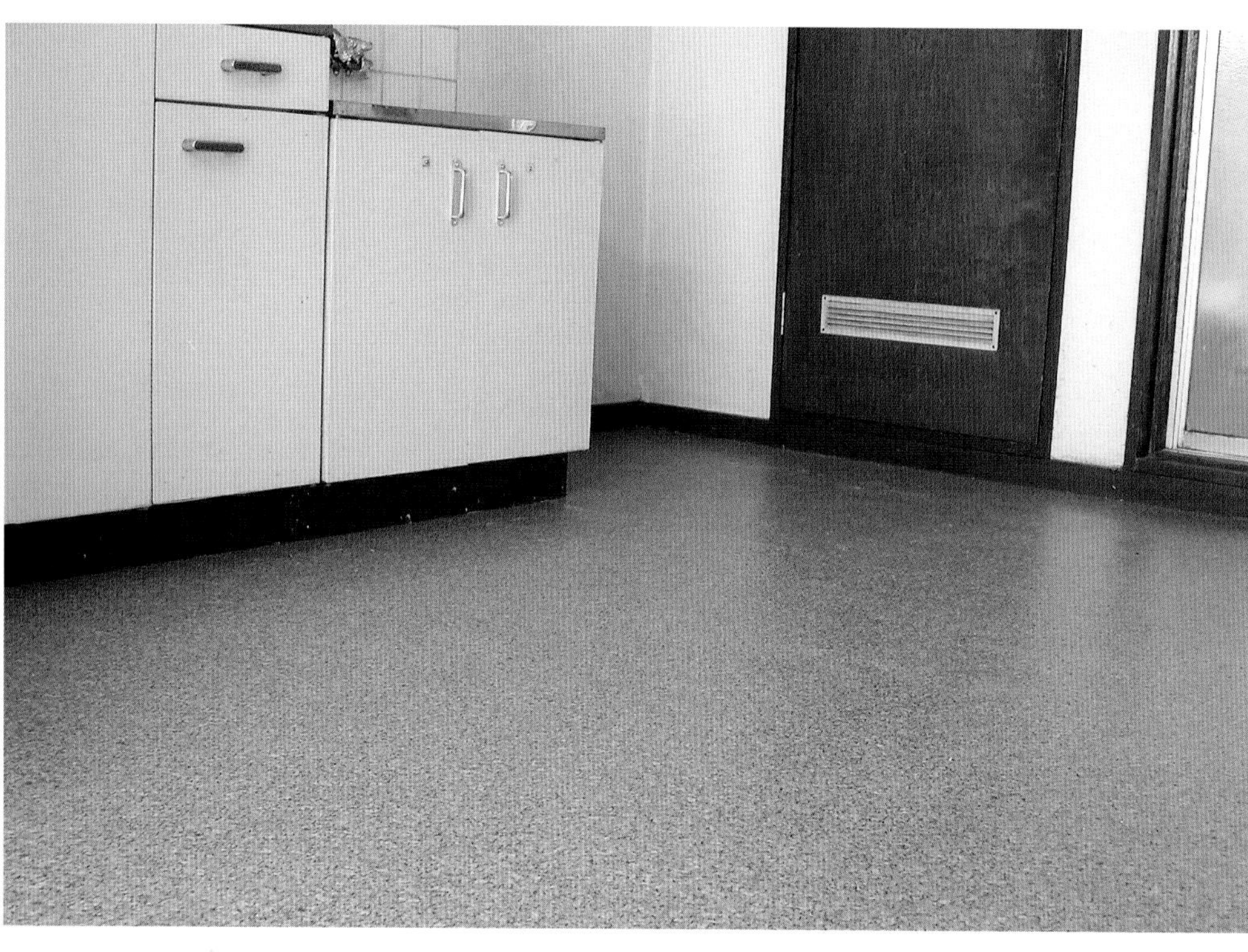

水まわりに最適 接着剤で施工

クッションフロアはビニール系素材なのでキッチンなどの水まわりに適しています。張り替え作業は比較的簡単で、接着剤または専用両面テープで床に直接張りつけていきます。

ここで紹介する専用の接着剤を使った施工は、強力な固定ができるのがメリットです。

作業の前に…

元の床がクッションフロアか木質床であればはがさずに直接上張りする。床面の凹凸をならし、ゴミや汚れを取る。写真は以前のクッションフロアの張り方がまずく、壁際でやや盛り上がっていたため、カッターで平らにカットしているところ。

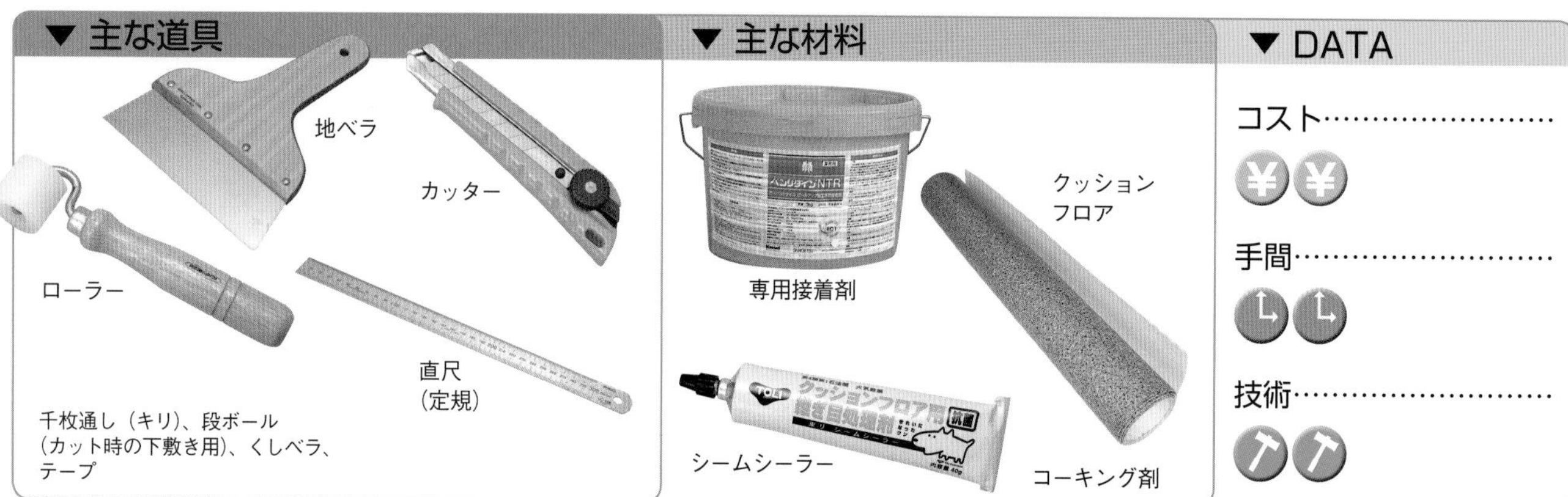

部屋に合わせてクッションフロアを大きくカット

01 部屋の寸法に合わせてカットする

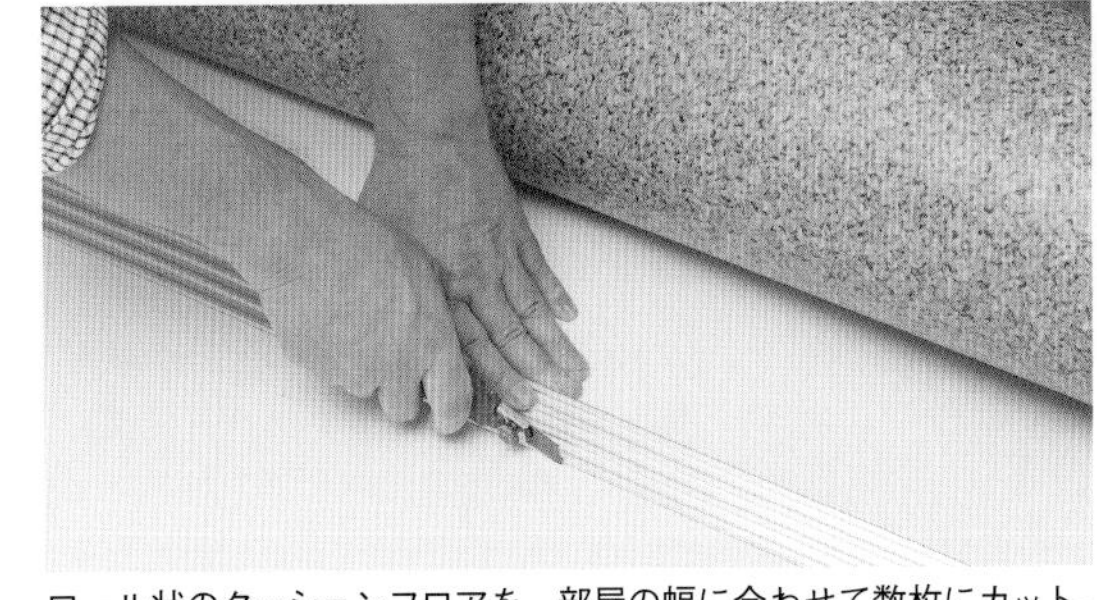

ロール状のクッションフロアを、部屋の幅に合わせて数枚にカット。実寸より約20㎝ほど大きめに切る

02 1枚目を仮置きする

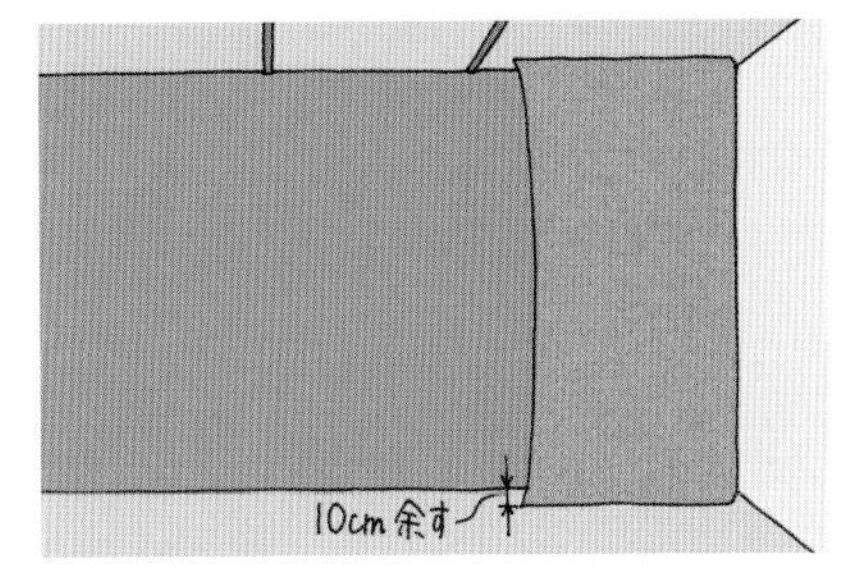

イラストのように1枚目を両端（短辺）に10㎝ずつの余りがでるように仮置きする。なお長辺は壁際にぴたりと合わせる

03 長辺は当て木を使ってカットしていく

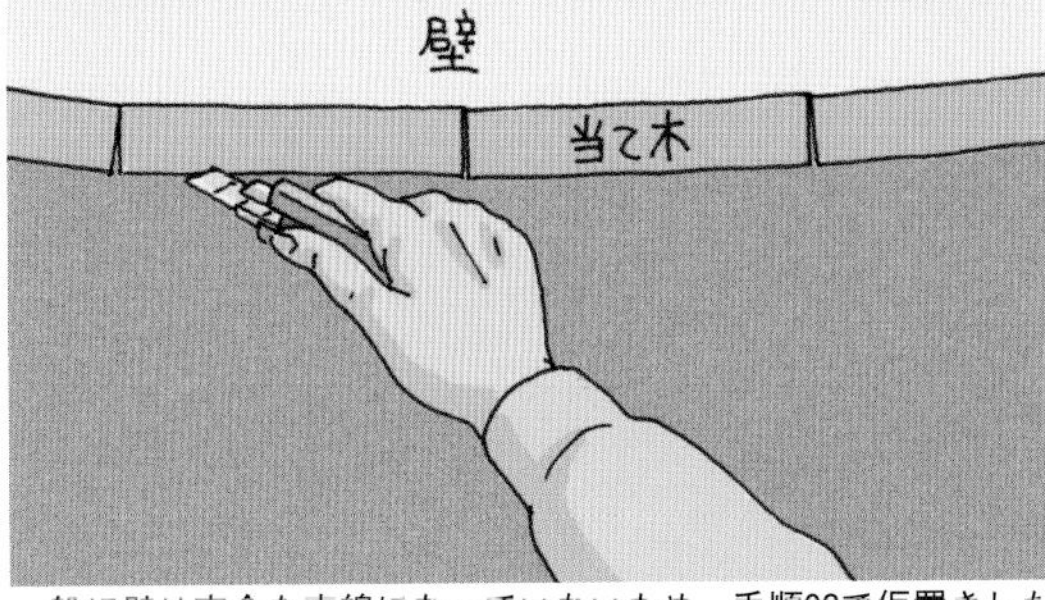

一般に壁は完全な直線になっていないため、手順02で仮置きしたクッションフロアの長辺と壁にすき間が出ることが多い。その場合は幅1㎝、長さ10㎝程度の当て木を壁に沿わせながら少しずつカットする。こうすれば壁の曲線とクッションフロアの曲線が同じになり、ぴたりと収まる

04 10㎝余らせた短辺部分をカット

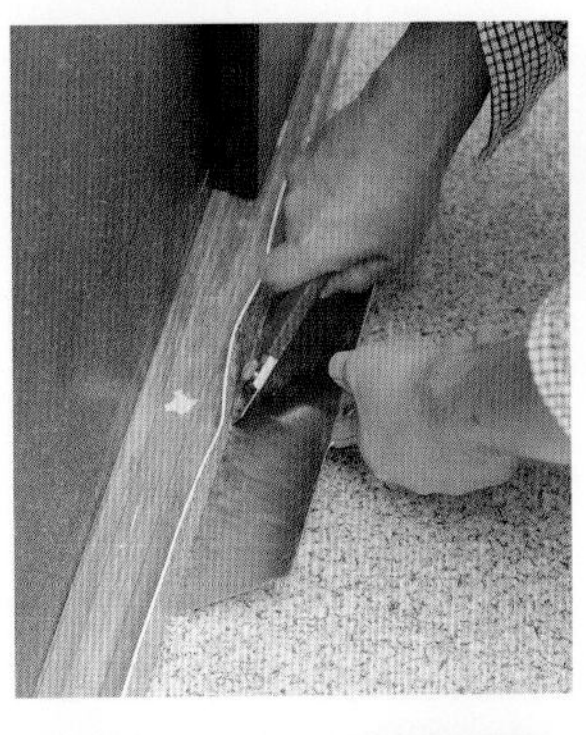

10㎝余らせて仮置きしている短辺部分をカットしていく。カットは地ベラを使用。際にグッと強く差し込みながら、必ずカッターはヘラの上側にあてて切る。少しずつ、とき折曲がっていないかを確認しながら切るのがコツ

05 柱部分に千枚通しを刺す

部屋のなかに柱や出隅がある場合は、まず出っぱりの角部分に千枚通しを刺して穴をあける

06 カッターをあてて斜めにカットする

手順05であけた穴にカッターの刃先を入れ、斜めに切り上げる。そのあとは、切った部分を寝かせ、地ベラを使って際をカットする

知っておきたいワザ&知恵

カットに便利なコーナーカッター

クッションフロアを簡単にカットする道具がコーナーカッター。柄を握り、刃先のついた本体を際にあてながら押していくだけなので片手で作業できる。ホームセンターで購入できる。

07 2枚目との重なり部に目印用のテープを張る

2枚目のクッションフロアを仮置きする前に、1枚目の端に数カ所テープを張る（2枚目と重なる幅をそろえるため）

08 残りを敷き詰める

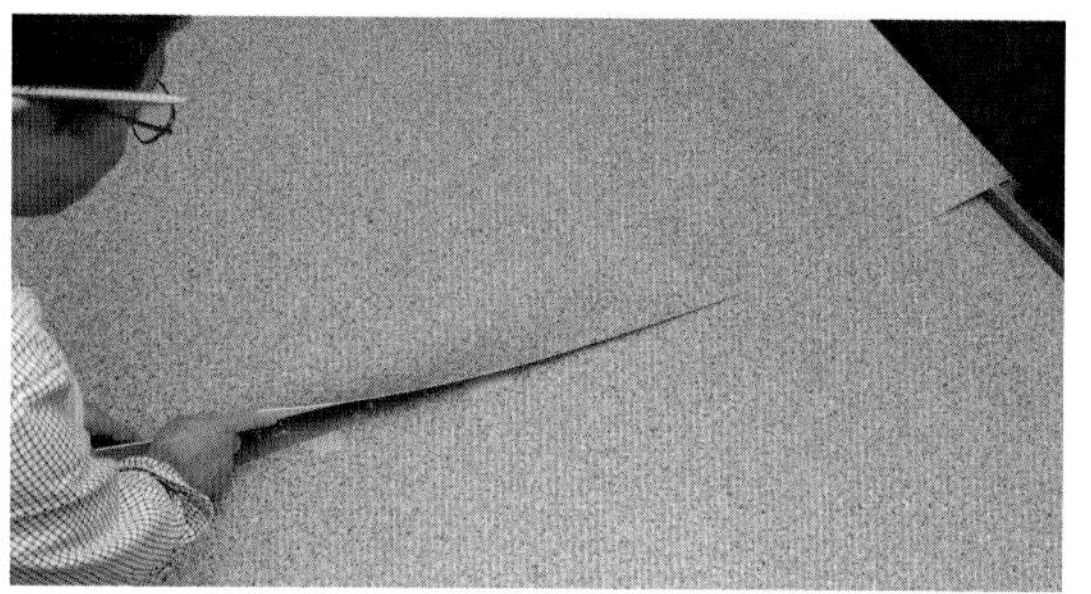

2枚目を1枚目のテープに合わせて重ねて置き、壁際をカット。残りも同様の手順で床全体に敷き詰める

クッションフロアを張る

01 接着剤を床に塗る

カットが終了した1枚目のクッションフロアを半分だけめくり上げ、床部分に接着剤を塗る。とくに壁際はていねいに塗る

02 床面と圧着させる

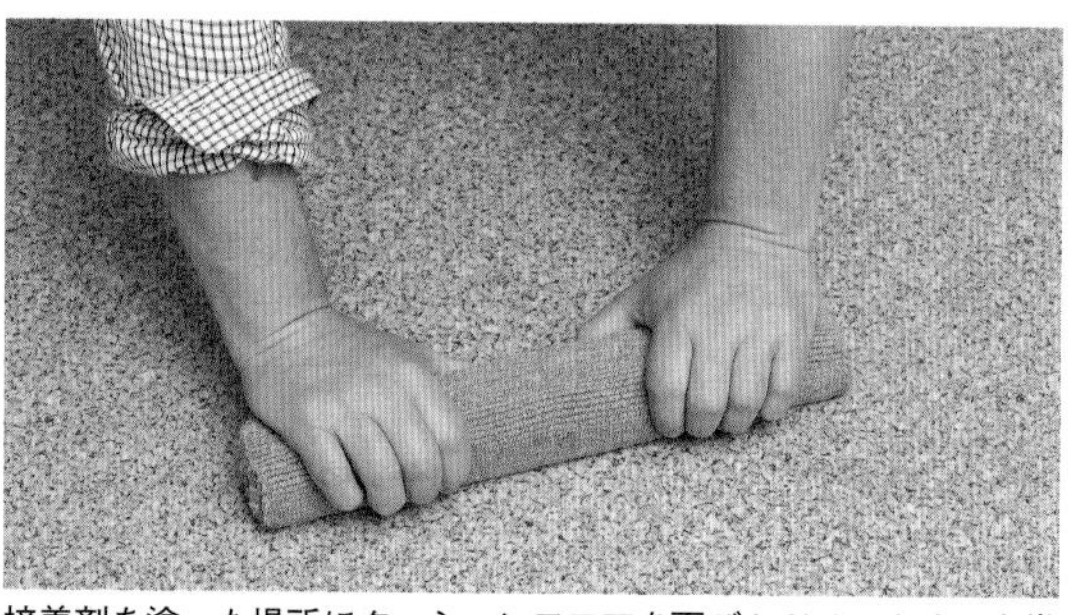

接着剤を塗った場所にクッションフロアを再びかぶせ、タオルを巻いた棒などでこすり、床面に圧着させる

03 半分ずつ接着剤を塗る

1枚目の接着剤を塗っていない半分と、2枚目の半分をめくり、接着剤を塗って圧着。以後、同様の手順で全体を接着する

04 重なり部分をカットする

クッションフロアの重なり部分に定規をあてて切っていく。カット後、不要な切れ端をはずす

05 継ぎ目をローラーで圧着

継ぎ目は、専用ローラーを使って圧着。めくれやすい部分なので念入りにする

知っておきたいワザ＆知恵

くしベラを蛇行させるように

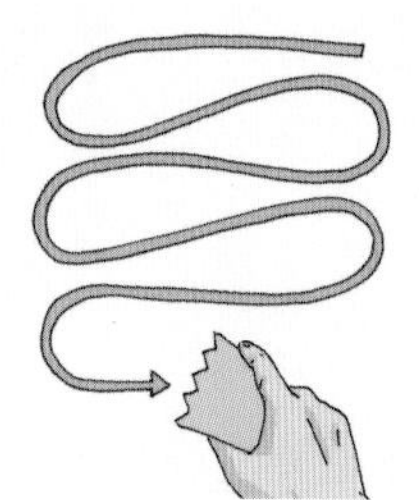

接着剤は、床のどの部分にも均等な量を塗ることが大切。そのためにはイラストのようにくしベラを蛇行させるようにしながら動かしていくのがコツだ。

06 継ぎ目にシーラーを入れる

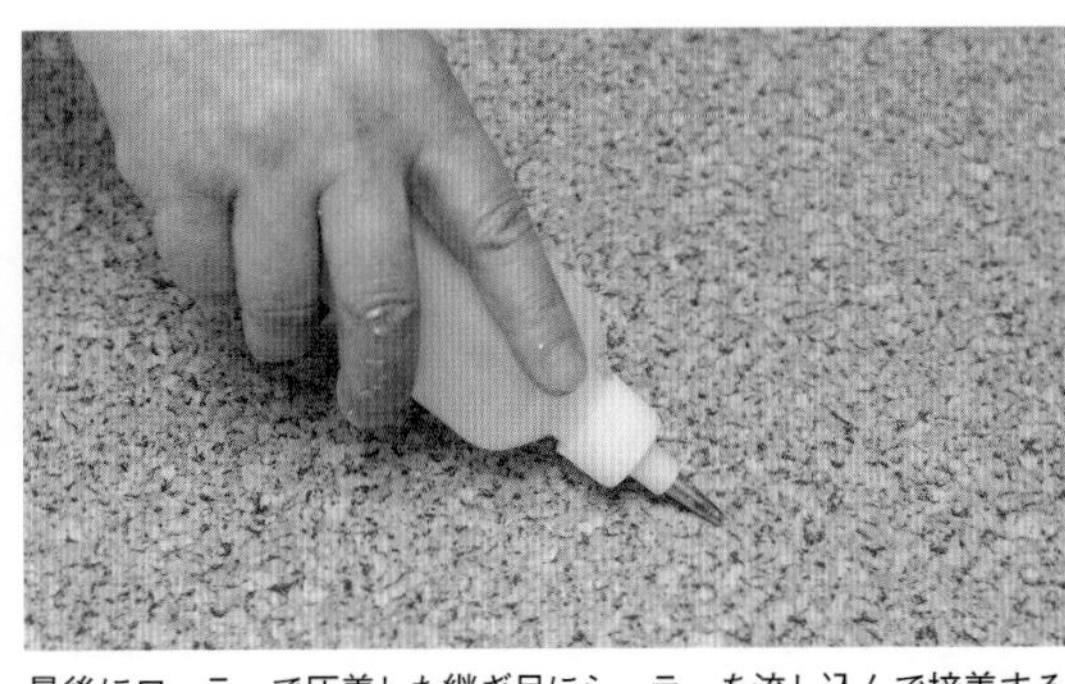

最後にローラーで圧着した継ぎ目にシーラーを流し込んで接着する

07 コーキング剤で壁際のすき間を埋める

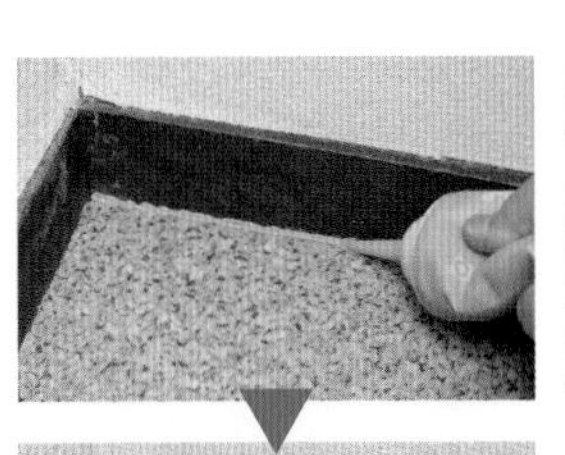

カットに失敗して壁際にすき間ができてしまったときは、同系色のコーキング剤で埋めれば目立たなくなる。コーキング剤は少し多めに入れウエスで拭き取る

知っておきたいワザ&知恵

玄関の上がり框にモール材を張る

玄関にクッションフロアを張ったときは、上がり框にモール材を設置する。張り方は次の通り。

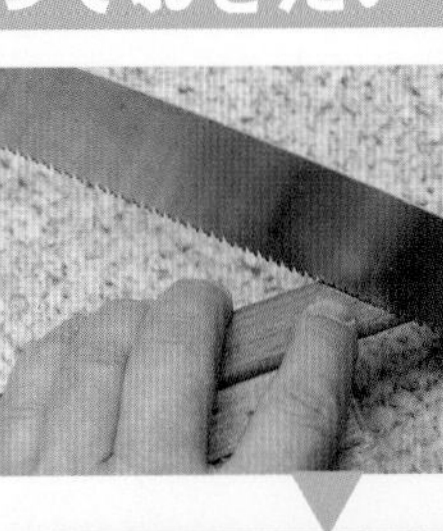

L字のモール材を用意。框に合わせた長さでカットする。框に直角部分があれば45度に切る

接着方法は両面テープが一般的。モール材の幅に合った強力タイプの両面テープを使用すること

両面テープのはくり紙をはがして上がり框に張りつける。強度が必要なので強く押しつけて圧着する

上敷き鋲で固定するだけでもOK
ロールカーペットの敷き方

クッションフロア同様、床に敷き詰める素材としてロールカーペットがあります。もっとも手軽なのはそのまま敷いて上敷き鋲でとめてしまう方法です。家具が置かれた部屋であればこれでほとんどズレることはありません。出隅・入隅はクッションフロアと同じ方法でカットします。家具が少なくズレが心配なときはカーペットテープを張って固定します。

カーペットは一般的にホームセンターなどで「〇畳用」という単位で売られていますが、畳サイズは江戸間、団地間など幾通りかあり、ぴったりとはなかなかいきません。購入前に部屋の実寸を測り、商品の寸法を確認することが大切です。

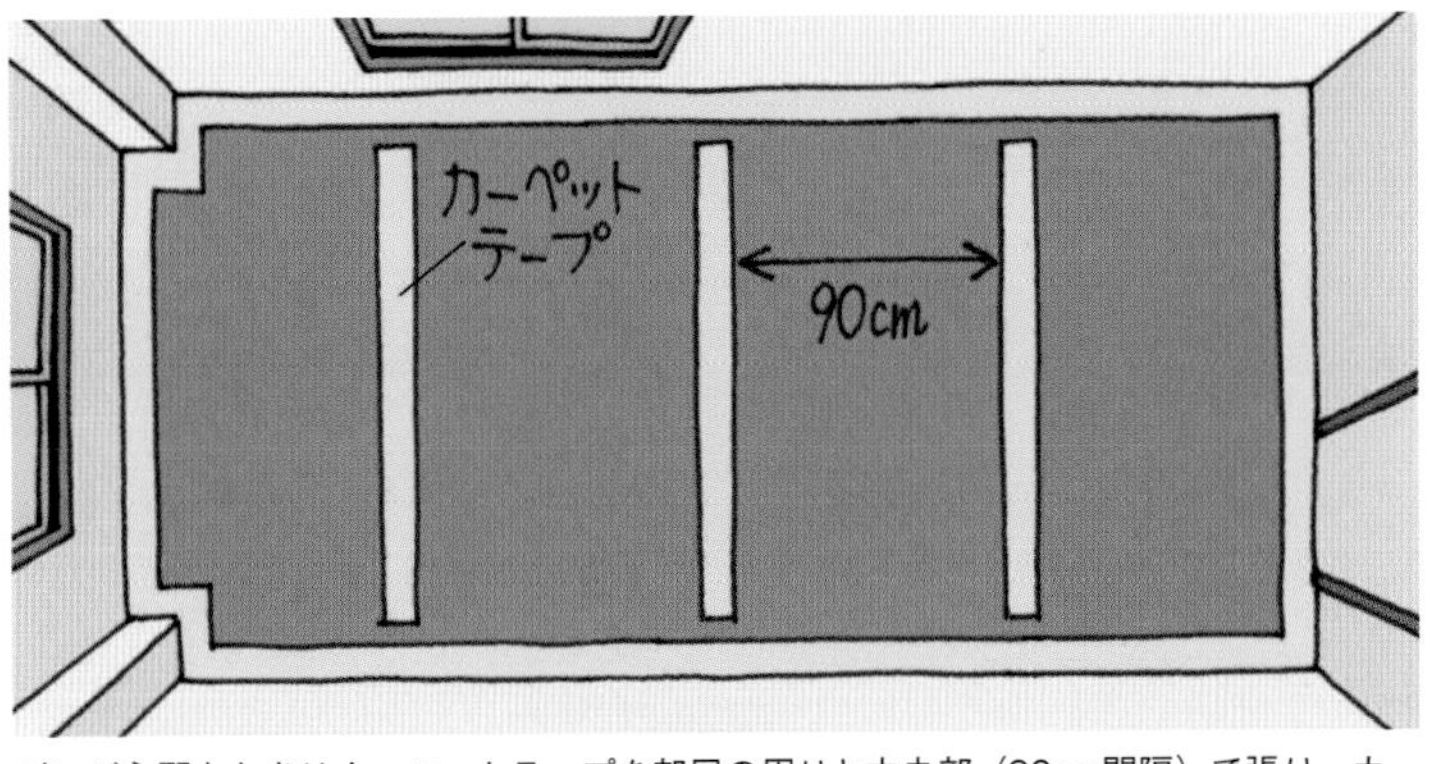

ズレが心配なときはカーペットテープを部屋の周りと中央部（90cm間隔）で張り、カーペットを接着する。これでズレやめくれの心配はなくなる

出入口はめくれやすい場合が多い。そのときはカーペットテープを張って固定する

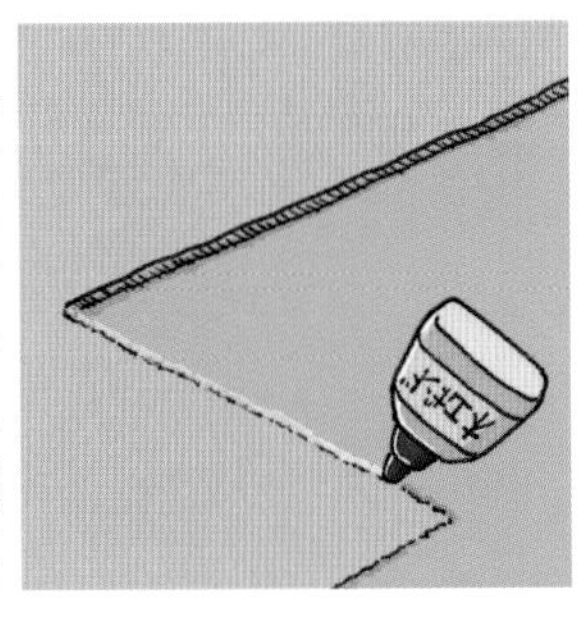

サイズ合わせでカットした部分は糸がほつれやすくなるので木工用接着剤で固めておく

置き敷きフローリング材を敷く

クギのいらない簡単施工が魅力

下地をまったく傷めず施工 引っ越し先に持っていける

置き敷きタイプのフローリング材は、通常のクギで固定するタイプと比べるとその施工の手軽さが魅力です。単に置いていくだけのもの、接着剤や両面テープで固定するものの2種類がありますが、ここではより手軽な置くだけのタイプを紹介します。これは元の床を傷めないので賃貸住宅でも施工できます。しかも引っ越しの際は取りはずして持っていくことも可能です。一般に置き敷きフローリング材は、下地が硬い床であれば直接敷けますが、1cm程度の厚さがあるので施工前のドアと床面との差が2cm以上は最低必要です。それ以下だと開閉に支障が出ます。施工前に確認してください。

▼主な材料

置き敷き
フローリング材

巾木（必要な場合）

▼主な道具

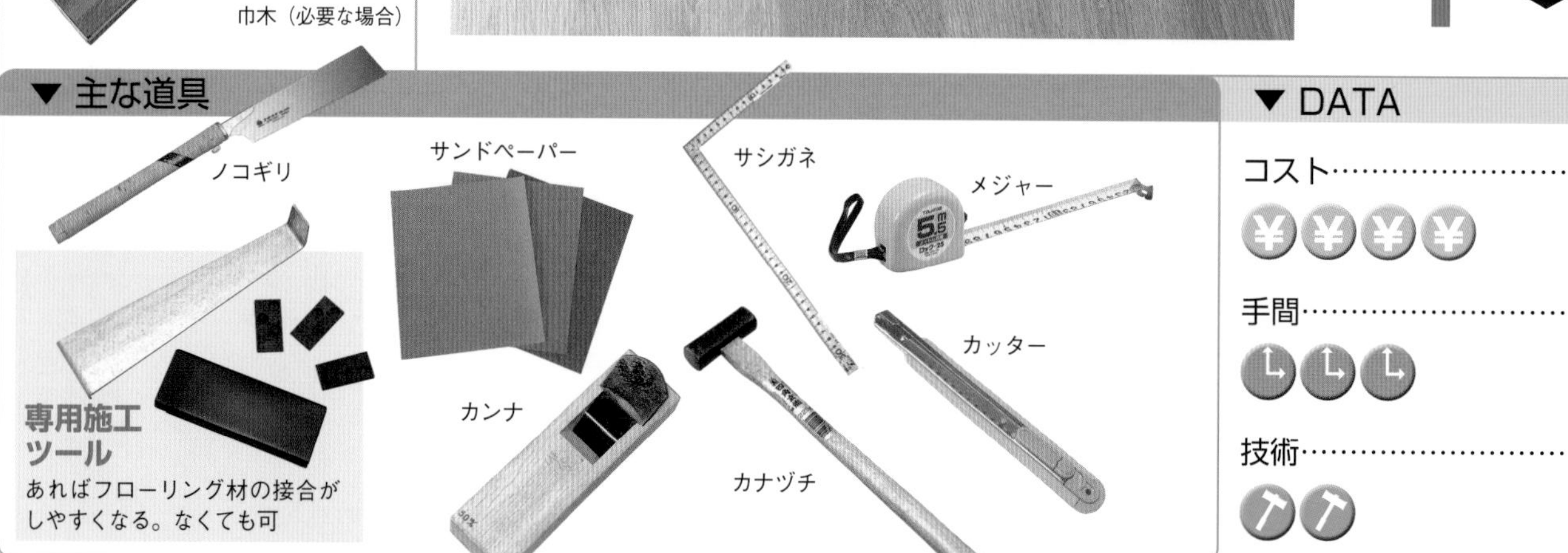

▼DATA

コスト…………………… ¥¥¥¥

手間…………………… 3

技術…………………… 2

継ぎ目が交互になるように張る

作業の前に…

コンクリート、クッションフロア、木製床は直接敷ける。凹凸は平らにならし汚れを取る。また取りはずせる巾木ははずしておく。畳の場合は取りはずして床面を高くしておく(P.122参照)。カーペットの場合ははがしてからほか同様の下地調整を。

01 割りつけ計画を作る

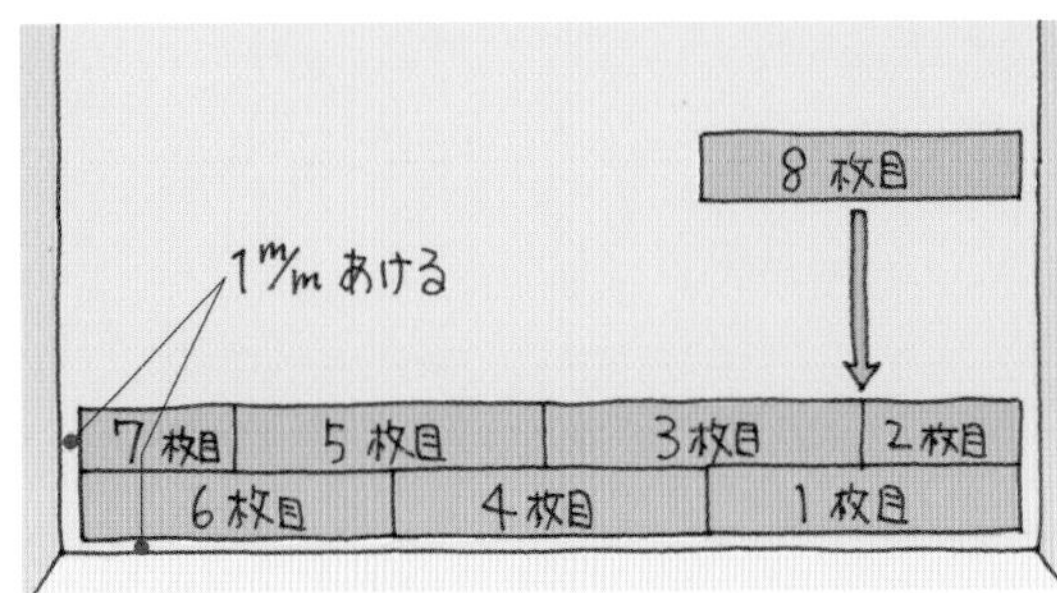

割りつけ計画を作る。継ぎ目は交互にするのが基本。カットした切り落とし分は常に反対側で使う（イラストの2、7枚目）

02 1枚目の凸サネを切り落とす

凹サネ
凸サネ

1枚目は凸サネが壁を向くようにして敷く。そのため凸サネをカットする。カッターで切り落としたあとでカンナを軽くかける。なお、手順01のイラスト内2、4、6、8枚目の壁側の凸サネも敷き込み時に同様にカットすること

03 2枚目を半分にカットする

ノコギリを使って2枚目のパネルを半分にカットする。切り口はサンドペーパーでなめらかにしておく。ノコギリを使うときは、目線を必ず刃の真上に置くようにすると真っすぐに切れる

04 1枚目と2枚目を接合させる

1枚目の凹サネと2枚目の凸サネを接合する。写真のように斜めに傾けた状態で差し込むと上手に接合できる

05 3枚目を接合する

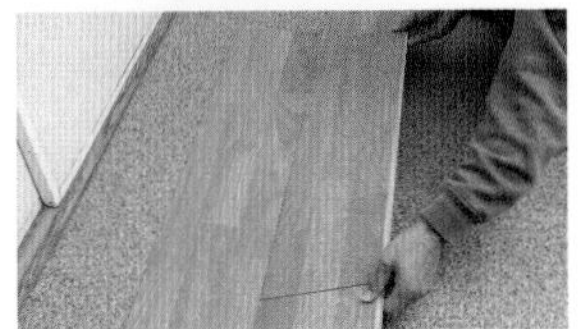

3枚目はまず2枚目と短辺を接合。その状態で2枚目と3枚目を同時に持ち上げ、一緒に1枚目に差し込むようにする

06 叩き締めて継ぎ目をぴたりと収める

専用施工ツールのブロックを使い、継ぎ目が開かないように叩き締める。専用施工ツールがない場合は、パネルをキズつけないように当て木を添えて叩く

07 2列分が完成したら壁際に移動させる

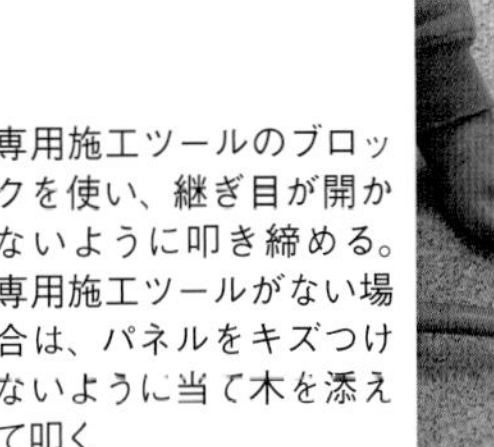

2列分を接合し終えたらすき間を1㎜程度あけて壁際に寄せる。以後、8枚目からは1枚ずつ横に並べてパネルを敷いていく（イラスト参照）。なお、出隅・入隅の調整、最終列は現物合わせで幅をカットして収める

知っておきたいワザ&知恵

敷き詰めたあとに巾木を取りつける

フローリング材を敷き詰めたあとは壁際に巾木を取りつける。すでについていたものが取りはずせたときは再びそれを、取りはずせないときはその上から別の巾木を取りつける。

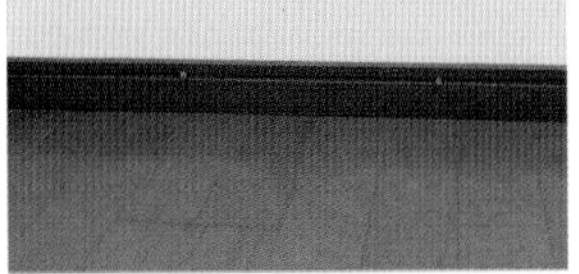

巾木は接着剤と隠しクギで固定するのが一般的。なお、和室リフォームで床に畳寄せがある場合は巾木を取りつけないこともある

無垢フローリング材を張る

体にやさしい天然の単板木材を、接着剤を使わずに敷く

化学薬品を使用しない木材にこだわる

接着剤を使用しない単板の無垢フローリング材の施工法や、カーペットとは違ってホコリを吸わない構造は、ただそれだけでも体へのやさしさを持っています。

ここではその単板フローリング材の張り方について紹介していきますが、より体へのやさしさを求めるなら、材の加工方法や下張りの施工方法にも気を配るといいでしょう。

防虫・防カビを目的に施される薬品処理を行なわずに、80度燻煙加工が施された無垢フローリング材もあり、注目です。

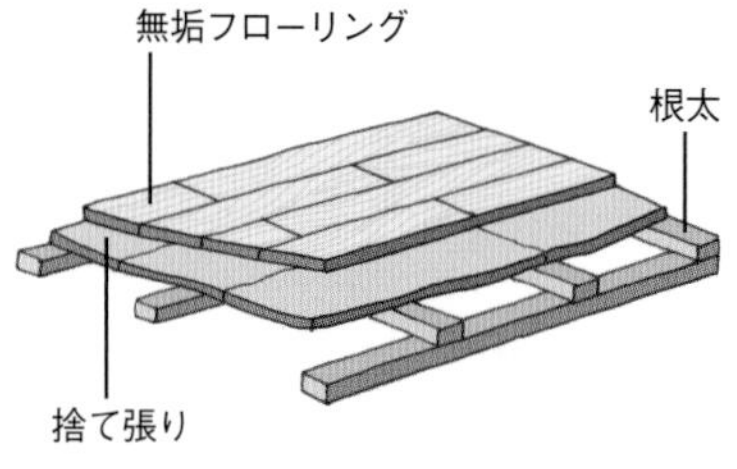

一戸建てでもマンションでも、床の下に根太があれば無垢フローリング材は張れる。体へのやさしさにこだわる人は、化学物質を含む合板などをはがし、捨て張りした上に施工するといい

▼ 主な道具

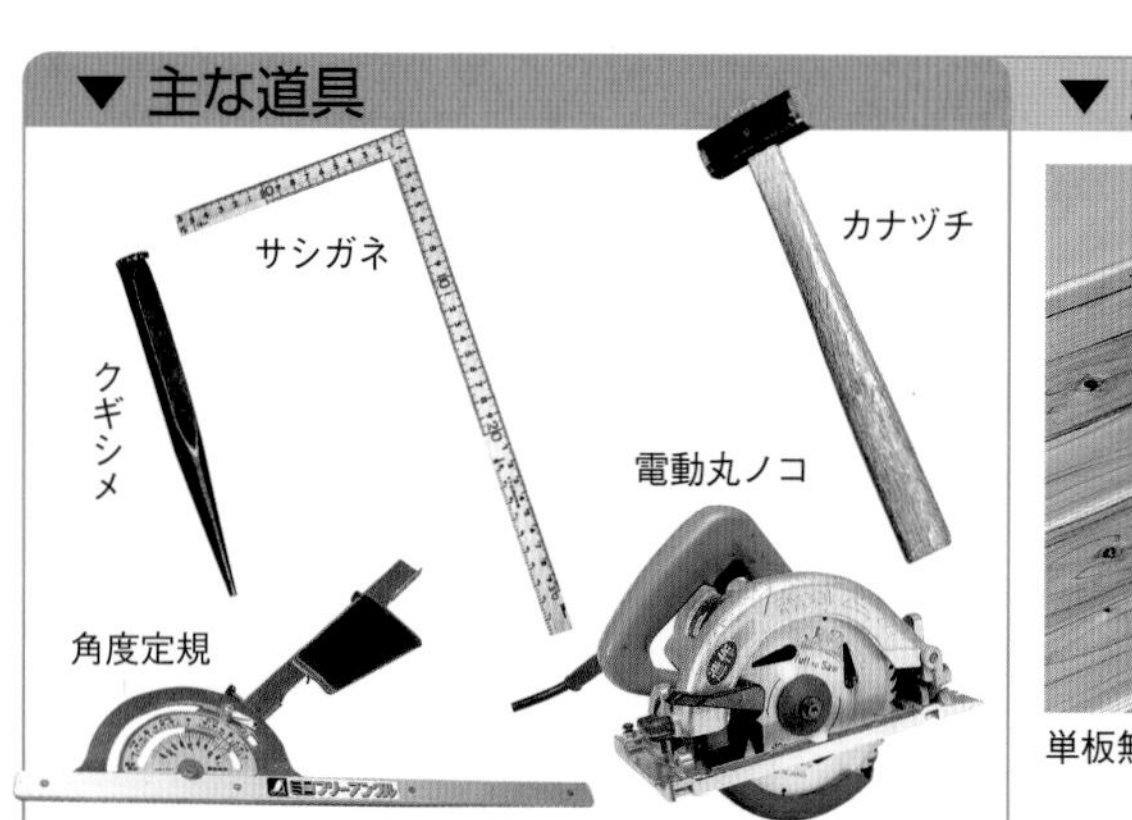

▼ 主な材料

フロアクギ

単板無垢フローリング材

塗料

▼ DATA

コスト……………………

手間……………………

技術……………………

張り始めには2通りある

単板フローリング材の張り方には、壁側から張り始める方法と、部屋の中央から左右に向かって張る方法がある。

中央から左右に張り始める場合は、部屋のセンターを測ったり墨つけしたり、最後のすき間に板幅を合わせる作業が多くなるなど手間が増えてしまう。対して、部屋の壁側から張り始めれば、最後に板幅をカットし、壁とのすき間を調整するだけと作業が比較的手軽。

そこでここでは、壁側から張り始めていく方法を紹介しよう。

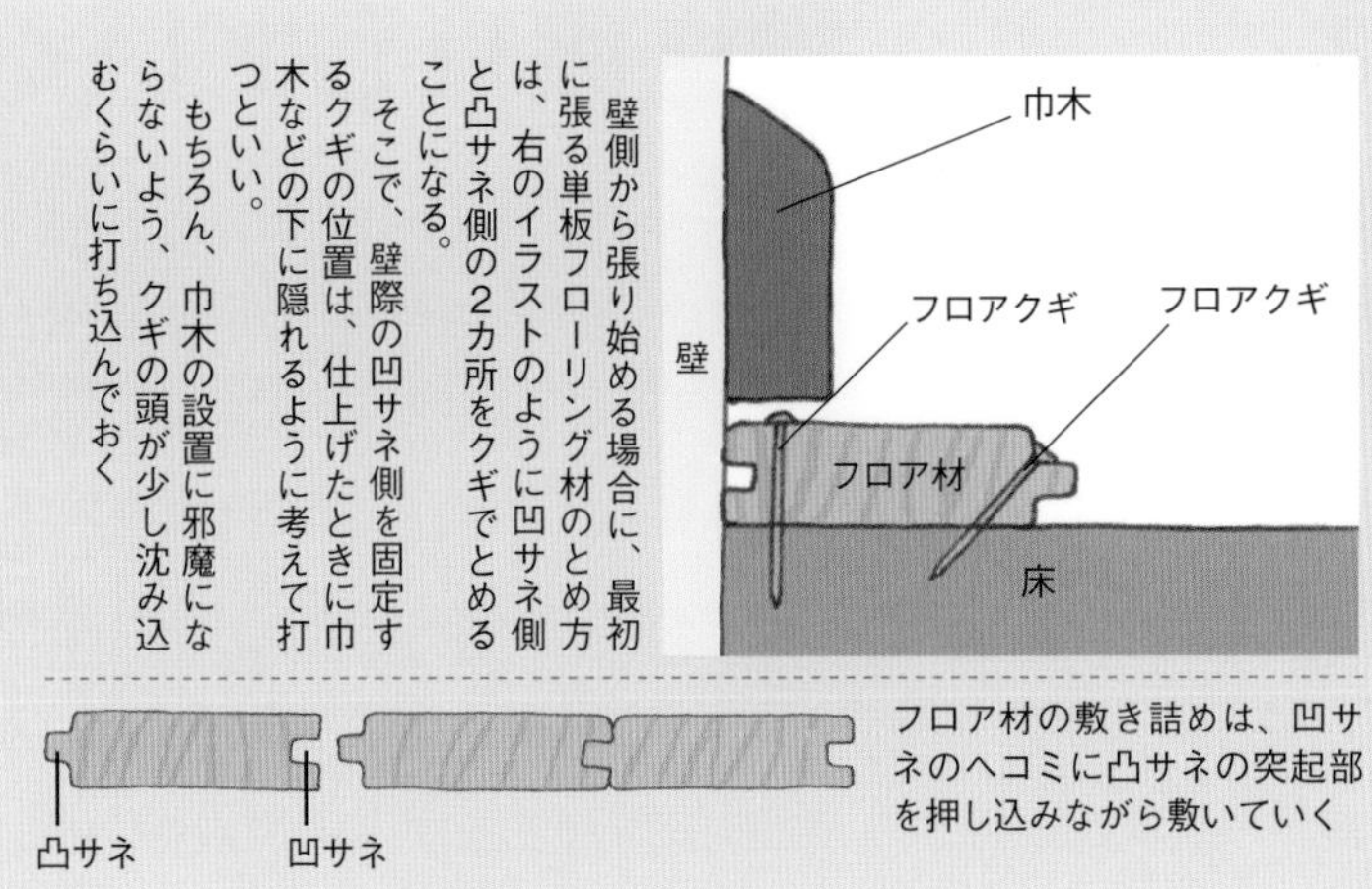

フロア材の敷き詰めは、凹サネのへコミに凸サネの突起部を押し込みながら敷いていく

壁側から張り始める場合に、最初に張る単板フローリング材のとめ方は、右のイラストのように凹サネ側と凸サネ側の2カ所をクギでとめることになる。

そこで、壁際の凹サネ側を固定するクギの位置は、仕上げたときに巾木などの下に隠れるように考えて打つといい。

もちろん、巾木の設置に邪魔にならないよう、クギの頭が少し沈み込むくらいに打ち込んでおく

壁側から張り始める

01 根太の位置を確認して打つ

フローリング材（フロア材）の凹サネ側を壁に押しあててクギを打つ。捨て張りのクギ位置などで根太の位置を確認しておこう

02 凸サネ側のクギを打つ

壁側を打ち終えたら凸サネ側のクギを打つ。使用するクギは写真のように抜けにくく加工されたフロアクギだ

03 最後はクギシメをしておく

凸サネ側に打つクギは手順02の写真のように段差の角あたりに打ち込む。最後にクギシメを使用し、頭を少し沈めておく

04 凹サネが重なるか確認する

写真のようにクギシメをして頭を沈めた部分に、次に敷くフロア材の凹サネが重なることになる。凸サネの面位置よりも入り込んでいるか確認しておこう

最後の板を加工する

01 壁とのすき間をサシガネで測る

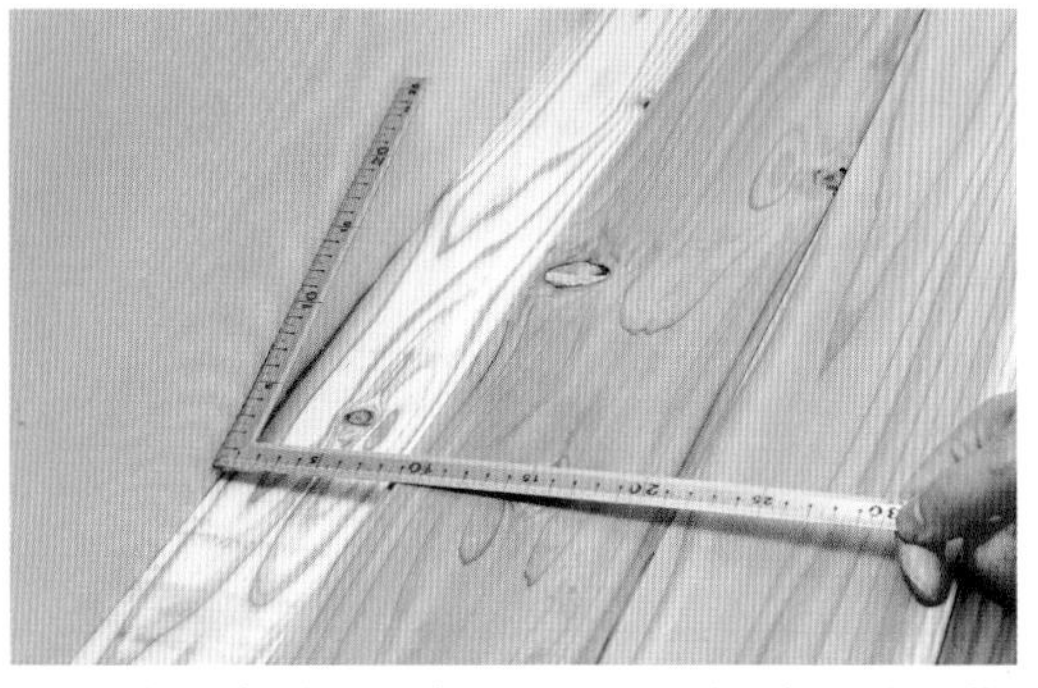

フロア材を固定し始めれば、難しいのは最後に残る壁際の1枚。まずは壁とのすき間をフロア材の両端と中央あたりで測っておく

02 フロア材にカット幅をマークする

測ったすき間の幅をフロア材の両端と中央あたりにマークしたら、直定規やチョークラインなどを利用し線を引いておく

03 線に沿って丸ノコで切る

電動丸ノコの平行定規を調整し、引いた線に刃の位置がくるよう合わせたら切り落とす

継ぎ張りしていく

01 凸サネと凹サネを組んで張り足す

壁際に張り始めたフロア材の次からは、クギでとめた凸サネに次に敷くフロア材の凹サネをはめ込みながら並べていく

知っておきたいワザ&知恵

長さ合わせのカットは角度定規をガイドにして、電動丸ノコで切るといい。直角を出して切れば合わせ目もきれいになる。

02 当て木をしてしっかり叩き込む

張り終えたフロア材に次のフロア材をはめ込んだら、当て木を使用してカナヅチで叩いて密着させる

知っておきたいワザ&知恵

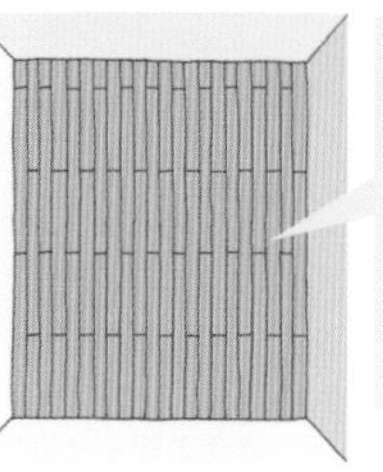

部屋に無垢フローリング材を敷き詰める場合、右のイラストのようにフロア材の縦の継ぎ目が交互になるようにすると、統一感が出てきれいに見える。基本は長い材をなるべくそのまま使えるようにするが、フロア材のカット手間を惜しまなければ、いろんな張り方の工夫ができる。

04 凹サネの下側を切り落とす

最後のフロア材は敷きやすいようにするため、凹サネの下側を切り落とす。電動丸ノコの刃の深さを調整して切り落とそう

05 上からかぶせるようにして敷く

凹サネの下側を切り落としたフロア材は、凹サネの残っている部分を凸サネの上にかぶせるようにして敷く

06 壁側にクギを打ってとめる

壁側とのすき間に加工したフロア材を敷いたら、その壁側にクギを打ち込んでとめる。ここでも巾木の下に隠れる位置に打とう

07 巾木で押さえてとめてもOK

最後に敷くフロア材は壁側をクギでとめる以外に、巾木で上からグッと押さえるようにしてとめても大丈夫だ

知っておきたいワザ&知恵

天然系成分の塗料を塗る

体へのやさしさにこだわるなら、せっかく敷いた単板の無垢フローリングは、天然系成分の塗料やワックスで仕上げよう。植物を原料とするこの塗料には、クリアなものから木目の風合いをいかしながら色づけできるものなど、十数色が用意されており好みに合わせて選ぶことができる。

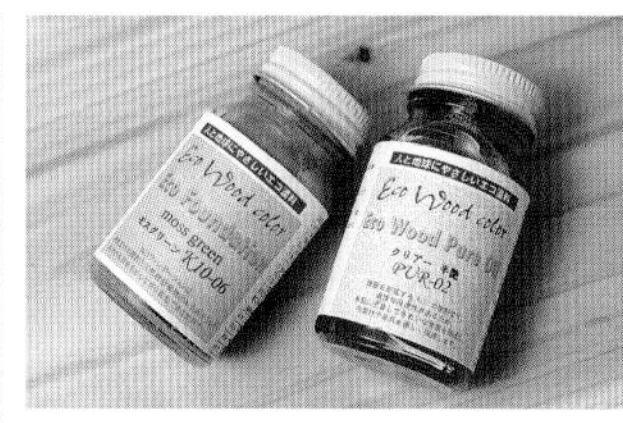

塗膜でフロア材を保護するオイル（右）と、天然素材の顔料が主成分の塗料

フロア材の手入れに使用する、天然原料の蜜蝋を主成分にしたワックス

無垢フローリング表面への天然系成分塗料の塗布は、毛先のやわらかいハケを使用し薄く伸ばすように塗る。8時間ほど乾燥させて400番程度のサンドペーパーで表面を軽く磨き、木粉をよく拭き取ってから2度塗りして乾燥させると完璧だ

リフォームテクニック 床

カーペットタイルを敷く

床からの寒気を抑え、防音効果がグッと高まる

扱いやすさも効果もバツグン作業の手軽さも魅力

部屋の模様替えに最適な上に、階下に響く足音を抑えて防音効果を高めたり、床からの寒気を抑えたりもできるカーペットタイル。

その敷き詰めは本当に手軽な作業で行なえます。

床との密着は下に滑り止めシールなどを置くだけでズレが防げ、部屋の一部に設置するなら並べて敷くだけ。部屋全体に敷く場合でも、壁際に敷く部分をカッターナイフでカットするだけで、接着剤なども必要ありません。

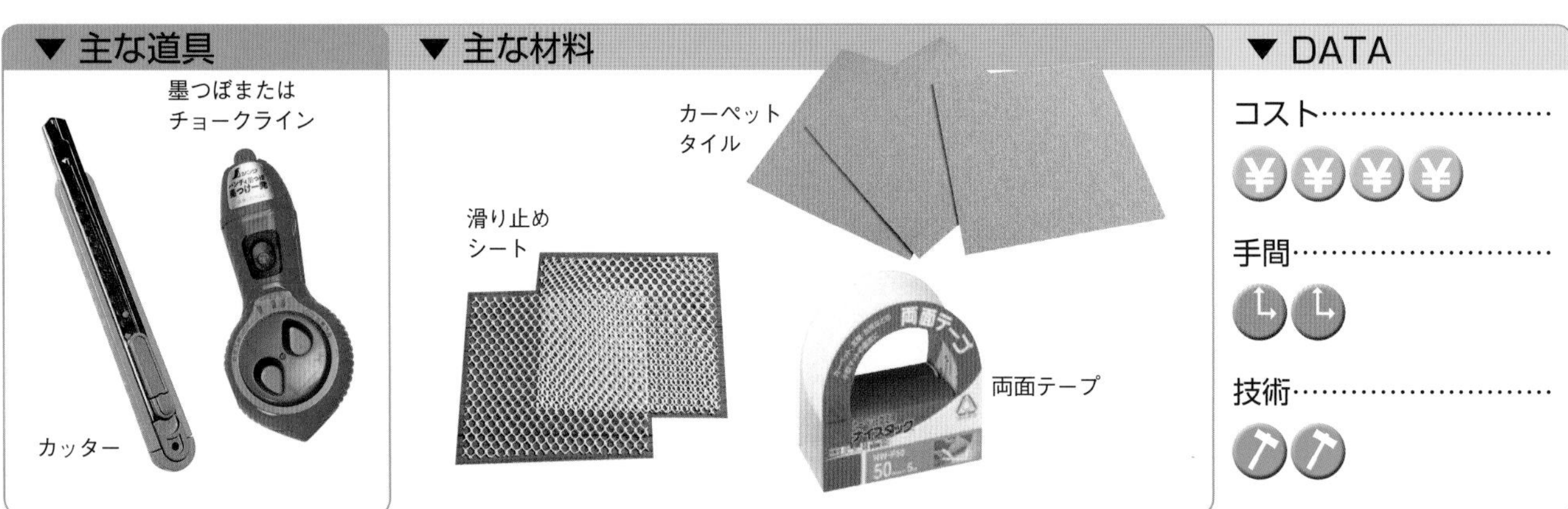

中心から敷き詰めていく

知っておきたいワザ&知恵

両面テープで張る

裏がビニール地でも厚さが5㎜程度あれば、写真のように四隅に両面テープをカットして張るだけでも十分にズレやめくれが防止できる。しかし、子供が走りまわるような可能性がある場合は、縁に沿って両面テープをぐるりと張って密着性を高めよう

01 部屋の中心点を出し敷き詰める順番を決める

タイルカーペットは部屋の中心からイラストの順で敷き詰めていく。しかし壁とのすき間が極端に狭くなると見た目が悪いので、その場合は中心点をずらしてすき間を広く取る

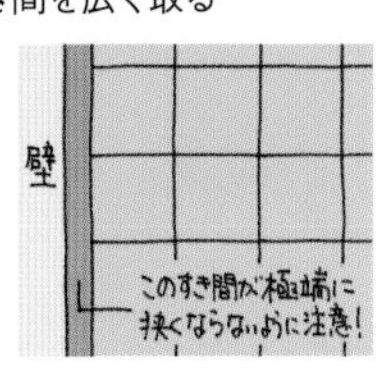

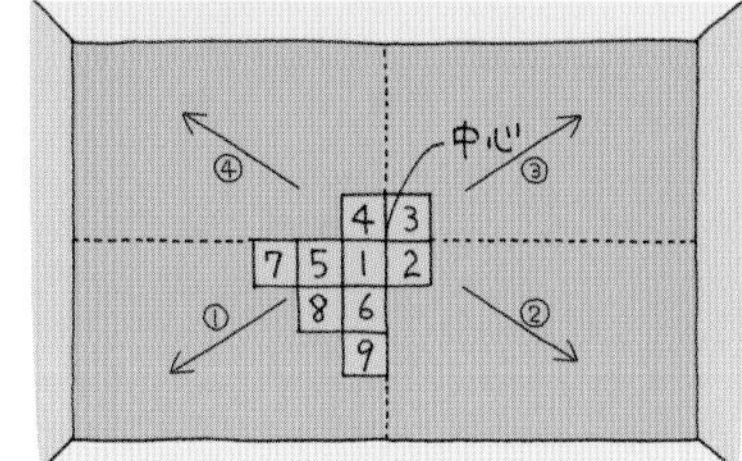

滑り止めテープで敷く

裏がフェルト状のカーペットタイルなら、滑り止めテープが便利。接着面に床側とカーペット側があるので確認を。また手入れで何度かはがし、接着面にホコリがついても水で洗い流して再使用できる

02 部屋の中心線をマーキングする

部屋の中心を計測して、墨つぼかチョークラインで床に中心線(点)を描く。使用時は先端を垂直に立てるのがコツ(写真下)。道具がない場合は定規などで代用

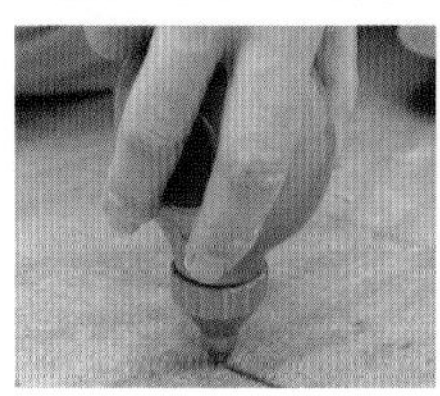

滑りどめシートで敷く

メッシュ状の滑り止めシートは、1枚の上にカーペット4枚の角が載るようにして使用する。接着剤のようにベトつくこともなく、カーペットの位置を自由に調整しながら敷けるので作業効率もいい

03 中心点上に滑り止めシートを置く

中心点の上に滑り止めシートを置き、最初の4枚を順番に敷いていく。なお、裏面がビニール地で薄手のカーペットタイルの場合は、ズレやすいのでシートの代わりに両面テープを四隅に張って床面にしっかり密着させる

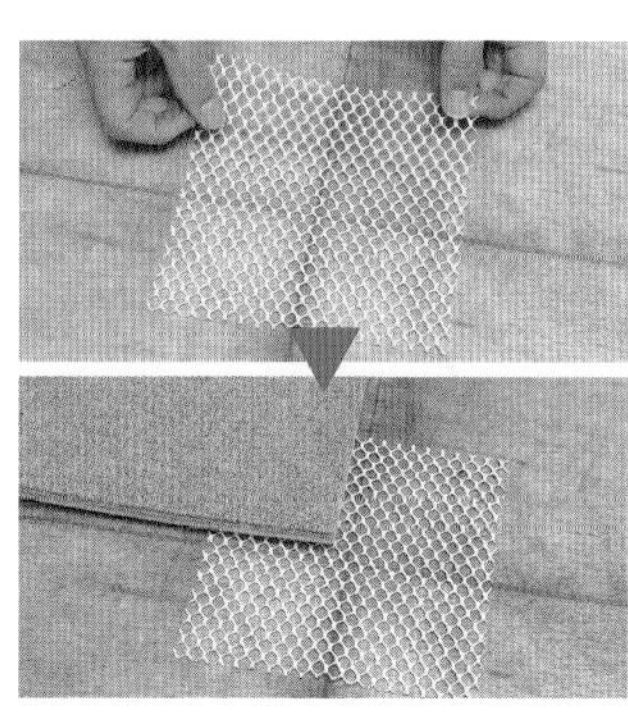

知っておきたいワザ&知恵

並べ方は2通り

カーペットタイルの目地には方向性がある。この方向性を利用して表面の目地を直線的にそろえるのが「流し張り」で、縦横交互になるように並べるのを「市松張り」という。

カーペットタイルの裏面に、この目地の方向を示す矢印が記されているので、同じ方向を向ければ「流し張り」に、交互に横方向と縦方向に向けて敷けば「市松張り」になる。好みに合わせて敷き方を選ぼう。

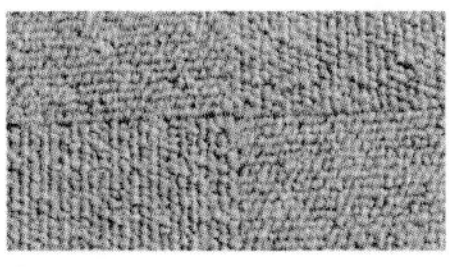

プロの施工に多く、ポピュラーなのが上の写真のように目地の方向を交互に変えて敷く「市松張り」だ。どちらかの張り方にそろえることで、統一感が生まれ美しく見える

カーペットタイルの裏には写真のような矢印がプリントされている。これが表の目地の方向を示している

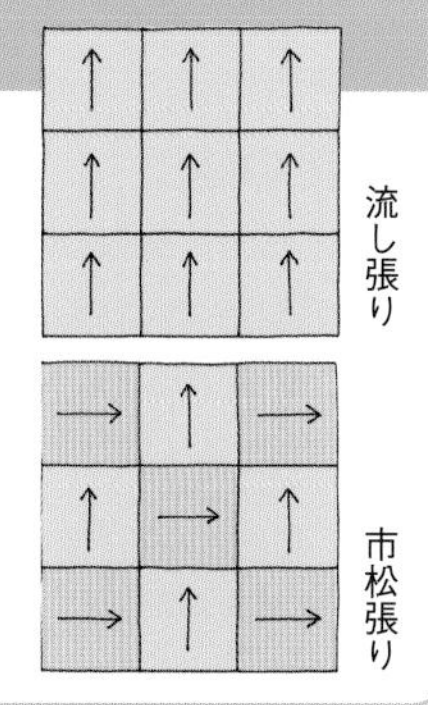

壁際のスペースを処理する

01 敷いたものの上に重ねて載せる

部屋の中心からカーペットタイルを敷くと、壁際にあきスペースができる。そこで、写真のように新しいカーペットタイルを下にぴったり合わせて重ね、さらにもう1枚を壁側に寄せて重ねる

壁とのすき間は、図のようにカットした部分を埋める。いちばん上のカーペットを定規代わりにあててカットすれば、すき間にぴたりと収まる

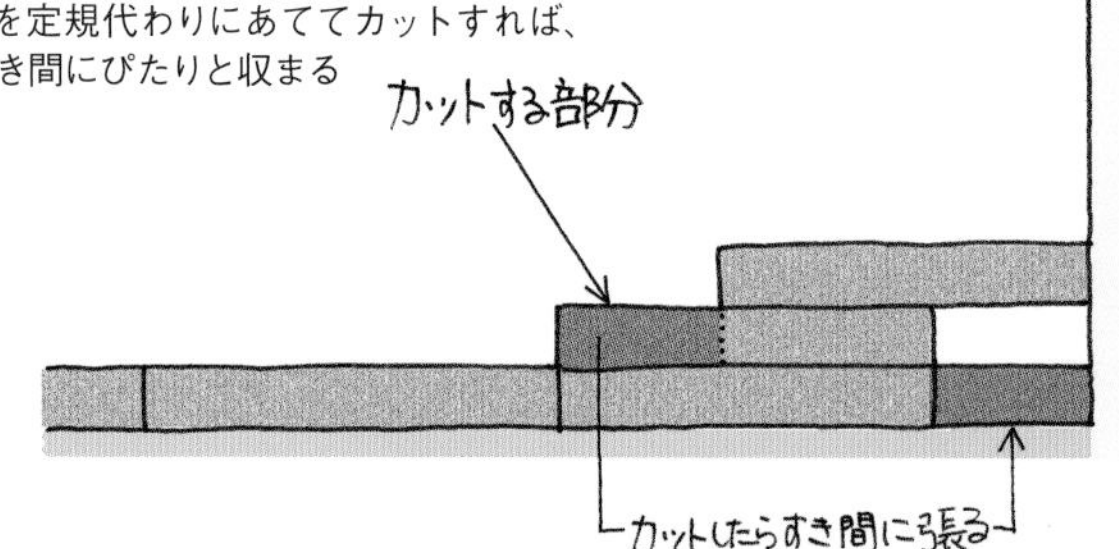

02 重なり部分をカッターで切る

手順01の状態でいちばん上のものからはみ出した、真ん中のカーペットの突き出し部分をカッターナイフで切り落とす。下には板などを敷いてキズつきを防ぎ、カッターナイフは寝かせて引く

03 切ったカーペットタイルを敷く

切り落とした側のカーペットタイルを、切断面を壁側につけるようにして押し込むと、すき間もなくぴったりはまる。手順02の切断時にズレるとぴったりはまらないので注意して作業しよう

04 もう一方の壁際も同様に

手順03の壁際を仕上げたら、それと対面する壁側を仕上げてカーペットタイルのズレを防ぎ、次に側面の壁際を仕上げるようにしよう。作業の手順は同じことの繰り返しだ

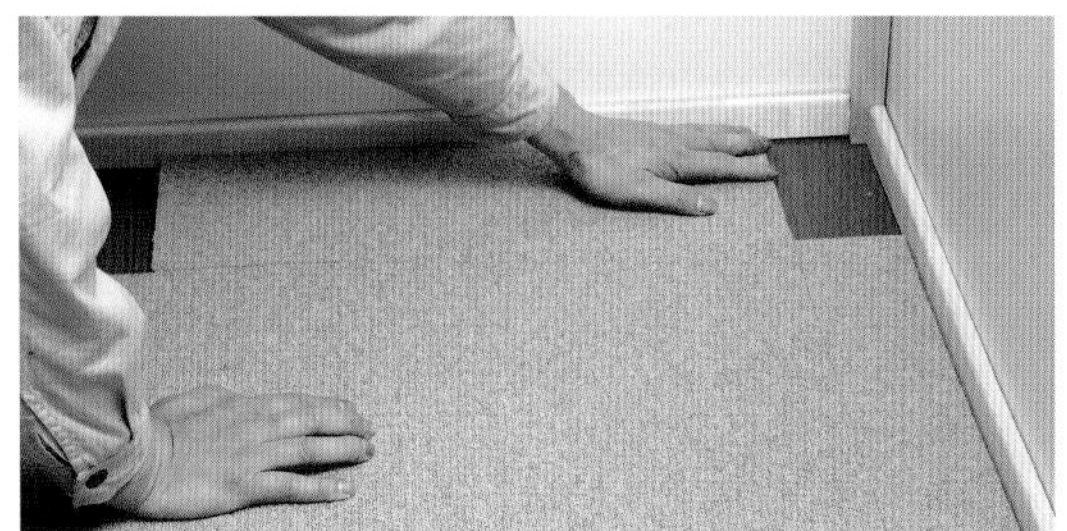

05 部屋の角は最後に現物合わせで

部屋の角部分を残して仕上げていくのは、後述する柱の突起などの逃げを工夫する必要があったり、敷き詰めに全体的なズレがあった場合にも、ここに敷くカーペットタイルの切り方でカバーできるからだ

知っておきたいワザ&知恵

作業の前に…

カーペットタイルは畳とカーペット以外なら直接敷ける。床面に凹凸がある場合は平らにならし、汚れも落とす。畳の場合は取りはずしてから「かさ上げ」をして床面を高くておく（P.122参照）。またカーペットの場合ははがしてから下地調整をする。

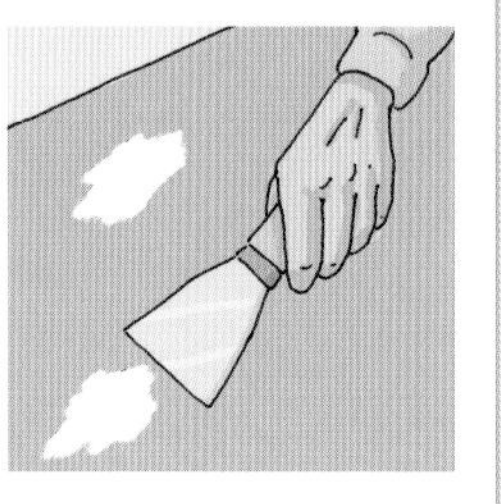

知っておきたいワザ&知恵

組み合わせ方でオリジナル模様も！

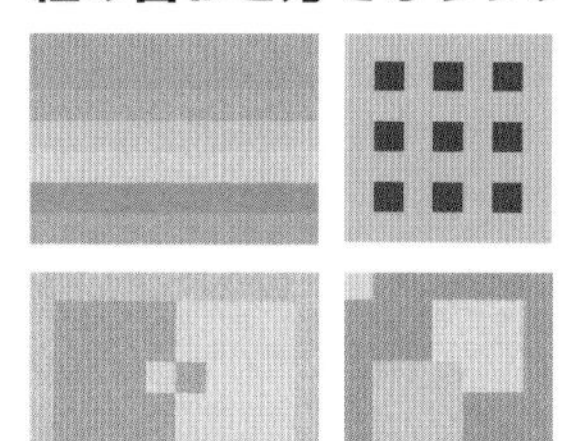

敷き方を工夫すれば、こんな幾何学模様も。正方形のものをただ敷き詰めるだけでなく、たとえば対角線で切って三角形にしたり、半分に切って長方形にしたりすればいろいろなデザインが楽しめる。自分だけのオリジナル模様に挑戦してみてもよい

知っておきたいワザ&知恵

厚さが変わればあたたかさや遮音性も違う

カーペットタイルを敷けば気軽に腰を下ろして寝ころぶこともでき、だれでも快適に過ごせる部屋作りができる。だからこそ、その機能性にも大いに注目して選ぶようにしたい。パイルが長ければ肌触りもいいし、クッションパッドの厚さや素材の工夫で、より断熱性や遮音性にすぐれるものもある。一般的にちょっと厚めのものは機能性にすぐれ、その分直接コストに響いてしまう難しさもあるが、できればちょっと厚めのものを選んで快適に仕上げよう。

06 柱の張り出し部分をカットする

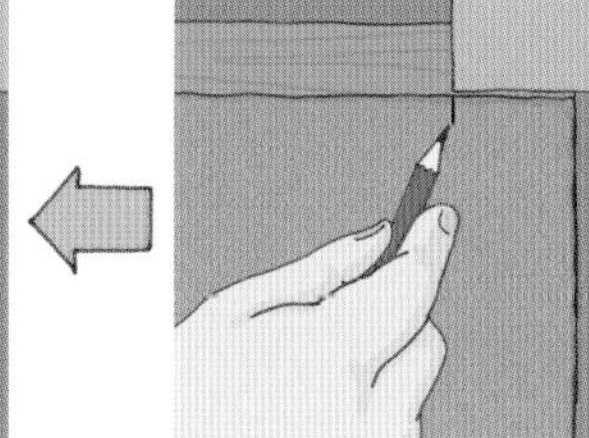

最後に敷き詰める部屋の角は、まず柱などの張り出し量を現物合わせで印をつける。壁の両面に交互にしっかり押しつけ、柱の先端にマークすればOKだ

不要部分のカットは、定規などを利用しきれいにカットしよう。カッターは力を入れすぎず、何度か引き直して切ると安全だ

07 カット部分を合わせてみる

張り出した部分をカットしたら、まず先に敷いてあるカーペットタイルの下に入れて角がぴったりはまるか確認する

08 線に沿ってカットする

手順07の写真の状態で、先に敷いたカーペットタイルにズレがないか確認したら、重なり部分に線を引き、その線に沿ってカット

09 もう一辺に墨つけする

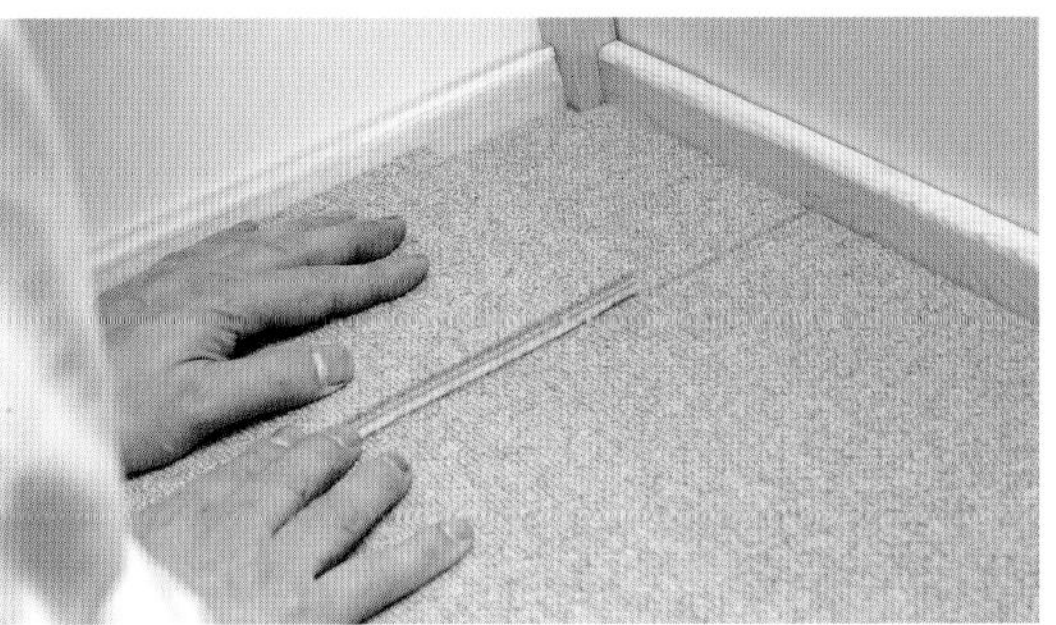

手順08の作業で一辺をカットしたら、もう一方の壁際のカーペットを浮かして下に敷き、重なり部分に切り落としの線を引く

10 角の形に切り落とす

以上のように周囲を現物合わせで線引きし、板などを定規代わりにしてカッターで直線的に切り出せば、最後に残ったスペースにぴったりはまるものが完成する

11 ちょっときつめにカットする

カーペットタイルは素材そのものに弾力性があるため、壁際に敷くものを切り出す場合にほんのわずか長めに採寸してやると、ぴたっとはまって継ぎ目もわかりにくくなる

コルクタイルを敷く

足ざわりのやさしい自然素材の床材

独特の風合いと高い機能性 専用の接着剤で張りつける

コルクタイルは自然素材であるコルクを使った床材で、足ざわりのよさに加えて断熱・遮音などの機能性も高く、根強い人気があります。価格は高めですが、形状は30～40㎝角の正方形で、厚さは5㎜程度が一般的。カーペットタイル（Ｐ１３４）同様の手順で床に敷き詰めていきます。

作業の前に…

下地床またはフローリングの上に直接張っていく。クッションフロア、カーペット、畳の上には張れないのではがす。床面に凹凸がある場合は平らにし、汚れも落とす。畳の場合ははがしてから「かさ上げ」をして床面を高くする（P.121参照）。

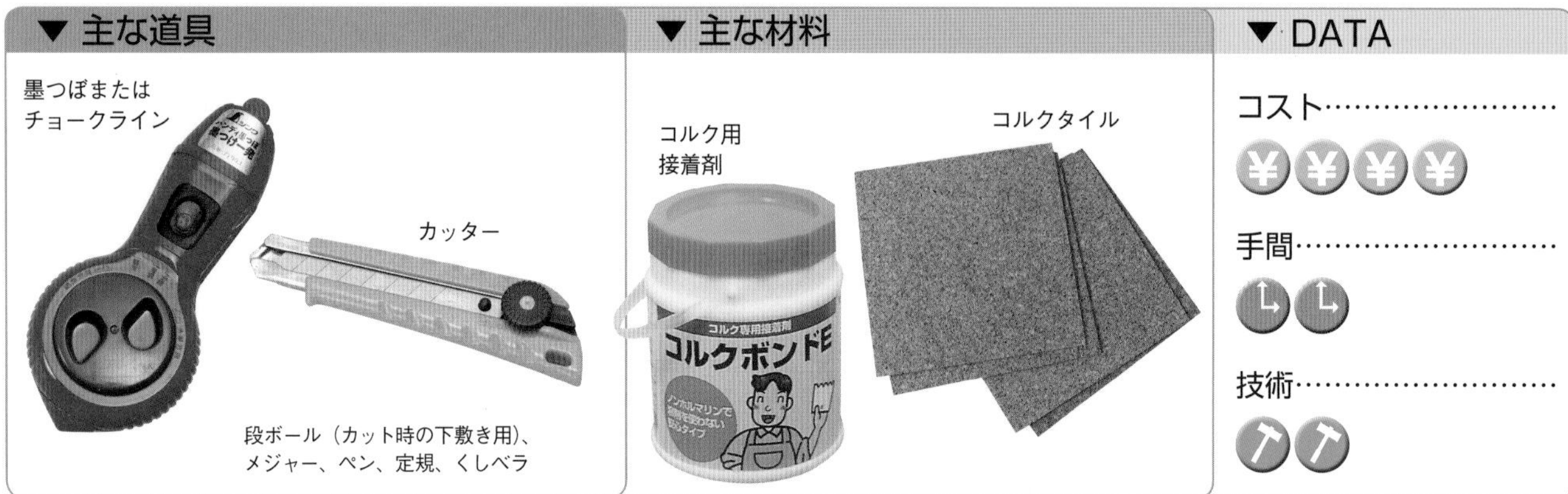

中心からコルクタイルを張っていく

壁とのすき間は、図のようにカットした部分を埋める。一番上のコルクタイルを定規代わりにあててカットすれば、すき間にぴたりと収まる

カットする部分

カットしたらすき間に張る

01 床に中心線(点)を描く

メジャーなどを使って部屋の中心を割り出し、墨つぼかチョークラインで中心線(点)を描く(P.135参照)

02 コルクタイル用接着剤を塗る

クシベラを使い裏面にコルク用接着剤を均一に塗る。余裕があればそのまま30分放置すると接着時間が早まる

03 中心線に沿って張っていく

コルクを張っていく順番はカーペットタイルと同じ（P.135参照）。縁をきっちり合わせながら張る

04 壁際のすき間を埋める

壁際の中途半端なすき間もカーペットタイルと同じ方法で埋める(P.136参照)。わずかに大きめのほうがぴたりと収まる

知っておきたいワザ&知恵

カッターの刃を散乱させないテク

コルクタイルに限らず、さまざまなリフォームでカッターが使われるが、もっとも大切なのが切れ味。刃そのものは高いものではないので、少し極端に思うほどマメに折って使うことが大切だ。その際、写真のように粘着テープに張りつけて折れば、折った刃をどこかに紛失してケガをするといった危険を防ぐことができる。

知っておきたいワザ&知恵

シートタイプなど形状さまざま

コルク床材はタイルタイプのほかシートタイプや凹凸サネのついたフローリングタイプがある。どちらもコルクの風合いと機能性を備えつつ、シートタイプなら施工のしやすさとメンテナンス性を、フローリングタイプなら独特のデザイン性を併わせ持つ。

フローリングタイプ

フローリング材同様にクギでとめていくタイプのほか、接着剤不要の置き敷きタイプもある

シートタイプ

タイルタイプよりやわらかく、クッションフロアの上にも敷ける。タイル同様、接着剤で張りつける

リフォームテクニック
床

床下収納を作る

床に開口部をあけて、床下収納などを作る場合も、床の構造がどのようになっているか知っておくと心強い

床の構造を調べて作業を開始

既存の床をくり抜いて床下収納を作る場合、床がどのような構造で組み立てられているかを知る必要があります。

床構造には2×4工法と在来工法で、若干その構造が違っています(P141イラスト参照)。

ここでは、2×4工法の既存のフローリング材をくり抜き、市販の床下収納キットを埋め込むという施工例を紹介します。

ポイントは、床を完全に開口する前に、根太の正確な位置を知るという作業です。

これは下地センサーという道具を使い、大体の位置の見当をつけてから床下収納の大体の場所を決め、根太の位置を避けつつ、丸ノコとノコギリで切り進めていくという手順で作業をすすめます。

無事に開口すれば、あとはキットを組み、受け板を取りつけるだけで終了です。

もし、間違って開口した場合は、既存の床と同じフローリング材で改めてフタの部分を作り直すことになります。

▼ 主な道具

ノコギリ

電動丸ノコ

インパクトドライバー

下地センサー

▼ 主な材料

組み立て式床下収納庫(460㎜角)、65㎜ネジ、補強材&受け材(2×4材)、収納庫の受け(重量ブロック)

用意した組み立て式の床下収納庫(460㎜角)。5,500円前後で市販されている

▼ DATA

コスト…………………… ¥¥

手間…………………… 4

技術…………………… 5

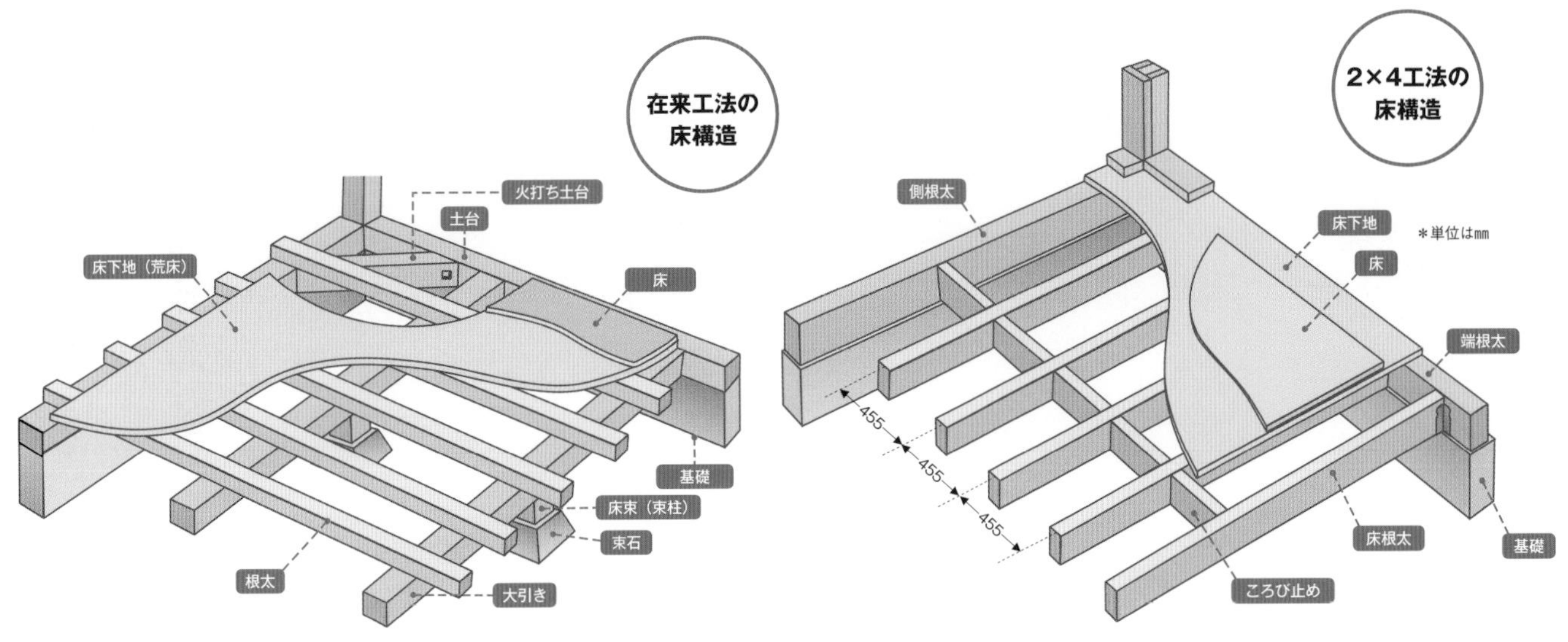

下地センサーで設置場所を探り開口する

01 床の根太の位置を探す

下地センサーで、床下の根太位置をチェック

02 収納庫の場所を決める

床下収納庫の外枠をあてがって、だいたいの開口位置を決める

03 切り込みを入れる

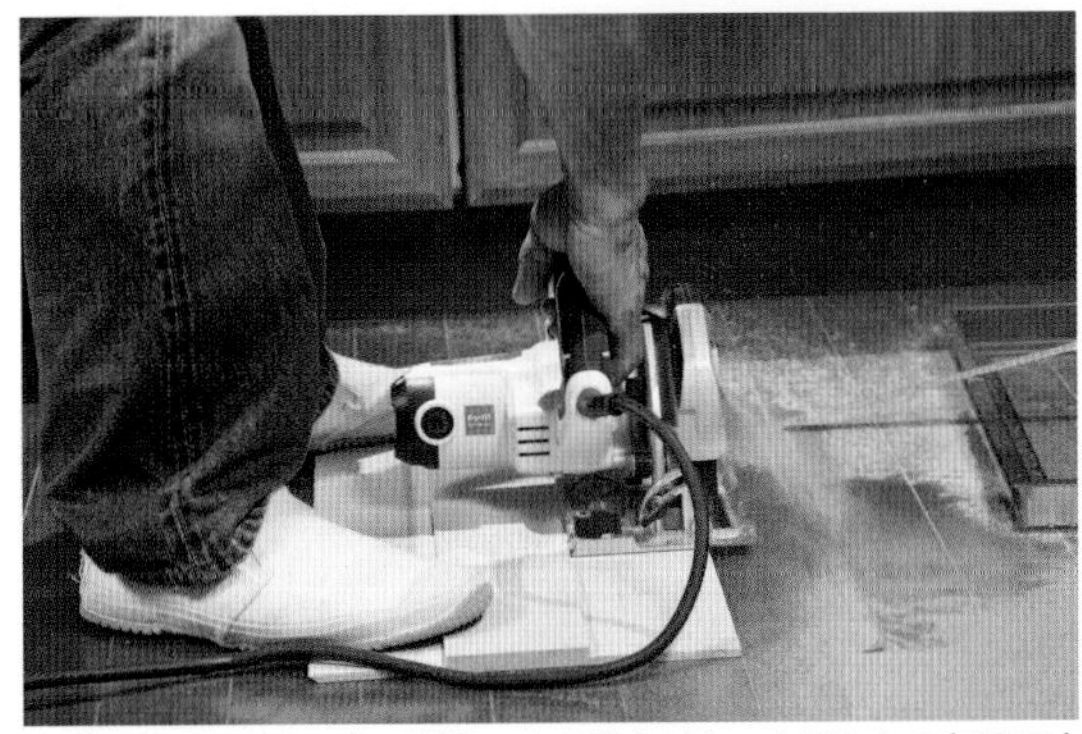

床材のカットライン上で間違いなく根太がないと思われる部分に丸ノコで切り筋をつける。丸ノコ刃の出幅は床材と下地材の厚みを足した分。板材を直線切りジグとしてあてて切る

04 切り込みを広げる

丸ノコでつけたカットラインにノコギリを入れ、慎重に切り進め、根太の正確な位置を探っていく

05 取りつけ位置を確定する

正確な根太の位置がわかったら、外枠位置の正確な墨つけをする

すでにカットしてあるライン
墨線

06 墨線に沿ってカットする

墨線に沿って丸ノコでカット。細かいカットはノコギリでする

07 床が開口する

開口した

08 開口部を補強する

開口部の縁に補強枠を取りつける

09 補強材は開口部にぴったりとりつける

ここでは2×4材を細く割いたものを取りつけた

10 収納箱の受け桟をつける

外枠の受け桟を取りつける

11 収納箱を支える受け桟の完成

これも2×4材を細く割いたものを取りつけた。受け桟は床面から31㎜の深さの位置に取りつける

12 収納箱の外枠を固定する

外枠を取りつける（付属のネジどめ）。ネジどめしたあとに付属の気密材をはめるのだが、このあたりは取り扱い説明書に詳しく載っている

収納庫のフタを作る

01 切り取った床材でフタを作る

取りはずした床材（450×450㎜）をフタにするのだが、そのために内枠のサイズ（436×436㎜）に合わせなければならない。写真はそのための計測。縦横それぞれ14㎜ほど小さくカットすることになる

02 縁の厚さを削る

さらに、カットした床材を内枠にはめ込んでフタにするためには、縁部分を15㎜厚にしなければならない。写真は床材の縁を15㎜厚にするためのカット。丸ノコで行なった。これが面倒なら、15㎜厚の同じ床材を購入すればいい

03 フタに内枠をセットする

内枠をはめる

04 取っ手の加工をする

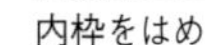

付属しているフタの取っ手をつけるために、ドリル（22㎜径）で穴をあけ、ノミで穴を広げて仕上げる

05 フタの完成

取っ手をつける

収納庫の組み立てと設置

01 側板を組み立てる

収納庫本体の組み立て。まず側板を組み立てる

02 底板をセットする

底板をはめ込む

03 収納箱の完成

仕切り板を壁の開口部にはめ込めば完成。固定は両面テープや接着剤を使えば十分

04 収納庫を支える基礎を作る

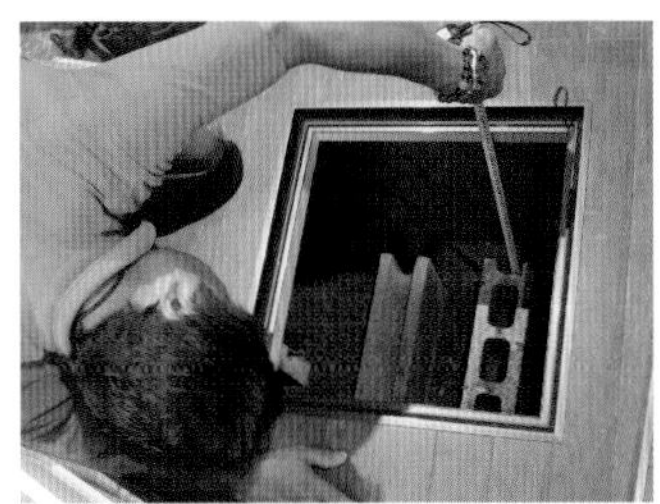

収納庫の底板を受けるための重量ブロックを開口部の下（地面）に置く

05 収納箱をセットする

本体をはめ込めむ

06 床下収納の完成

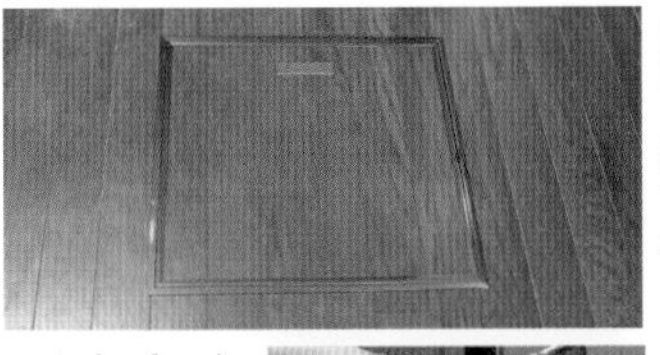

フタもぴったりと収まり、違和感もまったくない

完成！

床にタイルを張る

コンクリートの床にタイルを張る

力作業もあるが効果は期待できる

凹凸のあるコンクリートにタイルを張るという作業です。タイルは屋外用として使用できるものを床用に採用しています。タイル1枚の重さは8kgとかなり重いし、60cm角と大きいので、敷くだけで大変な力仕事になりますが、その分、室内がダイナミックに見える効果も期待できます。

ポイントは、凹凸の下地（コンクリート）をディスクグラインダーを使って、ていねいに削って、できるだけ平らにすることです。また、タイルを張るときに、ゴムハンマーを使って軽く叩きながら、タイルをムラなく密着させ、空気を抜くという作業も大切です。

下地作りは慎重に

01 コンパネを張るため床の下地を整える

床のコンクリートの凹凸をディスクグラインダーで削る。削った粉が勢いよく舞うので防塵メガネとマスクがあるとよい

02 接着剤と専用のクギでコンパネを張っていく

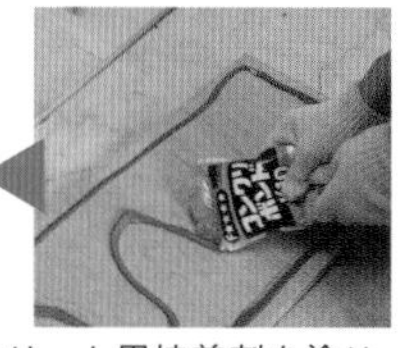

コンパネの裏にコンクリート用接着剤を塗り、床に張りつけたら、コンクリートに使えるクギを打ち込んで固定していく。換気に気をつける

03 床の形に合わせてコンパネを張る

コンパネ張りが完成。タイルの密着性をあげるため、すき間なく敷き詰める

▼ 主な道具　▼ 主な材料　▼ DATA

04 タイルをコンパネの上に仮置きする

最初のタイルは、入口から入ったときの見た目がいいように、入口の真ん中に中心を合わせる。そこから部屋全体にタイルを敷き詰めていく

05 タイルを接着させる

接着剤（タイルボンド）を床に垂らす。乾くまで数時間かかるので多めでも急がずゆっくり作業してOK 。次にくしベラで接着剤を伸ばす。くし目を使うのは厚さが均等になるのと、気泡が入らないようにするため。タイルは目地分のすき間をあけながら置いていくこと

06 タイルを床に密着させる

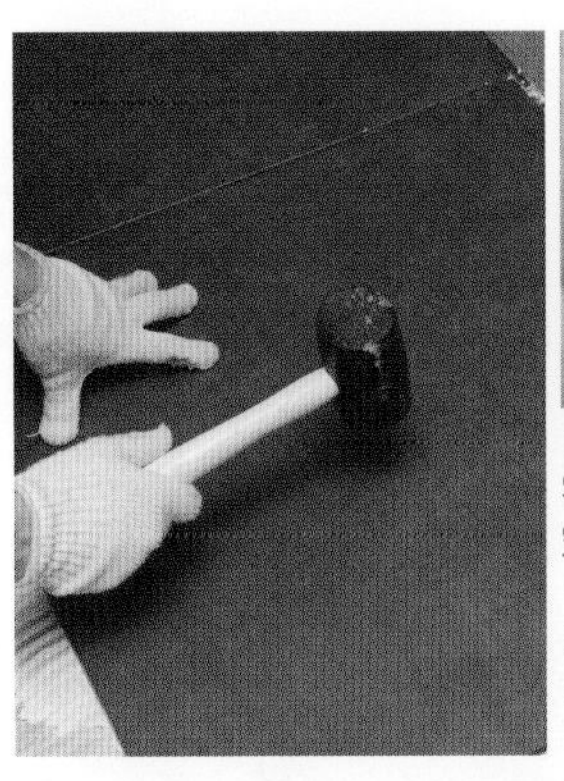
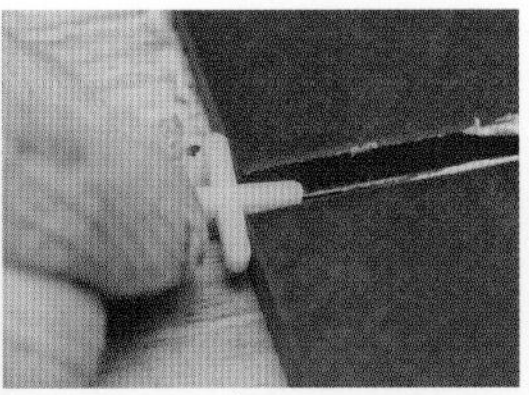
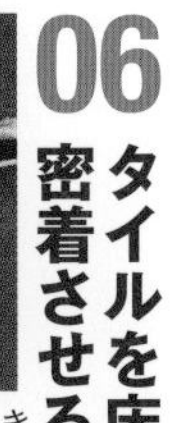

ゴムハンマーでタイルを軽く叩き密着させる。この作業で接着面の空気を抜く。ムラなく均等に行なうこと。目地の幅は４㎜が目安。目地スペーサーを使うと楽にできる。ホームセンターで入手可能(写真上)

07 タイルの目地を目地材で埋めていく

中に空気が入らないようにていねいに入れる。目地材はやわらかめのほうが空洞ができにくい(写真上)。再度ゴムハンマーで叩き、目地材の空気を抜く。これをしっかりやらないと、あとでひび割れの原因になる(写真下)

08 目地材を拭いて完成

10分ほどしたら、半乾きになった目地材を濡らしたスポンジかタオルで拭き取れば完成

知っておきたいワザ&知恵

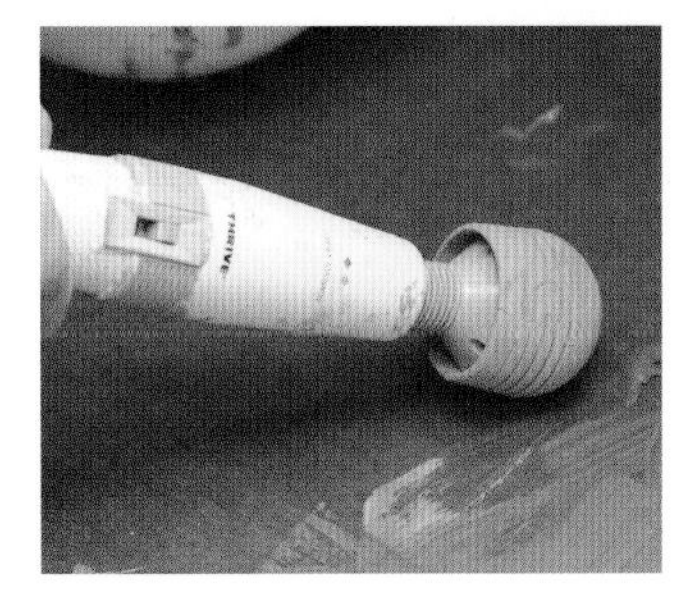

電動のマッサージ器も便利アイテム

ゴムハンマーの代わりに電動のハンドマッサージ器を利用するのも便利。接着面に対して手動よりも均等に力が伝わり空気を抜く。

ユニバーサルデザイン

階段・床を滑りにくくする

転倒・転落による事故から身を守る3種のアイテム

便利な滑り防止グッズを活用家庭内事故を減らす工夫を

木製の階段やフローリング、水に濡れた浴室の床や浴槽内は、とても滑りやすくて危険です。とくに高齢者や小さな子供にとっては、転倒や転落は重大事故に結びつきます。

ですから、こうした滑りやすい場所には、滑り止め対策を講じておくことが大事です。

ここでは、手軽に施工できるタイプの滑り防止グッズのいくつかを施工してみました。

滑り止めを張る

01 裏紙をはがす

滑り止めの裏紙をはがす。滑り止めの階段の取りつけ面は、ゴミ・汚れ・ワックスなどをきれいに拭き取り、よく乾かしておくこと

02 滑りどめを踏み板に置く

滑り止めを階段の踏み板の角にぴったりと押しつける。気温が低いと粘着力が弱るので、冬期には室温を15度以上にあたためるとよい

03 強く押しつける

体重を利用してさらに強く押しつける。足で踏んで押しつけてもよい。階段の使用は、しっかり固定されたことを確認してから

▼主な材料

滑り止めワックスは木の床や階段に塗って滑りを抑えるワックスが各種入手可能。ここで使用したのは「階段&床スベランお手軽セット（参考価格6,480円）」500㎖で約15㎡塗布できる

階段の滑りどめ
接着タイプなら施工は簡単。今回使用の「スベラーズ（参考価格3,484円）」は、室内木製階段専用の14本入り。暗闇でほんのり光るライン入りだ

滑りどめシール
滑りやすい場所に張るだけで滑り防止効果を得られる便利アイテム。ロールタイプやカットタイプなど各社から出ている

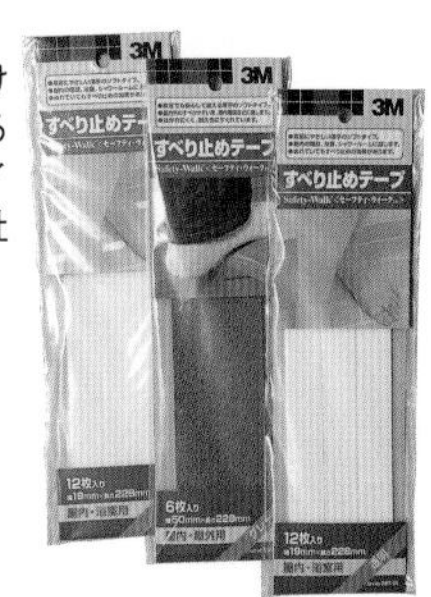

▼DATA

コスト……………………

手間……………………

技術……………………

床に滑り止めワックスを塗る

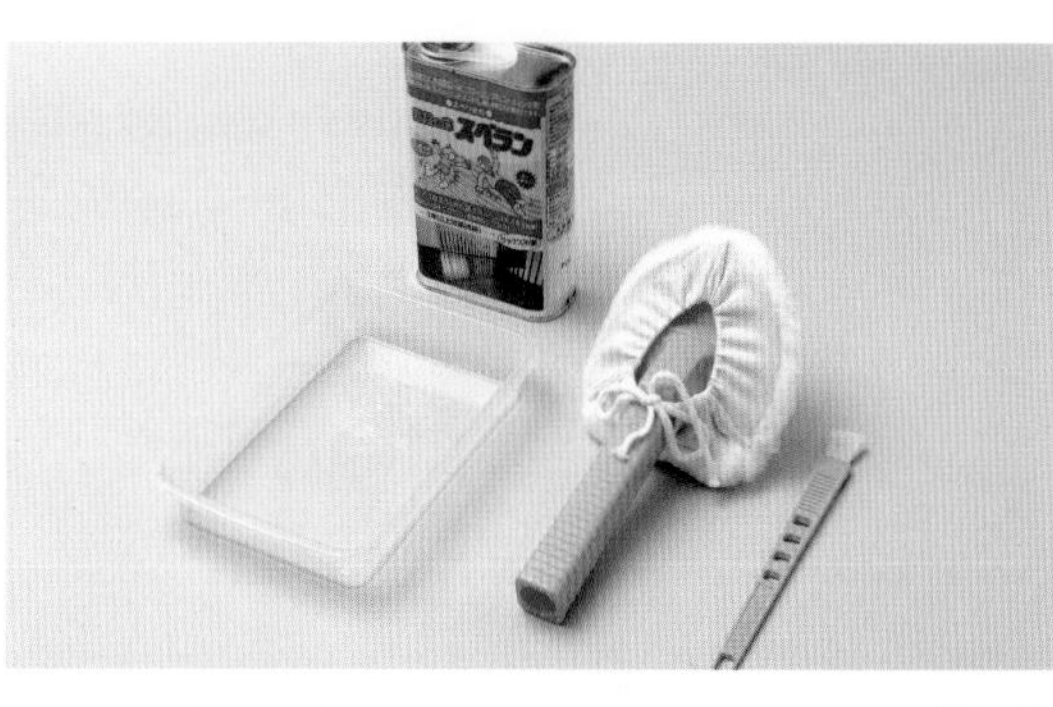

今回使用した滑り止めワックスは、ハケ、トレー、手袋などの必要な道具がセットされていた

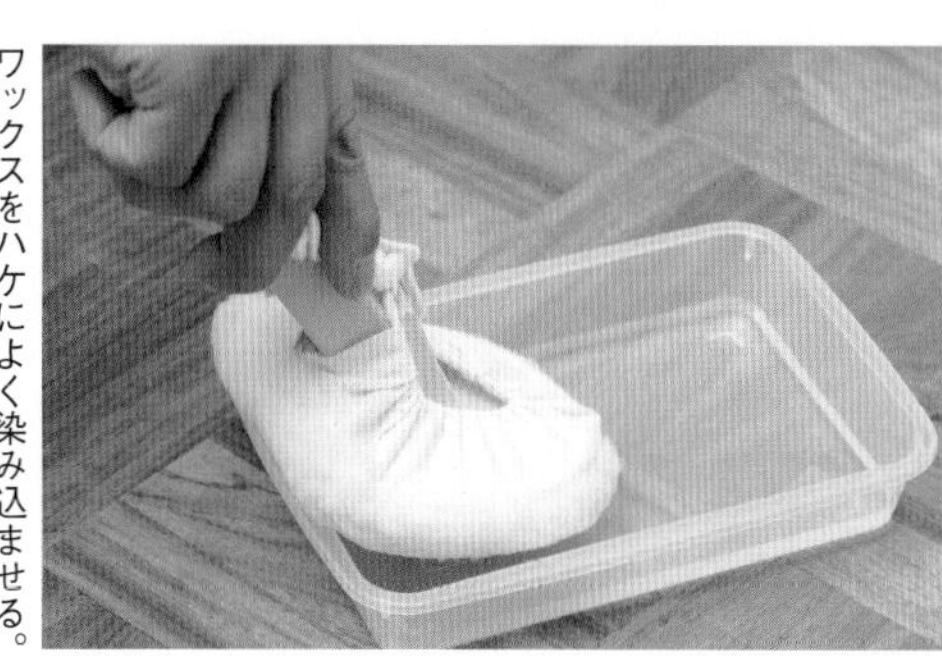

01 ハケにワックスをつける

ワックスをハケによく染み込ませる。事前に床は汚れやワックスなどを拭き取り乾燥させておくこと

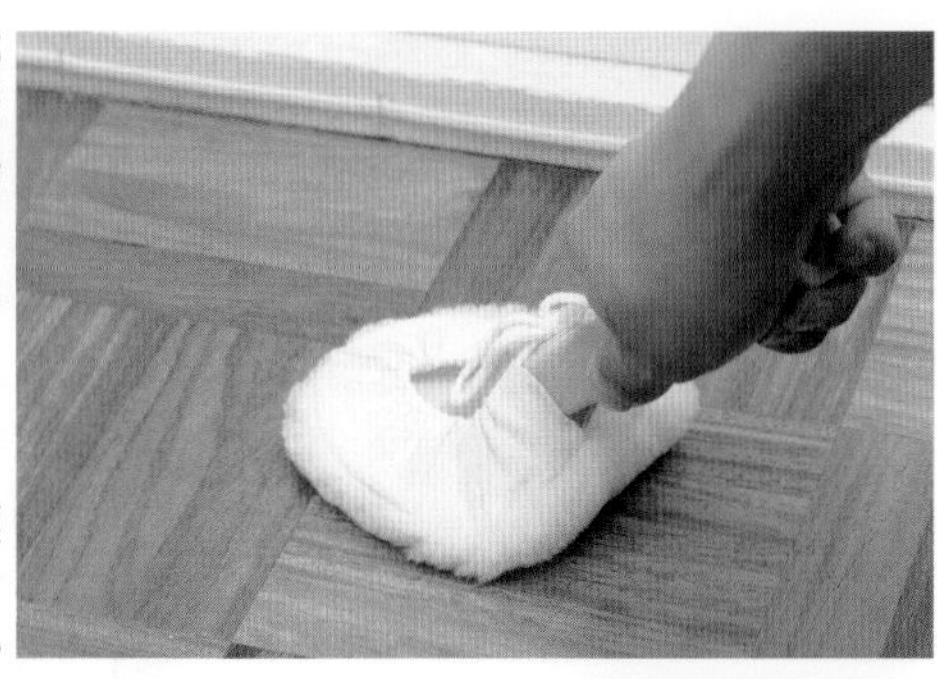

02 床に塗布する

部屋の奥のほうからムラなく塗布する。塗布後は乾くまで約5時間歩けなくなるので注意

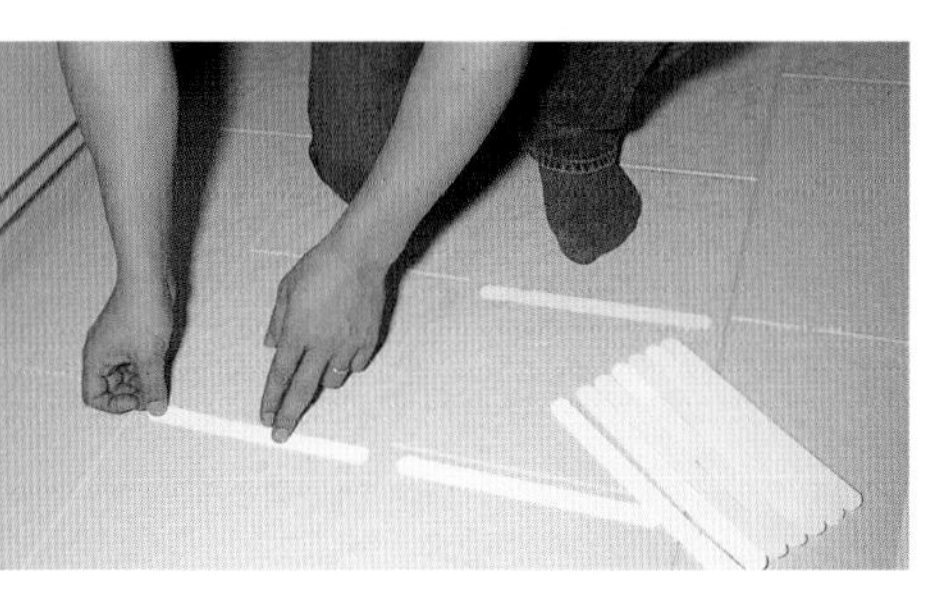

03 壁際はミニハケで

角や壁際はミニハケで塗る。乾くと、光沢、撥水効果、滑りどめ効果が得られる

浴室に滑りどめテープを張る

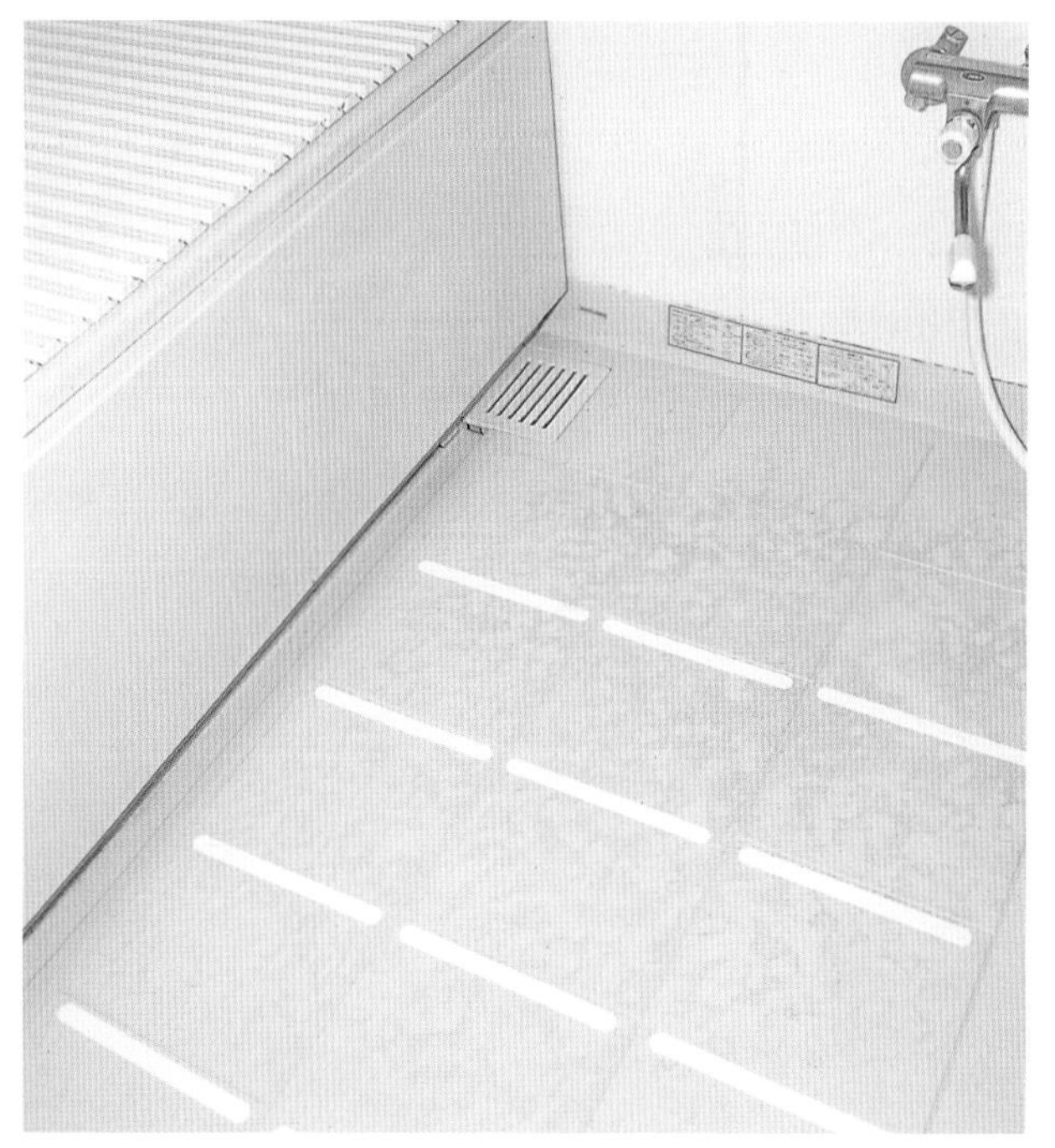

01 シールを張る

床の汚れや湯垢などを落として乾燥後、テープの保護紙をはがしてしっかりと接着する

知っておきたいワザ&知恵

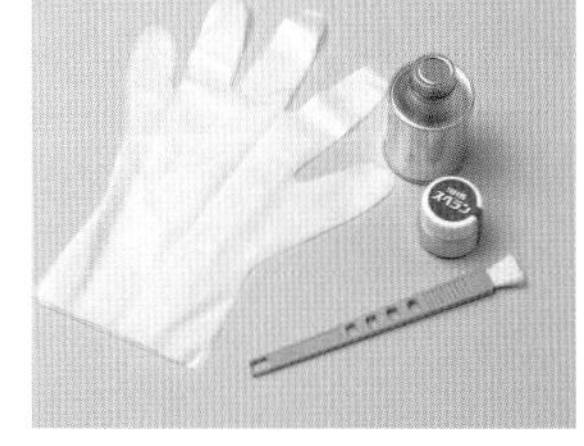

浴槽用防滑コーティング剤は、パウダー粒子をコーティングして滑りを止める

浴槽にも滑り止め

浴槽の底も滑りやすくて危険。滑りどめコーティングを施して転倒事故などを防ごう。

ユニバーサルデザイン

浴室の段差をなくす

入口との段差を解消し、浴室に木の香り！

一般的な浴室。入口との段差は約10cm。このままでも使えないわけではないが、やや不便

一段下がった浴室の床をスノコで上げてつまずき防止

浴室は、水があふれるのを防ぐため、たいていは脱衣所よりもいくぶん下がった位置に床が設置されています。そのため、脱衣所から浴室へ入るときは、段差をまたいで入る格好になっています。

段差そのものは、非常に大きな問題ではありませんが、足腰が弱くなったときなどには、つまずきの原因にもなります。

タイル床の冬場の冷たさ解消も含めて、ジャストサイズのスノコを作って、段差を解消し、足触りのいい床を作ってみましょう。

▼主な道具

カナヅチ、サシガネ、カンナ、メジャー、ドライバードリル

▼主な材料

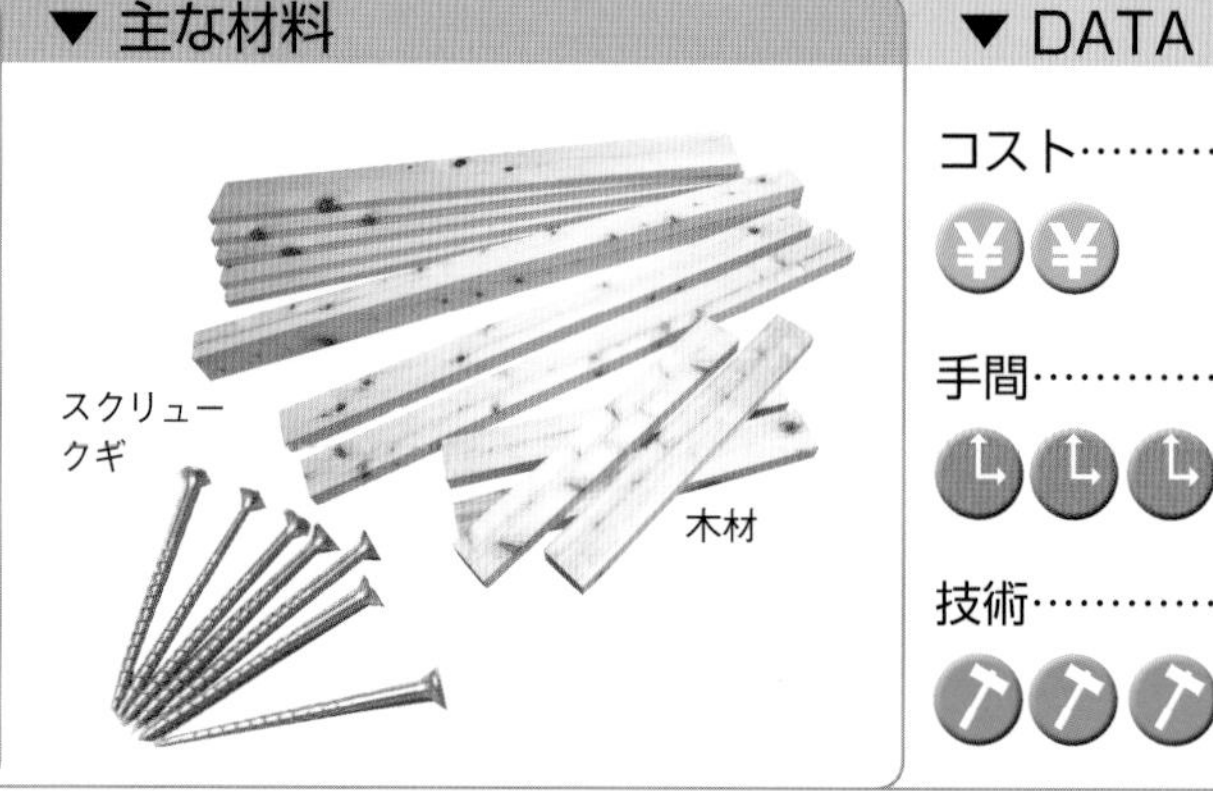

▼DATA

コスト……………………… ¥¥

手間………………………… 3

技術………………………… 3

スノコの高さで段差を解消！

知っておきたいワザ&知恵

構造を考えて板を切る

まず枠を作り、スノコを渡して作る。浴室のサイズに合わせ、必要な部材のサイズと数を割りだそう

01 床までの高さを測る

床から入口までの高さを測る。浴室には、排水のために勾配（傾き）がつけられているので、入口だけでなく数カ所で高さを測る

02 スノコの外枠を作る

外枠となる木材を並べ、枠の組み方を決めたら、木ネジで外枠から固定していく。ネジの長さは板厚の２倍以上必要だ

03 全体にカンナをかける

完成時に下になる裏面は、持ち上げる場合に手が触れるのでカンナで面取りし、完成時に上になる面も、そのつど角の面を取る

04 脚を取りつける

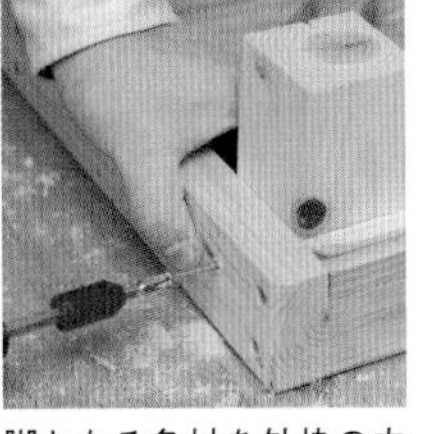

脚となる角材を外枠の内側に木ネジでとめる。欠けを防ぎ、水切りをよくするため、ここでも脚の角にカンナをかける

05 スノコ板を張る

スノコの角を面取りし、スノコを固定する位置を等間隔に決め、両端のスノコを固定する

スノコを均等に並べ、すき間が均等になるようにサシガネで正確に測り、位置を決めていく

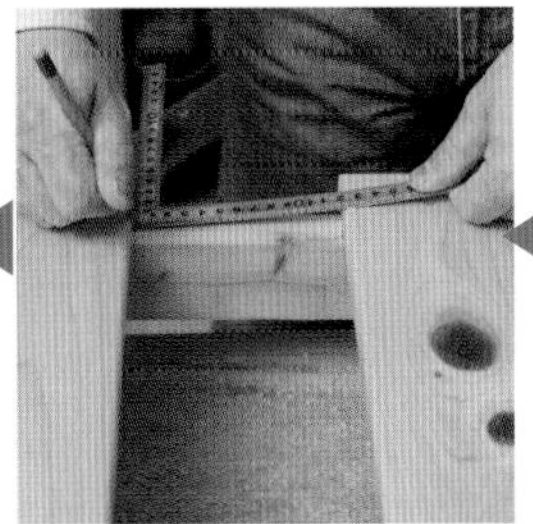

真っすぐな板などを使って、スノコの端のライン（木口）が直線になるようにそろえる

06 根太の位置にクギを打つ

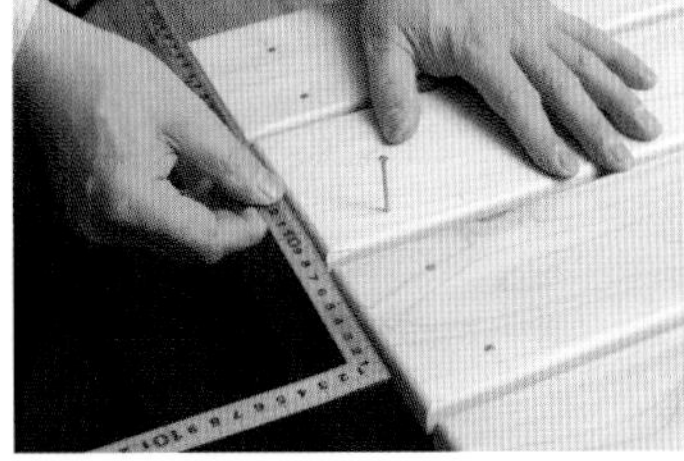

先がねじれていて抜けにくく、さびにくい、ステンレス製のスクリュークギを使い、下が根太の部分にクギを打つ

07 完成

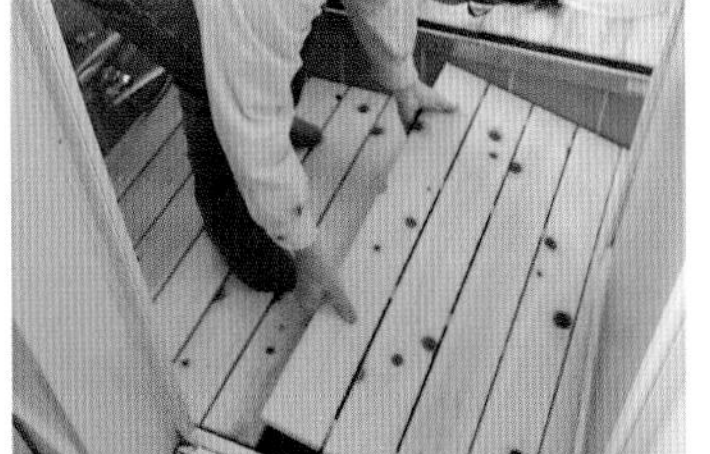

分割した２枚のスノコが完成。１枚で作ることもできるが、手入れのしやすさを考えると、分割タイプのほうが使いやすい

知っておきたいワザ&知恵

スノコを持ち上げるとき指をかける穴をあける

スノコがピタリと収まっていると、掃除のときに持ち上げにくいので、指をかける穴をあけておく

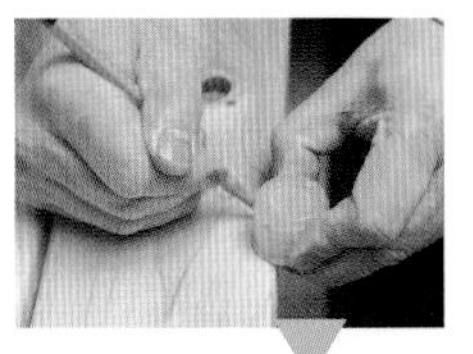

ペットボトルのフタを利用して穴の印をつける

印をつけた部分をジグソーで切る

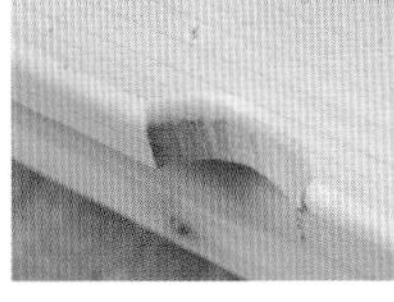

指かけ穴が完成。穴の周囲はサンドペーパーをかけておくとよい

Column

DIYに便利な道具③

木工作業の電動工具

「切る」「継ぐ」「彫る・あける」「削る・磨く」といったDIY作業をするとき、グーンと効率をアップさせてくれるのが、これらの電動工具。「切る」道具のジグソー、丸ノコ。「継ぐ」「彫る・あける」道具のドライバードリル。そして「削る・磨く」道具のサンダー。必要に応じて、そろえてみませんか。

サンダー

塗装の下地を作ったり、平面の仕上げ加工を行なったりするときに威力を発揮する電動工具。パッドにサンドペーパーを取りつけて、上から手で押さえつけて材料を加工するオービタルサンダーが便利

ハンドル部
ここを握って押さえつけて使う

スイッチ
握ると動く

集じんダクト
この部分に集じん袋を取りつけて、削りかすを自動的に集める

ロックボタン
ON／OFF状態をロックする

パッド
サンドペーパーを取りつけるところ

丸ノコ

刃が回転することで木材を切断する電動工具。スピーディーかつ正確な直線切りができ、厚い材でもなめらかな切り口になる

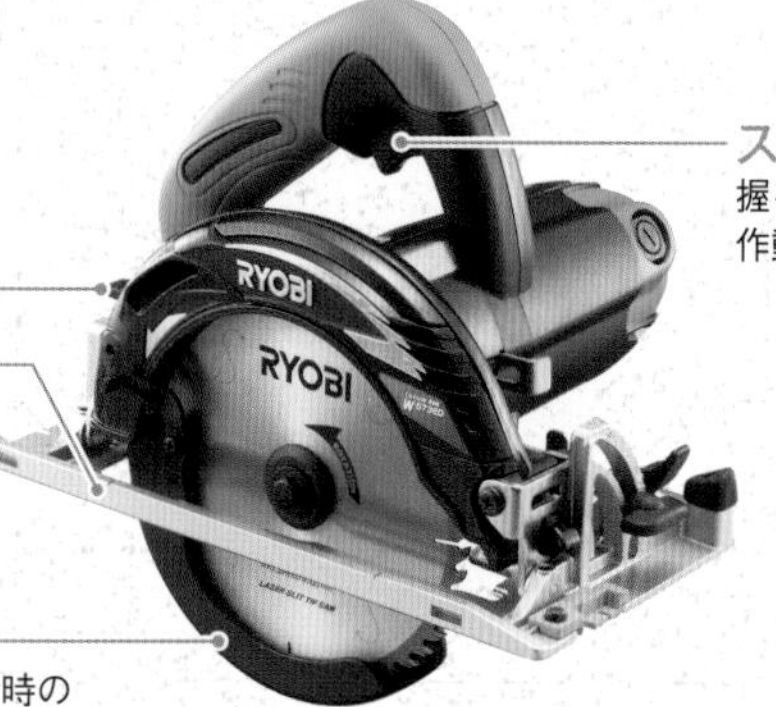

刃出し調整ネジ
ベースを動かし刃の出具合を調整する

スイッチ
握ることで作動させる

ベース
材料を押さえ、ガイドとなる役割

安全カバー
刃を覆うことで切断時の安全を図るカバー

ジグソー

直線も曲線も切ることができ、ブレード（刃）を取り替えるだけで木材から金属まで切ることのできる便利な工具

オービタル調整ダイヤル
切断内容に合わせてオービタル機構を調節する

ロックボタン
連続運転時に使うボタン

スイッチ
握ると動き、離すととまるスイッチ

ベース
材料を押さえ、ガイドとなる役割

ブレード
刃の部分

ドライバードリル

ネジを締めるドライバーの役割と穴をあけるキリの役割を持つのがドライバードリル。さまざまな形状・口径のビットが用意され、作業に威力を発揮する

チャック
ビットを装着する部分

クラッチ
閉めすぎないようにトルクを調整

スイッチ
握ると動き出す

正・逆転ボタン
ビットの回転方向を変えるスイッチ

PART 6

床のメンテナンス

人の歩行や重い家具などの重量などによって傷みが生じやすい床は、
経年劣化によるリフォームをするのはもちろんだが、メンテナンスを正しく行なうことで長く使用できます。
ここでは、床の素材別にだれでもできるメンテナンス方法を紹介。

フローリングの簡単メンテナンス

フローリングのメンテナンス 1 表面的な小さなキズは補修材で着色・埋める

表面のキズ、深くても比較的小さいキズを手軽にメンテナンスできるのが木部補修材。表面を着色するマニキュアタイプと、溝を埋めるクレヨンタイプがあります。調色も可能です。

▼ 主な道具

木部補修材
ウエス
ドライヤー

01 表面のキズ

表面の塗装がはがれたキズ。目立たなくするには、色と光沢を補う必要がある。これにはマニキュアタイプを使う

02 色を選んで着色する

まわりの色より薄めの色を選び、キズに沿って塗っていく。重ねて塗ると色が濃くなるので、加減しながら塗り重ねる

03 木目を描き足す

細かい木目を描き足すには少々コツがいる。筆先で少しずつ、まわりの木目を継ぐように色を載せる。乾いたら完成

表面の板が削れている。もう少し深いと合板が見える。このような面積の狭いキズや凹みにはスティックタイプやクレヨンタイプを使う

01 深めの小さなキズ

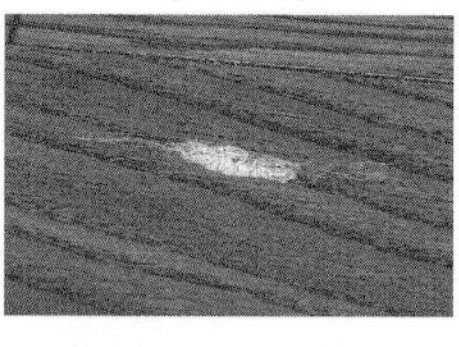

02 ドライヤーであたためる

フローリングに近い色を選び、ドライヤーをあててやわらかくする

03 キズに塗り込む

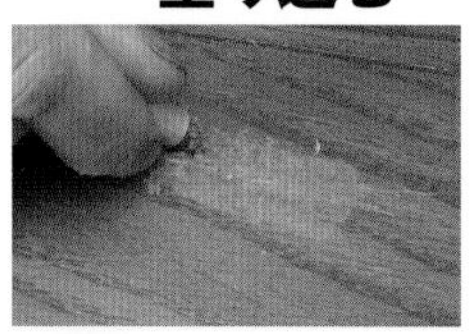

キズを埋めるように塗り込む。すきまなく埋めるには縦、横、斜めと方向を変えるとよい

04 色を混ぜる場合

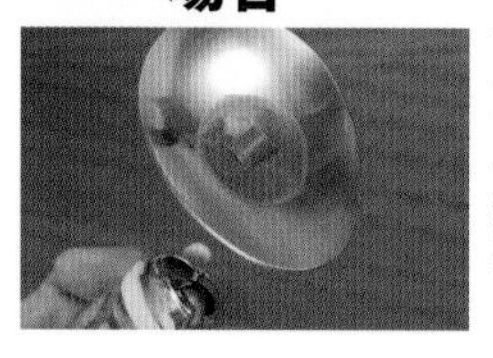

近い色がない場合は、クレヨンタイプを数色混ぜて色を作る。補修材をカッターで切り取り、スプーンに載せ、ライターであぶって溶かす

05 キズに流し込む

つまようじなどで色を混ぜたら、溶けているうちにキズに流し込む。表面張力で盛り上がる程度に、少し多めに充填すること

06 ヘラで平らにする

熱が冷めて固まったら、ヘラで余分をそぎ取り、平らにする。必要であれば模様を描き足し、周囲をウエスで拭く

フローリングのメンテナンス 2 大きな凹みはパテで埋める

陥没や、キズや欠けの面積が広い場合は、木部用のエポキシパテを用います。硬化した上から着色できます。着色には1の補修材か、水彩絵の具＋ニスを使います。

01 パテ埋めの準備

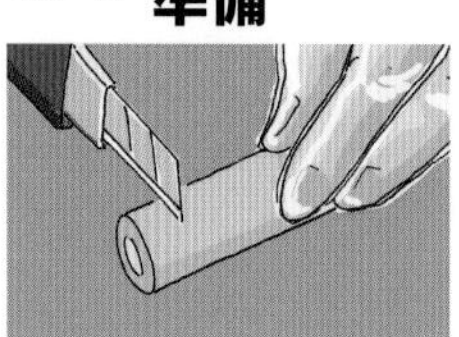

作業前に清掃、サンドペーパーでバリを取っておく。皮膚の弱い人はビニール手袋をしてパテをカッターで適量切り取る

02 パテを埋める

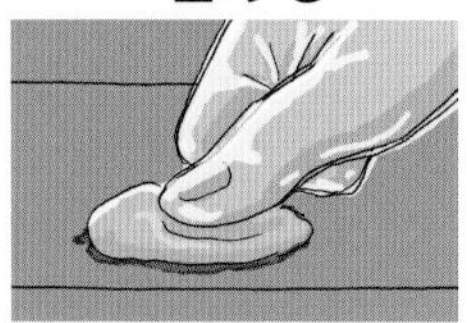

よく練り合わせたパテをキズにしっかり埋め込む。キズまわりに付着しないよう、マスキングテープを張ってもよい

03 表面を仕上げる

乾燥、硬化したら、カッターを寝かせて盛り上がり部分を削り取り、サンドペーパーをかける。必要なら着色して仕上げる

▼ 主な道具

サンドペーパー
カッター
エポキシパテ

フローリングのメンテナンス 3 ワックスをかける

表面に保護膜を作り、キズを防止するワックス。複合フローリングには手軽に使える樹脂ワックスがおすすめです。

一般的に、値段が高いものほど効果が持続するといわれていますが、マメな人なら安価なものでも十分です。

▼ 主な道具

01 床を掃除する

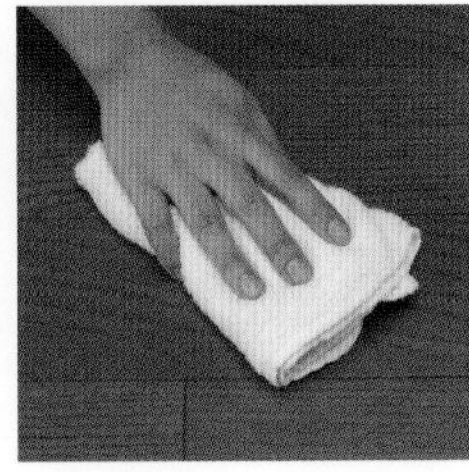

部屋の家具などを移動し、全体に掃除機をかけてから拭き掃除をする。ひどい汚れは、あらかじめ住宅用洗剤で落としておく

02 必要量を計る

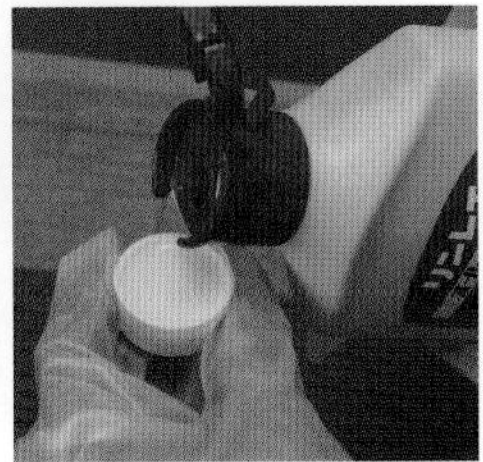

部屋の広さに適した必要量は、使用するワックスに表示してある。計量はペットボトルのキャップが便利。キャップ1杯は約5mℓ

03 ワックスをまく

必要量を計りながら床にワックスをまく。大量に使用すると、無駄なばかりかフローリングの変色の原因になるので注意

04 ワックスを薄く伸ばす

手が荒れないようにビニール手袋をはめ、ウエス（布）で素早く伸ばす。毛羽立ちの少ないウエスを選ぶ

05 乾燥させる

全体にムラなく、薄く伸ばしたら、乾燥させる。ツヤが出て、表面の細かいキズも目立たなくなる

フローリングのメンテナンス 4 ニスを塗る

ワックスの効果は数カ月ですが、ニスを塗れば1～2年はツヤが持続し、お手入れが楽になります。ニスは必ず床用を。UV塗装やセラミック塗装が効いている床材には、ニスを塗れません。

▼ 主な道具

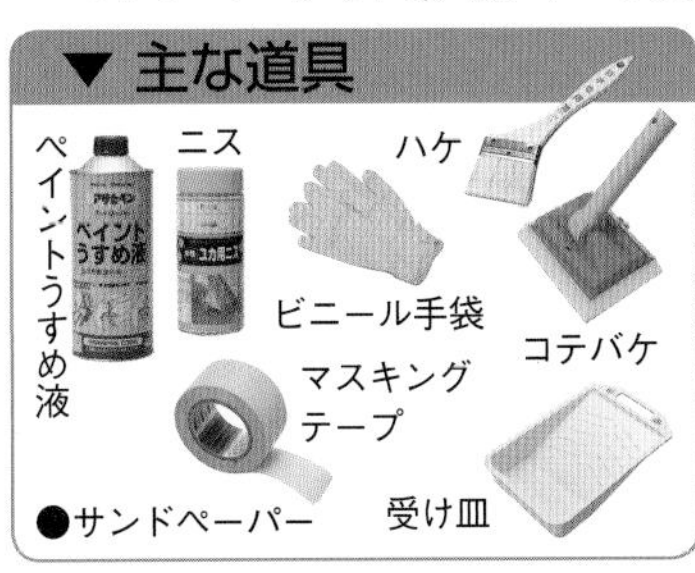

01 床の汚れを落とす

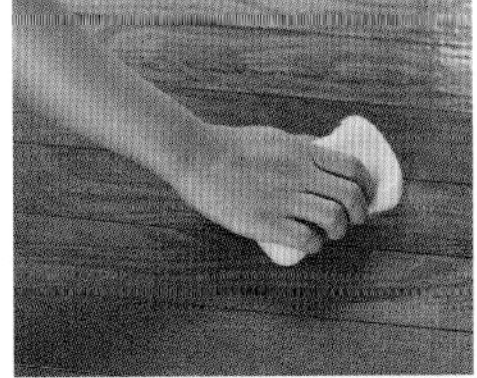

部屋の家具などを移動し、掃除機をかけて、住宅用洗剤で拭き掃除を。頑固な汚れはペイントうすめ液を用いて。窓をあけて換気に注意する

02 サンドペーパーをかける

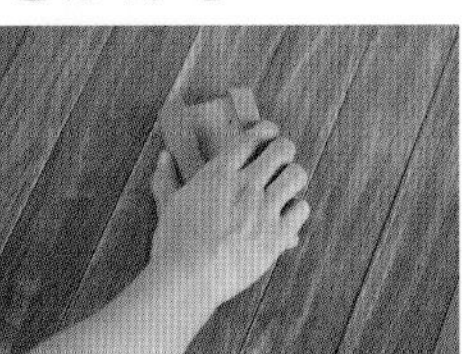

掃除した床が完全に乾いたら、240番のサンドペーパーに当て木をして、全体を軽く研磨する。電動のサンダーがあれば作業効率があがる

03 削り粉を掃除する

ペーパーがけの削り粉は必ず掃除機で吸い取り、乾いた布で除去しておく。ニスがついては困る巾木や敷居などには、塗装前にあらかじめマスキングテープを張っておく

04 ニスを塗る

コテバケにニスを含ませ、部屋の奥から、板目に沿って塗り、乾燥させる。より美しく丈夫に仕上げるには、さらに400番のサンドペーパーをかけて2度塗りを。3度塗りまですれば完璧

知っておきたいワザ＆知恵

ワックスやニスを塗るときは順路を決めて効率よく

床を塗る方向

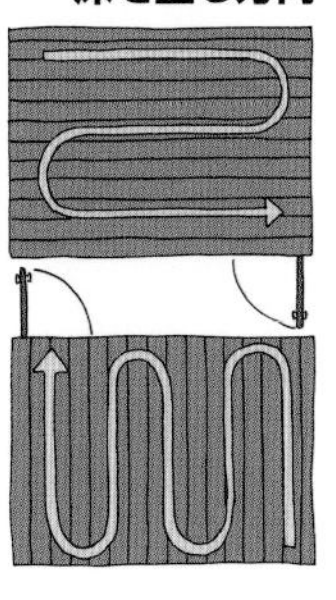

ワックスやニスを塗る際は、必ず部屋の奥から塗り始め、出入口で塗り終わるようにする。また、床用ニスには低臭の水性と、塗膜が強く仕上がる油性があり、どちらも使えるが、ニスが固く塗りにくい場合は、水性なら水、油性ならペイントうすめ液で、それぞれを5～10%に薄める。

カーペットの簡単メンテナンス

カーペットのメンテナンス 1
付着物に合った洗剤でシミを抜く

シミがついてしまったら、まず付着物が水性なのか油性なのかを確認しましょう。水性には水を、油性にはベンジンを使って判別してから、付着物を落とします。

01 シミを判別する

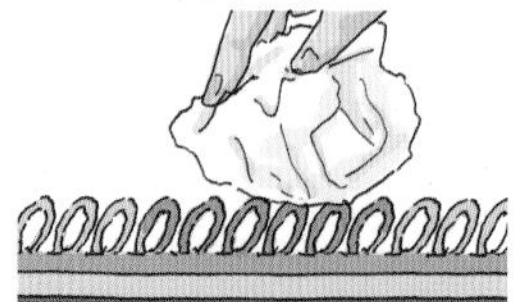

ティッシュを丸めて軽く水を含ませ、シミにあて、色がついたら水性のシミ。ベンジンを使って落ちるのは油性のシミ。軽く押しあててシミを移す

02 乾いたティッシュをあてる

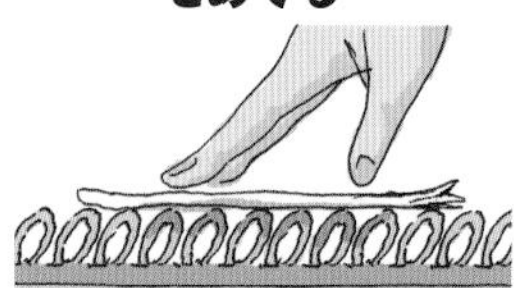

乾いたティッシュで吸い取る。取れるまで手順01、02を繰り返し、落ちなければ住宅用洗剤、洗濯石鹸、中性洗剤の順に、水で薄めてシミを落とす

03 水を含ませて拭く

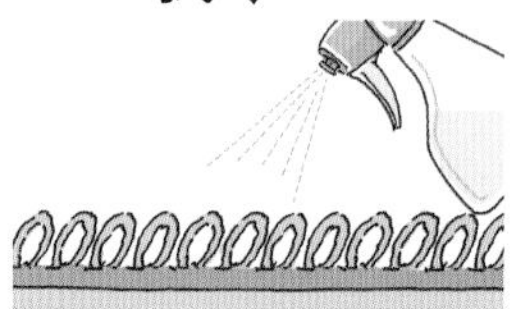

汚れが落ちたら、カーペットに染み込んだ洗剤を落とすために、キリ吹きなどで湿らせて拭き取る。あとは窓をあけて自然乾燥させる

ガムがついてしまったら

氷とガムテープで取る

時間がたって取れにくくなったガムは、まず氷で冷やし硬化させて取る。残ってしまったら、ガムテープをあててはがす。

カーペットのメンテナンス 2
焦げあとをパイルで埋める

タバコなどで焼け焦げたあとは、薄いものであればブラシでこすれば目立たなくなります。溶けて硬くなってしまったものは、次の方法でパイルを埋めると目立たなくなります。

▼ 主な道具

01 焦げあとの状態

化学繊維のカーペットが焦げると、その部分が溶けて硬くなる

02 焦げあとを削る

カッターの刃先を使って、焦げた部分を削り落とす

03 パイルの繊維を削る

カーペットの目立たない場所を選び、カッターの刃を寝かせて繊維を削り取る

04 接着剤をつける

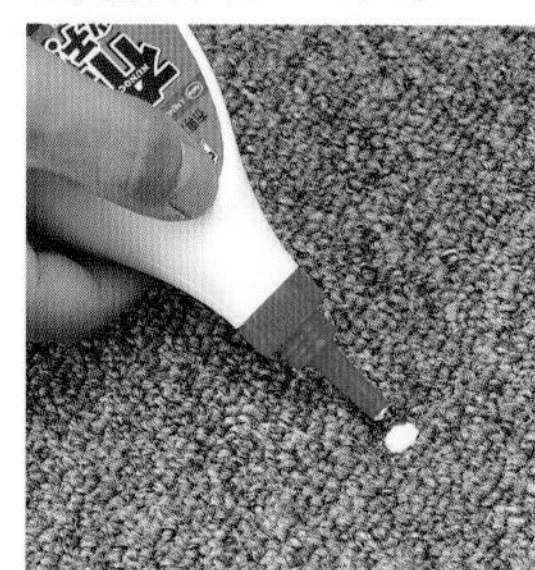

布用接着剤を焦げあとの穴につける。少し多めに塗ること

05 繊維を穴に埋める

削り取った繊維を毛玉にして、穴に埋める。指先で軽く押さえて、周囲となじませる

06 完成

ループを再現することはできないが、補修した部分が小さければ、ほとんど目立たない

カーペットのメンテナンス 3

蒸気でパイルを起こす

カーペットのパイルが寝てしまったときは、蒸らして、ブラッシングをします。毛の硬いヘアブラシを使ってみてください。

01 柔軟仕上げ剤を塗る

水でうすめた柔軟仕上げ剤を、凹んだ部分に塗る。繊維をふんわりさせる柔軟仕上げ剤の機能を利用。塗り終えたらしばらく放置する

02 アイロンをあてる

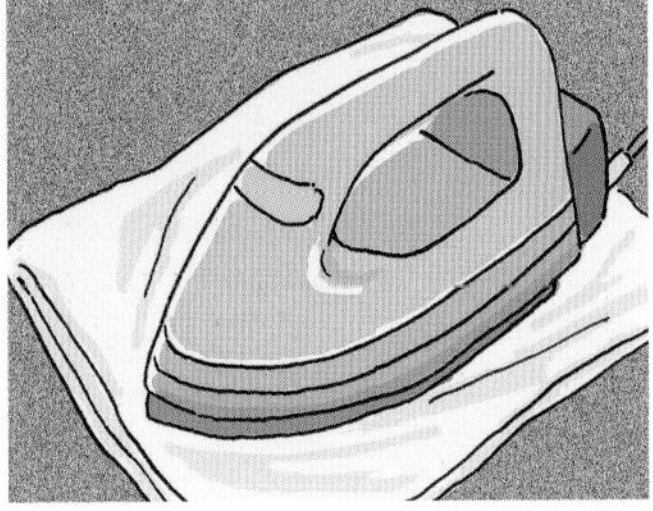

凹んだ部分に濡れタオルを置いて、アイロンであたためて、蒸らす。強く押しつけると、かえってパイルが寝てしまうので気をつける

03 パイルを起こす

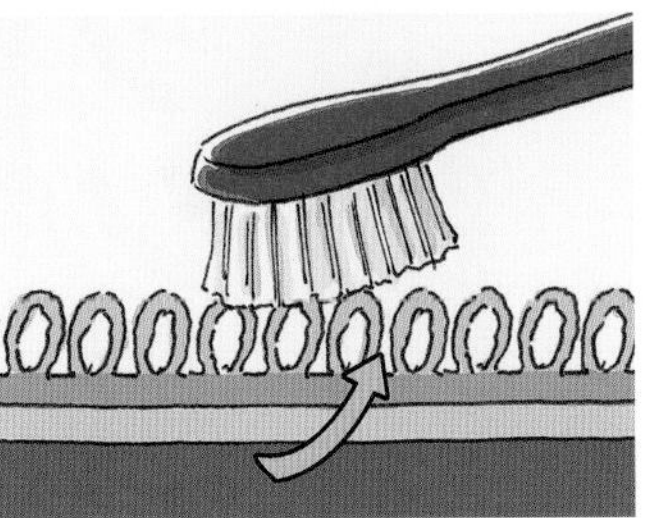

歯ブラシを使い、根元から起こすようにブラッシングする。手順02と03を繰り返すと目立たなくなる。最後は自然乾燥させる

カーペットのメンテナンス 4

穴があいてしまったらパッチで部分補修をする

カーペットの大きな穴は、部分的に切り取って、同じ大きさのカーペットでパッチをあてます。パイルの種類にもよりますが、どこを補修したのかわからなくなるほど、きれいになります。

▼ 主な道具

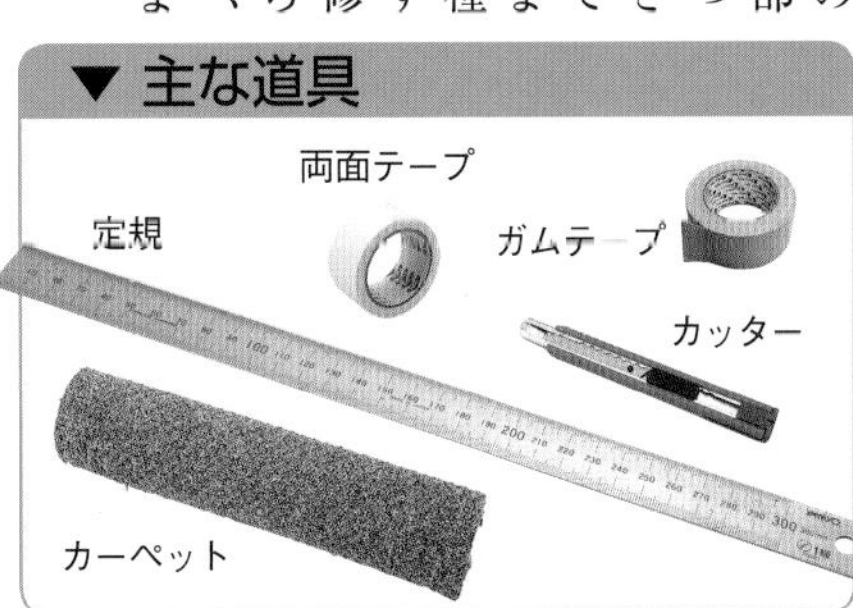

01 穴の状態

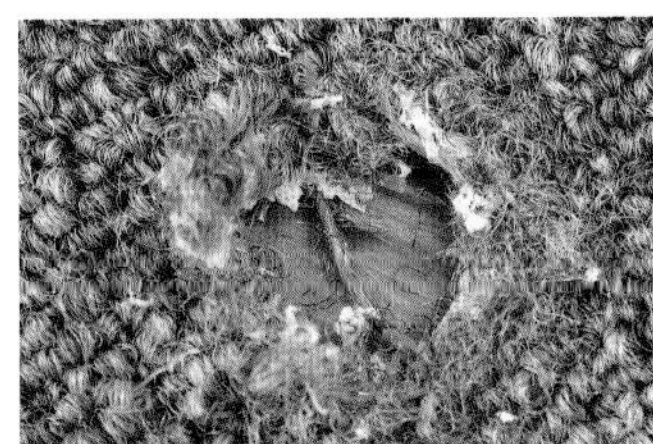

これは部分接着で固定したカーペット。穴があいて床が見える。下地材の上にカーペットを張るフェルトグリッパー工法では、下にフェルトが見える

02 同じカーペットを用意する

同じ色柄のカーペットを、穴が隠れる大きさにカットし、ガムテープを四方に張る。同じものがない場合は、家具の下など目立たない場所から切り取る

---

03 2枚重ねて切る

穴の上に手順02を重ねてガムテープで固定。定規をあてて2枚一緒にカッターで切る。定規は幅が広いほうが使いやすい。下地をキズつけたくない場合は、下にカッティングマットなどを敷く。切り取ったら、穴のあいたカーペットを取り除く

04 両面テープを張る

下地に両面テープを張る。4辺をしっかり固定できるサイズを張って、はく離紙をはがす

05 切れ端をはめ込む

重ねて切ったものをはめ込み、手でしっかり押さえて密着させる。最後に境目の毛並みをブラシなどで整えれば完成

クッションフロアの簡単メンテナンス

クッションフロアのメンテナンス 1 接着剤でめくれた部分を張る

はがれてしまったクッションフロアは、時間がたつと硬くなって、張り直しにくくなり、無理に張ってもはがれてしまいます。そんなときはドライヤーであたためる方法を。

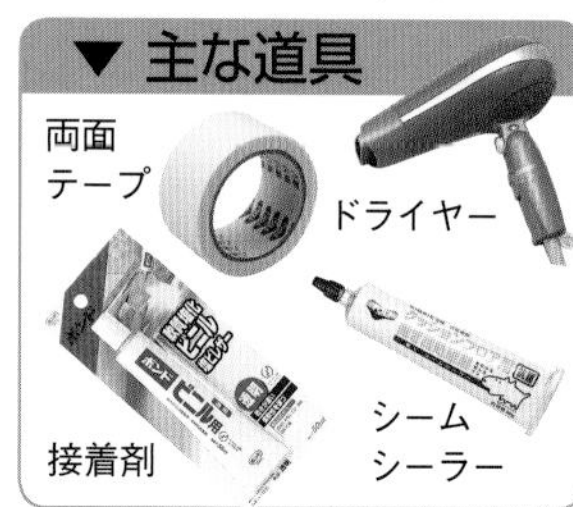

01 張る面を掃除する

掃除機でめくれた面を掃除する

02 ドライヤーであたためる

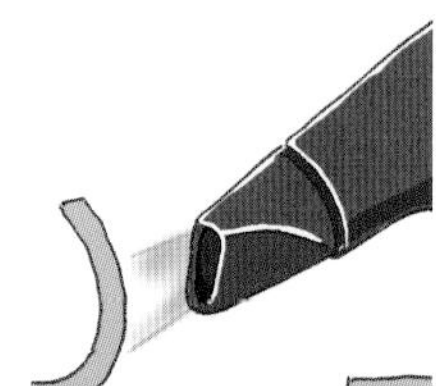

硬化したクッションフロアを張りやすくするために、ドライヤーであたためて、やわらかくする

03 接着剤で張る

接着剤または両面テープで張り合わせる。継ぎ目はシームシーラー（床用継ぎ目処理剤）で継ぎ合わせる

クッションフロアのメンテナンス 2 部分張り替えをする

部分張り替えをするには、カーペットの補修で紹介したように、同柄の端材を用意し2枚重ねて切って、張り合わせる方法が基本です。けれども木目などの場合は、それぞれサイズと模様に合う部分を切り取って張ります。

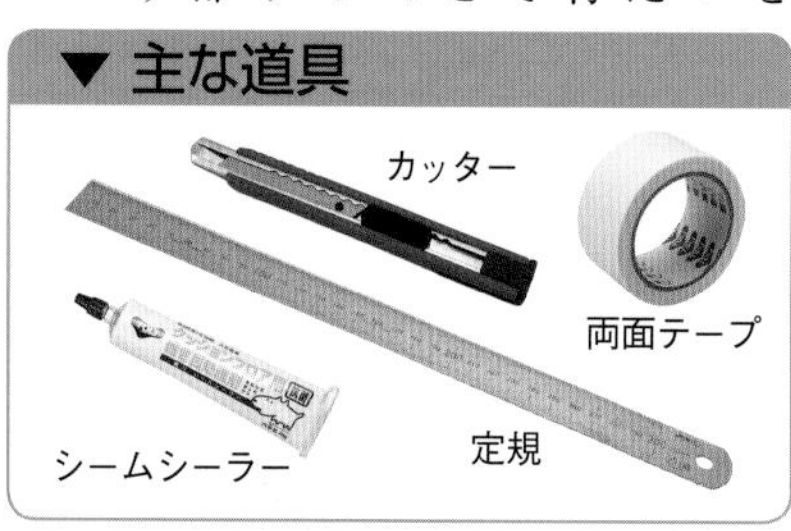

01 木目のクッションフロアのキズ

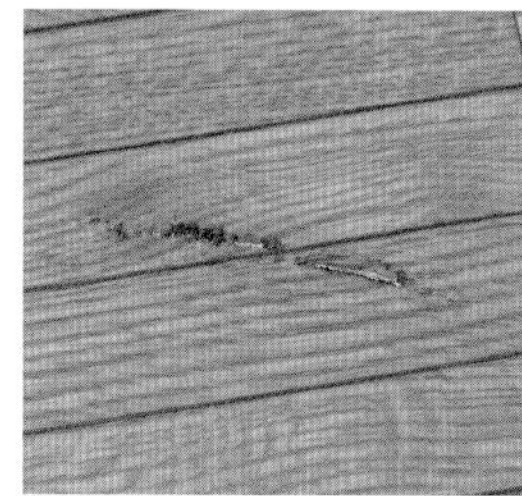

深くえぐれ、汚れが沈着している

02 キズ部分をカットする

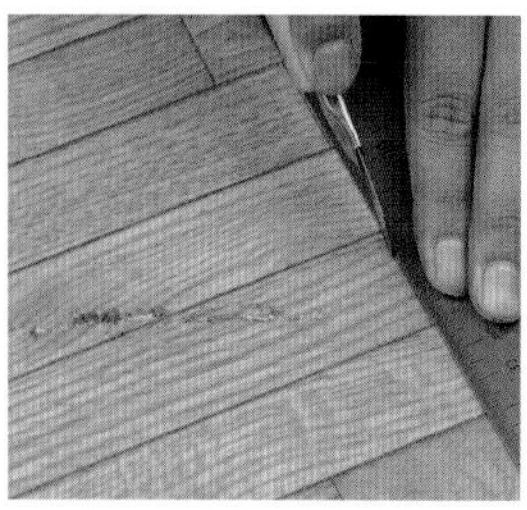

キズのある面を、板目の模様に沿って切り取る。真っすぐ刃をあてて切るのがポイント

部分張り替えの基本

同じ色柄の端材を、穴が隠れる大きさにカットして重ね、ガムテープを四方に張る。2枚重ねて切ったら端材を張る

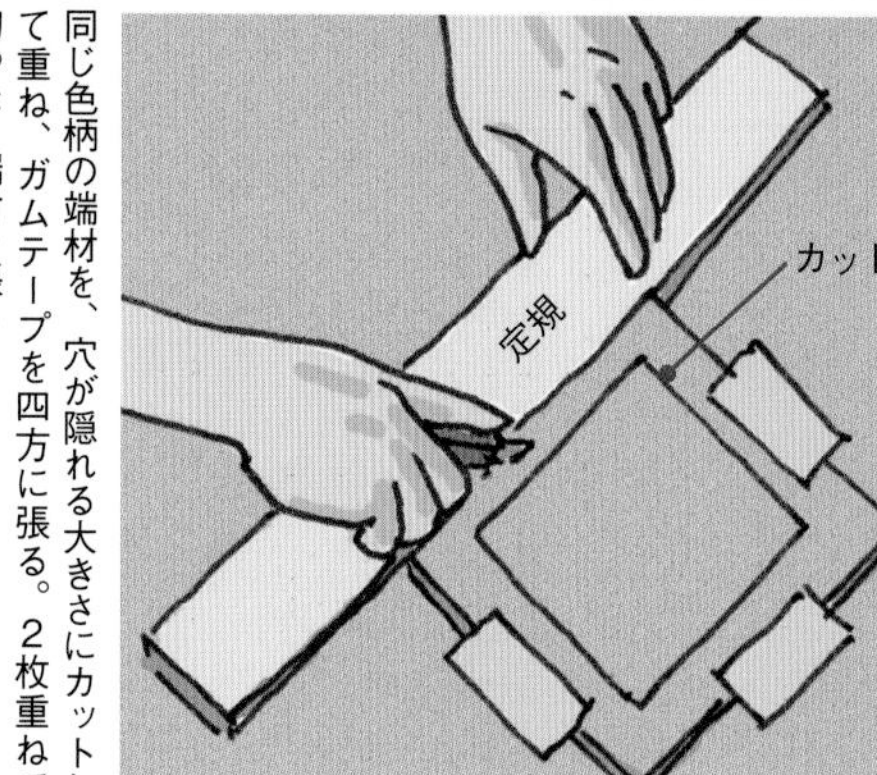

03 切り取った状態

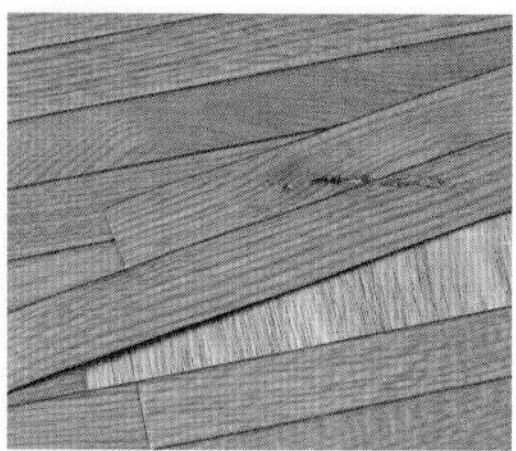

板の模様に合わせて切り取ったら、サイズを測っておく。板の模様の幅や長さは、まちまちにプリントされているので注意

04 端材をカットする

切り取った部分と同じサイズで同じ木目模様の部分を探し、カットして用意する

同柄のクッションフロアがない場合

異なる色柄のフロアカーペットでパッチワーク風を楽しむ

フロアカーペットの部分補修には、同じ色柄を使うのがベストだが、端材がない場合は、家具の下などの隠れる部分から切り取る方法もある。また、あえて別柄を選んで床をデザインしてもよい。

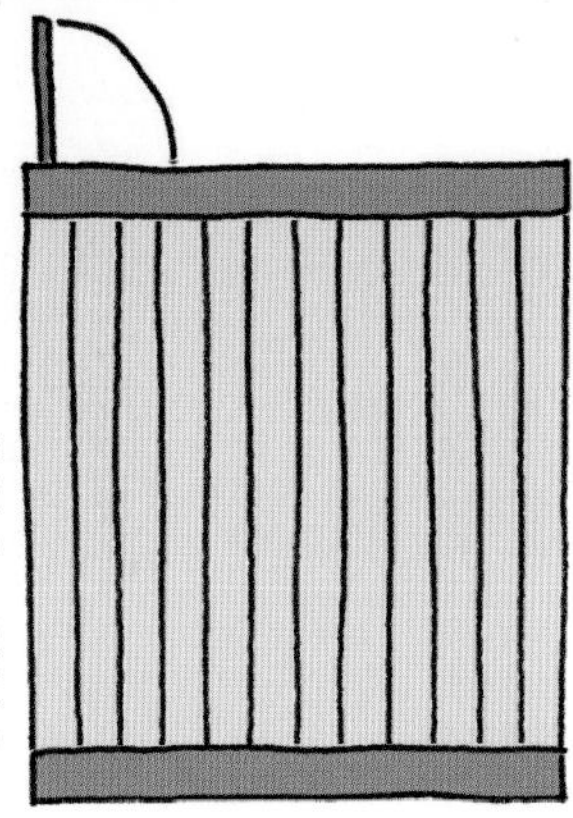

部屋の隅のほうを補修する場合は、床を縁取るように異なる色柄の床材を張るとよい。イラストのように、一辺だけでなく、部屋の反対側にも張ると全体のバランスが取りやすい

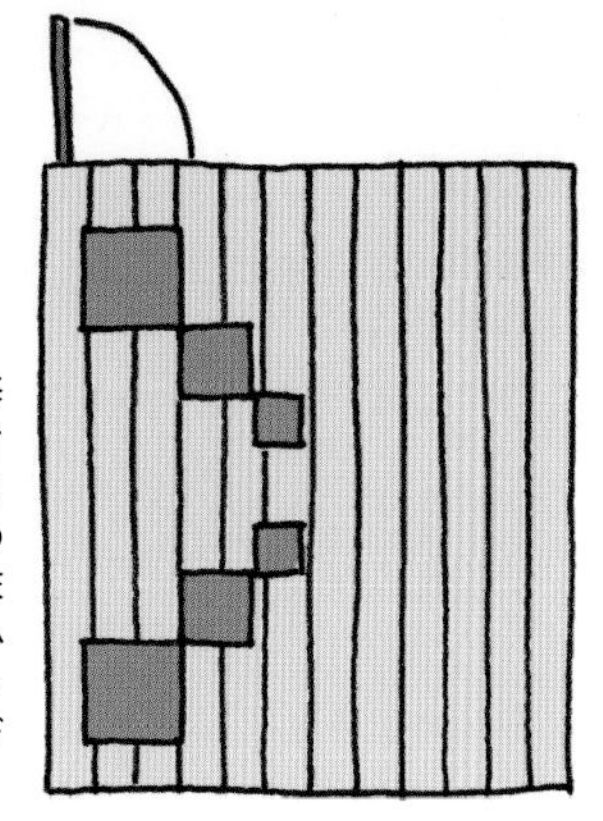

床の中ほどを部分補修する場合、一部分だけ別柄で補修すると目立ってしまう。部屋の中心から左右対称に床材を配置したり、大小の床材を並べて、パッチワーク風にアレンジする方法もある

05 両面テープを張る

すべての継ぎ目がしっかり張れるように、下地に両面テープを張る

06 端材を張る

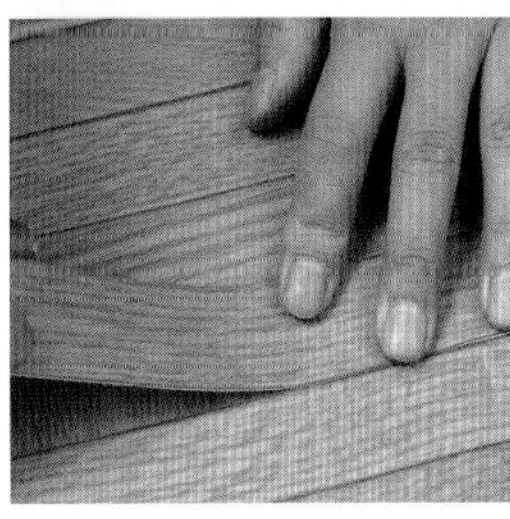

同じサイズに切り取った端材を、張り込む

07 シームシーラーで溶着する

継ぎ目には、シームシーラーを塗って溶着させる。水やホコリが入らなくなる

08 完成

板の模様に沿って張り込んだので、継ぎ目はほとんどわからない。この方法は市松模様などの単純な模様にも使える

知っておきたいワザ&知恵

コーナーや凹凸部分の部分張り替えをするコツ

部屋の隅や柱などの出っ張りがある部分を補修する場合は、少々コツがいる。切り込みを入れたり型取りをして、よりきれいに仕上げよう。

●コーナーの切り込み

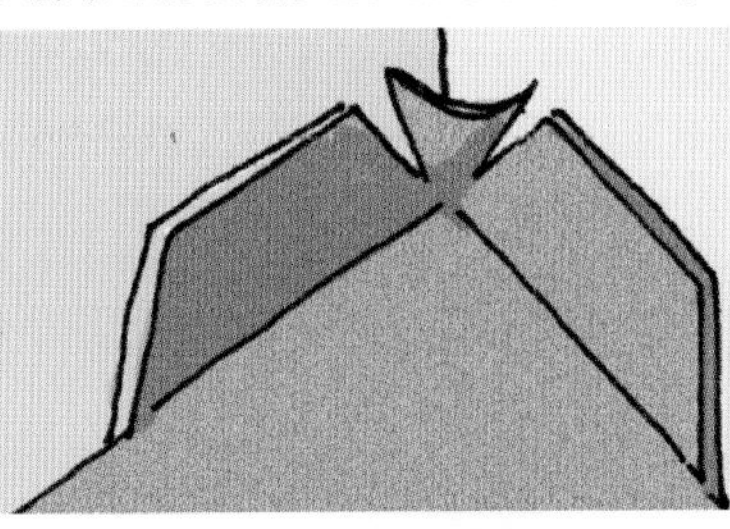

端材を大きめに切ってコーナーにあてる。ピンなどで角に印をつけてから、図のように切り込みを入れるとカットしやすくなる

●出っ張りのあるコーナー

隅に柱がある場合、大きめにカットした端材に切り込みを入れる。ピンなどで角に印をつけながら折り目をつけるとカットしやすい

●凹凸部分の型取り方法

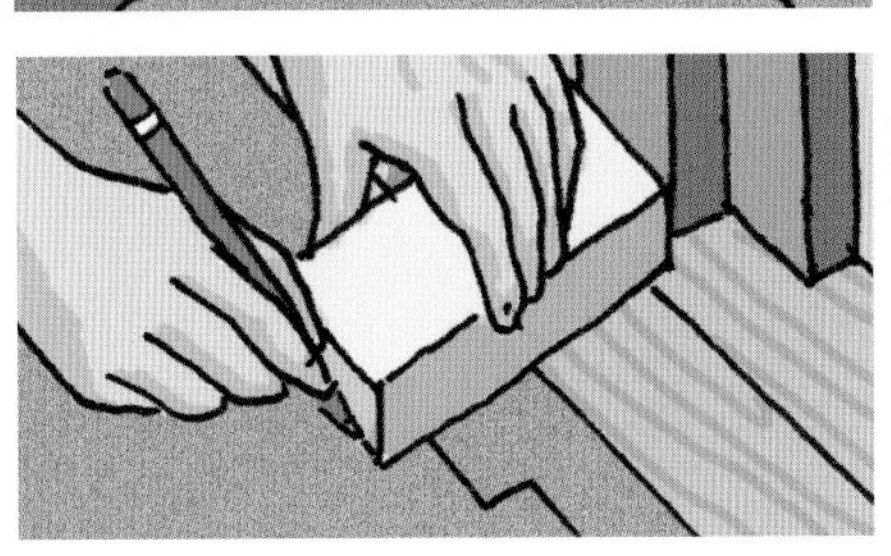

凹凸部分を型取りするときは、四角い木の板やブロックを使う。端材を壁から少し離して置き、凹凸に板を沿わせてカット用の線を引いていく

畳の簡単メンテナンス

畳のメンテナンス 1 シミは付着物に合った方法で処理する

畳を汚してしまった場合は適切な方法で、すぐに処理することが大切です。油分を含んだ液体は、粉に吸わせて取ります。

醤油

醤油をこぼしたときは、小麦粉やベビーパウダーなどをふりかけて吸い取らせる。そのあと掃除機をかけ、固く絞った布で拭き取る

クレヨン

クレヨンにはクリームクレンザーを使用。乾いた布に少量つけて拭く。強くこすると畳の目に入ってしまうので、やさしく拭き取る

インク

インクがついてしまった場合は、牛乳で湿らせてから拭き取る。レモン汁をつけて、10倍に希釈した塩素酸ソーダで拭く方法もある

サインペン

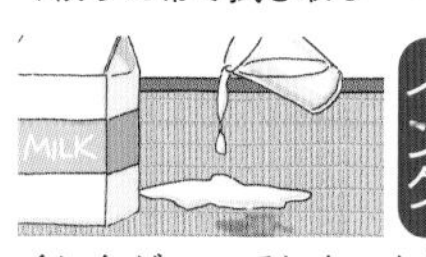

油性のサインペンの汚れは、マニキュアの除光液をティッシュにつけて拭く。水性のサインペンはクレンザーをつけて拭き取る

畳のメンテナンス 2 アイロンをあてて凹みを直す

家具の跡で凹んでしまったら、アイロンで蒸らして、自然乾燥でゆっくり回復させます。湿気がこもらないよう、必ず天気のよい日に行なってください。

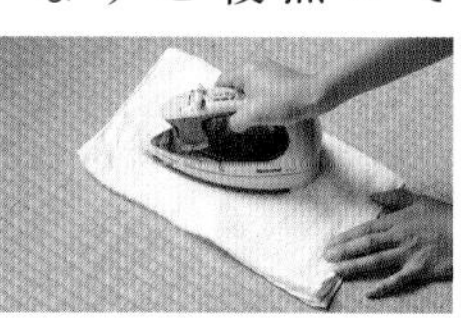

凹みのある場所に固く絞った布を置く。上からアイロンをあてて蒸らす。窓をあけて風通しをよくして、自然乾燥させる

畳のメンテナンス 3 日焼けは酢水で拭く

畳が日焼けして黄色く変色した部分は、酢水で拭くと、若干白くなりますが、汚れも落ちてきれいになります。水拭きするときは、必ず固く絞ってください。

バケツにお湯を注ぎ、10~20%の酢を入れる。布を浸して固く絞ったら、日焼けした部分を畳の目に沿って強く拭く。水拭き、から拭きの順で仕上げる

畳のメンテナンス 4 焦げあとやささくれを補修する

焦げあとは、黒く焦げた部分を削ります。削ったあとはささくれやすくなるので、接着剤を塗りましょう。ごく薄い焦げあとならオキシフルで漂白しても目立たなくなります。

01 サンドペーパーで削り取る

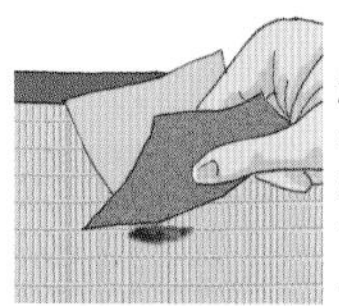

240番のサンドペーパーを適当な大きさに切って、畳の目に沿って軽くこする

02 木工用接着剤を塗る

小皿に木工用接着剤を適量載せて、少量の水で溶く。ささくれ部分に筆を使って塗り、乾燥させる

畳のメンテナンス 5 目立つシミは畳シールで応急処置

とにかく目立たないようにしたい場合は、畳目がプリントされたシールでカバーすることもできます。

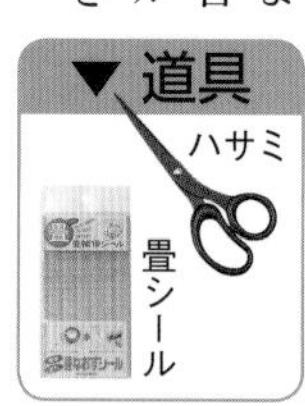

01 畳の色に合うものを選ぶ

畳シールは、畳の色に合わせやすいように数色入っている。隠したい場所にシールを置いて、近い色を選ぶ

02 シールをハサミで切る

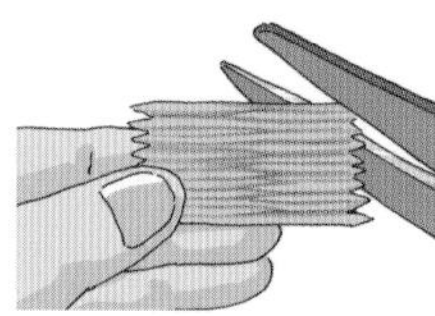

焦げあとやシミが隠れるサイズに切る。端の部分はギザギザにカットするのがポイント

03 シールを張る

カットしたシールを畳に張る。指で触ってしまうと、粘着力が低下するので、端のほうをつまむか、ピンセットを使って張る

04 シールを密着させる

指先でシールを密着させれば完成。畳目はエンボス加工されているので、思いのほかきれいに仕上がる

PART 7

リフォーム セレクト素材カタログ

DIYでリフォームするには材料や素材、かかる費用の知識が必要です。ここで紹介する商品を参考に、リフォームのプランで必要な材料や商品の知識、スペック、価格帯などを知ることによって、自身のプランに合わせたリフォーム計画にいかしてください。

簡単にリフォームできて
選択の自由度も大きい

壁紙

部屋の印象をガラリと変える もっとも手軽な素材のひとつ

壁紙の種類は豊富。張り方も難しくありません。壁紙は、手軽に部屋の模様替えを楽しめる素材です。

壁紙の基本的な構造は、表層と裏打ち紙を張り合わせたもの。この表層に使われる材質の違いによって、ビニール壁紙、織物壁紙、紙壁紙と大きく3つに分類されます。また、健康志向を受けて、天然素材を使った壁紙も登場し人気を集めています。このうちもっともポピュラーなのがビニール壁紙。比較的安価で、汚れても拭き取れるので手入れが楽なのが特徴。織物壁紙は落ち着いた風合いと高級感が魅力。紙壁紙は輸入壁紙に多いタイプで、美しさと柄のバリエーションの多さで人気があります。

ビニール壁紙・生のりタイプ

❶〜❹「簡単スーパー生のりカベ紙」アサヒペン
●古い壁紙をはがさずに上から直接張ることができるタイプ
❶KN-1❷KN-2❸KN-3❹KN-4、全4柄●3,888円（92㎝×5m）、7,052円（92㎝×10m）、9,580円（92㎝×15m）

ビニール壁紙は、表層の塩化ビニル樹脂に花柄プリントや石目調・織物調といったテクスチャー加工が施されている。多少の汚れがついても拭き掃除が可能なので、キッチン（レンジなど火の近くは不可）やダイニングルーム、子供部屋などに向いている。このビニール壁紙に生のりが塗られてビニールパックされた商品がホームセンターの店頭で売られている。生のりタイプは張り直しが利き、作業中シワや空気が入っても簡単にリカバーできるのでDIY初心者にもおすすめの壁紙だ

簡単壁紙・環境壁紙

初心者でも扱いやすい おすすめ簡単施工の壁紙

古い壁紙をはがす手間が不要で裏紙をはがして簡単に張れるシールタイプの壁紙や、燃やしても有害ガスが出ない水性樹脂製ビニール壁紙もある

❸「カベ紙の上に簡単に貼れるカベ紙」●ビニール・粘着 ●柄：ロゼオ／2,470円（92㎝×1.85m）、5m、10m、30m
❹「カベ紙の上に簡単に貼れるカベ紙」●ビニール・粘着／柄：ヴォーネン／2,470円（92㎝×1.85m）、5m、10m、30m
※商品はすべてアサヒペン

❶「安心カベ紙」●水性樹脂・再湿●柄：マリーヌ／1,674円（92㎝×1.85m）、5m、10m、30m
❷「安心カベ紙」●水性樹脂・再湿●柄：うぐいす／1,674円（92㎝×1.85m）、5m、10m、30m

漆　漆の木の樹液を生成した塗料で、古くから建物の床、壁、柱、またさまざまな木製品に用いられてきた。一度乾くと防水性のある強い膜を作る

裏打ち紙　壁紙の裏面のベースとなる紙のこと。古い壁紙をはがすと、表層部分のみがはがれ、壁には裏打ち紙が残る。残った裏打ち紙を下地として、上から新しい壁紙を張るのが一般的な壁紙の張り方

和紙・自然素材の壁紙

室内装飾材として再評価されているのが和紙。和テイストのあたたかみのある風合いや心地よい手触り、そしてなによりも室内環境を良好に保つすぐれた機能が注目されている。ホルムアルデヒドなどの有害物質を出さないこと、保温機能があること、また、湿度が高ければ湿気を吸い、湿度が低ければ水分を放出するという調湿機能などがあげられる

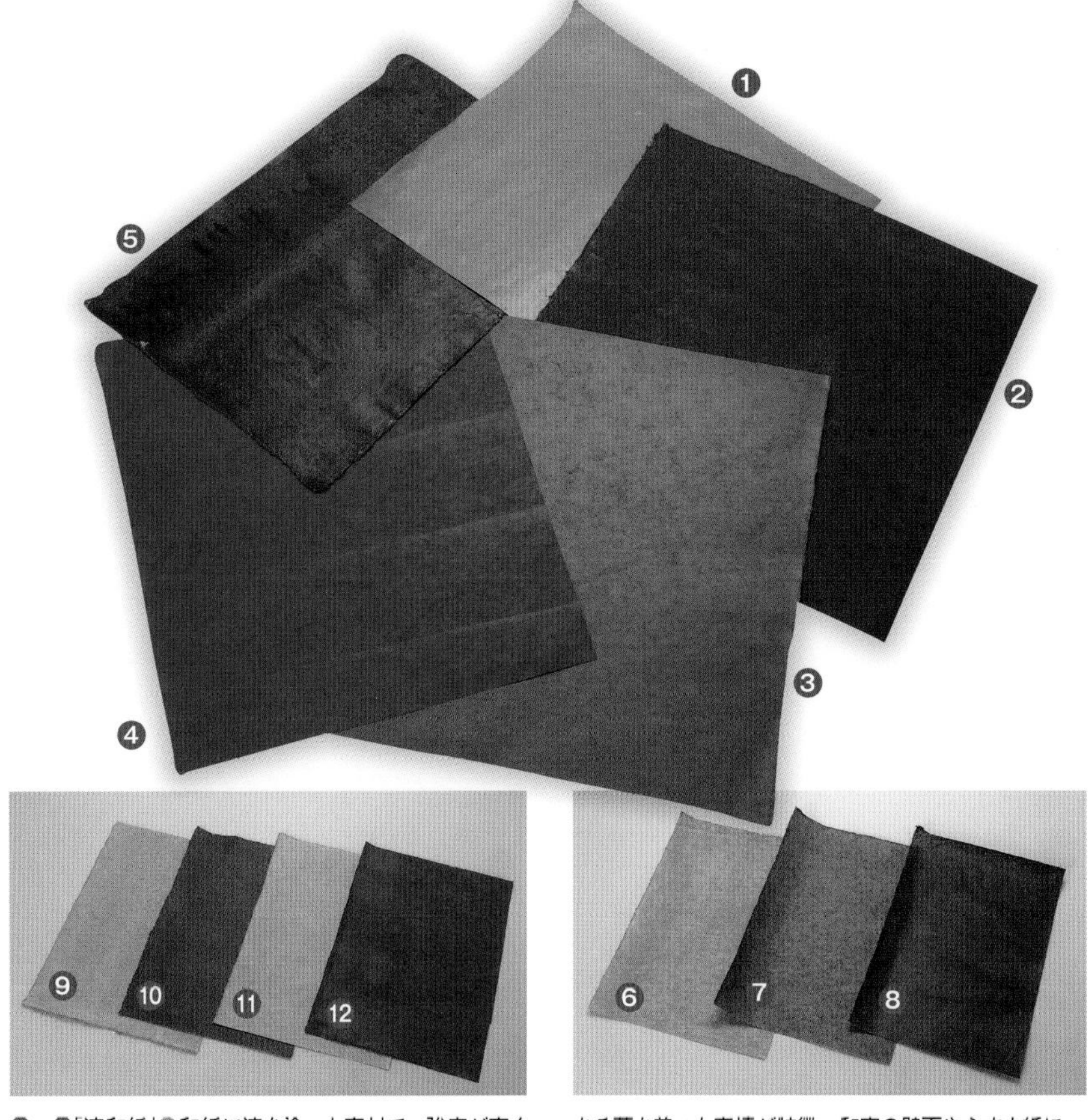

❶～❺「漆和紙」●和紙に漆を塗った素材で、強度が高く調湿作用がある。防水性にすぐれるので、水まわりの壁面にも使える。和紙のテクスチャーが漆に溶け込んで独特のニュアンスをかもしだす。重厚で華やかな雰囲気は、和室・洋室を問わずにマッチする
❶白／5,724円(93×63㎝)、24,192円(183×93㎝)
❷朱／5,400円(93×63㎝)、24,192円(183×93㎝)
❸からし／5,724円(93×63㎝)、24,192円(183×93㎝)
❹浅黄／6,264円(93×63㎝)、29,376円(183×93㎝)
❺春慶／6,912円(93×63㎝)、32,076円(183×93㎝)
❻～❽「柿渋和紙」●和紙に柿渋塗料を塗った素材。耐久性が高く、防腐・防水・防虫・抗菌作用がある。深みのある落ち着いた表情が特徴。和室の壁面やふすま紙に
❻薄／2,592円(93×63㎝)、10,368円(183×93㎝)
❼中濃／2,592円(93×63㎝)、10,368円(183×93㎝)
❽濃／2,592円(93×63㎝)、10,368円(183×93㎝)
❾～⓬「彩色和紙」●ニカワと顔料を混ぜて和紙に塗った素材。耐久性を持ち、保温性、保湿性にすぐれる
❾さび土／3,456円(93×63㎝)、14,472円(183×93㎝)
❿銀朱／3,996円(93×63㎝)、16,416円(183×93㎝)
⓫黄土／3,456円(93×63㎝)、14,472円(183×93㎝)
⓬藍／3,456円(93×63㎝)、14,472円(183×93㎝)
※商品はすべて木曽アルテック社

DIY TECHNIC

接着方法による壁紙のタイプ分け

壁紙は、表層の材質で種類分けするほかに、裏側ののりのタイプ、つまり接着方法で分類することができる。左図のように、のりなし、再湿、粘着、生のりと、4つのタイプがあり、それぞれに作業上の特徴がある

表面の素材
ビニール　織物　紙
生のり　粘着　再湿　のりなし
のりのタイプ

再湿タイプ

切手のように水で濡らしてのりを戻して張るタイプ。壁紙の一般的なタイプがこれ。水をたっぷり塗って、紙が伸びるのを待ってから張るとシワが出ずにうまく張れる

のりなしタイプ

裏側は紙のまま。織維壁紙に多いのがこののりなしタイプ。裏側に「壁紙用のり」を塗って壁に張っていく。張りたいときに張りたい分を自分のペースで作業できるメリットがある

生のりタイプ

張りやすい生のりが塗られているタイプ。ホームセンターの店頭で柄と必要量を注文すると配達されてくるオーダー制の壁紙。店頭で買えるビニールパックされた商品もある

粘着タイプ

裏打ち紙に粘着剤がついていて、裏紙をはがしながら壁に張るシール式。再湿タイプやのりなしタイプのように壁紙を広げて水やのりを塗るスペースがなくても作業できて手軽

※掲載商品は参考商品です。価格表示されたものは、編集部が取材時に東京近郊のホームセンターやウェブショップなどで調べた参考価格（税込）です。購入の時期、取り扱い店などの諸条件により商品や価格、仕様が異なることがありますのでご了承ください

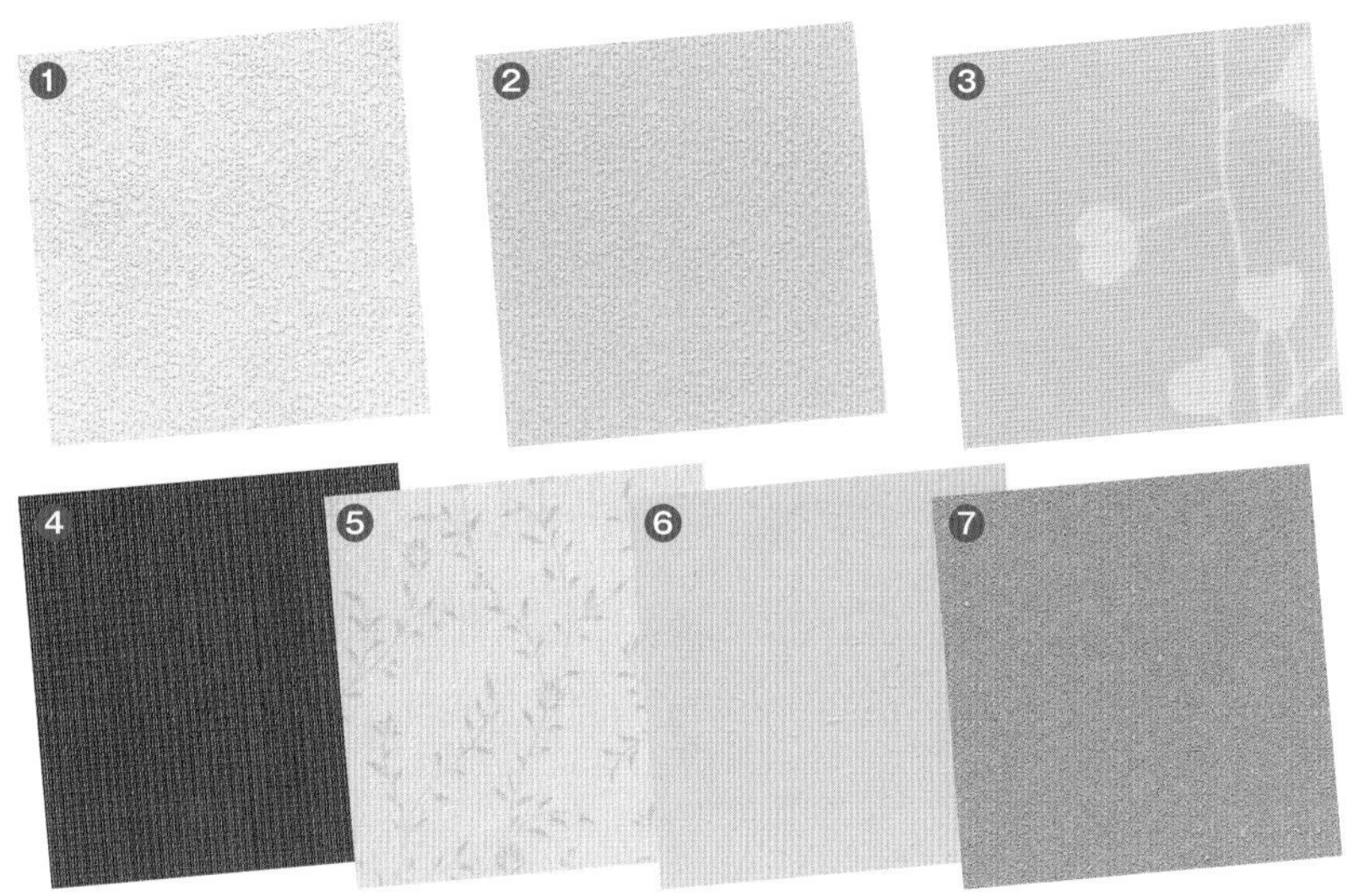

体や環境にやさしい壁紙

表層紙に珪藻土や和紙、竹炭などの天然素材を使用し、消臭、調湿、通気性などの機能を持たせた壁紙。有害物質を放出せず住環境を快適にするところが評価されている。また再生紙やケナフ紙を採用して環境に配慮した壁紙も増えている

❶❷「アースウォール」●表層紙に珪藻土を用い、消臭・吸放湿・通気性がある
❸「竹ウォール」●環境にやさしい竹線維をすき込んで消臭性・吸放湿性にすぐれた機能を併せ持つ
❹❺「防汚紙ウォール」●抗菌防汚フィルムにより壁紙表面の細菌の増殖を抑制
❻「和紙ウォール」●稲麦やマニラ麻をすき込んだ和紙風合いの壁紙
❼「珪藻土・じゅらく」●高い意匠性と、質感、通気性を持つ
※上記商品はすべて東リ「環境・素材コレクション」●92cm幅で389円/m

輸入壁紙

輸入壁紙の最大の魅力は、柄のバリエーションの豊富さに加えて色彩・色調の美しさ。イギリス、アメリカ、イタリア、北欧などの特徴ある壁紙がそろう。専門店でサンプルを見てオーダーするが、窓枠の塗装やボーダーでの装飾などを考え、トータルに部屋をコーディネートするとよい。紙、ビニール、織物があり、再湿タイプとのりなしがある。薄手のものが多いので下地調整は念入りに

❶BORAS TAPETER（スウェーデン）●53cm×10.05m/14,385円❷OMEXCO（ベルギー）●90cm幅/6,480円（㎡）❸ZOFFANY（イギリス）●68.6cm×10.05m/22,032円❹OMEXCO（ベルギー）●90cm幅/6,480円（㎡）※上記商品はすべてトミタ

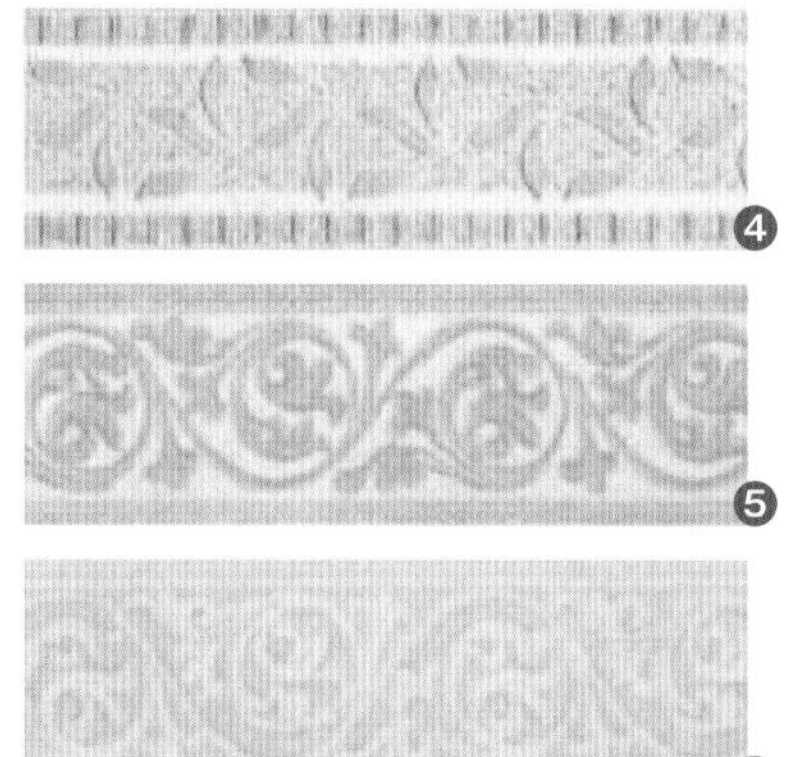

ボーダー／トリム

ボーダーとは帯状の壁紙のこと。壁紙と組み合わせて部屋の腰まわりや天井まわりにアクセントをつける。幅約5cm～30cmまでさまざまなサイズがあり、ロール状で売られている。壁紙同様、デザインバリエーションと美しさの点では輸入ものに軍配が上がる。専門店のショールームに足を運び壁紙とのコーディネートを参考にして部屋を飾りたい

❶WVP9801●13cm×10m❷WVP9802●13cm×10m❸WVP9803●11cm×10m❹WVP9804●9.2cm×10m❺WVP9805●9cm ×10m❻WVP9806●9cm ×10m
すべて3,000円/本　※上記商品はすべて東リ

シックハウス対策＞壁紙など内装仕上げに使用する建材でホルムアルデヒドを発散するものには制限が定められている。発散量が少なく、制限なく使ってよいものには最上位等級のF☆☆☆☆マークの表示がある

下地調整＞輸入壁紙のように薄い壁紙をきれいに張るには、下地を平坦にならしておく必要がある。穴があればパテで下地を整え、クギやネジ頭がサビているときはサビ止め剤を塗布する

カラフルでポップな柄から落ち着いた
雰囲気まで、自在に簡単模様替え

シート素材

裏紙をはがして接着するだけで家具や小物をドレスアップ

シート素材を使えば家具や壁を簡単にリフォームできます。裏面に粘着剤が塗られたビニール製が一般的で、表面の柄はバリエーションに富んでいます。プレーン、石目調、木目調を始め、キャラクターがプリントされたものまであり、好みで選べます。ロールで売られているものと切り売りタイプがあります。

張り方は難しくありません。裏紙をはがしながら、ヘラかタオルで空気を押し出すように少しずつ張っていくと気泡やシワが残らずきれいに張れます。

粘着シート

裏紙をはがすだけで張れるので便利。家具や部屋の模様替えが手軽にできる。ビニール製なので汚れても水拭きができる

❶

2

3

4

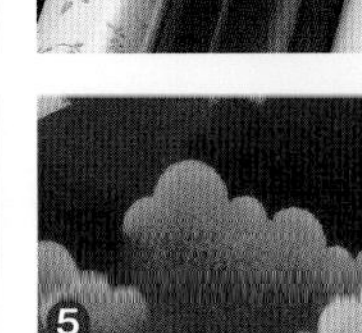
5

6

❶～❻「スーパーメイクアップシート」（アサヒペン）●486円（45㎝×2m）、900円（90㎝×2m）●裏紙に方眼の目盛りが印刷されているのでカット作業が楽。張れる場所は平坦な面で、砂壁などザラザラした面や水気の多い浴室、屋外は不可
❶A2❷A4❸A12❹A13
❺A28❻A34

キズついた柱や収納扉を簡単にメイクアップできるリフォーム用粘着シートも各種ある。キッチン、浴室、トイレなどの水まわりに使用できる大きなサイズもある

「ちょっとリフォームシート」（リンテックコマース）●砂目タイプはフッ素加工で汚れに強くキッチンや浴室に。木目タイプは硬質ウレタン加工。10㎝×3.6m、1,530円

窓ガラスを彩るシート素材

窓からの光をやわらかな間接光に変える

窓ガラスに光を透過するシート素材を張れば、部屋のイメージを一新することができる。透明な窓ガラス用粘着シートとして売られているので、好みの絵柄を選ぶとよい。ガラス戸棚をステンドグラス調にするのもアイデアだ

「窓辺のハーモニー」（アサヒペン）を使った使用例●46㎝×180㎝、1,780円全8種類

※掲載商品は参考商品です。価格表示されたものは、編集部が取材時に東京近郊のホームセンターやウェブショップなどで調べた参考価格（税込）です。購入の時期、取り扱い店などの諸条件により商品や価格、仕様が異なることがありますのでご了承ください

デコラティブな風格で 高級感ある仕上がりに

タイル

リフォームや補修、タイルアートなど多彩に活躍

水まわりの壁や床の仕上げによく使われている素材がタイル。ホームセンターには、無地や柄ものの内装タイルや、タイルアートなどに使うモザイクタイル、床用で今人気のテラコッタタイルなどが置いてあります。

さまざまな種類のあるタイルですが、素材の特徴で大きく分けると「磁器質」「せっ器質」「陶器質」があります。1200～1300度の高温で焼き上げられた磁器質タイルは、緻密で硬質、吸水率は1%以下。逆に吸水率が5%以下のせっ器質タイルや22%以下の陶器質タイルになると、水分を含みやすく、叩くと鈍い音がします。

吸水率が高い陶器質タイルは主に内装用で、外壁に使うと凍害を起こしたり、床に張ると重量に耐えられずに割れてしまう場合があります。硬度が高いせっ器質タイルや磁器質タイルは内外装や床タイル向き。外装タイルの裏面には「あり足」突起があるので、内装タイルなどと並べると段差ができてしまいます。タイルを選ぶ際には用途に適したものを選ぶことが大切です。

古レンガの風合いを出した外装用タイル
参考商品●217×64㎜

外装タイル

建物の外壁には、凍害を防ぐため吸水率が少なく強度の高い、磁器質やせっ器質のタイルが使われる。裏面には、はく離を防止する1.5㎜以上の溝「あり足」がついている。内装用タイルに比べるとやや高価だが、耐候性にはかなりの差がある。補修の場合も外装用タイルを使おう。玄関へのアプローチや内装のワンポイントに使ってもいい

DIY TECHNIC

タイルの張り方

タイルの基本的な張り方は内装外装用もモザイクタイルも同じ。ホームセンターには接着剤や目地材、道具セットが用意されている。タイルを張る前に、位置や並び順などをしっかり決めてから始めよう

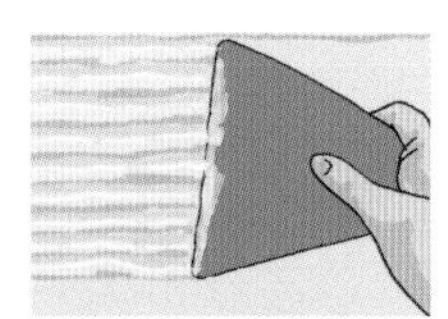

❶ 接着剤を塗る

接着剤を均一の厚さに塗りつける。筋の入る専用ヘラなどを使うと便利

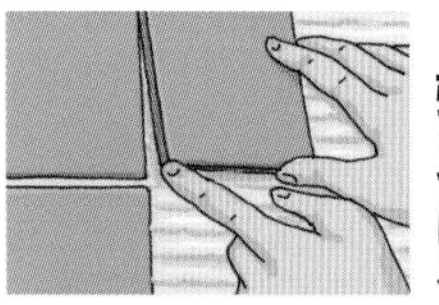

❷ タイルを張りつける

接着剤の上にタイルを並べ、目地が均一になるようにそろえて張り、半日以上置いて乾かす

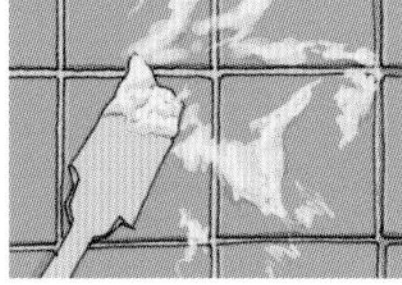

❸ 目地材を詰める

目地材をヘラでタイルのすき間に入れる。目地埋め用の専用ヘラを使うと仕上げやすい

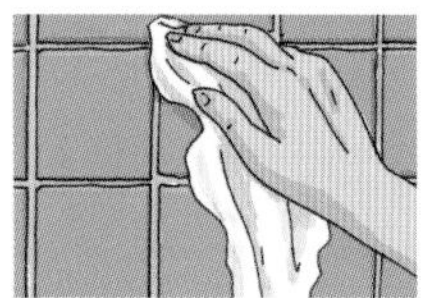

❹ 目地材をふきとる

目地材をならした際に、表面にはみ出した部分や汚れを拭き取ったら完成

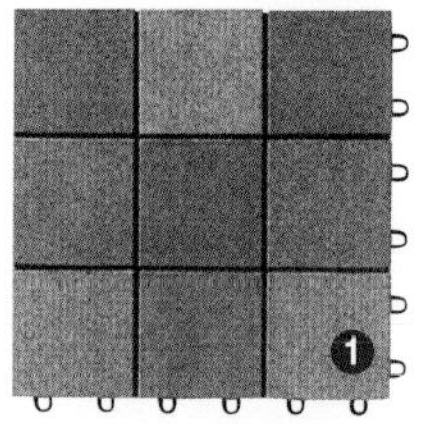

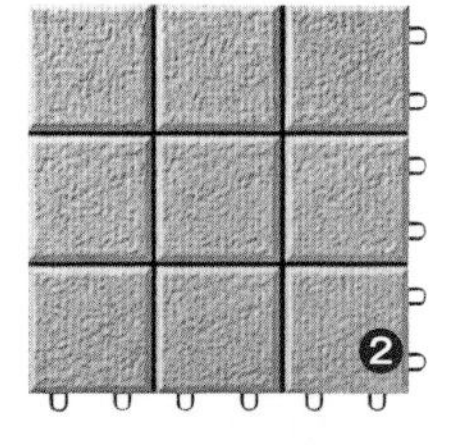

床用タイル

玄関などをタイル敷きにするだけで、美観や雰囲気がガラリと変わる。これは軽量の置き敷きタイプのタイル。サイズを測り、仮置きし、端をカットするだけで手軽にバルコニー&ベランダがセンスアップする

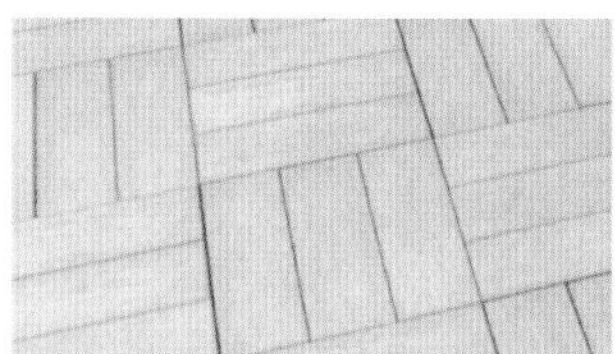

タイルの組み方を工夫すると面白いデザインになる

❶MTシリーズ　MT01●300×300×28㎜　1,008円/1枚
❷MG・MKシリーズ　MK01●300×300×28㎜　828円/1枚
❸MNシリーズ　MN03●300×300×28㎜　1,143円/1枚
※上記商品はすべてTOTOバーセア

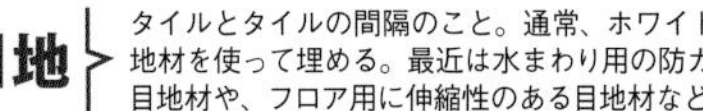

目地 タイルとタイルの間隔のこと。通常、ホワイトセメントなどの目地材を使って埋める。最近は水まわり用の防カビ防汚機能付きの目地材や、フロア用に伸縮性のある目地材なども出てきている

凍害 タイル素地に浸透した水分が外気の温度変化によって凍結と融解をくり返し、タイルを破壊すること

内装タイル

トイレやバスルーム、キッチンなどの水まわりで使われる内装タイルは、釉薬（ガラス質）が表面にかけられた陶器質タイルが主流。色や柄のバリエーションが多く、インテリア性に富んだタイルが豊富に用意されている。サイズは、目地幅を含めて100×100㎜になる、96～98㎜角が一般的。最近は輸入タイルも多い

❶❷❸❹「ヴィヴィック」LIXIL●97.75×97.75㎜●8,100円/（㎡）
❺❻「プチガーデン」LIXIL●97.75×97.75㎜●216円/枚
❼❽「[illegible]」LIXIL●[illegible]㎜●[illegible]円/枚
❾❿⓫⓬「ミスティキラミック」LIXIL●97.75×97.75㎜●5,940円/（㎡）
⓭⓮⓯⓰「陶趣」LIXIL●95×95㎜●864円/枚

高級感あるタイル壁。無地のタイルも、並べ方や大小のバリエーションで表情が変わる（LIXIL「ミスティキラミック」施工例）

モザイクタイル

表面積が50㎠以下のタイルのことで、多くは磁器質タイル。何枚かつなげられたシート状のものが多い。ここで紹介するのは四角形だが、これ以外に丸や八角形、長方形、砕かれたクラッシュタイルなどがある。手工芸など幅広く自由に使える

アルファベットタイル

アルファベットの描かれているタイル。壁や床に張ってアクセントにできるほか、ネームプレートなどにもぴったり

「アルファベットタイル」
●50㎜角/367円/枚

ガラスモザイクタイル

さまざまな柄と色合いが混ざり、壁やオリジナルのテーブルのアクセントになる、ガラスタイルならではの深み感や透明感のあるガラスモザイク

「ガラスモザイク ジェムス」
●24㎜角12列×12段　299×299㎜×6.5㎜厚　全4色　4,700円/シート（東リ）

ガラスタイル

カラーバリエーションのあるガラスタイル。硬質で透明な輝きを活かして、フォトスタンドなどのクラフトにも○

「プチトランスルーセント」
●10㎜角/420円

色ガラスの小さなタイル。透明感のあるテクスチャーを活かして、創造力を発揮できそうなタイル

「プチトランスルーセント」
●10㎜角/373円

モザイクタイル

絵柄やパターンを作るときに活躍する、10㎜角の小さなモザイクタイル。裏面のネットは水に濡れるとはがれる

「MOSAIC10」
●10㎜角/144枚/661円

※掲載商品は参考商品です。価格表示されたものは、編集部が取材時に東京近郊のホームセンターやウェブショップなどで調べた参考価格（税込）です。購入の時期、取り扱い店などの諸条件により商品や価格、仕様が異なることがありますのでご了承ください

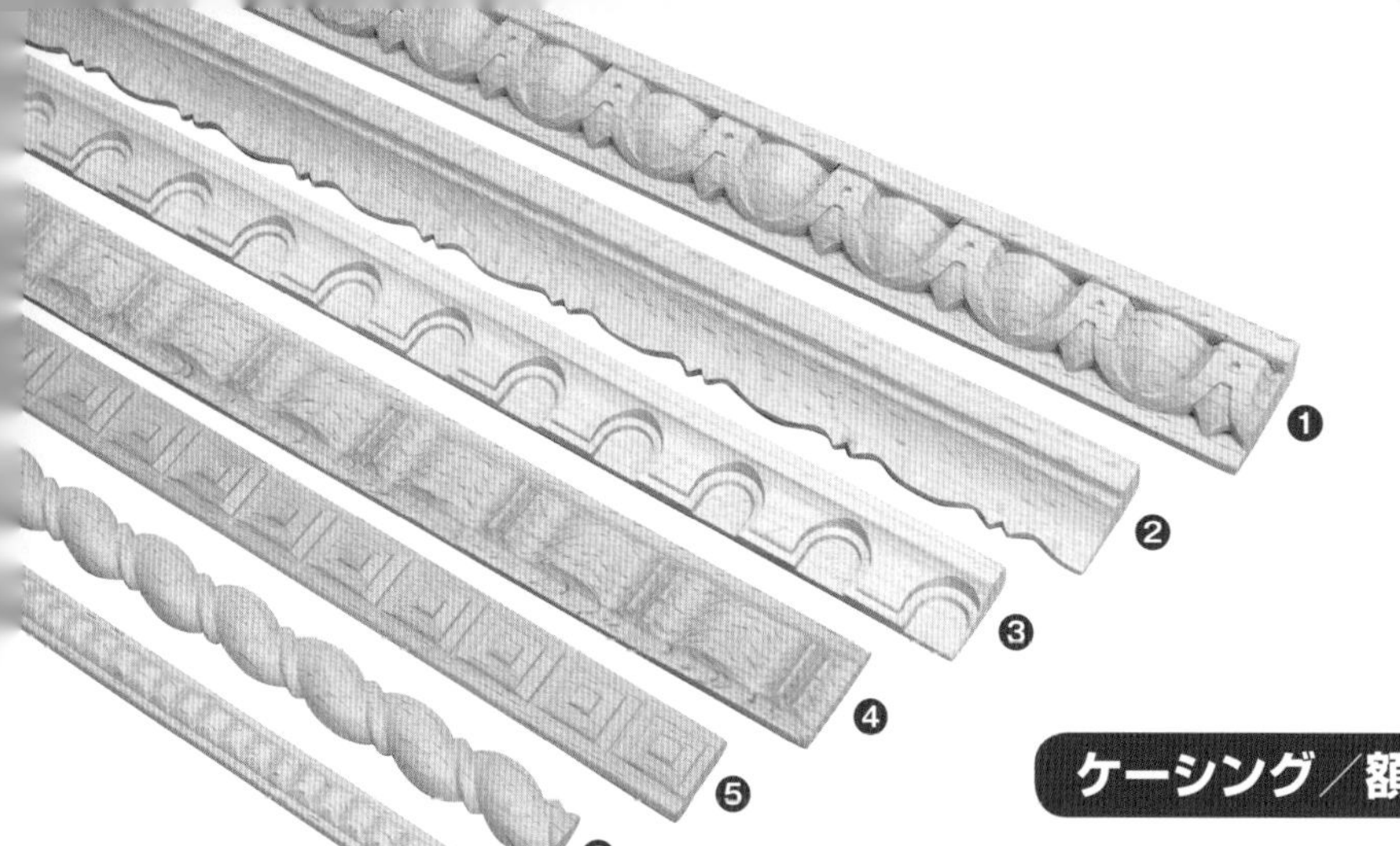

部屋をワンランク
グレードアップできる装飾部材

モール材

かくしクギや接着剤で取りつけ簡単&失敗知らず

モール材は、壁の際やコーナーをカバーリングしながら装飾にもなる「額縁」や「巾木」など装飾用部材の総称。素材は木材が多いですが、ゴムやタイル、コルクや発泡プラスチックなどもあります。面積は小さいですが、壁のアクセントになる部材です

ケーシング／額縁

ドアや窓枠に取りつけられるモール材。材質が無塗装木材の場合は、ニスやステインで木目を活かした塗装を施したり、ペンキでさまざまな色に塗ることができる。インテリアだけでなく、木工作品など、アイデア次第でいろいろな使い方が可能だ

❶●W26m/m×90㎜/788円 ❷●W25m/m×90㎜/504円 ❸●W20m/m×90㎜/483円 ❹●W25m/m×90㎜/462円 ❺●W18m/m×90㎜/410円 ❻●W15m/m×90㎜/536円 ❼●W10m/m×90㎜/315円

巾木

壁と床の境目を覆うのが巾木。壁の下側に取りつけて、壁紙の際をカバーする。隠しクギや接着剤で簡単に取りつけできるが、素材によっては専用接着剤が必要なものもある。壁紙の材質や色に合わせて選ぶとよい

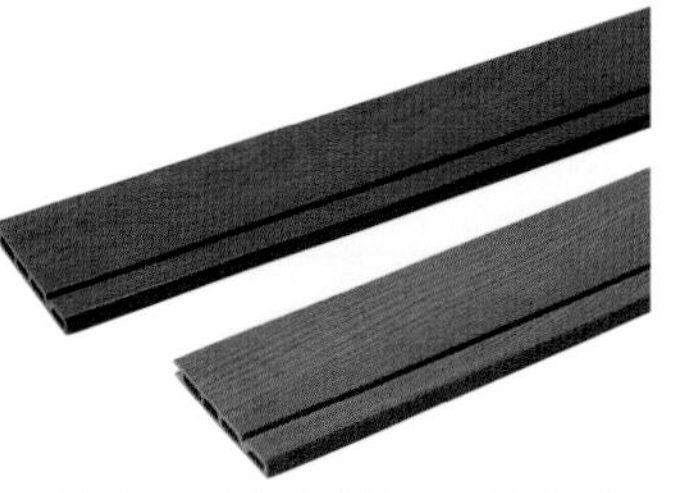

木質巾木

1mや180cmなどの長さの単位でサイズが用意されている。幅や模様のバリエーションも多い

●メープル／オークなど
●3,950×51×9㎜/2,149円（1本）

ソフト巾木

ロール状で切り売りしている塩ビ製の巾木。好きな長さにカットして使用でき、わん曲した面にも使えるのが特徴

●6㎝高/320円/m

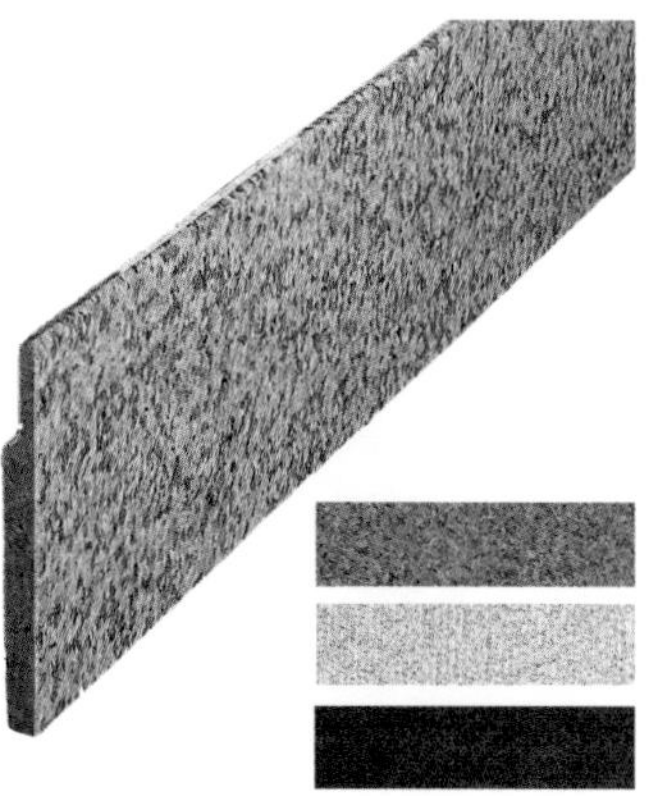

石材巾木

天然石で作られた巾木。本物の質感で高級感のある仕上がりに。そのほか、タイルやコルク素材の巾木もある

●400×130×12㎜/1,274円（1本）

DIY TECHNIC

モール素材の使い方

モール材には、壁の保護や壁紙の切り端のカバーリング、装飾などの役目がある。下記のような種類があるので、取りつけ場所に合ったものを選ぼう。

❶巾木「ウッドベースH623」10.1×82.5×3600㎜ 2,530円 ❷チェアレール「ウッドチェアレールH390」30×30×3650㎜ 2,322円 ❸額縁「ウッドケーシングH3004A」13.5×56.3×3600㎜ 1,770円

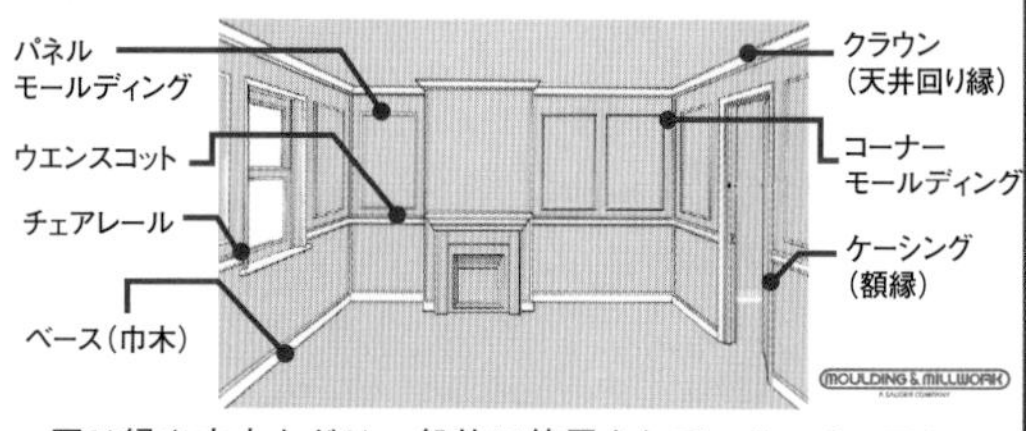

回り縁や巾木などは一般的に使用されている。チュアレールやコーナーモールディングなどは、張るだけで部屋の雰囲気を一変させることができる部材だ

資料提供：メトリージャパン（サウダーモールディングズ）

回り縁 天井と壁の境目に取りつけるモール材。天井と壁の角にぴったりと収まるよう、装飾面の裏は直角の突起状になっている。太さや柄はさまざま

体に優しい天然素材・珪藻土壁材に人気

塗り壁材

シックハウス対策に天然素材で壁を塗り替えて模様替え

ペンキで壁面を塗装するのと同じような感覚で、手軽に扱える塗り素材も多く出まわっています。なかでもシックハウス症候群対策に珪藻土や漆喰などの自然素材の塗り壁材に注目が集まっています。施工も難しくなく、ぬくもりのある落ち着いた風合いが得られます。

「かんたんあんしん珪藻土」フジワラ化学●1.5kg（3〜4㎡）/2,271円●混ぜてある既調合タイプ。古壁へローラーで塗れる

「プレミアムクリーンアップ珪藻土壁材」フジワラ化学●3kg（約3㎡）/3,438円●古い和風壁などの上から塗れる。アクどめ処理不要

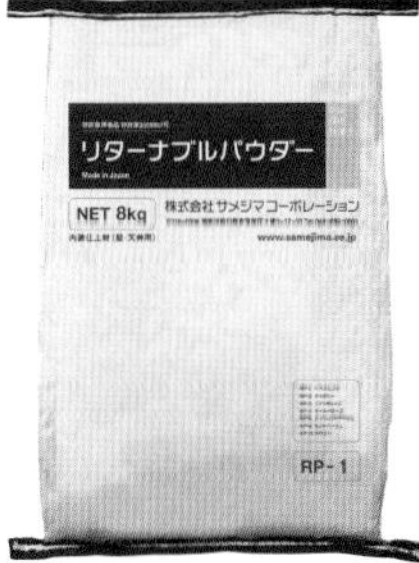

「リターナブルパウダー」サメジマコーポレーション●8kg（6.6㎡）/22,050円●高機能珪藻土を主原料にした健康天井・壁材。高い吸放湿機能を発揮する。一度固化しても再利用可能。直塗りできるのでDIYに最適

珪藻土壁材

珪藻土はプランクトン（藻類）の死骸が海底や湖底に堆積してできた粘土状の泥土。表面に微細孔が無数にあるので保温、断熱、防露、調湿、遮音、脱臭などの機能を持つ。シックハウス症候群の原因となる有害ガスを出さない自然素材の塗り壁材として人気だ

繊維壁材

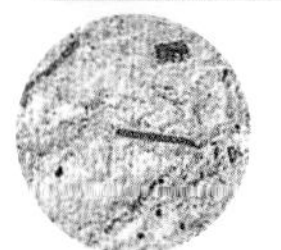

「若糀」家庭化学工業●0.67kg（約3.3㎡）/658円、2.01kg（約9.9㎡）/1,358円●全5色●接着剤配合なので水で練るだけで施工できる。防音、保温作用がある

じゅらく壁材

「京壁」家庭化学工業●0.9kg（約3.3㎡）/798円●2.7kg（約9.9㎡）/2,923円 全4色●優雅で落ち着いた風合いに仕上がる。コテの伸びがよく塗りムラができにくい。接着剤配合

漆喰壁材

消石灰を主原料にのりや繊維を加えた日本古来の壁仕上げ材。すぐれた調湿作用が特徴。不燃性で、カビにも強い。シックハウス症候群を引き起こす室内の空気汚染の心配も不要。健康的な自然素材として注目される。また、漆喰ではないが手軽に漆喰風のテクスチャーを楽しめる塗料もある

「京庭かべしっくい」家庭化学工業●1.8kg（約1.65㎡）/1,580円、7.2kg（約6.6㎡）/6,628円●ビニールクロスやプリント合板に直接塗れる。調湿機能にすぐれ、有害物質を吸着する

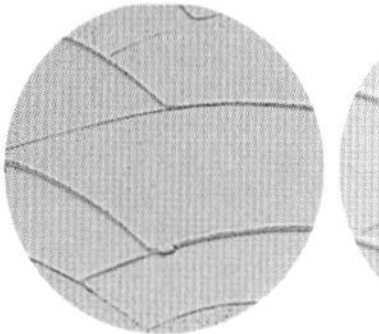
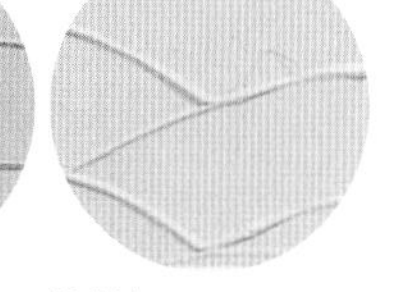

「水性しっくい風かべ塗料」ニッペホームプロダクツ●4kg（2〜3㎡）、8kg（4〜6㎡）/15,800円（8kg）●全10色●漆喰調のテクスチャー仕上げができる塗料

※掲載商品は参考商品です。価格表示されたものは、編集部が取材時に東京近郊のホームセンターやウェブショップなどで調べた参考価格（税込）です。購入の時期、取り扱い店などの諸条件により商品や価格、仕様が異なることがありますのでご了承ください

塗料

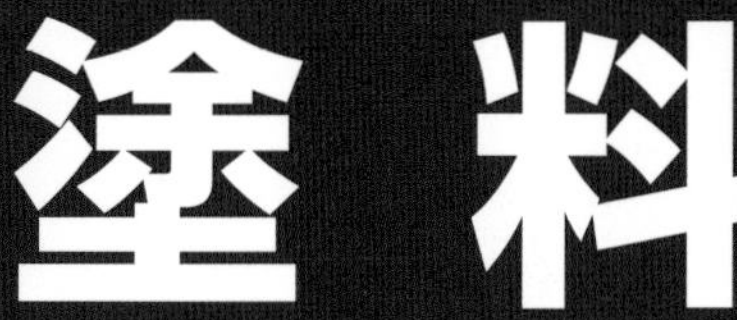

水性多用途塗料

壁、木部、鉄部、浴室など守備範囲の広い塗料。いろいろな場所に使えるので便利。色の種類が豊富で、ツヤあり・半ツヤ・ツヤなしが選べる。イヤな臭いも少なく、扱いやすいタイプの水性塗料だ。ただし専用品のような特別なオプション性能はないので、目的がはっきりしているときは専用品を選ぶといい。

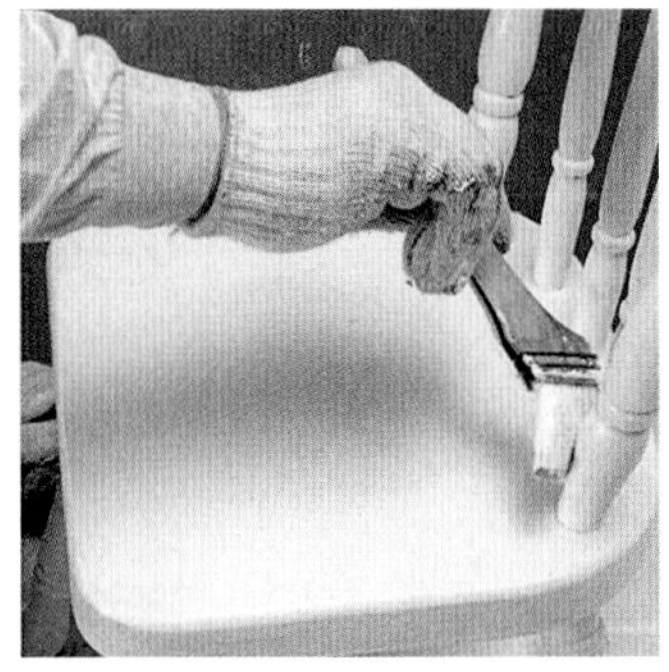

❶「水性フレッシュワイド」(ニッペホームペイント)●1.6ℓ(13.2～16.5㎡)/3,148円(45色)、0.2ℓ、0.7ℓ、3.2ℓ、7ℓ、14ℓ
❷「DCペイントroom」(カラーワークス)●0.9ℓ(約5㎡)2,892円(72色)、3.8 ℓ
❸「水性ビッグ10多用途」(アサヒペン)●1.6ℓ(11～15㎡)/2,806円(45色)●1/5ℓ、0.7ℓ、5ℓ、10ℓ
❹「水性室内かべ用塗料」(カンペハピオ)●0.7ℓ(4.9～7㎡)1,782円(全12色)、1.6ℓ、3ℓ、7ℓ、14kg
❺「jCOLOUR」(ターナー色彩)●0.5ℓ(3㎡)1,666円(基本色200色)、2ℓ、4ℓ、15ℓ
❻「NEW水性インテリアカラー屋内カベ用」(アサヒペン)●0.7ℓ(5～6㎡)1,980円(全30色)、1.6ℓ、5ℓ

塗膜の保護力で腐敗やサビから素材を守る

塗料の役割は、素材を保護することと、美しく彩色すること。木材、コンクリート、金属、プラスチックなどは風雨や日光にさらされると、腐食や風化によってもろくなったり、サビが発生して劣化します。塗料を塗ると強い塗膜が作られ、こうした劣化を防ぐことができ、定期的な塗り替えによって、素材を半永久的に保護できるというメリットがあります。さまざまなカラーバリエーションが用意されているので、好みに合わせて色づけできることが可能になります。

このときに重要なのは塗料の選び方です。室内、屋外、木部、コンクリート、金属と、塗装する対象物の素材や対象物が置かれている環境によって、それぞれに合った機能の塗料があることを押さえておきましょう。

水性室内壁用塗料

室内壁用の塗料には、超微臭、人体に影響の少ない低VOCの塗料がそろう。ビニール壁紙のホルムアルデヒドを吸着するシックハウス症候群対応機能を持つ塗料もある。またインテリアにふさわしいカラーバリエーションも豊富にそろう

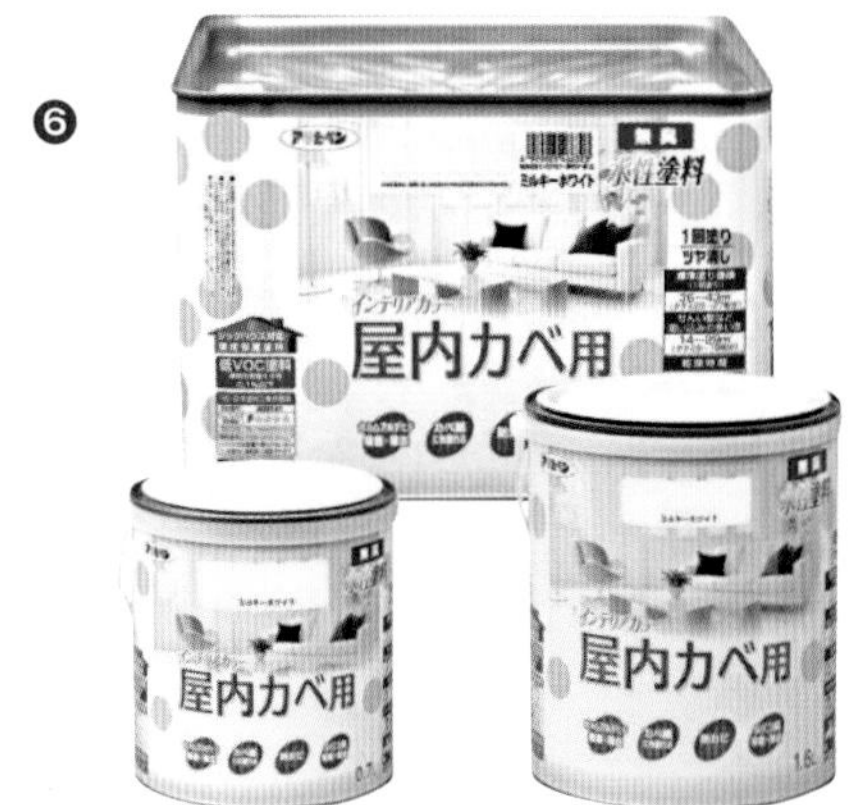

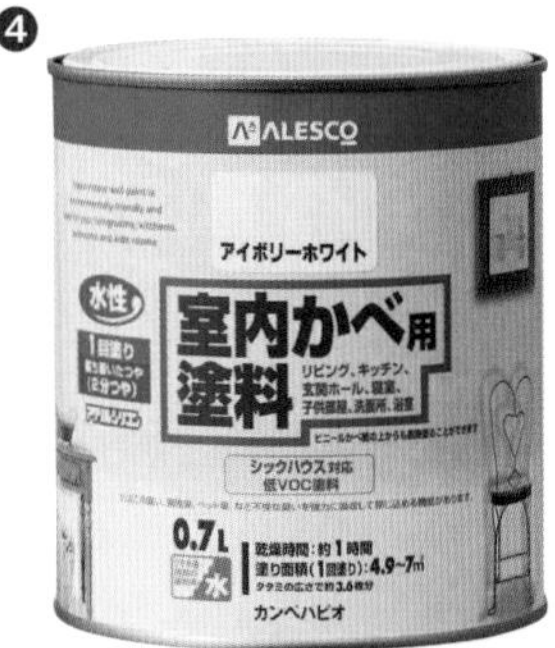

VOC：揮発性有機化合物のことをいう。トルエン、キシレン、エチルベンゼンなどが代表的な物質で空気汚染の原因になる。シックハウス症候群の原因とされるホルムアルデヒドとは区別されることが多い

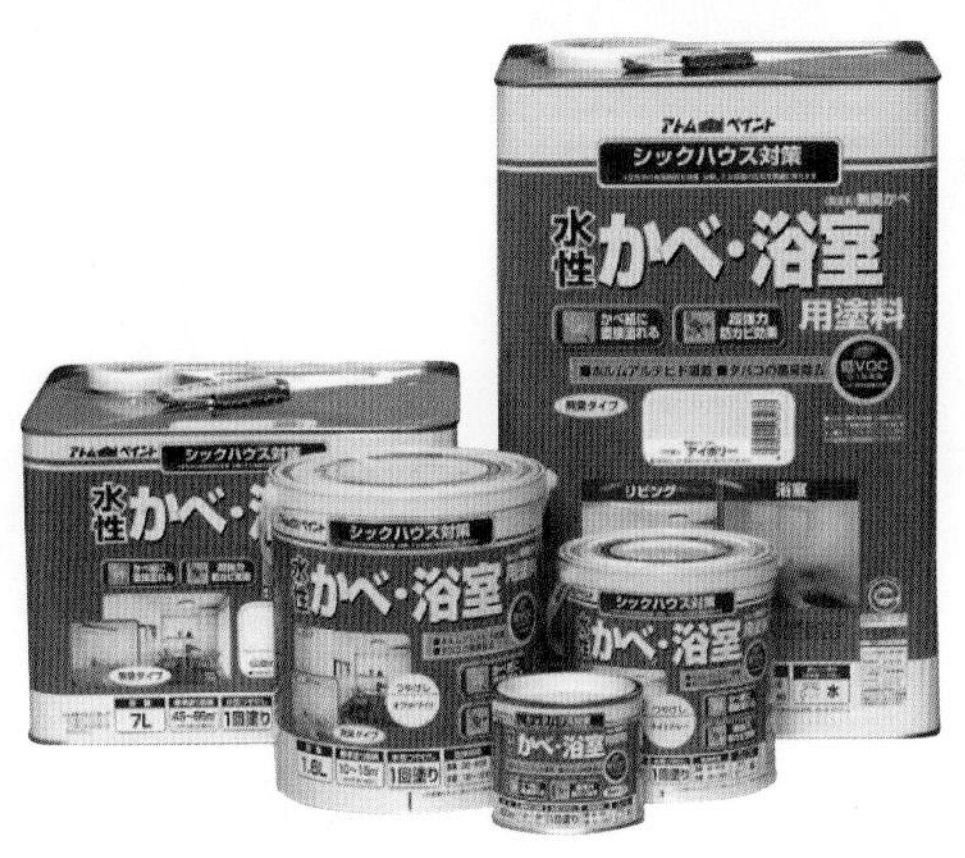

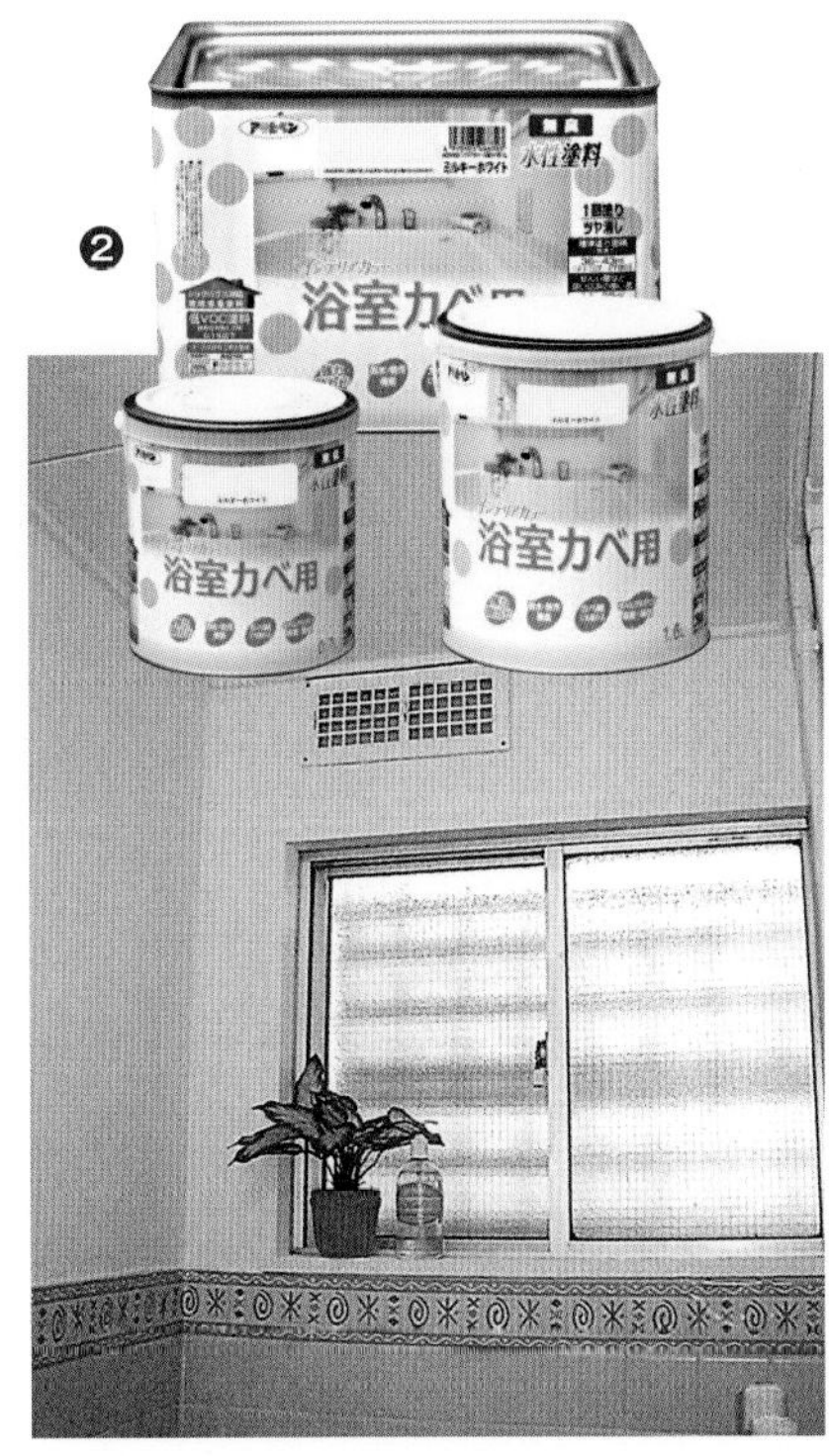

水性浴室用塗料

雑菌の繁殖を抑える抗菌剤と、強力カビ止め剤を配合した屋内の壁用塗料。浴室、台所、洗面所、居間の壁や天井（漆喰、モルタル、コンクリート、ビニール壁）や窓枠の木部に。布壁、常に濡れているところ、ユニットバス、床面には向かない

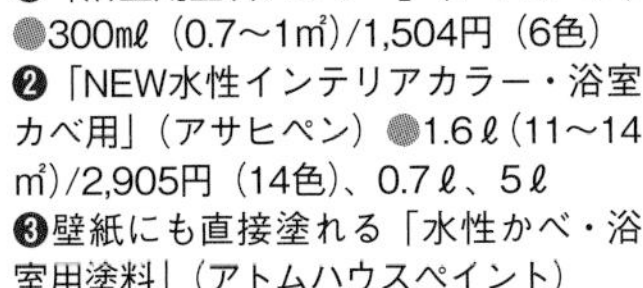

❶「浴室用塗料スプレー」（アサヒペン）●300mℓ（0.7〜1㎡）/1,504円（6色）
❷「NEW水性インテリアカラー・浴室カベ用」（アサヒペン）●1.6ℓ（11〜14㎡）/2,905円（14色）、0.7ℓ、5ℓ
❸壁紙にも直接塗れる「水性かべ・浴室用塗料」（アトムハウスペイント）●0.7ℓ（4.5〜6.6㎡）2.204円（全15色）、200mℓ、1.6ℓ、7ℓ、14ℓ

おすすめアイテム

浴室のカビ除去カビ発生防止に

浴室の壁に発生したカビを落とすのにはカビ取り剤が有効だ。カビの発生した部分にカビ取り剤を塗布したら、そのまま一定時間放置したあとにシャワーで洗い流す。塗布後にブラシでこすると効果が薄れるので正しい使い方ではない。カビを落としたらカビどめ剤を塗布しておけばカビ対策は万全だ。

強力カビハイター
浴室用の塩素系カビ取り剤。スプレーして水洗いするだけで、浴室の壁やタイル、目地などの汚れを落とすことができる。●400ml（約1㎡×10回）244円●花王

下地用シーラー

塗装面の密着性をよくするために、下地として塗るのがシーラーです。手間はかかりますが、塗ることで密着性や耐久性、塗料のツヤを上げるのに必須です。

❷「かべ押えスプレー」（ニッペホームプロダクツ）老化して危うくなっている壁や繊維壁に浸み込んで表面を補強。防カビ剤入り●400ml（2〜4㎡）1,285円
❸「水性カチオンシーラー」（カンペハピオ）ブロック・モルタル・コンクリート・サイディングなどの建材や、室内のビニール壁紙・石こうボード・ケイカル板への下塗りに●4ℓ（1回塗り20〜50㎡）5,280円、2ℓ、7ℓ、14ℓ

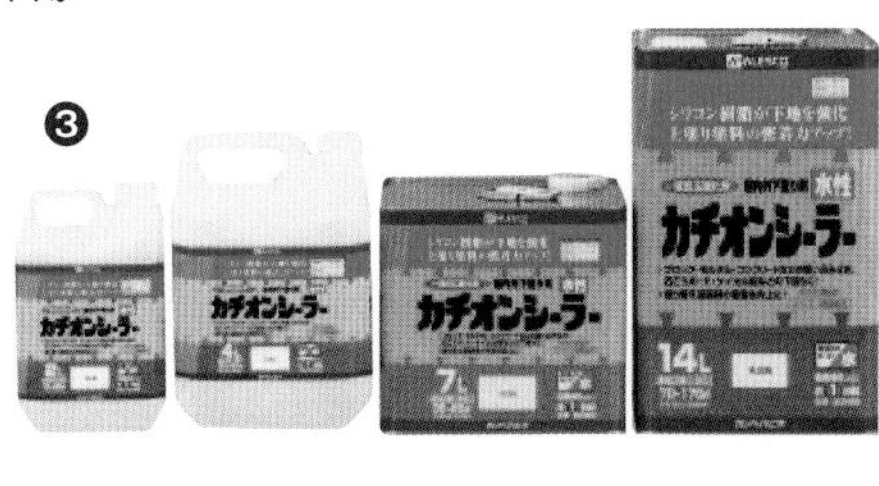

❶「水性シーラー」（アサヒペン）屋内外のコンクリート・モルタル・スレートなどに水性塗料を塗る場合の下塗り用●7ℓ（1回塗り35〜70㎡）6,793円、1ℓ、4ℓ、14ℓ

※掲載商品は参考商品です。価格表示されたものは、編集部が取材時に東京近郊のホームセンターやウェブショップなどで調べた参考価格（税込）です。購入の時期、取り扱い店などの諸条件により商品や価格、仕様が異なることがありますのでご了承ください

初心者でも手軽に張れる のりがついたものが人気

ふすま紙

多く出まわっているのは水を塗ってのりを戻すのり付きタイプのふすま紙。和紙に繊維を織り込み強度を高めたものや、汚れに強いビニールコーティングタイプもある

「のり付きふすま紙」❶鳥の子ふすま紙：夕空（和紙）／1,388円（２枚入り）、❷麻織調ふすま紙：あけ野（和紙＋レーヨン糸）／1,552円（２枚入り）、❸糸入りふすま紙：清竹（和紙＋レーヨン糸）／2,027円（２枚入り）

❹「EXアイロン貼りふすま紙」756円（１枚入り）、❺「EXアイロン貼りふすま紙」1,680円（2枚入り）、❻「シールタイプふすま紙」1,220円（１枚入り）、❼「よごれにくいふすま紙」1,280円（2枚入り）❽「ふすまのうらばり紙」ふすまの裏側専用のふすま紙。1,479円（2枚入り）
※上記商品は全てアサヒペン

アイロンを使って張りつけるタイプや粘着シールタイプのふすま紙が便利

ふすま紙の張り替え時期は５年に１度が目安。古いふすま紙の上に２～３枚までは重ね張りできます。本ぶすまの場合、枠を取りはずしてからふすま紙を張るのが一般的な作業手順ですが、アイロンで張れるタイプ、粘着シールタイプのふすま紙なら枠をはずさなくても簡単に張ることができて便利です。

ふすまの補修用にシールタイプ

穴や汚れを隠したいときに便利

壁紙用もある

「ちょっとふすま紙」（リンテックコマース）●10㎝角10枚入り540円。裏紙をはがして張るシールタイプで補修に便利

ふすまが破れたり汚れやすい部分は、引き手の周囲と腰部（すそ側）。とくに腰部は、うっかり蹴飛ばして穴をあけてしまったり、小さな子供が手を触れたりでトラブルが集中するところ。穴かくし、汚れかくしに補修用の粘着シール付きふすま紙が手軽でおすすめ。さまざまなサイズ・タイプがあるので用途と好みに合わせて選ぶとよい

DIY TECHNIC

粘着ふすま紙を張る

裏紙をはがしながら張る ❶

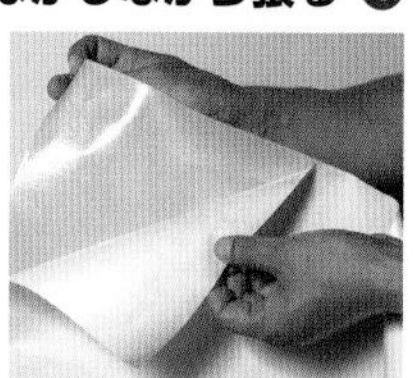

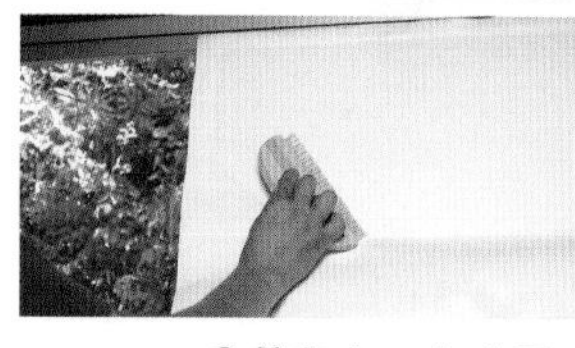

ふすまの引き手を取りはずし、枠にマスキングをしておく。ふすまを立てかけ、ふすま紙の裏紙をはがしながら少しずつ接着させていく。このとき、ハケで空気を押し出すように張るのがコツ

余分をカットする ❷

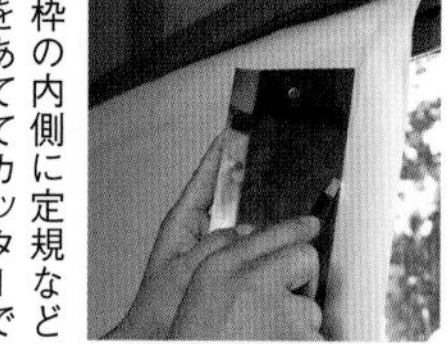

枠の内側に定規などをあててカッターで余分を切り取る。下のふすま紙を切らないように注意する

ローラーで押さえる ❸

ローラーで周囲を押さえてしっかりと接着させる

完成 ❹

最後に引き手を取りつける。シワもなく、見栄えよくリフォーム終了。部屋が明るくなる

アイロン張り アイロンの熱でのりを溶かして接着するタイプ。ビニールふすま紙や撥水加工のふすま紙の上に重ねて張ることはできないので、そのときは張ってあるふすま紙の表面をはがしてから作業するとよい

本ぶすま 昔からある木組みのふすまのことで、両面に下張りの和紙を重ね張りしてあるもの。一方、マンションなどでよく使われる下張りがベニヤでできているものは戸ぶすまと呼ぶ

すき柄、花柄、レース模様、部屋を明るくデザインする

障子紙

ホームセンターにはさまざまな障子紙がそろう。花やハーブをすき込んだものもある。のりを使わずにアイロンの熱で張りつける簡単タイプの障子紙もおすすめだ

「1枚貼り障子紙」❶レースのような障子紙/1,884円（94㎝×3.6m）❷無地障子紙/598円（94㎝×7.2m）❸和室の和み障子紙/808円（28㎝×5m）❹破れにくい障子紙/2,613円（94㎝×3.6m　2枚入り）❺アイロンで貼るプラスチック障子紙/1,783円（94㎝×4m）❻心にやさしい障子紙/1,283円（94㎝×3.6m）※上記商品は全て大直

張り替えることで部屋が感動的に明るくなる

障子紙には、縦に張る1枚張りのものと、桟に沿って横に張っていくものがあります。横に張るものには美濃判（約28㎝幅）と半紙判（約25㎝幅）があり、障子の桟の幅に合ったものを使用します。最近は障子全面に張る1枚張りが主流。破れにくいもの、光をよく通す明るいタイプのものなど特徴ある機能を付加した商品も出回っています。張り替えは簡単。古くなったら好みの柄を選んで張り替えしましょう。

	売られているサイズ
1枚張り用	約94㎝幅のロール
美濃判	約28㎝幅のロール
半紙判	約25㎝幅のロール
団地サイズ	約69㎝幅のロール

簡単リフォーム

アイロンで張る障子紙

一般的に障子の張り替えにはのりを使用するが、アイロンの熱で接着するタイプののり付き障子紙を使うと簡単に張れる。また、のり張りの古い障子紙をはがすには水を含ませて紙を湿らせる必要があるが、アイロン張り障子紙の場合はあたためるだけではがれる。張り替え作業が短時間ですむ

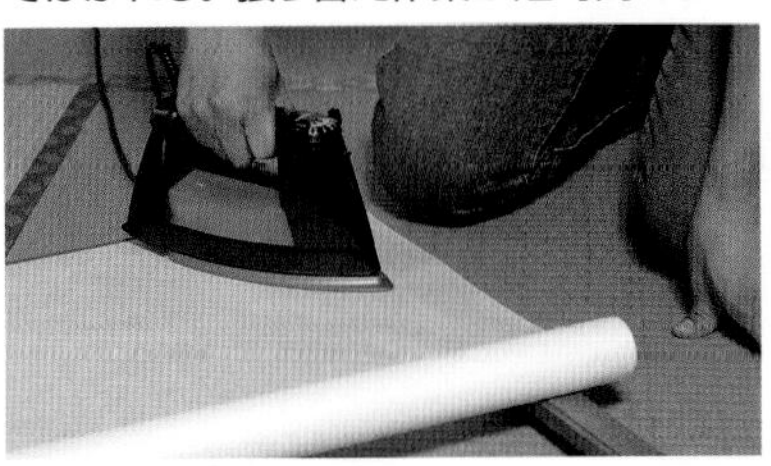

①古い障子紙をたっぷりの水で湿らせて障子紙を取り除く。②桟が乾いたらアイロン張り障子紙を桟の上に置き端をテープで仮どめする。③枠や桟に沿ってアイロンをかける。④余分をカッターで切り取る。余分が枠にくっついて離れないときはアイロンをあてると簡単にはがれる

補修用・デザイン張り障子紙

破れた部分に張って補修するための素材も多く出回っている。デザイン性にすぐれたものが多いので好みで選ぶとよい。また、こうした素材を用いて障子のデザインを自分なりにコーディネートすると、部屋をおしゃれに演出することができる

「墨絵風障子紙」大直●525円（28×94㎝、2枚入り）

「インテリア障子紙カラー和紙」（大直）●各色とも626円（28㎝×3m巻、1枚入り）●無地と組み合わせて市松模様にすると面白い

※掲載商品は参考商品です。価格表示されたものは、編集部が取材時に東京近郊のホームセンターやウェブショップなどで調べた参考価格（税込）です。購入の時期、取り扱い店などの諸条件により商品や価格、仕様が異なることがありますのでご了承ください

天然コルクのやさしいフィーリングを敷き詰める

コルク床材

素材の心地よさがそのまま活かされた床材

コルク床材はコルク樫の樹皮から生成されます。コルクの樹皮を粉砕、加熱し、溶けて固まった大きなブロックをカットして製品化しています。

コルクの特徴はその軽さと弾力性。無塗装のコルクはさらにさわり心地もいいです。断熱・遮音・吸音などといった機能性の高さは、キッチンでの立ち仕事にも最適。またクッション性の高さは手や膝をついたときの衝撃もやわらげてくれるので、子供やお年寄りの部屋用としても適しています。人の多く集まる場所など、耐久性が求められるところにはセラミック塗装などのものを選択するといいです。

❶「太縞」●13,310円／㎡●305×305×５㎜
❷「ポリ・モザイク」●21,146円／㎡●300×300×5㎜
❸「ポリ・ライト」●10,098円／㎡● 305×305×3.2 ㎜、305×305×4㎜、305×305×５㎜
❹「ポリ・もくめ」●16,632円／㎡●300×300×3.2㎜、305×305×５㎜
❺「カラータイル　ポリ・ホワイト」●17,701円／㎡●305×305×５㎜
❻「カラータイル　ポリ・グレー」●17,701円／㎡●305×305×５㎜
❼「メディアム色調」●8,078〜9,862円／㎡●305×305×3.2 ㎜、305×305×５㎜
※上記商品はすべて千代田商会

タイルタイプ

仕上げや、色によってバリエーションも多様なコルクタイル。ホームセンターなどでもよく見かけられ、無塗装とワックス仕上げのものが多く置かれている。施工も簡単で、柱などの突起があっても簡単にカットして敷き詰めることができる。また、色味の違うものを組み合わせることで、手軽に部屋のイメージチェンジもできる

シートタイプ

無塗装ではないが、コルクのよさを残し、長尺シートにすることで施工性とメンテナンス性を向上させたコルク床材。タイルタイプよりもやわらかく、カットも簡単。フローリングやクッションフロアなどの既存の床材の上にも重ねて張ることができる。また、目地がないのでホコリなどがたまりにくく掃除が楽にできるのも特徴だ。価格もほかのコルク床材と比べ比較的安価。色柄などのバリエーションは多くない

「クッションフロア コルク」●1.8㎜厚×1820㎜×●1m1,200円（東リ）

コルクの弾力性　ほかの床材と違って、コルクだけがなぜ弾力性があるのか？その秘密はコルクの細胞に詰まったものすごい数の気泡。この気泡が外からの力を受けとめ、分散し、元の形に復元する力となっている

「ライカフロア」（シンコール）
●35,000円／（24枚入り）ケース（11,190円／㎡）：900×145×12㎜、38,000円／（24枚入り）ケース（12,140円／㎡）：900×145×12㎜●表面：ウレタン塗装

フローリングタイプ

材質的な特徴はタイルタイプと変わらないが、床材の方向性と、目地バリエーションの組み合わせを楽しめるのがフローリングタイプの特徴。コルク床材の特徴である、光や経年変化の仕方で１枚１枚異なる風合いが出るコルク床材なので、床面のデザインとして楽しめるのもポイント。加えて、表面に加工が施されてあったり、フローリング材のようにクギを使用しなくてもいい置き敷きタイプがあったりと、より手軽に作業ができるのも特色だ

そのほかのコルク床材

近年、エコロジー的な側面やバリアフリー的な側面からも注目されているコルク床材。その加工性の幅広さと機能の多様さから、単なる床材というだけでなく、さまざまな用途で使用できるものが開発されている。たとえば、ここで紹介する浴室用床タイル。人肌にやさしいコルク材ということと、コルク独特の弾力性により、スノコやマットなどがなくても浴室の保温性と安全性を向上する機能を持っている。また、炭化コルクなど新しい素材も出てきているので今後の展開にも注目だ

「階段踏板」（千代田商会）
●16,632～21,384円／枚●915×305×25㎜●色：ライト他全５色

「浴室床用コルクタイル」（千代田商会）
●39,744円／㎡●148×148×13㎜

「コルクフローリング」（千代田商会）
●11,642～19,008円／㎡●915×100×7㎜、900×75×5㎜、900×150×5㎜、610×305×7㎜、305×305×7㎜ほか

DIY TECHNIC

すき間調整タイルのカットの仕方

コルクに限らず、タイルタイプの床材は敷き終わり（壁際）でタイル幅を調整する必要がある。このときのカットの仕方でいちばん手軽な方法がイラストのような方法。メジャーで測って残りの幅を割り出すことなく、現物合わせですき間をぴったりにカットできる

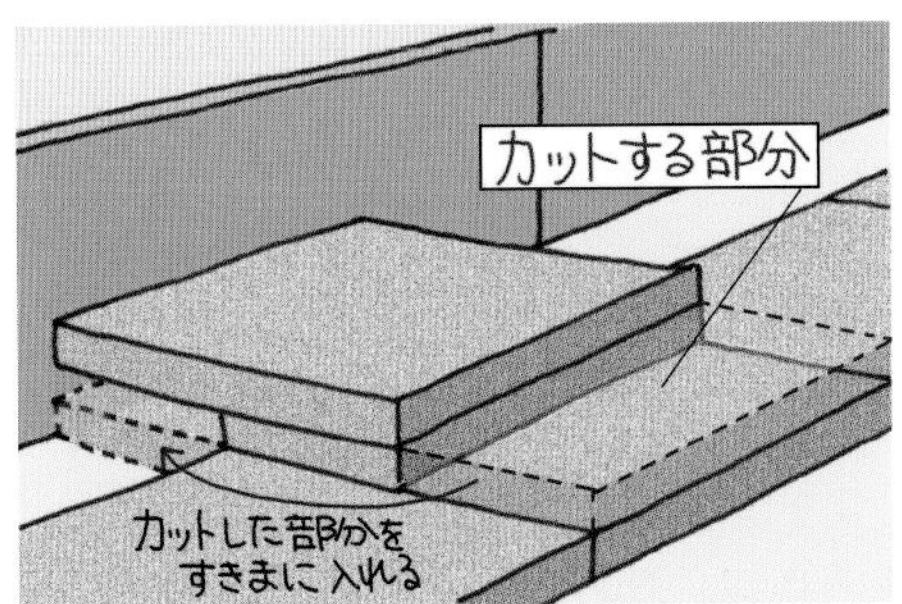

※掲載商品は参考商品です。価格表示されたものは、編集部が取材時に東京近郊のホームセンターやウェブショップなどで調べた参考価格（税込）です。購入の時期、取り扱い店などの諸条件により商品や価格、仕様が異なることがありますのでご了承ください

フローリング材

単板フローリング

無垢材や集成材からできているフローリング材のこと。現在は無垢の木材からできた単板フローリング材の人気が高いため、これを指すことが多い。特徴は本物の木の風合いと調湿効果。また、少々のキズなどはサンダーで削れるなどメンテナンス性にもすぐれている。反面、反りやあばれなどが起き、扱いづらい点や、価格の高さもあって購入しづらいのが問題点

木のぬくもりと風合い、高い保湿、調湿機能でさわやかさを室内に

木のぬくもりが感じられるフローリング材の人気は高いです。フローリング材には、無垢材や集成材からできている単板タイプと、基材に化粧材を張り合わせた複合タイプがあります。国内で使用されているフローリング材の90%は、価格が安く品質の安定性が高い複合タイプです。ただ、最近は無垢材の風合いや保湿、調湿機能が見直されてきています。施工はどちらもクギで床下地材に打ち込みますが、厚みがあって置くだけで施工できるタイプもあります。

フローリング《杉》●9,900円～　／16枚・3.3㎡（1,920×105×15㎜）●樹種：杉ほか各種あり

ウッドカーペット

カーペットのように敷くだけで、部屋をフローリング敷きにリフォームできる便利なアイテム。いわゆるフローリング材とは異なるが、表面には天然木の突板単板を張ってあり、さわり心地や使用感はフローリング材とほぼ同じだ。ぬくもりのある風合いが手軽に楽しめる

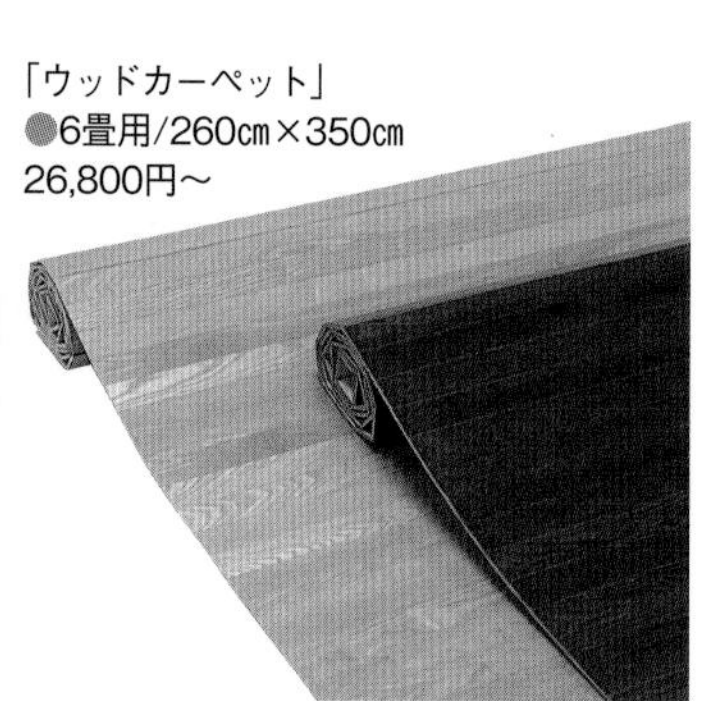

「ウッドカーペット」●6畳用/260㎝×350㎝ 26,800円～

DIY TECHNIC

フローリング材の張り方

フローリング材には基本的に凸サネと凹サネが加工されており、これを組み合わせながら敷き詰めていく。きれいに張るコツは壁際から張っていくこと。正確に張ることができ、面倒な調整は反対側の壁だけですむ。重要なのは張り始めに凸サネ、凹サネの両方向からクギを打ち込むこと。凸サネには斜めに打ち込むと抜けにくくなる。

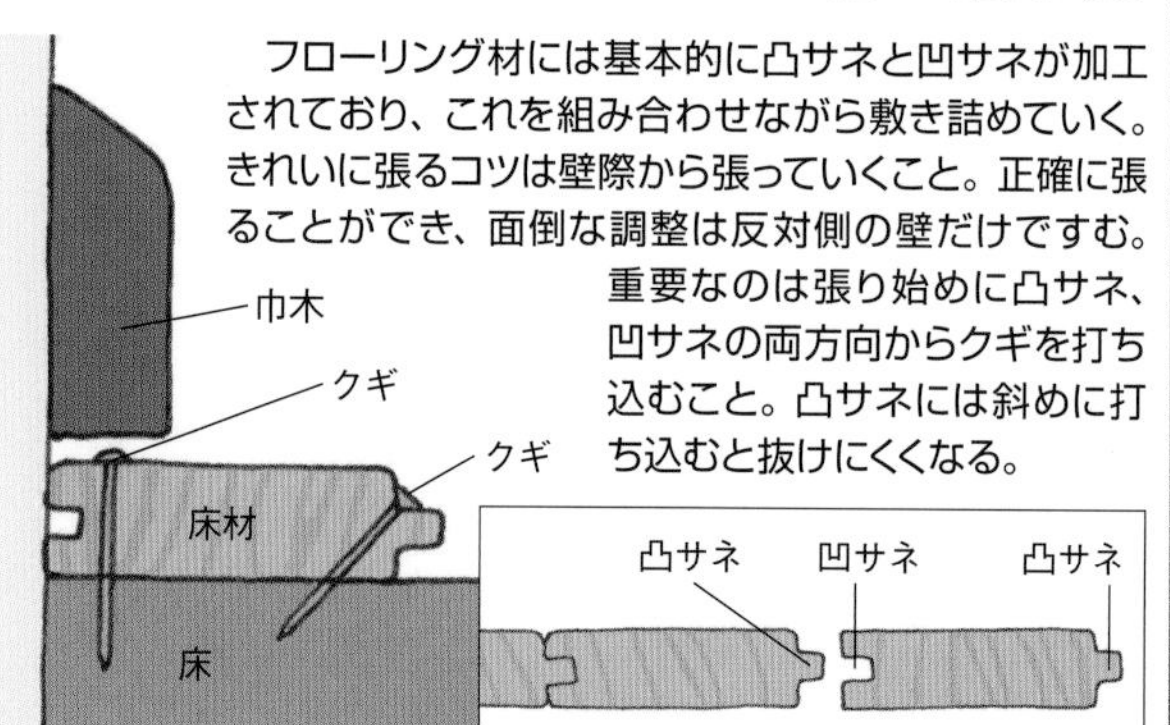

WPC ウッド・プラスチック・コンビネーションのこと。複合フローリングの表面板に使われる。木材中の空気を抜いたあと、細胞壁などの中に樹脂を注入、含浸して硬化処理させる技術。キズや割れに強くなる

複合フローリング

合板などの表面に化粧板を圧着したフローリング材。天然木化粧フローリングと特殊加工化粧フローリングに分類される。長所は無垢材と違って安定性があること。また、耐摩耗性、遮音性能など、さまざまな機能を持った商品がそろっている点もあげられる

「ウッドフロア」（サンゲツ）●L-45：47,520円／24枚・約3.16㎡（909×145×13㎜）、●ホワイトアッシュ／ハードメイプル／ペールオーク／アプリコットオーク／ダークアッシュ／キャメルオーク

天然木化粧フローリング

表面板にサクラ、セン、ローズウッドなど天然木の薄い単板（約0.8㎜）が張られたフローリング材。表面材が厚いほど弾力性があり、キズがつきにくく補修も楽にできる。この上にUV塗装やウレタン、セラミック塗装などを施すと耐久・耐摩耗性の高いフローリング材になる。基材の厚みや素材で遮音機能を高めたものもある

「アートフロアLIP3 オリジナルシリーズ」（南海プライウッド）●13,284円／3㎜、12枚・約3.3㎡●メルオーク・ライト、メルオーク・ミディアムほか

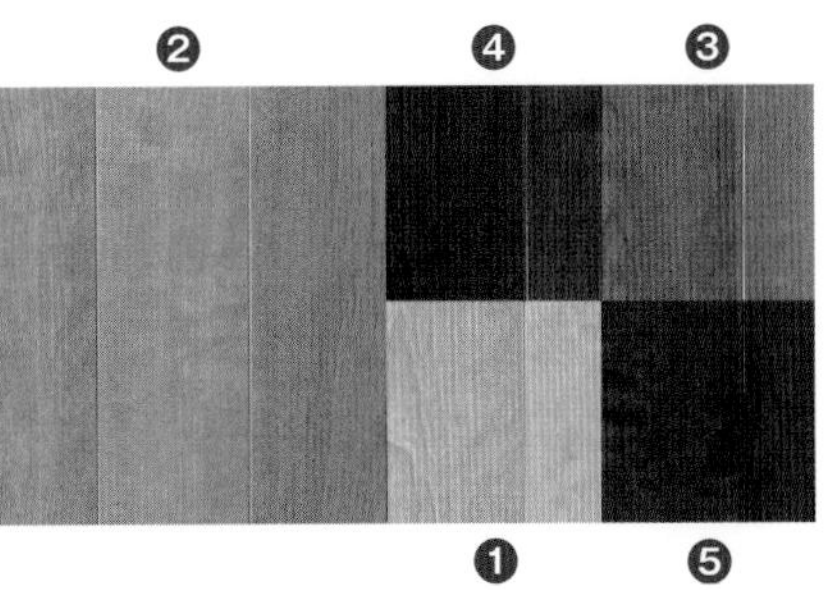

「ダイヤモンドフロアーAAシリーズ」（東洋テックス）●37,800円／6枚・約3.3㎡（1,818×303×12㎜）●床暖房対応、耐水性、耐傷性●❶ナチュラルチェリー❷ライトチェリー❸ミディアムチェリー❹マイルドチェリー❺アンバーチェリー全9色

DIY TECHNIC

ウッドフローリングの種類

ウッドフローリングには各種あるが、特殊加工化粧フローリングの注目度も大きい。天然木化粧フローリングよりも加工の幅が広いので、より高機能な製品が生み出されている。とくに床暖房や水まわりに適したフローリング材として広まっている。表面の模様や色、フローリングの溝などは加工によるもので、シックハウスや転倒などの安全面や、ゴミが目地に詰まりにくいような工夫など、衛生面にも配慮されている

1枚板

単板フローリング（1枚板）
天然木の1枚の板から作られている

集成板

単板フローリング（集成板）
天然木の集成板でできている

合板

天然本化粧フローリング
合板の表面に薄くスライスした天然木が張られている

下地材

特殊加工化粧フローリング
合板などの下地素材の表面に特殊加工した素材が張られている

※掲載商品は参考商品です。価格表示されたものは、編集部が取材時に東京近郊のホームセンターやウェブショップなどで調べた参考価格（税込）です。購入の時期、取り扱い店などの諸条件により商品や価格、仕様が異なることがありますのでご了承ください

多彩な色・模様で
空間を思い通りにアレンジ

ビニール床材

コストが低いのに高機能 リフォーマーに頼もしい素材

フローリング材が人気になる以前に多くの家庭で使用されていた床材。とくに水まわりや納戸などでよく見られます。クッションフロアタイプとタイルタイプがあります。クッションフロアタイプはバリエーション豊かな表面柄が特徴で、本物のフローリングと見間違える精度のプリントが施されているものもあります。また、賃貸住宅などでは、取り替えの容易さと防音効果、そしてコストを考慮して採用しているところも多いです。タイルタイプは施工性にすぐれており、かつデザイン的に好みの張り方ができるのが魅力です。

クッションフロア

発泡塩化ビニールやガラス繊維を基材に、表面材となる塩化ビニールにエンボス加工が施された長尺床材。表面材がエンボス加工なので色や模様のバリエーションも豊富。耐水性と保温性にすぐれていることから、キッチン、サニタリーなどに利用されている。ほかにも長所が多く、フローリング材やコルク床材に比べると価格が安いのも魅力

●幅1,820㎜×厚さ1.8㎜〜3.5㎜／1m=1,354円〜

ビニールタイル

約300〜500㎜角程度の正方形のタイル状の床材。塩化ビニールを主体としているがその含有率によって種類が分かれる。長尺シートタイプと違い、タイルタイプならではのデザイン性を考慮した張り方ができるのが特徴。シックハウス症候群の問題などが起きたことがあるが、現在はそのような問題を解消した製品が多く出ている

●木目柄、石目柄などパターンが豊富にそろうのも魅力だ

粘着タイプ

塩化ビニールを基材としたタイル仕様の床材。裏面が粘着加工されており、剥離紙をはがして施工するものが多い。より安定した施工ができるジョイントタイプのものもある。耐水性にすぐれているので水まわりのちょっとしたリフォームにも最適

●300×300㎜／278円〜

半硬質ビニールタイル

Pタイルなどで知られているビニールタイル。病院や学校などの施設で見られる市松模様の床に使われていることが多い。ビニール樹脂などの含有率が少なく、さまざまな素材が練り込まれ、耐久性にすぐれた重歩行用のタイル。タイルの角などが割れやすいのがやや難点

●305×305㎜／232円〜

軟質ビニールタイル

表面にフィルム加工が施されたビニールタイル。ビニール樹脂や可塑剤の含有率が高く、逆に充てん剤や添加物は少ないので、質感はなめらか。汚れがつきにくく、落としやすいのが特徴。表面にツヤがあるので半硬質ビニールタイルとはひと味違った、よりライトな雰囲気が出せる

●303×303㎜／102円〜

心地よい感触が生活に やすらぎを与えてくれる

カーペット

ライフスタイルに合わせてカーペットを選ぶ

ホームセンターで売られているカーペットは大まかに分けてロールカーペットとタイルカーペットの2種類。ほかの床素材と違って大がかりな施工が必要ない分、実際の肌触りや機能性が生活に合っているか確認することに時間を割きましょう。子供がいるなら汚れても取り替えが利くタイル。ペットと暮らすなら滑りにくく、ダニ対策が施された防ダニ加工のもの、といった具合に条件を考え、最適なものを選びましょう。

ロールカーペット

製造工程の途中でできあがった長いロール状のものを、ある程度の大きさにカットして販売しているカーペットのこと。また、店頭でそのロール自体から切り売りされているものも同様に呼ぶ。前者はタフテッドカーペット、後者はニードルパンチカーペットが主体

❶「ニューレモードⅡ」（東リ）●7,236円／㎡●巾3,640㎜、全厚8㎜●パイル長6.5㎜カットパイル
❷「グレース」（東リ）●5,724円／㎡●巾3,640㎜・全厚6㎜●パイル長4㎜ループパイル

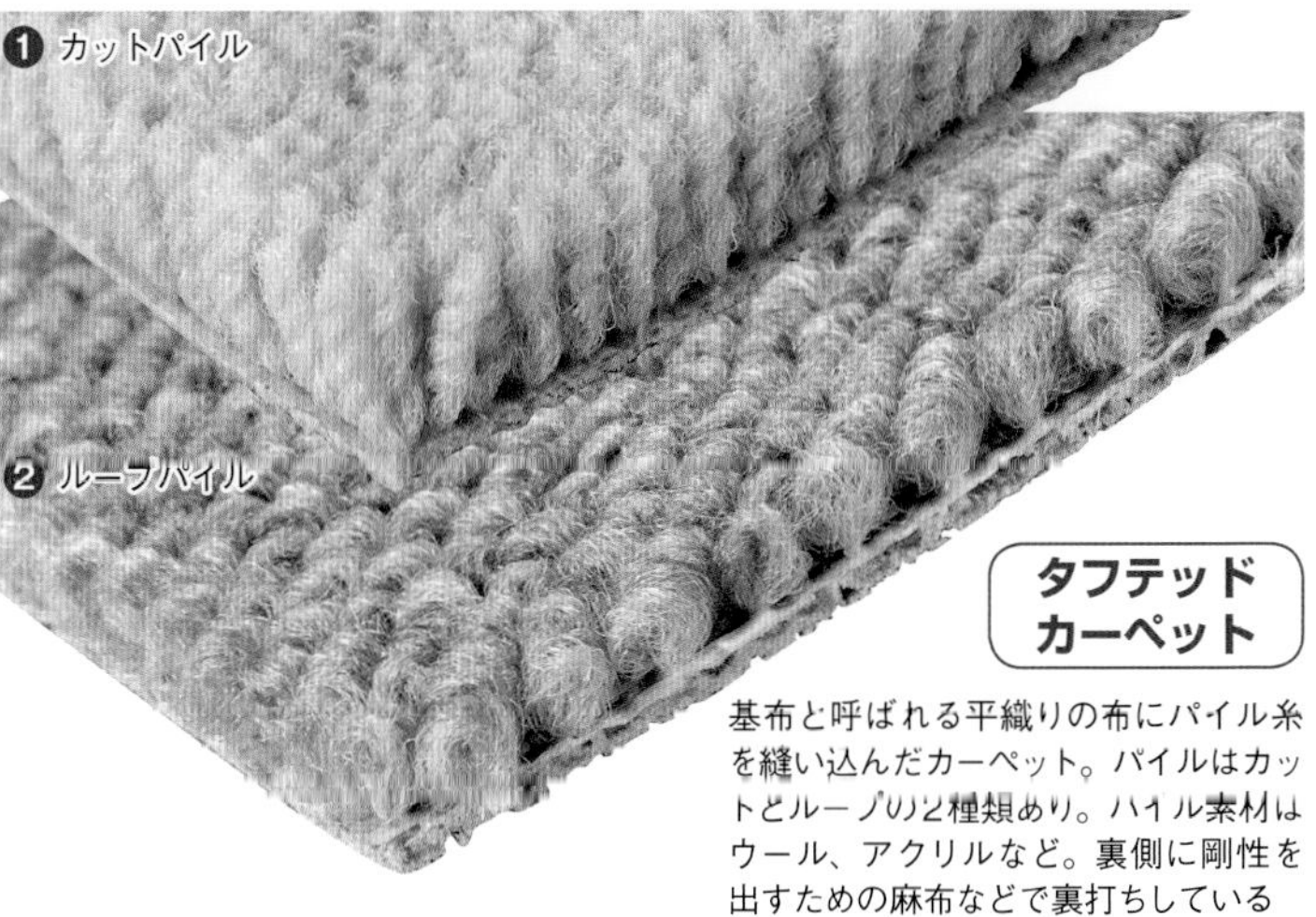

タフテッドカーペット

基布と呼ばれる平織りの布にパイル糸を縫い込んだカーペット。パイルはカットとループの2種類あり。パイル素材はウール、アクリルなど。裏側に剛性を出すための麻布などで裏打ちしている

ニードルパンチカーペット

ポリプロピレンなどでできた繊維状のマットを針でランダムに突き刺してからプレス加工したもの。弾力性はないが、裏面に発泡材を接着して弾力性を出したものもある。丈夫で水に強く施工性にすぐれている

●910・1,820㎜
（1,510円～・2,590円～／㎡）

タイルカーペット

約300～500㎜角の正方形のカーペット。表面はタフテッドカーペットが多いが、ジョイント、弱粘着タイプではニードルパンチも使われている。汚れても1枚ずつ掃除・交換でき、柄を自由にデザインできるのが特徴

「スマイルフィールアタック350」（東リ）●864円／1枚●400×400㎜●全13色●裏面吸着加工

●吸着タイプや弱粘着タイプ、防音タイプなどが各社から販売されている●480円～／枚●500×500㎜

●撥水タイプや水で洗えるタイプまで各種そろう●295×295㎜／198円～

※掲載商品は参考商品です。価格表示されたものは、編集部が取材時に東京近郊のホームセンターやウェブショップなどで調べた参考価格（税込）です。購入の時期、取り扱い店などの諸条件により商品や価格、仕様が異なることがありますのでご了承ください

個性豊かな床素材が創り出す快適な空間

自然素材の床材

自然素材ならではの風合いと機能を活かす

シックハウス症候群など化学物質による健康問題の影響もあり、近年、自然素材への注目が高まっています。床材もその流れを受け、無垢フローリングや天然コルクだけでなく、竹フローリング、サイザル麻、い草など、以前は手に入りにくかった素材の床材が手軽に入手できるようになりました。

自然素材の多くは抗菌作用にすぐれているという特徴があり、中でもサイザル麻やココヤシなどの熱帯性植物素材は耐水性にもすぐれ、浴室まわりで広く使用されています。見た目の風合いも涼しげで、夏場の床材として部屋に敷き詰めるのも面白い。施工方法も、敷くだけ、置くだけの手軽なものが多いです。

亜麻仁油、松脂、顔料、木粉、コルク、麻布を原料としたシート床材。中でも主原料となる亜麻仁油には抗菌性があることで再注目されている

「リノリウム」●11,000円／m●2,000㎜×30m×2.0㎜厚

写真はイメージです

「竹タイルエコプラス」（上田敷物工場）
●2,419円/枚（12,800円/㎡）
●400×400㎜

竹フローリングは耐久性、清潔感があり、防菌、防カビ効果にすぐれた自然素材。アトピーやシックハウス対策として最適な健康高級建材

「竹フローリング」6,550円／㎡

タイルカーペットの畳タイプといえるユニット式の畳床材。畳表は天然のい草を使用しており、風合いは畳そのまま。フローリングの上に直に敷ける

「ユニット畳　楽座」（イケヒコ・コーポレーション）●：880×880×22㎜厚／3,980円・1枚、1,760×880×22㎜　／7,180円・1枚

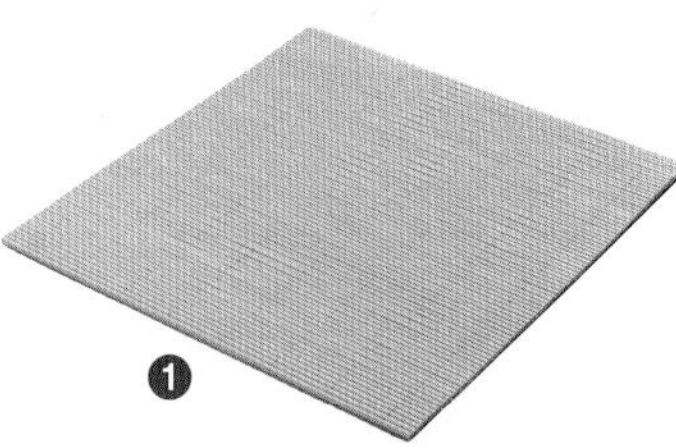

籐、サイザル麻、ココヤシはいずれも南国系の自然素材で、耐水性、耐久性、吸放湿性にすぐれており、水まわりで多く利用されている。木質パルプは加工性の高さと涼しげな風合いから、新しい和風素材として注目を集めている

❶「籐ピタタイルDX」（上田敷物）
●3,450円／㎡・16枚●400×400㎜
❷「マギーサイザルタイル」（上田敷物）
●4,320円/㎡/枚●500×500㎜/2色
❸「ヤシユニット」（上田敷物）
●2,376円／枚●800×160×17㎜
●ココヤシ繊維100%
❹「マヤヘンプタイル」（上田敷物）
●3,645円/枚（13,608円/㎡）●500×500㎜

※掲載商品は参考商品です。価格表示されたものは、編集部が取材時に東京近郊のホームセンターやウェブショップなどで調べた参考価格（税込）です。購入の時期、取り扱い店などの諸条件により商品や価格、仕様が異なることがありますのでご了承ください

PART

8

壁・床の構造

壁紙を張る、畳をはがす、床板を張る、手すりを取りつける、壁に穴をあける……。
DIYリフォームで必須の知識が下地や基礎の状態を知ること。戸建てやマンションなど、
タイプ別に壁や床の構造を紹介します。DIYする前には必ずチェックしてプランに役立てましょう。

室内の部材

和室の部材

長押（なげし）
壁の約180cmの高さにある横板。本来は柱と柱を固定する構造材だが、造作物である場合が多い

鴨居（かもい）
ふすまや障子などの建具の上部をはめ込む溝つきの造作材。敷居と対になることで引き戸のスライドが可能になる

敷居（しきい）
部屋と部屋の間を仕切る造作材。建具が引き戸の場合、スライド用の溝が彫られている

回り縁（まわりぶち）
天井と壁のわずかなすき間を隠し、きれいに仕上げるための造作材。和室の回り縁は一般的に角材が用いられている

柱
木造住宅の構造材。和室の柱は「化粧柱」といい、内部の柱より高級な木材が用いられる。10〜12cm角が一般的

畳よせ
畳と壁の間には、柱の厚みの分だけすき間ができる。これを埋めているのが畳よせ。畳と同じ高さにそろえてある

和室で真っ先に目につく部材は柱と長押。構造材である柱が表に出ているのが特徴で、このような壁を真壁と呼ぶ。2×4工法、軽量鉄骨、コンクリート造りの和室の柱は装飾用で、構造材としての機能はない

洋室の部材

洋室の壁は大壁といって柱が壁裏に隠れている。室内を立体的かつ装飾的に仕上げるのが見切り（モールディング）で、見切り縁、回り縁、巾木もこの仲間。接着剤やかくしクギで固定されているので簡単に取りはずすことができる

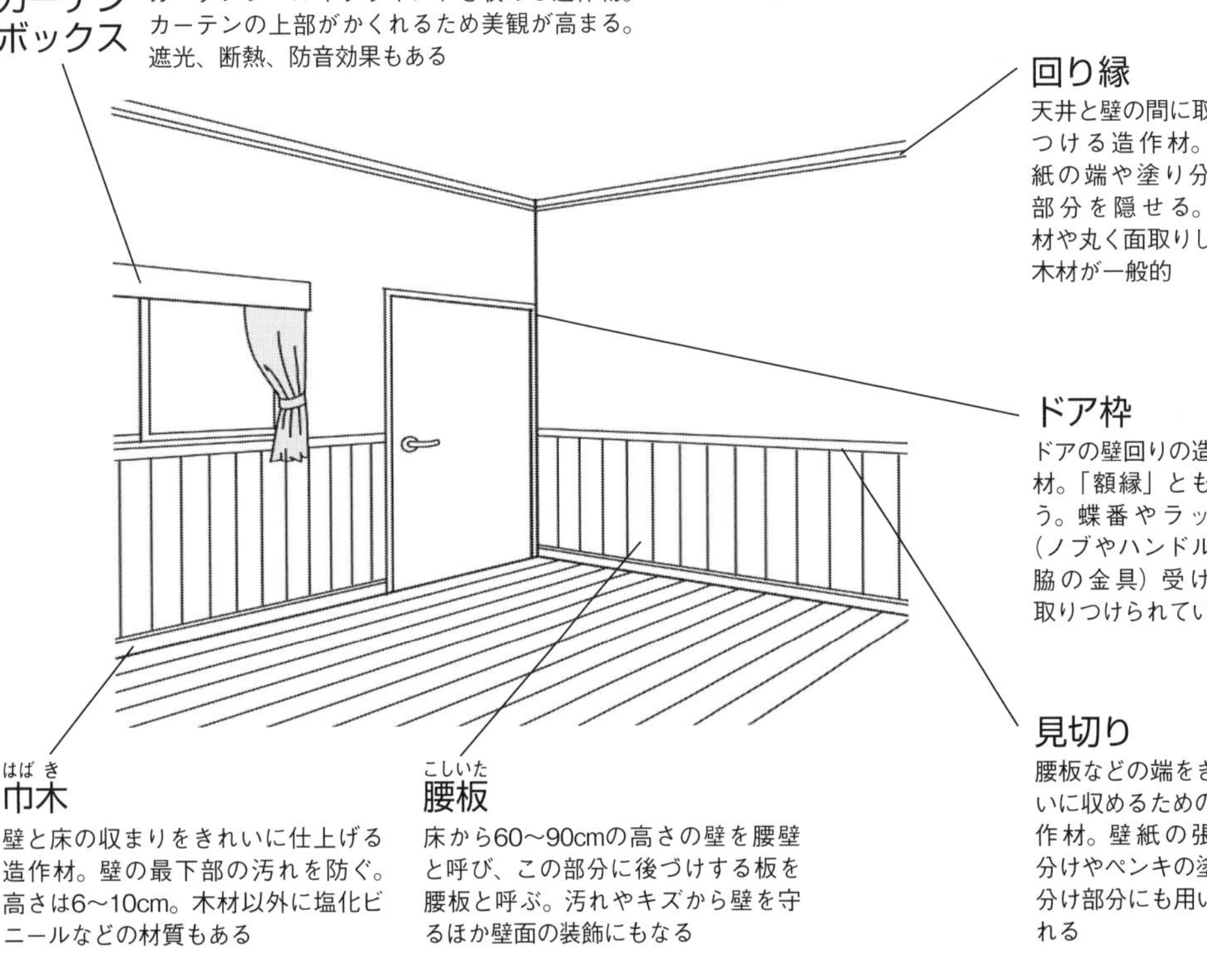

カーテンボックス
カーテンレールやブラインドを収める造作物。カーテンの上部がかくれるため美観が高まる。遮光、断熱、防音効果もある

回り縁
天井と壁の間に取りつける造作材。壁紙の端や塗り分け部分を隠せる。角材や丸く面取りした木材が一般的

ドア枠
ドアの壁回りの造作材。「額縁」ともいう。蝶番やラッチ（ノブやハンドルの脇の金具）受けが取りつけられている

見切り
腰板などの端をきれいに収めるための造作材。壁紙の張り分けやペンキの塗り分け部分にも用いられる

巾木（はばき）
壁と床の収まりをきれいに仕上げる造作材。壁の最下部の汚れを防ぐ。高さは6〜10cm。木材以外に塩化ビニールなどの材質もある

腰板（こしいた）
床から60〜90cmの高さの壁を腰壁と呼び、この部分に後づけする板を腰板と呼ぶ。汚れやキズから壁を守るほか壁面の装飾にもなる

造作材は取り除いても問題なし

まずは室内を隅々まで見渡してみましょう。表面に見えるさまざまな木材部分がありますが、柱以外は造作材である場合がほとんどです。和室の鴨居や敷居、洋室の巾木や腰板などのほか、フローリングや押入れの中段なども該当します。造作材とは、柱などの建物の骨組み（構造材）ができあがってから取りつけられた部材なので、リフォームで取り除いても支障がありません。

壁の構造

クギ・ネジは壁裏の構造材に打つ

室内壁の多くは壁紙などの下地に石こうボードや合板が用いられています。これらは柱、間柱、胴縁という構造材で支えられていて、そのほかの部分は空洞になっています。壁にものを取りつける場合、空洞部分にはクギがきかないので、構造材のある位置にしっかり固定します。壁を抜く場合、スジカイの入った壁、2×4住宅の構造壁、コンクリート壁は撤去できないので要注意。

木造在来工法

真壁（しんかべ）

柱や梁が化粧材として露出しているのが真壁。間柱は柱から、胴縁は床から通常は455mm間隔で格子状に組まれている。イラストはラスボード（塗り壁用の石こうボード）＋石こうプラスター（塗り壁）の場合

柱
間柱（まばしら）
胴縁（どうぶち）
石こうプラスター
巾木
ラスボード

大壁（おおかべ）

柱が壁に覆われているのが大壁。構造材は真壁と同様、壁の端から通常は455mm間隔で組まれている。2×4工法の場合は間柱や胴縁がなく、2×4材の柱が等間隔に立っている

間柱（まばしら）
柱
胴縁（どうぶち）
壁紙
石こうボード
巾木

鉄筋コンクリート

石こうボード張り

マンションや集合住宅に多い工法。接着剤で木レンガと縦胴縁を張り、これに横胴縁をクギで固定している。胴縁の間隔は通常は303mmか455mm。壁下地材は合板の場合もある

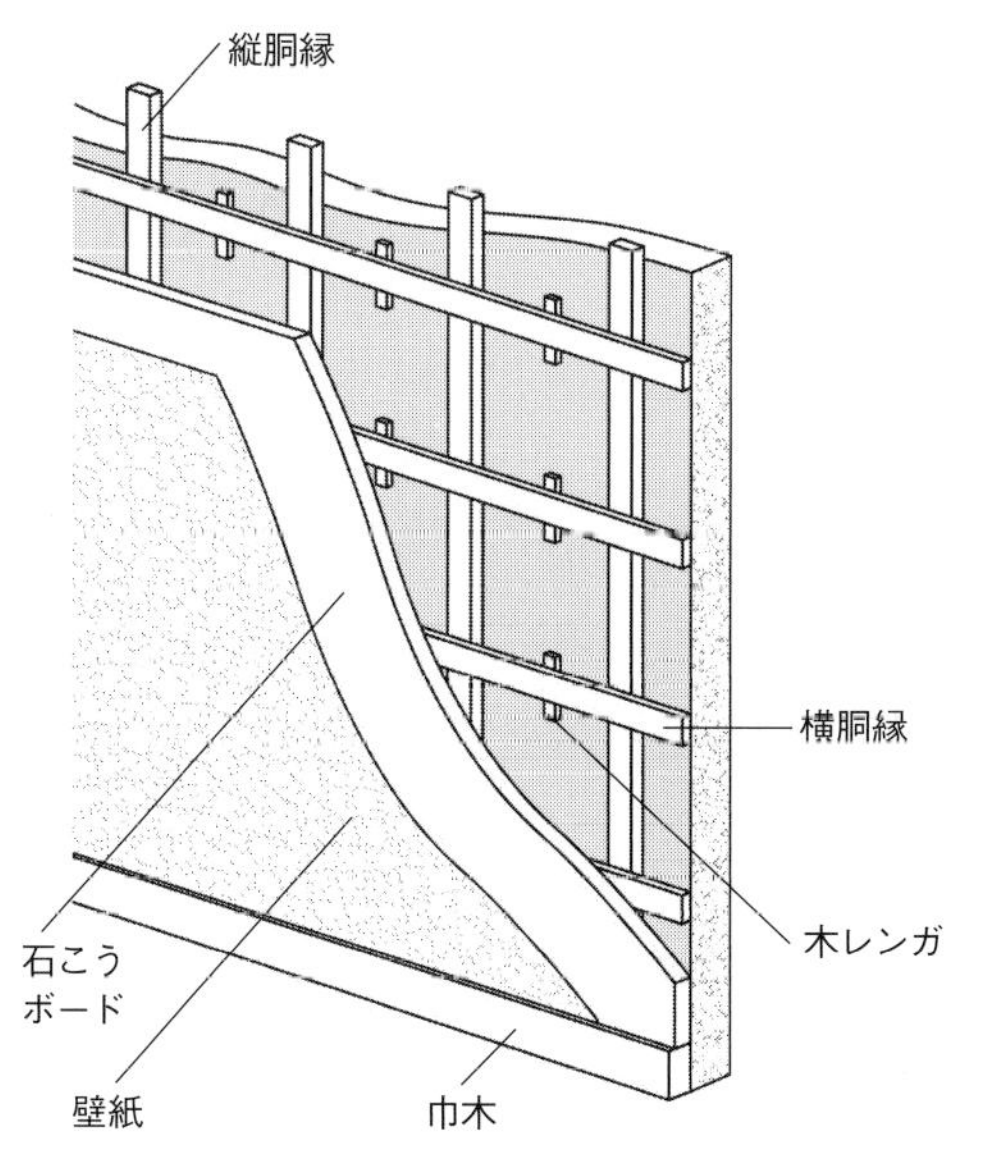

石こうボード直張り

コンクリートの壁に石こうボードを直接張る工法。専用の接着剤の名称からGL工法とも呼ばれる。遮音性が悪く最近の住宅ではほとんど採用されない。このほか塗料を直塗りする工法もあるが、集合住宅ではこれらの壁へのクギ打ちは禁止されている場合が多い

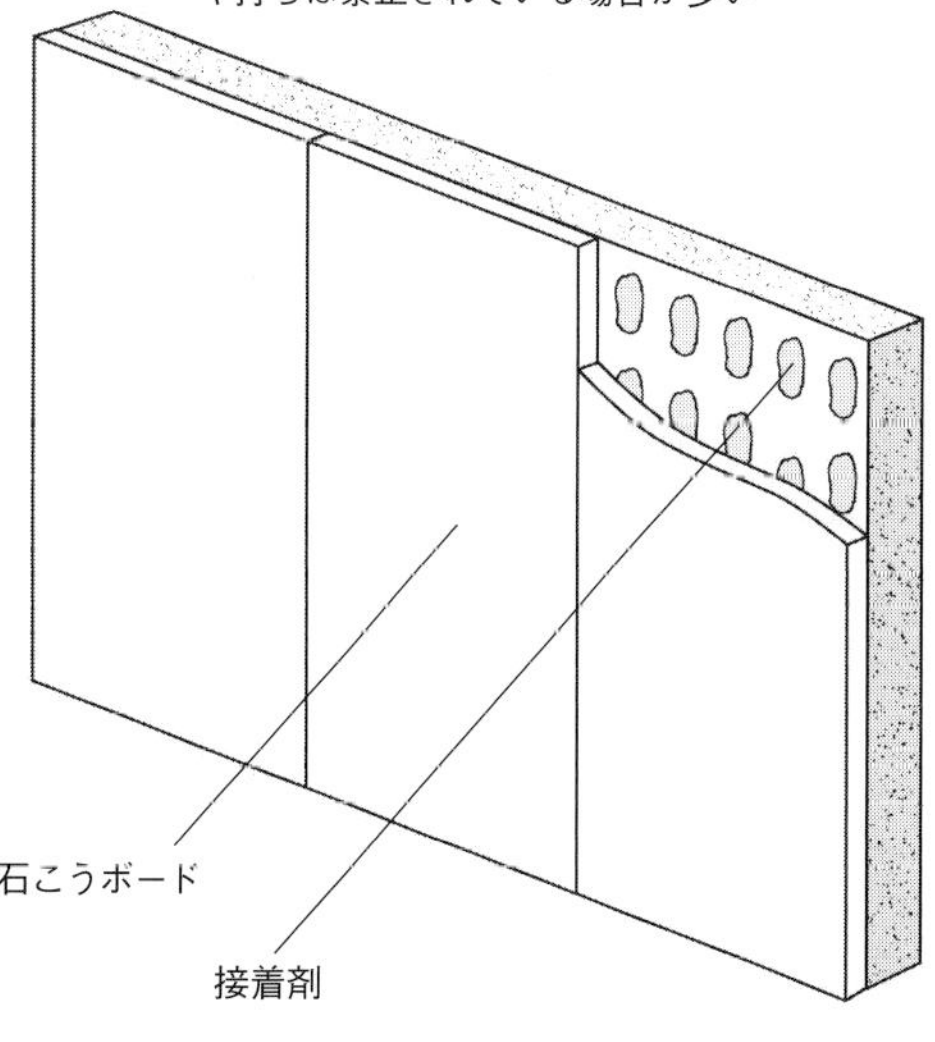

床の構造

構造材には手をつけないこと

人や家具などの重量を支え、常に歩行などの摩擦を受ける床は、インテリアとしての美観を考える前に、機能や構造に注意したいものです。床のリフォームを始める前に、家の床がどのような造りになっているか知っておきましょう。とくに和室から洋室への変更を考えている場合は必須です。

それではまず、床下の構造から。建物の種類や工法などによって仕組みは異なりますが、ここでは一般的な住宅を例に紹介します。また、壁と同様に構造材には手をつけないのが基本です。

木造工法

束立て床

一般的な日本家屋の1階の床組み。束石、床束、大引、根太の順で組み上げられる。大引は通常910mm間隔、根太は455mm間隔で直角に組まれ、この上に床板が張られている

土台
根太（ねだ）
根太掛け
大引（おおびき）
床束（ゆかづか）
基礎
束石（つかいし）
根がらみ貫

梁床（はりゆか）

建物の2階以上の床に多く用いられる床組み。小梁を梁に架け渡し、根太を直角に組んである。根太の間隔は通常303mmか455mm。床板はこの上に張られている

梁（はり）
小梁
根太（ねだ）

木造2×4工法

2×4工法の床

断面が38×89mmの木材を455mm間隔に並べて枠を組み、構造用合板を張ってパネルにする。これを壁や床にして組み立てていくのが2×4工法。床根太も455mm間隔で組まれている

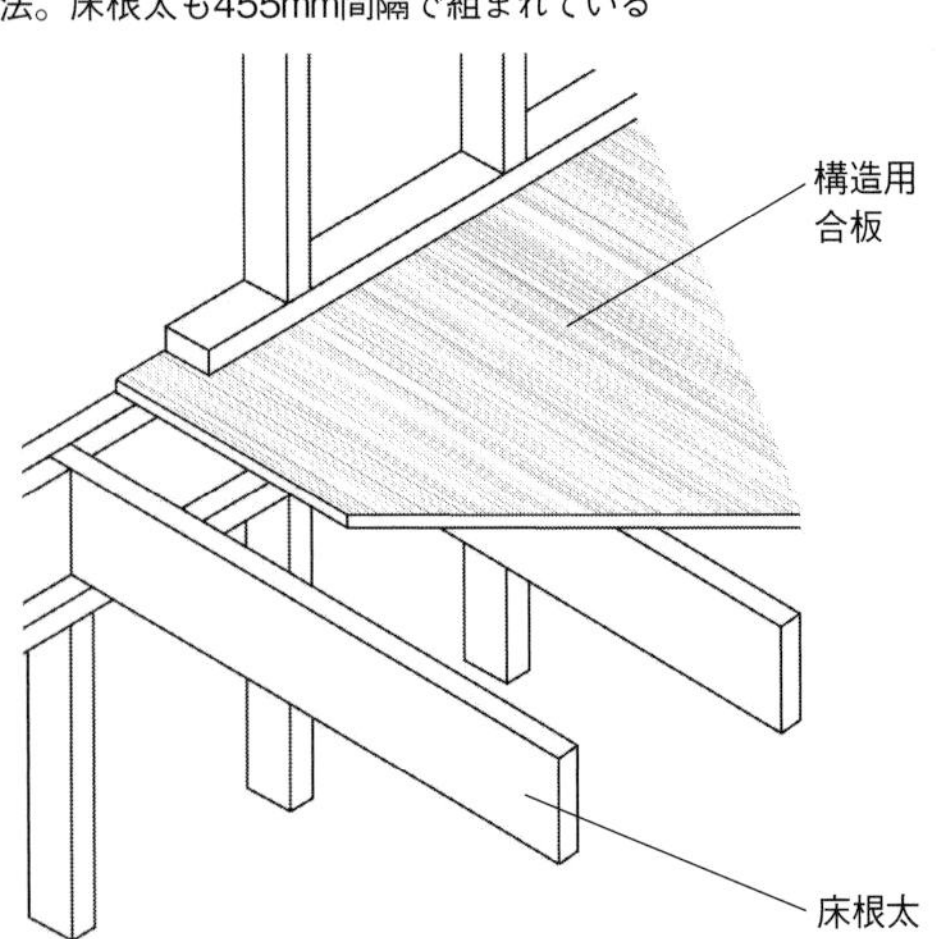

鉄筋コンクリート造り

床スラブ

床スラブとは、コンクリートでできた床版のこと。補強のために鉄筋を配置してからコンクリートを打ってある。4辺が梁などで支えられているのが一般的

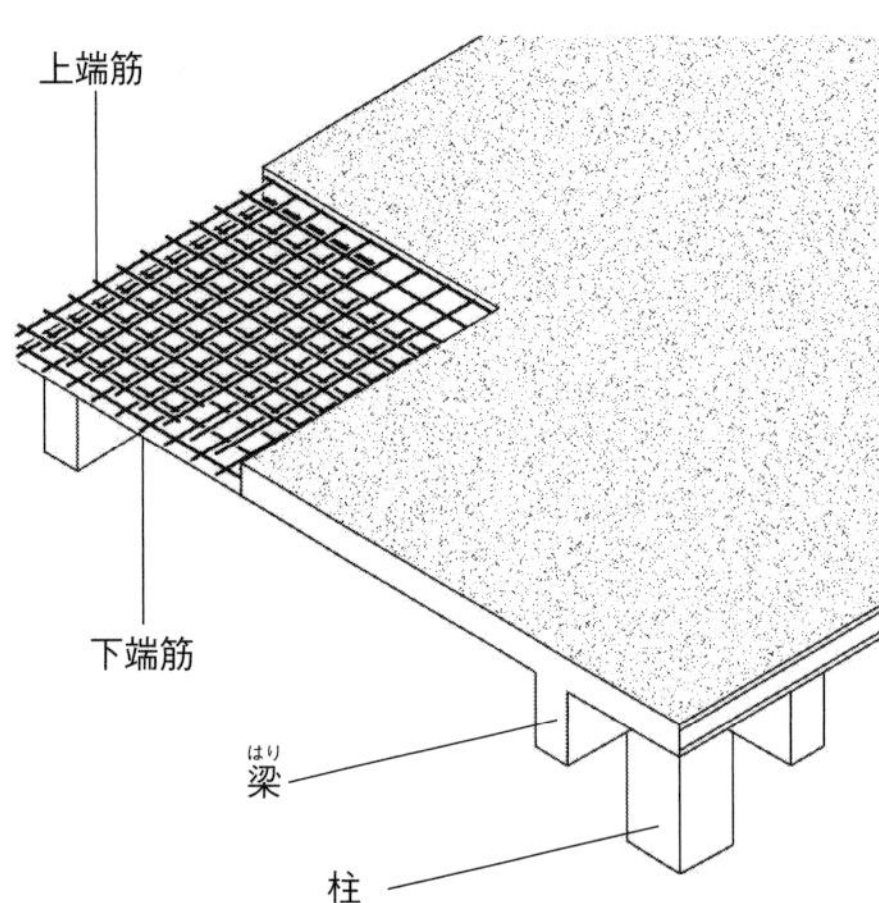

各床材の下地

下地の違いで作業方法が変わる

直に目に触れる表面材料を仕上げ材、仕上げ材のベースになる材料を下地材と呼びます。家を建てるときはまず構造体を作ってから下地材、仕上げ材の順に施工して完成となりますが、建物の種類や目的などによって施工方法が変わり、使用する下地材も異なってきます。ここでは一般的な施工方法をご紹介しましょう。

フローリングの下地

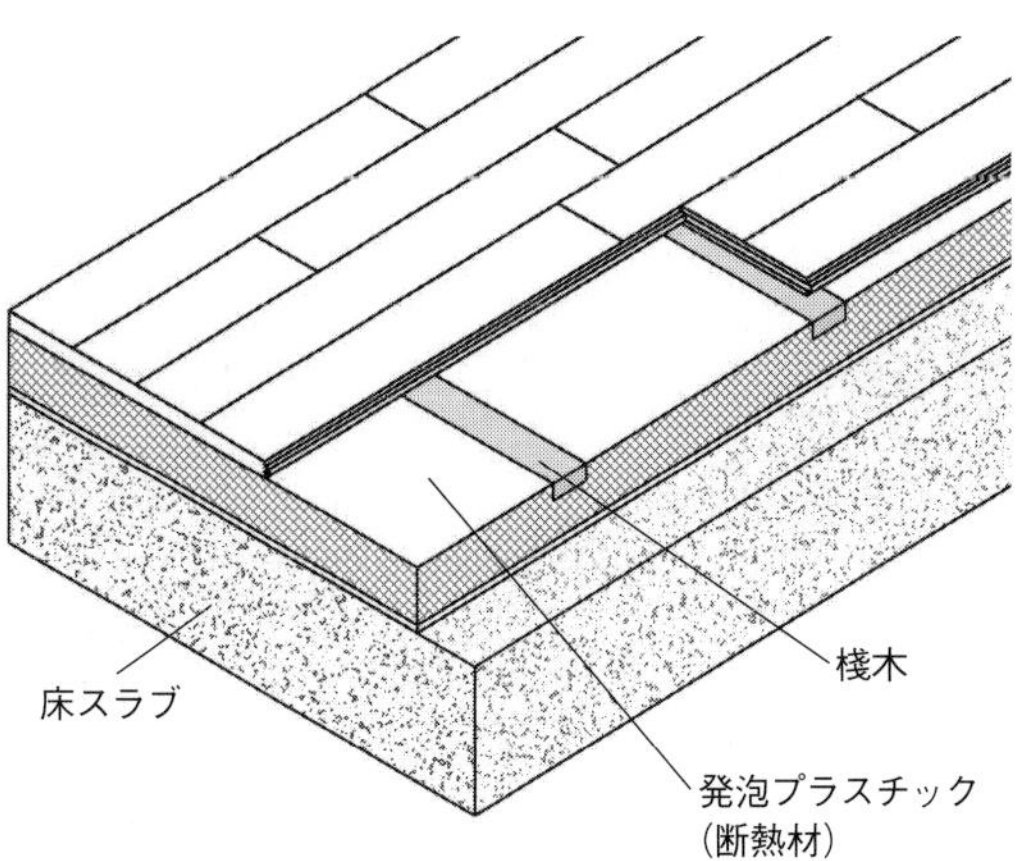

発泡プラスチック下地張り

下地は断熱材。接着剤で床スラブに張られている。フローリングは断熱材に埋め込まれた桟木にクギ打ちで固定。このほかにもクッション材付きの防音フローリングやタイル状のフローリングブロックが直接床スラブに張られている場合もある

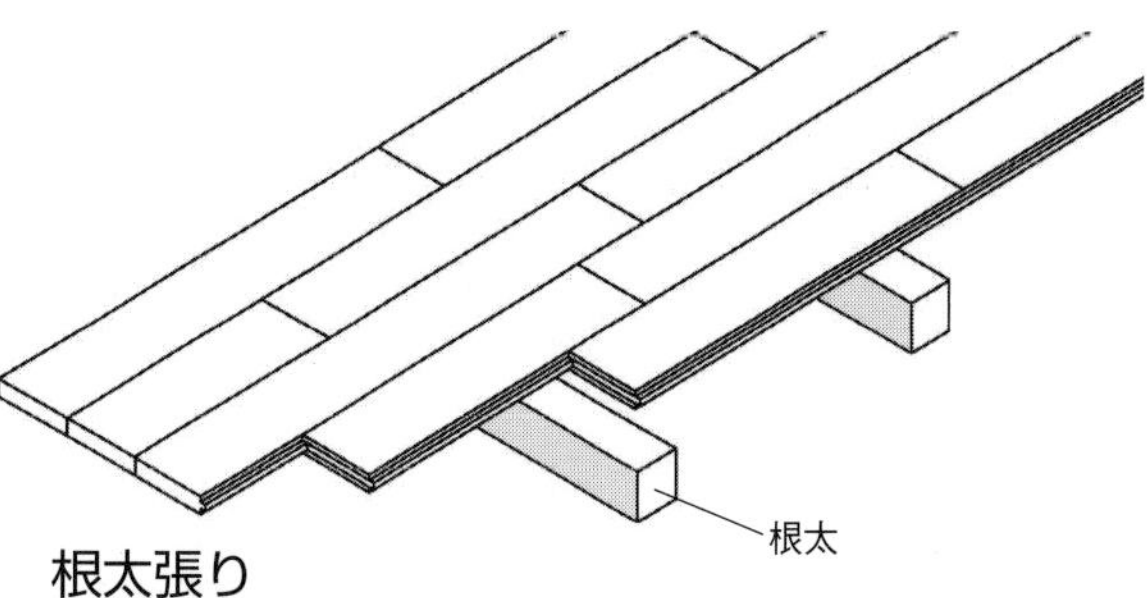

根太張り

厚みのある単層フローリングは根太に直接クギ打ちされている場合が多い。主に在来工法の1階部分で見られる工法。床スラブでも採用されるが、その場合の根太は下地材になる

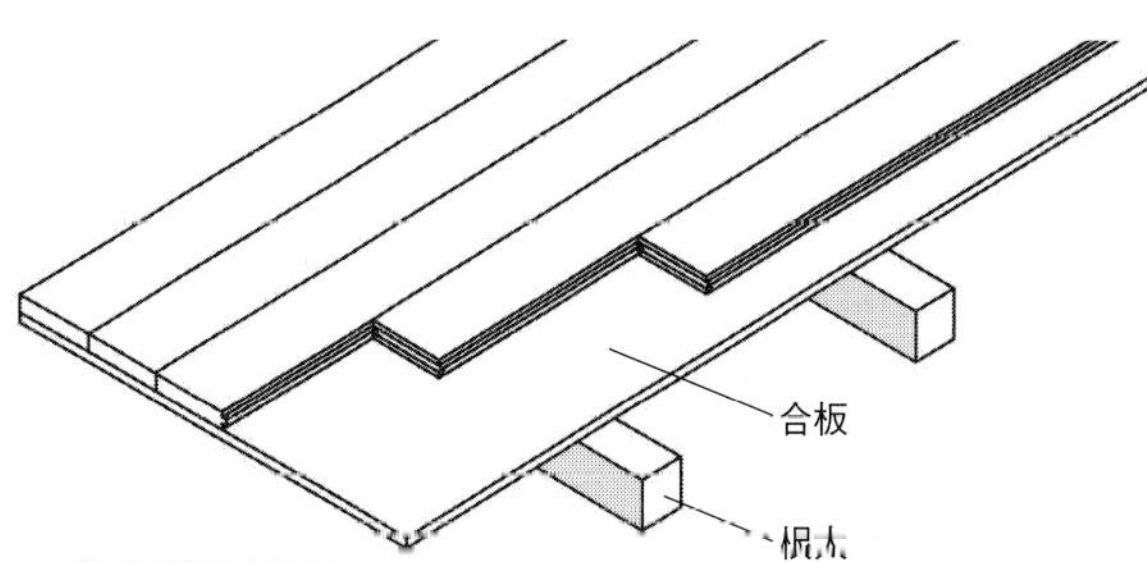

合板下地張り

捨て張り合板や2×4工法の構造用合板の上にフローリングが張られている。この場合も根太にクギ打ちしてある。単層、複合を問わず用いられる

畳の下地

木造住宅の畳敷き

木造在来工法の一般的な和室では、畳の下に荒床が張られている。畳を撤去する場合は畳の厚さの分だけ底上げする。敷居は取りはずしても問題ない

発泡プラスチック床下地の畳

鉄筋コンクリート造りや2×4工法の一般的な畳敷き。洋室への変更は断熱材の上に合板を設置する場合と、断熱材と畳寄せを撤去する場合がある

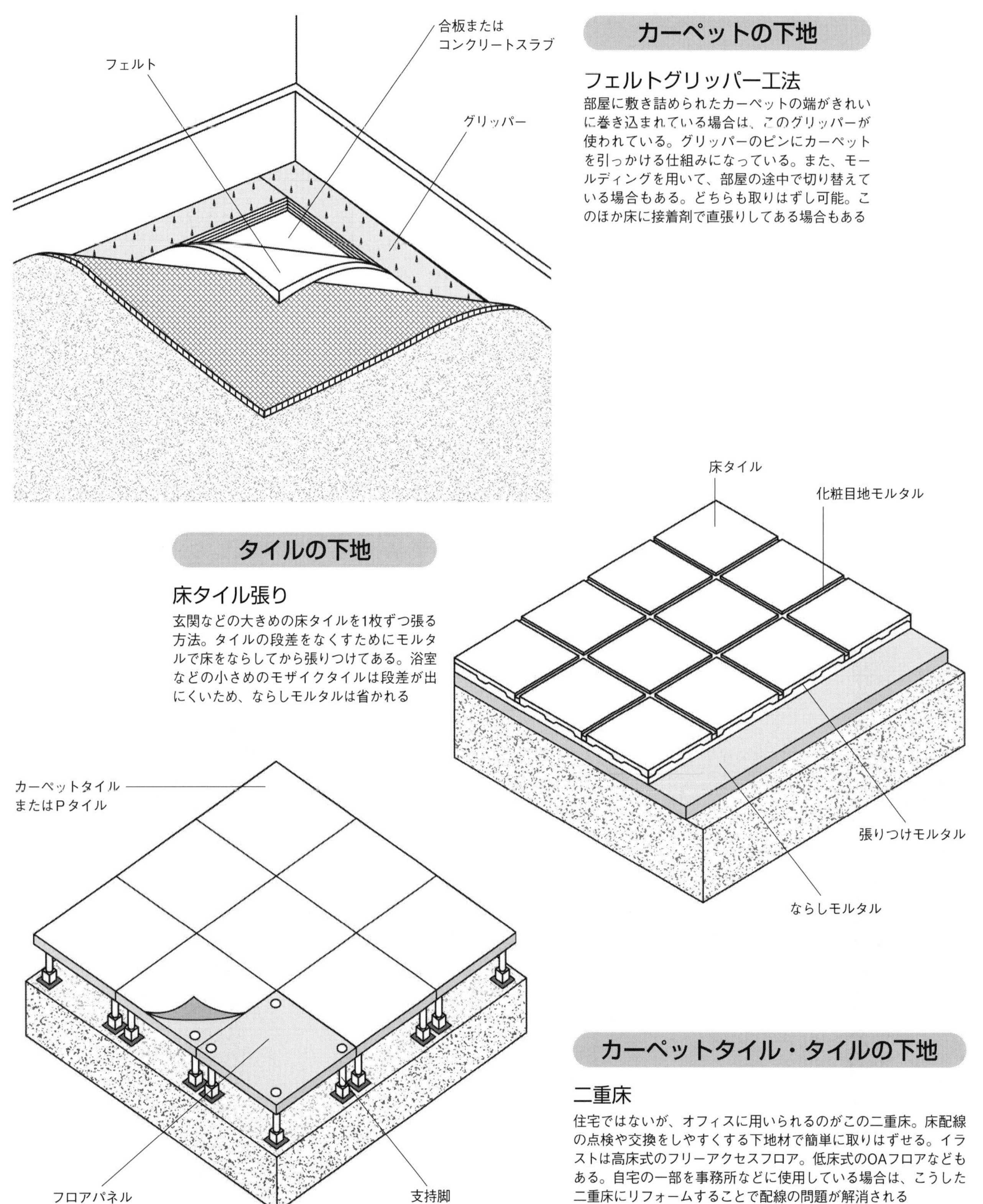

カーペットの下地

フェルトグリッパー工法

部屋に敷き詰められたカーペットの端がきれいに巻き込まれている場合は、このグリッパーが使われている。グリッパーのピンにカーペットを引っかける仕組みになっている。また、モールディングを用いて、部屋の途中で切り替えている場合もある。どちらも取りはずし可能。このほか床に接着剤で直張りしてある場合もある

タイルの下地

床タイル張り

玄関などの大きめの床タイルを1枚ずつ張る方法。タイルの段差をなくすためにモルタルで床をならしてから張りつけてある。浴室などの小さめのモザイクタイルは段差が出にくいため、ならしモルタルは省かれる

カーペットタイル・タイルの下地

二重床

住宅ではないが、オフィスに用いられるのがこの二重床。床配線の点検や交換をしやすくする下地材で簡単に取りはずせる。イラストは高床式のフリーアクセスフロア。低床式のOAフロアなどもある。自宅の一部を事務所などに使用している場合は、こうした二重床にリフォームすることで配線の問題が解消される

PART

9

安心して暮らすための住まいの対策

もしかしたら起こるかもしれない地震や盗難被害。発生したら困る結露、騒音、家庭内事故。

これらは事前のDIY対策である程度は防ぐことができます。

家族全員が安心して気持ちよく過ごせるように、必要な対策を施しておきましょう。

地震 対策

いつどこで大地震が起きても不思議ではない、日本。家庭でも、いざというときのために、日ごろからできる限りの対策をしておきましょう！

被害を最小限にするために

地震のとき、住まいの中でもっとも危険なのは家具の転倒やガラスの飛び散りなどです。これらは単にケガをするだけでなく、避難路をふさいでしまう恐れもあるからです。

被害を最小限に抑え、避難に備える努力を日ごろから心がけておきましょう。

もちろん、いざというときのために避難用具の備えや家族の緊急連絡先、避難場所の確認なども忘れずにしておきましょう。

●キッチン

地震を感じたら、まず落下物から身を守り、そのあとに火を消し、ガスを止めます。地震から起こる火災を防ぐためです。

地震の際に、もっとも危険なのは食器棚です。開き戸がガラスの場合は、より危険度が増します。そこで日ごろから棚の上部に転倒防止の金具をつけ、開き戸のガラスには市販の飛散防止シートを張っておきましょう。食器の下には滑り止めシートや厚手の布を敷いておき、食器を落下しにくくしましょう。また、食器はなるべく同種類、同サイズのものを重ねて置くとより安全です。

冷蔵庫も転倒しやすい電化製品。上にはものを置かず、食器棚と同じように固定して転倒防止をしておくこと

食器は同サイズのものを重ねて置くと落下しにくくなるので、より安全

お役立ちアイテム

ガラスの飛び散りを防ぐ！

ガラス面に張っておくと、ガラスが割れたときの飛び散りを抑える

●防災フィルム
参考価格1,008円

小物の滑り止めに！

高いところにある小物や、電化製品の底に張るだけの布の滑り止め

●すべりどめフェルト
参考価格410円

大型家具の固定に最適！

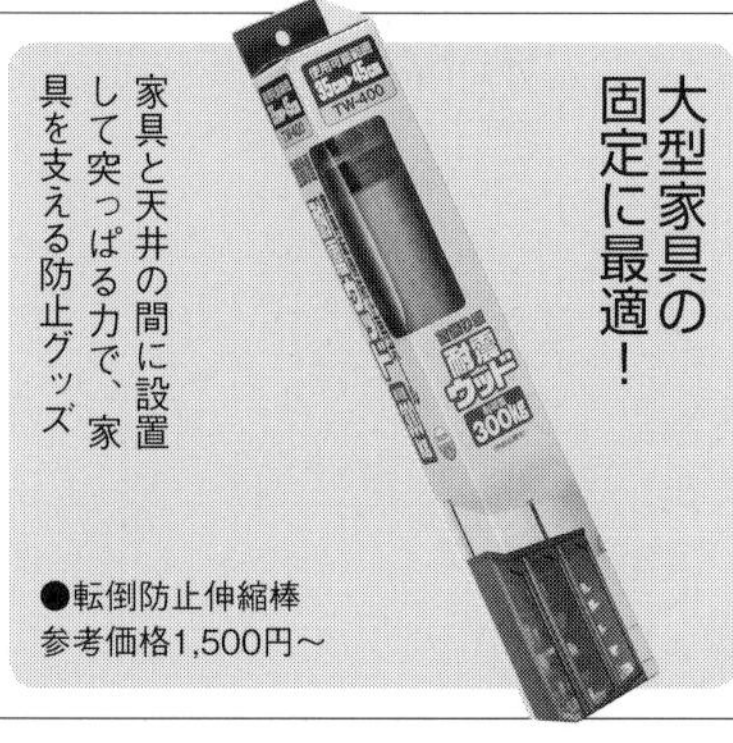

家具と天井の間に設置して突っぱる力で、家具を支える防止グッズ

●転倒防止伸縮棒
参考価格1,500円～

リビング

意外にものが多いリビングも危険な場所のひとつです。テレビはあまり高いところには置かず、チェーンなどで背面を壁に固定しましょう。テレビ台に載っているならベルトタイプやオーディオ用の固定器具を使って固定しましょう。また、テレビの近くには花びんや水槽などを置くのは倒れると危険なので避けましょう。

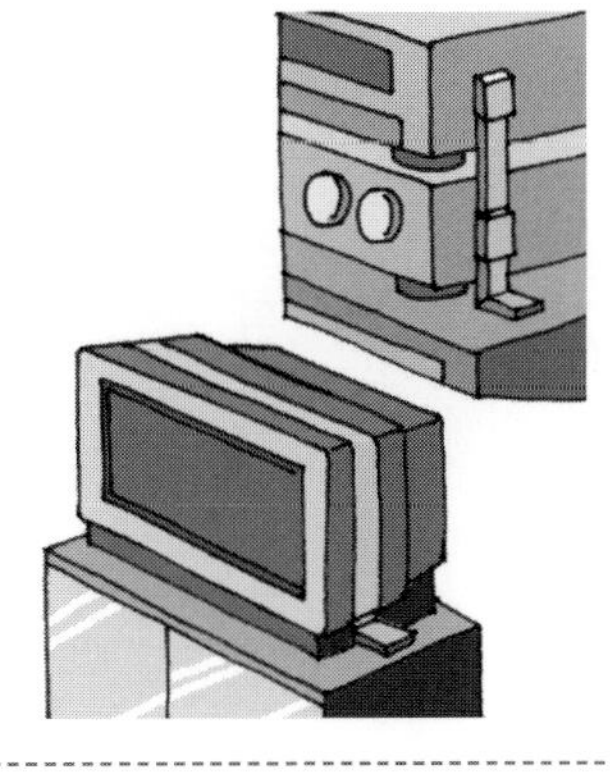

ピアノやキャスター付きの家具はキャスターを固定する耐震のゴム台に載せて置くと、いざというときに動きにくく安心です。また、キャビネットなども開き戸がある場合は開き戸防止グッズを取りつけ、飛散防止シートを張っておけば安心です。

子供部屋

本棚やCDラックは扉のないものが多いので、中味が落ちない工夫が必要です。まず入れるときには重いものを下段に、軽いものは上段に配置すると安定がよく、もし上のものが落ちてきても軽い被害ですみます。また、各段の下側にナイロンコードやチェーンなどを張って、棚の中味が落ちにくいようにする工夫をしておきましょう。

地震はいつ起こるかわかりません。そこで、枕元には普段から落下しやすいものは置かないように心がけましょう。手の届くところに、避難用具セットや靴、軍手などを置いておくとよいでしょう。

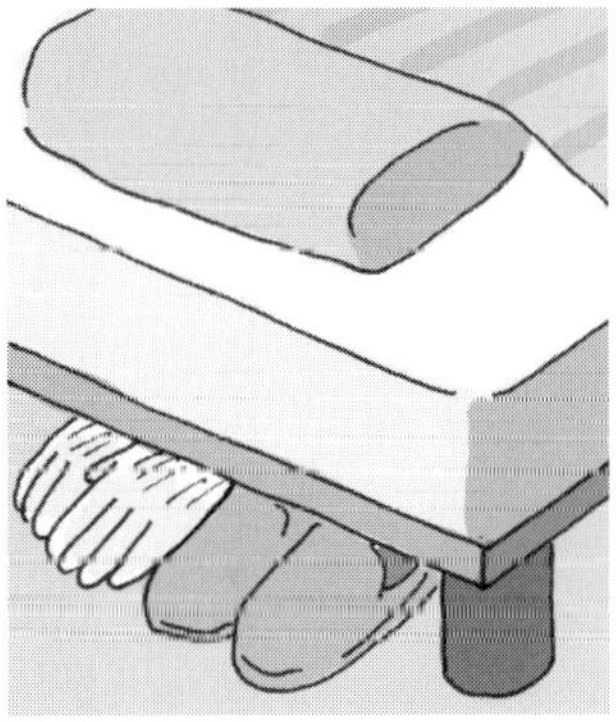

寝室

重いタンスなどは、倒れてきたら大変なことになります。しっかりと転倒防止器具をつけておきましょう。タンスの上にはなるべくものを置かず、もし置く場合は、置いてあるものの下に滑り止めシートを敷いたり、両面テープで固定するなどの工夫が必要です。

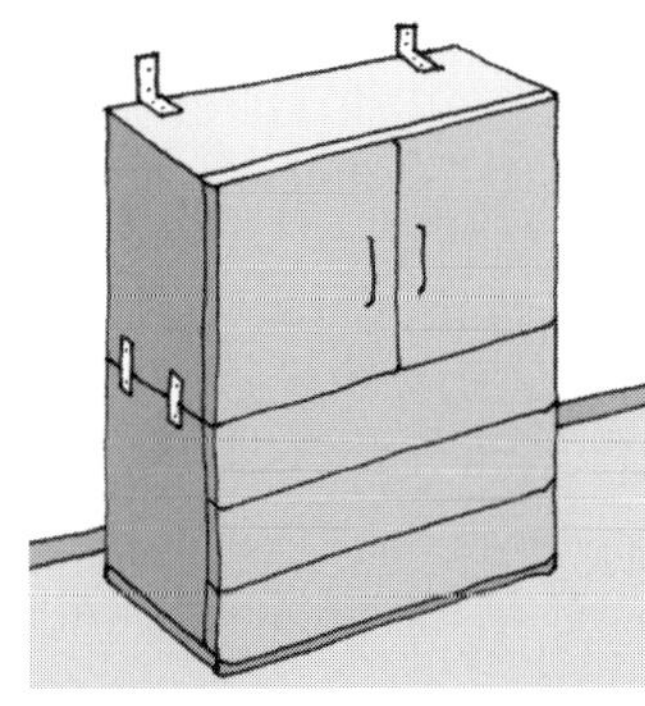

コラム　家族の防災計画

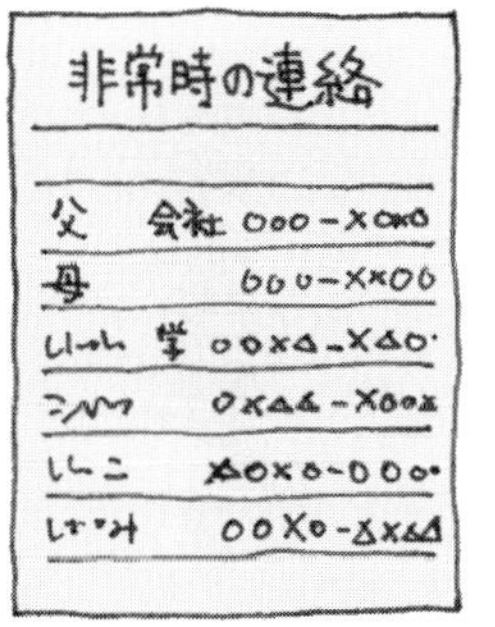

災害は家の備えだけではなく、家族の安全確保も必要である。いざというときのために、家族全員の役割を決めておくとよい。また、外出しているときはどのように安否を確認するのか、連絡方法についても話し合って決めておくことを忘れずに。

積み上げた電化製品の固定に！

ベルトと固定レバーが、積み重ねたものをくずれにくく固定する

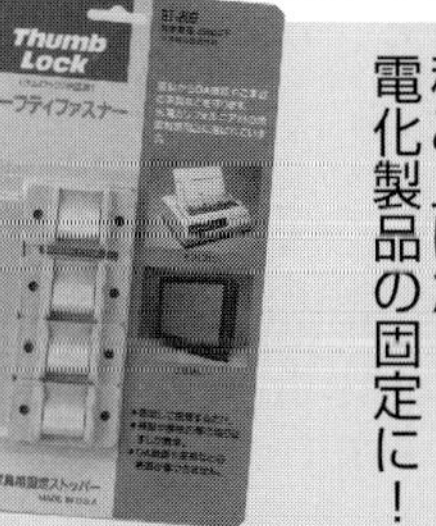

●セーフティファスナー
参考価格894円

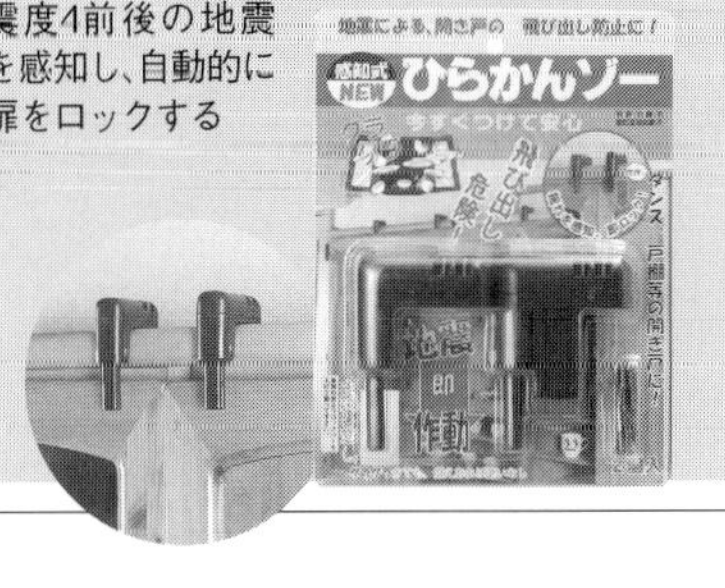

転倒や滑り止め！

OA機器などの足場に置き、デスクと固定してずれにくくなる粘着性の強いゴム

●滑りどめ　参考価格1,512円

揺れを察知して扉をロック！

●感知式扉ロック　参考価格2,678円

震度4前後の地震を感知し、自動的に扉をロックする

安全対策

日常生活の中には、事故につながる思わぬ危険が潜んでいることがあります。特に高齢者や子供がいる家庭では気をつけたいものです。安全な住まいかどうか、もう一度見直してみましょう

家族全員が安全に暮らしやすい住まいに

家族構成や年齢、高齢者や子供の有無などで、必要な安全対策は異なります。

まずは、将来的に家族がどのようになっていくかを考え、高齢者や子供が増えるなら、その目線に立って安全を考えてみましょう。

たとえば、元気な人にとってはなんでもない段差や角度のある階段でも、高齢者や子供にとっては危険なこともあります。

どんなところが危険で、どうなれば安全になるのか？それはほかの家族にとっても使いやすいのか？などをよく考えて工夫してみましょう。

階段

70歳代が住宅内で転倒事故を起こす場所の1位は階段といわれています。また、子供にとっても階段は魅力的な遊び場であるとともに、とても危険な場所です。

安全対策としては、まず階段の上下にはつまずくようなものは置かないことです。もしマットなどを敷く場合には、マットの裏にも滑り止めテープを張るなど、固定してください。

階段には各段の縁につけるタイプの滑り止めをつけましょう。市販品でもテープをはがすだけで、簡単に設置できるものがあります。夜間光る蛍光タイプもありますので、用途に応じて選んでみましょう。

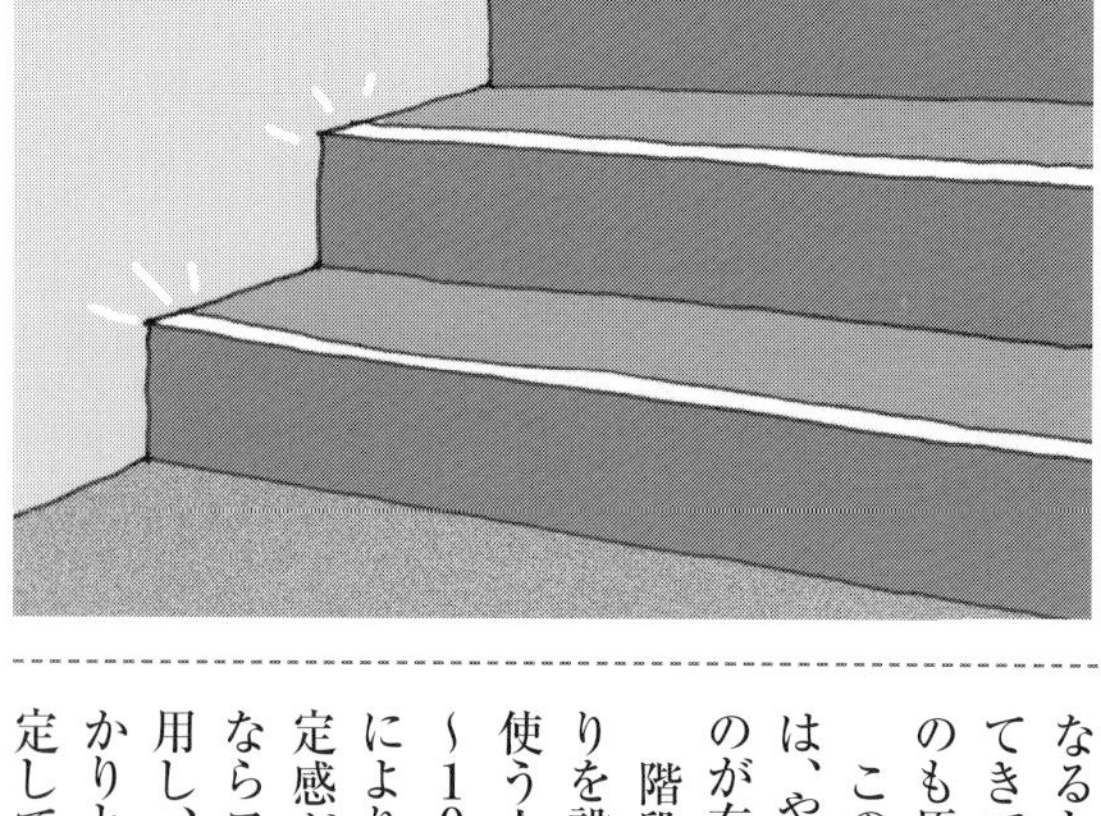

なぜ階段での転倒が多いのかというと、体のバランスをくずしやすいからです。とくに高齢者になると、それに加えて視力も落ちてきて、足元を見逃しがちというのも原因のひとつになります。

この転ばぬ先の事故対策としては、やはり階段に手すりをつけるのが有効です。

階段の傾斜に沿って、斜め手すりを設置します。手すりの高さは使う人の身長にもよりますが、90～100cmが目安です。そしてなにより、階段の手すりは強度と安定感が必要です。コンクリート壁ならコンクリート用アンカーを使用し、木の壁部分ならネジがしっかりとめられる下地のところで固定してください。

お役立ちアイテム

簡単張るだけ、階段の滑り止め！

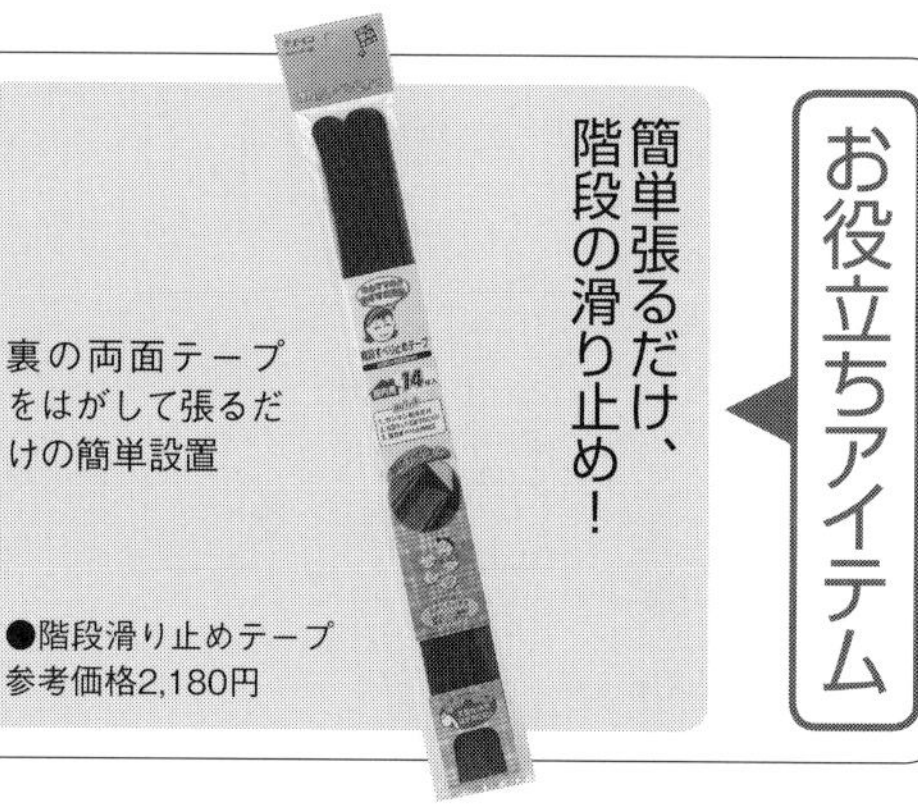

裏の両面テープをはがして張るだけの簡単設置

●階段滑り止めテープ
参考価格2,180円

浴室の滑り止めに！

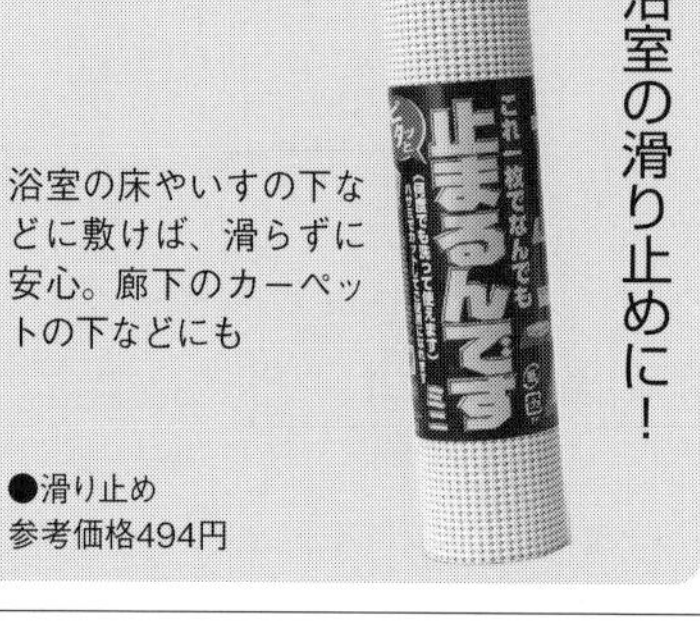

浴室の床やいすの下などに敷けば、滑らずに安心。廊下のカーペットの下などにも

●滑り止め
参考価格494円

靴下の裏や手袋に塗るだけ

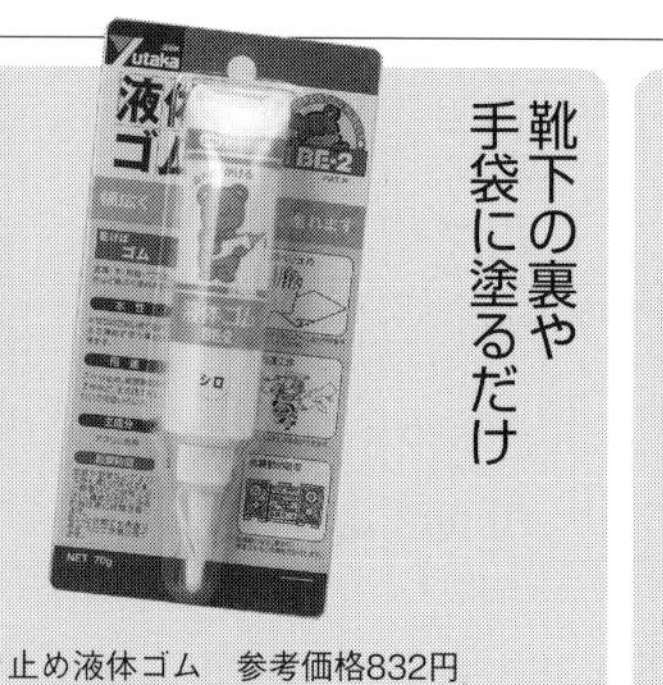

布に直接つけて乾かせば、滑り止めになる液体状のゴム

●滑り止め液体ゴム　参考価格832円

玄関

玄関はなるべく段差が少ないほうが好ましいものです。上がり框は、なるべく低いほうがよいのですが、すでに高さがある場合は、踏み台を置いて、高さを調節しましょう。また可能ならつかまりやすい位置に手すりをつけましょう。なるべく使いやすい工夫をしましょう。

廊下

滑りやすい廊下には、カーペットを敷くといいでしょう。カーペットが滑らないように裏に滑り止めテープを張ってください。廊下にも手すりをつけるといいでしょう。手すりは使う人が軽く肘を曲げて、スムーズに手が動かせる高さがよいといわれています。目安は床から75cmです。

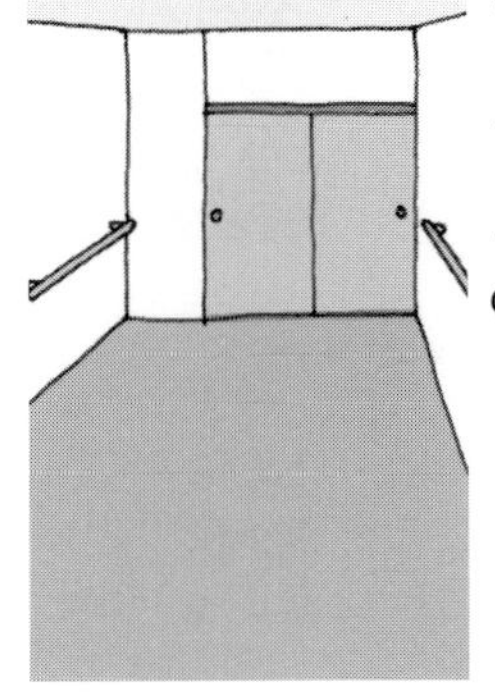

浴室

浴室も危険の多い場所です。滑り止めシートなどを利用して、できるだけ滑らず、転倒しないように工夫しましょう。浴槽と入口付近に水平手すりがついていると安心です。浴槽の上に板を渡し、一度腰掛けてからゆっくり腰をおろせるようにするという手もあります。

トイレ

子供でも高齢者でも、世話をする人が一緒に入れるスペースが取れるといいですね。洋式トイレが使いやすく、手すりがあると安心です。とくに高齢者は、立ったり座ったりがつらいものです。手すりがあることで立ち上がりやすくできるでしょう。

出入口

開き戸は、手前に引くときに体をずらしたり、傾けたりすることが多いため、高齢者にはネックになります。向こう側に押すときも、押した拍子に体重がかかり、転倒する危険があります。その点引き戸は体を動かさず、力も開き戸ほど必要ないので使いやすいです。ただし、引き戸の改築は、戸袋のスペースの問題などがあり簡単ではありません。その場合は、アコーディオンカーテンなども有効です。

段差

家の中には、元気なときは気づかないのですが、つまずきの原因になる段差がかなりあります。そういった部分には市販の木材で、簡易スロープを作りましょう。傾斜をつけてカットしてくれるホームセンターもあるので、段差と幅を正確に測ってから、注文に行きましょう。

ぶつかりやすいコーナーから守る

テーブルなどの、とがったコーナーに。これでぶつかっても安心

●コーナーゴムパッド　参考価格860円

窓のサッシを簡単ロック

窓をあけていても、サッシに鍵をかけられる。子供のいたずら防止や防犯にも最適

●サッシロック　参考価格432円

子供のいたずら防止に！

コンセントに金属物を入れるなどの幼児のいたずらを防止するキャップ

●コンセントキャップ　参考価格432円

防犯対策

戸建てでも集合住宅でも、泥棒にとって侵入しやすい状態にしておくと狙われる可能性大。防犯対策を行ない、被害を未然に防ぎましょう

玄関の防犯

集合住宅の侵入手口で多いのがピッキングやサムターン回しなどによる玄関からの侵入です。

警察による窃盗犯調査によれば、泥棒は侵入に5分以上かかる家は避ける傾向が見られます。ですから、簡単に解錠できないようにすることが防犯対策には効果的。

ピッキングに強い錠に交換することも一計ですが、自分で簡単に取りつけできる補助錠や防犯プレートもあるので設置するとよいでしょう。また、人目につくことを避けたい泥棒にとって、大音量のセンサーアラームやセンサーライト、防犯カメラなども効果的です。これらを玄関まわりに取りつけることも泥棒への威嚇になります。

対策1 補助錠をつける

侵入に時間のかかるワンドア・ツーロックは防犯の基本です。補助錠がついているのを見ただけで侵入をあきらめるという泥棒もいるので、ぜひ補助錠を取りつけましょう。自分で簡単に取りつけできる補助錠や、シールで張るだけのダミー錠もあります。

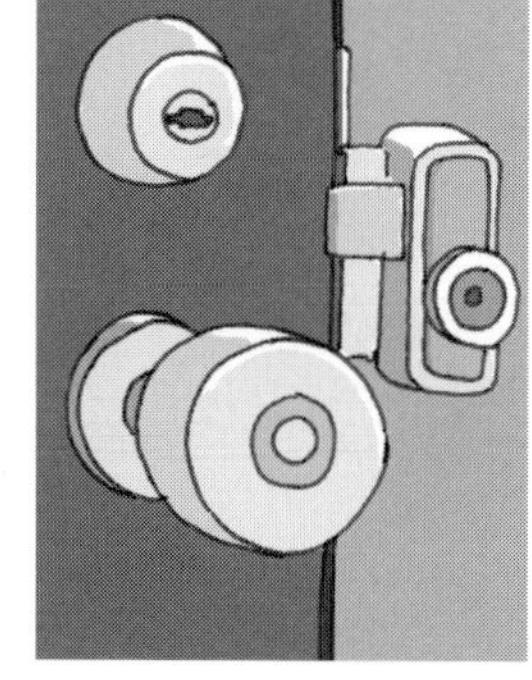

対策2 ドア&チェーン用プレートをつける

就寝時など家に人がいるときも、窃盗事件は起こります。鍵だけでなく、ドアチェーンも必ずかけましょう。また、すき間に工具を差し込んで錠をあけられないよう、防犯ドアプレートも取りつけると効果的です。

ドアプレートはビスでとめつけるだけ

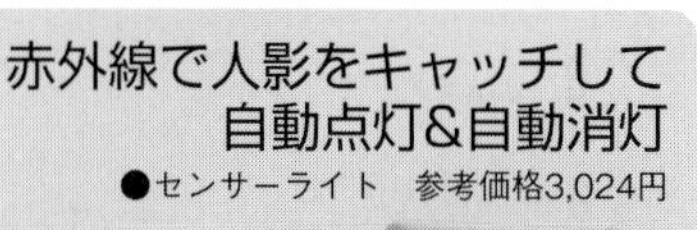

古典的だが、チェーンは意外に強固

お役立ちアイテム

工具いらずで取りつける強固な補助錠

●玄関鉄扉補助錠 参考価格4,300円

マンションや団地の鉄扉用の補助錠。取りつけは付属のネジを締めるだけ

ドアの開放を感知して警報を鳴らすアラーム

外出時、開放やピッキングの振動を感知して携帯電話や固定電話に通知してくれるアラーム

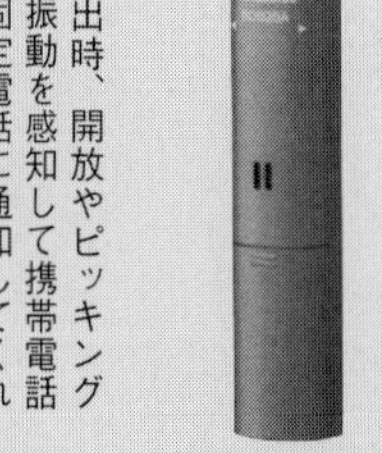

●リモコンドアガード 参考価格5,480円

赤外線で人影をキャッチして自動点灯&自動消灯

●センサーライト 参考価格3,024円

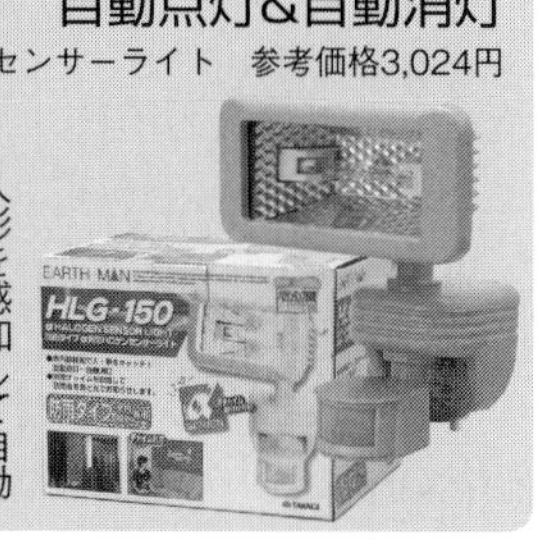

人影を感知して自動点灯する。別売のチャイムで音を鳴らすことも可能

対策3●センサーアラームをつける

周囲の注目を集める大音量は泥棒がもっとも嫌うもの。ドアがあくと警報が鳴るセンサーを取りつければ、万が一ドアがあいても泥棒を撃退することができます。ピッキングやサムターン回しの振動を感知して鳴るタイプもあります。

対策4●センサーライトをつける

人や車が近づくと自動点灯するセンサーライトは、それだけで暗やみに紛れて侵入しようとする泥棒を威嚇することができます。

また監視カメラや、手軽に設置できるダミーカメラも泥棒撃退に効果的なアイテムです。

●窓の防犯

戸建て住宅の窃盗事件のうち、7割が窓からの侵入です。窓ガラスを割り、手を差し込んで錠をはずし、窓をあけて侵入する手口。逆にいえば、窓ガラスの破壊、錠の解錠、窓の開放、この3点を防げば、窃盗に入られる可能性はグンと低くなります。

また植木など外からの死角も泥棒への誘い水になります。見通しをよくすることも防犯上大切です。

対策1●窓用フィルム・プレートを張る

市販の防犯用フィルムはかなり強固。叩かれてガラスは割れても、破れないので手を差し込むことができません。また、クレセント錠をはずせなければ侵入できないので、クレセント錠の周囲をガードする金属プレートも有効です。

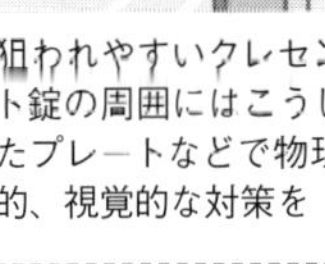

狙われやすいクレセント錠の周囲にはこうしたプレートなどで物理的、視覚的な対策を

対策2●ウインドウロックをつける

万一ガラスが割られクレセント錠があけられても、窓の開放を防止する補助錠をつけていれば窓はあきません。窃盗犯のほとんどが、はずしにくい補助錠の存在に気づいたら侵入をあきらめるといっています。窓の上下に取りつけるとよいでしょう。

対策3●センサーアラームをつける

窓ガラスに張りつけるタイプのアラームもあります。窓の開閉を妨げない薄型なら、日常生活にも支障ナシ。窓ガラスの振動を感知して鳴るので、外出の際にスイッチをオンにしておけば安心です。

窓ガラスからの侵入をガードする窓用フィルム

ガラスの防犯性能を高めてくれるフィルム。張り方は、窓用フィルムと同じ

●窓用ガードフィルム　参考価格2,052円

サッシ窓のこじあけを内側から防止する

アルミサッシの上下に取りつければ、物理的に窓があかなくなる簡易ロック。取りつけも簡単

●サッシ用補助錠　参考価格540円

窓ガラスの振動を検知して大音量で警告!!

ガラスに接着し、外出時はスイッチON。泥棒による不穏な振動を感知するとアラームが作動

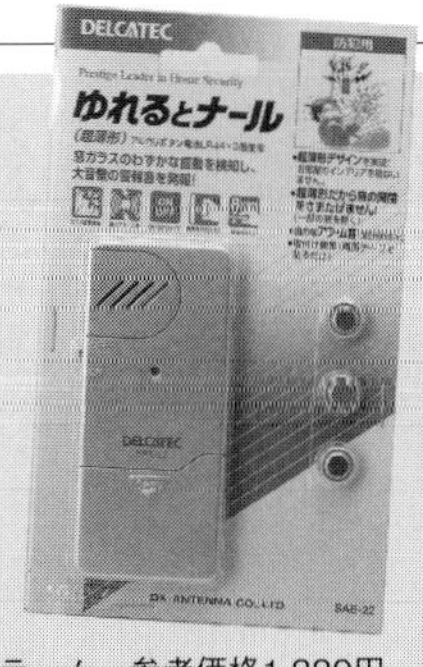

●窓用振動アラーム　参考価格1,880円

結露 対策

雑菌やカビ、ダニの発生を誘発してしまう結露。結露の原因は、湿気と室内外の気温差です。結露の発生をできるだけ防ぎ、発生したら水分を除去することが大切です

空気中の水分が付着した状態が結露

　水分をたくさん含んだあたたかい空気が、外気で冷たくなった窓ガラスなどに触れると水滴になります。これが結露です。浴室以外の、ふつうの部屋でも起こるので、防止するよう対策を取りましょう。

●窓まわり

　窓ガラスの気温差を防ぐことが、窓の結露対策の基本です。そのためには、窓の断熱効果を高めて結露を防ぎましょう。断熱シートを張ったり、断熱効果のあるスプレーをかけると効果的です。シートは無色透明のものを使えば、窓からの景観を損なうこともありません。

　また、発生した結露は放っておくとカビの原因になってしまいます。窓の下側に吸水テープを張ると垂れた水分を取ってくれます。

断熱フィルムの張り方は防犯用フィルムと同じ。空気が入らないように密着させる

吸水テープは、防カビ剤入り。サッシに張れば、流れ落ちた水滴を吸い取ってくれる

●押入れ

　空気の入れ替わりが悪い押入れも、結露がおこりやすい場所。布団などをしまう場合には下にすのこを置いて、換気できるようにしましょう。また、押入れ用の除湿剤も必需品。

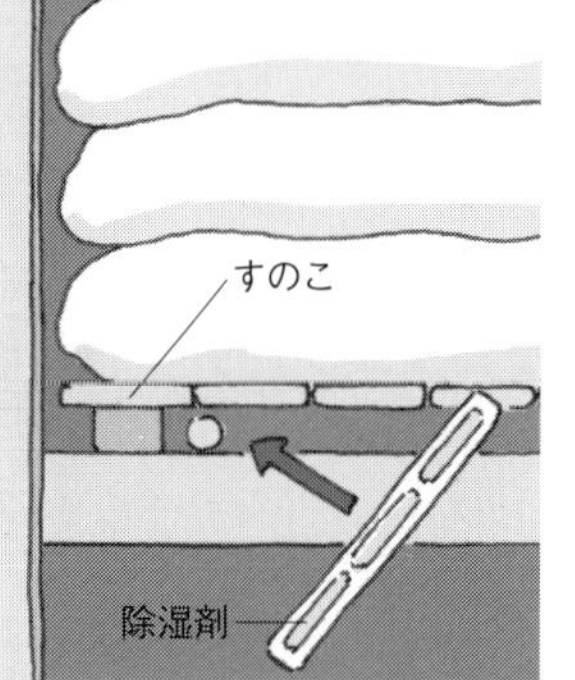

●キッチン

　水気のあるキッチンも、意外に結露しやすい場所。湿気がこもると、湿った場所が好きなゴキブリなどの害虫を誘因することにもなるので、除湿剤を必ず置くように。また、換気にも気を配りましょう。

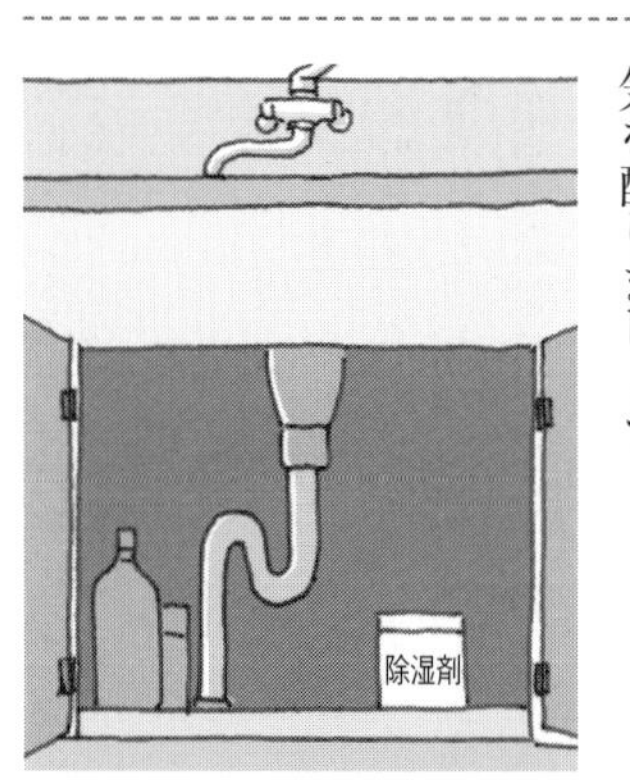

お役立ちアイテム

机の下や押入れなどすき間に置ける湿気取り

●除湿剤
参考価格384円（3個）

湿気を吸収し、水分として容器内にためるタイプの湿気取り。押入れやタンスの中などに

キッチンの湿気やカビもしっかり対応

流しの下も、湿気がたまりやすい場所。湿気がゴキブリを誘因することにもなるので、対策を

●除湿剤　参考価格332円

くり返し使える、小袋タイプの除湿剤

家の中のさまざまな場所で使える除湿剤。天日で乾燥させればくり返し使用できる

●除湿剤　参考価格657円

騒音 対策

マンションなどでは、近隣同士のトラブルの原因になりがちな騒音。構造上の問題はすぐに解決しにくいが、手軽なグッズで防げる音もあります

騒音は2種類 工夫次第で防げる場合も

騒音といわれる音には2種類あります。固形物を伝わって伝播する固体伝播音と、空気を伝わっていく空気伝播音。このうち固体伝播音はシートやクッションなどで、抑えることができます。

空気伝播音

固体伝播音

●床の音

足音のような床へ伝わる音は、床に防音シートやクッション性のあるマットなどを敷いて、振動を抑えることである程度防ぐことができます。

防音シートは、床とカーペットなどの床材の間に敷きます。家具を移動するくらいの手間で手軽に施すことができます。

●家具の引きずり音

フローリングの上で家具を引きずったときに起きる音は、家具の底に滑りをよくするシートやキャップ、あるいは布をあてることで軽減できます。イス脚用キャップなどは、シリコン製やフェルト製など、さまざまなものがあるので用途に合わせて選びましょう。

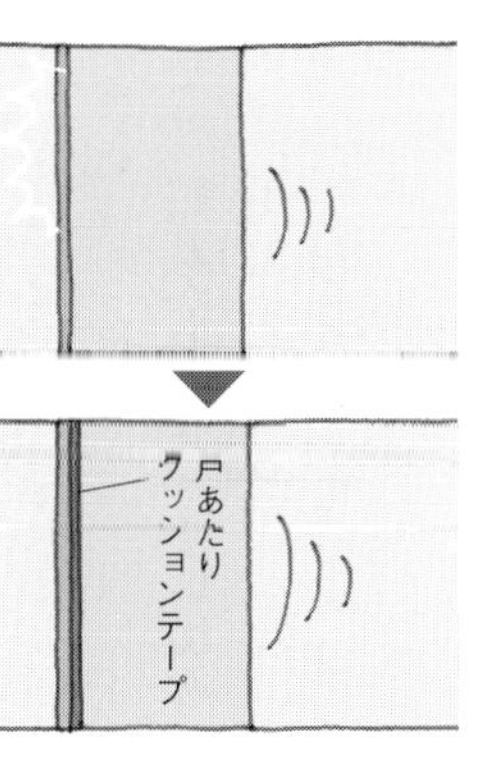

●スピーカーの音

スピーカーは、音に合わせて細かく振動しています。床にスピーカーを置くと、その振動がそのまま床から建物に伝わって響くことになるので、音が気になるときはスピーカーの下にゴムを置くとよいでしょう。振動を受けとめ、床への伝播を防いでくれます。

ゴム

●ドアの開閉音

ドアの開閉音が気になるときは戸あたりクッションテープを張るとよいでしょう。丁番部分のきしみ音がうるさい場合は、機械油を注入すると軽減されます。

ふすまのガタツキ音が気になる場合は敷居テープを張るとスムーズに動きます。

戸あたりクッションテープ

お役立ちアイテム

好きなサイズに切って使う引きずり音防止シート

フェルト製のシート。家具の底面のサイズに合わせて切って使用する。騒音・キズ防止に効果的

●粘着つきフェルト
参考価格778円

イスの脚にはめるキズ&騒音防止グッズ

イスの脚にはめて、床下への騒音を防ぐキャップ。サイズの合ったものを選ぼう

●脚キャップ
参考価格238円

戸あたり音をやわらげるクッションテープ

戸のあたる部分に張って音をやわらげる。開閉音が気になるときは効果的

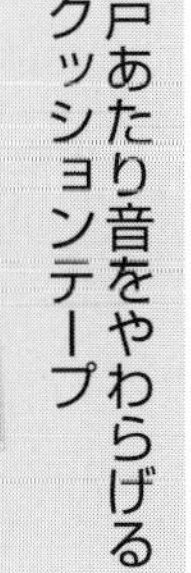

●戸当りテープ
参考価格540円

EDITORS
キャンプ（脇野修平／豊田大作／設楽敦／小宮幸治／宮原千昌／中村信之介）
山下編集事務所（山下実／柴野聡）／熊谷満／齋藤修／島田忠重／亀岡晴美／中野徳之／杉村晴子／小野博明
U・E・P（関佳明／嶋尾通／小川征二郎／宮本唯志）
能登山修／大迫裕三

COVER DESIGNER
カラーズ（高島直人）

DESIGNERS
カラーズ（高島直人／福田恵子）明昌堂（西巻直美）
内海亨／片岡大昌／根田大輔／
YUSEFUL design／SFデザインファクトリー／UEPデザイン室

2017年6月6日　第1刷発行
2023年10月23日　第6刷発行

発行人　松井謙介
編集人　長崎 有
編集担当　尾島信一
発行所　株式会社　ワン・パブリッシング
〒110-0005　東京都台東区上野3-24-6
印刷所　共同印刷株式会社

●この本に関する各種お問い合わせ先
本の内容については、下記サイトのお問合せフォームよりお願いします。
https://one-publishing.co.jp/contact/

不良品（落丁、乱丁）については業務センター　Tel 0570-092555
〒354-0045 埼玉県入間郡三芳町上富279-1

在庫・注文については書店専用受注センター Tel0570-000346

ワン・パブリッシングの書籍・雑誌についての新刊情報・詳細情報は、下記をご覧ください。
https://one-publishing.co.jp/

会社問い合わせ一覧

TOTO 0120-03-1010
INAX（LIXIL）https://www.lixil.co.jp/
WALPA（東京 恵比寿）☎03-6416-3410
アサヒペン☎06-6934-0300
アトムハウスペイント☎03-3969-7866
イケヒコ・コーポレーション☎0944-32-1217
上田敷物（ユー・イー・エス）☎0739-47-1460
大直☎055-272-0462
カンペハピオ☎0570-001-167
カラーワークス☎03-3864-0810
川口技研☎048-255-5411
花王☎03-5630-7141
木曽アルテック☎0264-34-3303
サンゲツ 0120-688-662
サンデーペイント 0120-951-603
シンコール☎076-237-1930
ターナー色彩☎06-6308-1212
トミタ☎03-5798-0081
東リ 0120-10-6400
東洋テックス☎087-867-7161
南海プライウッド（首都圏）☎087-825-3621
ニッペホームペイント☎03-3740-1269
ニッペホームプロダクツ☎03-3740-1269
フジワラ化学☎0890-64-2421
メトリージャパン☎050-7100-0869
リンテックコマース☎03-6231-6125
リョービ☎0570-666-787
若井産業☎06-6783-2081